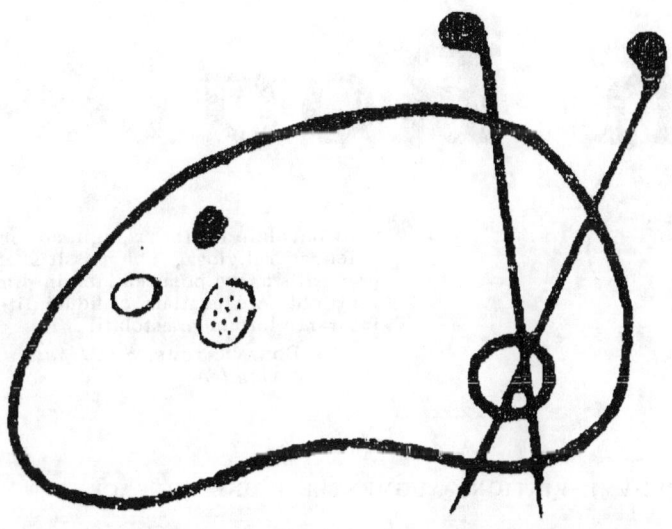

Typographie de couleur

J.-K. HUYSMANS

En Route

> « Convolate ad urbes refugii, ad loca videlicet religiosa, ubi possitis de præteritis agere pœnitentiam, in præsenti obtinere gratiam et fiducialiter futuram gloriam præstolari. »
>
> (St BONAVENTURE, *du Mépris du monde.*)

DIX-HUITIÈME ÉDITION, AUGMENTÉE D'UNE PRÉFACE

PARIS

(Ancienne librairie TRESSE et STOCK)

8, 9, 10, 11, Galerie du Théâtre-Français

1896

Droits de reproduction et de traduction réservés pour tous pays, y compris la Suède et la Norvège.

EN VENTE CHEZ LES MÊMES ÉDITEURS

Format in-18 jésus

P. ADAM. *La Glèbe*, 1 vol. in-32.	2 »
— *L'Essence de Soleil*, 1 vol.	3 50
— *Soi*, 1 vol.	3 50
J. AJALBERT. *En Amour*, 1 vol.	3 50
— *Femmes et Paysages*, 1 vol.	3 50
— *Notes sur Berlin*, 1 vol. in-32.	2 »
BAKOUNINE. *Œuvres*, 1 vol.	3 50
BARBEY D'AUREVILLY. *Théâtre contemporain. Nouvelle série, 1870-1883*, 1 vol.	3 50
H. BEAUCLAIR. *Ohé ! l'Artiste*, 1 vol. in-32.	2 »
— *La Ferme à Goron*, 1 v. in-32	2 »
— *Le Pantalon de Mme Desnou*, 1 vol. in-32.	2 »
H. BECQUE. *Querelles littéraires*, 1 vol.	3 50
H. BELLIOT. *Le roman d'une Fée*, 1 vol.	3 50
L. BLOY. *Le Désespéré*, 1 vol.	3 50
— *Propos d'un Entrepreneur de démolitions*, 1 vol.	3 50
BOUFFÉ. *Mes Souvenirs*, 1 vol.	3 50
CH. BUET. *Contes ironiques*, illustrés par ALEX. LEMAISTRE, 1 vol.	3 50
CABROL. *Le maréchal de Saint-Arnaud en Crimée*, 1 vol. in-8°	7 50
E. CADOL. *Cathi*, 1 vol.	3 50
CH. CROS. *Le Coffret de santal, poésies et fantaisies*, 1 vol.	3 50
L. DESCAVES. *Les Emmurés*, 1 vol.	3 50
— *Misères du sabre*, 1 vol.	3 50
— *Sous-Offs*, 1 vol.	3 50
— *Sous-Offs en cour d'assises*, 1 plaquette.	2 »
E. DURANDEAU. *Civils et Militaires*, préface de TH. DE BANVILLE, 1 vol. orné de dessins sur bois	3 50
JEAN GRAVE *La Société mourante et l'Anarchie*, 1 vol.	3 50
G. GUICHES. *L'Imprévu*, 1 vol.	3 50
— *Philippe Destal*, 1 vol.	3 50
HAMON. *Psychologie de l'Anarchiste-Socialiste*, 1 vol.	3 50
L. HENNIQUE. *Un Caractère*, 1 vol.	3 50
— *La Mort du duc d'Enghien*, 1 plaquette.	2 »
— *Pouf*, 1 vol. in-32.	2 »
HUYSMANS. *A vau l'eau*, 1 v. in-32	2 »
— *Certains*, 1 vol.	3 50
— *Un Dilemme*, 1 vol. in-32	2 »
— *En Rade*, 1 vol.	3 50
— *En Route*, 1 vol. in-18.	3 50
— *Là-Bas*, 1 vol.	3 50
J. JULLIEN. *Trouble-Cœur*, 1 v.	3 50
KROPOTKINE. *La Conquête du Pain*, 1 vol.	3 50
ED. LEPELLETIER. *L'Amant de Cœur*, 1 vol.	3 50
— *Une Femme de cinquante ans*, 1 vol.	3 50
— *Les Morts heureuses*, préface de ALPH. DAUDET, 1 vol.	3 50
J. LORRAIN. *Les Griseries*, 1 v.	2 »
J.-H. MACKAY. *Anarchistes*, 1 v.	3 50
CH. MALATO. *De la Commune à l'Anarchie*, 1 vol.	3 50
VICTOR MAUREL. *Un problème d'art (méthode de l'art du chant)*, 1 vol.	3 50
A. MELIOT. *La Musique expliquée aux gens du monde*, 1 v.	3 »
JEAN MORÉAS et P. ADAM. *Les Demoiselles Goubert*, 1 vol.	3 50
— *Le Thé chez Miranda*, 1 vol.	3 50
EUG. MOREL. *L'Ignorance acquise*, 1 vol.	3 50
L. MULLEM. *Chez Mme Antonin*, 1 vol.	3 50
G. NADAUD. *Chansons à dire*, 1 v.	3 50
— *Miettes poétiques*, 1 vol.	3 50
— *Nouvelles chansons à dire*, 1 vol.	3 50
— *Théâtre de Fantaisie*, 1 vol.	3 50
— *Théâtre inédit*, 1 vol.	3 50
H. NIZET. *Suggestion*, 1 vol.	3 50
P. POUROT. *Les Ventres*, 1 vol.	3 50
P. DE REGLA. *Les Bas-Fonds de Constantinople*, 1 vol.	3 50
— *La Turquie officielle*, 1 vol.	3 50
SCHURMANN. *Les Etoiles en voyage (La Patti, Sarah-Bernhardt, Coquelin)*, 1 vol.	3 50
E. THIERRY. *La Comédie-Française pendant les deux sièges*, 1 vol. in-8°.	6 »
— *L'Enigme d'Andromaque*, 1 brochure in-16.	1 »
A. VALLETTE. *Le Vierge*, 1 v.	3 50
WILLY. *Soirées perdues*, 1 vol.	3 50

EN ROUTE

L'auteur et les éditeurs déclarent réserver leurs droits de traduction et de reproduction pour tous pays, y compris la Suède et la Norwège.

Ce volume a été déposé au Ministère de l'Intérieur (section de la librairie) en février 1895.

DU MÊME AUTEUR

ROMANS

Marthe { Bruxelles, JEAN GAY, 1876.
{ Paris, DERVAUX, 1879.
Les Sœurs Vatard. Paris, CHARPENTIER, 1879.
En Ménage. Paris, CHARPENTIER, 1881.
A Rebours. Paris, CHARPENTIER, 1884.
En Rade. Paris, TRESSE ET STOCK, 1887.
Là-Bas. Paris, TRESSE ET STOCK, 1891.
En Route. Paris, TRESSE ET STOCK, 1895.

NOUVELLES

Sac au dos (dans les soirées de Médan). Paris, CHARPENTIER, 1880.
A Vau l'Eau { Bruxelles, KISTEMAECKERS, 1882.
{ Paris, TRESSE ET STOCK, 1894.
Un Dilemme. Paris, TRESSE ET STOCK, 1887.

CROQUIS, POÈMES EN PROSE

Le Drageoir aux épices { Paris, DENTU, 1874.
{ Paris, MAILLET, 1875.
Croquis Parisiens { (Eaux fortes de Forain et de Raffaëlli).
{ Paris, VATON, 1880.
{ Paris, VANIER, 1886.
La Bièvre. Paris, GENONCEAUX, 1890.

CRITIQUES D'ART

L'art Moderne. Paris, CHARPENTIER, 1883.
Certains. Paris, TRESSE ET STOCK, 1889.

PANTOMIME

En collaboration avec Léon Hennique (dessins en couleur de Chéret). *Pierrot Sceptique.* Paris, ROUVEYRE, 1881.

ÉMILE COLIN — IMPRIMERIE DE LAGNY

J.-K. HUYSMANS

En Route

> « Convolate ad urbes refugii, ad loca videlicet religiosa, ubi possitis de præteritis agere pœnitentiam, in præsenti obtinere gratiam et fiducialiter futuram gloriam præstolari. »
>
> (St Bonaventure, *du Mépris du monde*).

DIX-SEPTIÈME ÉDITION

AUGMENTÉE D'UNE PRÉFACE

PARIS

P.-V. STOCK, ÉDITEUR

(Ancienne Librairie TRESSE & STOCK)

8, 9, 10, 11, GALERIE DU THÉATRE-FRANÇAIS

PALAIS-ROYAL

1897

EXPLICATION DES LETTRES GRAVÉES

SUR LE REVERS DE LA MÉDAILLE DE SAINT BENOÎT

En haut de la médaille le chiffre de Jésus I. H. S. (*Jesus hominum Salvator*, Jésus sauveur des hommes), puis dans les vides, dessinant quatre triangles sphériques au-dessus et en dessous des deux bras de la croix, ces lettres inscrites dans de minuscules ronds, C. S. P. B., initiales de ces mots *Crux Sancti Patris Benedicti*, croix du Saint Père Benoît.

Sur les deux branches de la croix, les caractères sont ainsi rangés :

<pre>
            C
  N. D. S. M. D.
            S
            M
            L
</pre>

Traduction de la ligne verticale : *Crux Sacra Sit Mihi Lux*, que la croix sainte soit lumière.

Traduction de la ligne horizontale : *Non Draco Sit Mihi Dux*, que le Démon ne soit pas mon guide.

Enfin sur la bordure du cercle, dans l'exergue, en commençant par le haut et en descendant à droite, on lit ces lettres :

V. R. S. N. S. M. V.
S. M. Q. L. I. V. L.

Initiales de ce distique :

Vade Retro, Satana, Non Suade Mihi Vana
Sunt Mala quæ Libas; Ipse, Venena Bibas.

Retire-toi, Satan, ne me conseille point les choses vaines.
Ce que tu nous verses, c'est le Mal; bois, toi-même, tes poisons.

Je n'aime ni les avant-propos, ni les préfaces et, autant que possible, je m'abstiens de faire devancer mes livres par d'inutiles phrases.

Il me faut donc un motif sérieux, quelque chose comme un cas de légitime défense, pour me résoudre à dédicacer de ces quelques lignes cette nouvelle édition d' « En Route ».

Ce motif le voici :

Depuis la mise en vente de ce volume, ma correspondance déjà très développée par les discussions dont « Là-Bas » fut cause, s'est accrue de telle sorte que je me vois dans la nécessité ou de ne plus répondre aux lettres que je reçois, ou de renoncer à tout travail.

Ne pouvant me sacrifier cependant, pour satisfaire aux exigences de personnes inconnues dont la vie est sans doute moins occupée que la mienne, j'avais pris le parti de négliger les demandes de renseignements suscitées par la lecture d' « En Route »; mais je n'ai pu persévérer dans cette délectable attitude, parce qu'elle menaçait de devenir odieuse, en certains cas.

Ils peuvent, en effet, se scinder en deux catégories, ces envois de lettres.

La première émane de simples curieux; sous prétexte qu'ils s'intéressent à mon pauvre être, ceux-là veulent savoir un tas de choses qui ne les regardent pas, prétendent s'immiscer dans mon intérieur, se promener comme en un lieu public dans mon âme.

Ici, pas de difficultés, je brûle ces épistoles et tout est dit. Mais, il n'en est pas de même de la seconde catégorie de ces lettres.

Celle-là, de beaucoup la plus nombreuse, provient de gens tourmentés par la grâce, se battant avec eux-mêmes, appelant et repoussant, à la fois, une conversion : elle procède souvent aussi de dolentes mères réclamant pour la maladie ou pour l'inconduite de leurs enfants le secours de prières d'un cloître.

Et tous me demandent de leur dire franchement si l'abbaye que j'ai décrite dans ce livre existe et me supplient, dans ce cas, de les mettre en rapport avec elle ; tous me requièrent d'obtenir que le frère Siméon — en admettant que je ne l'aie pas inventé ou qu'il soit, ainsi que je l'ai raconté, un saint — leur vienne, par la vertu de ses puissantes oraisons, en aide.

C'est alors que, pour moi, la partie se gâte. N'ayant pas le courage d'écarter de telles suppliques, je finis par écrire deux billets, l'un au signataire de la missive qui me parvint et l'autre, au couvent; plus, quelquefois, si des points sont à préciser, si des informations plus étendues sont nécessaires. Et, je le répète, ce rôle de truchement assidu entre des laïques et des moines m'absorbe, m'empêche absolument de travailler.

Comment s'y prendre alors pour contenter les autres et ne pas trop se déplaire ? Je n'ai découvert que ce moyen, répondre en bloc, ici, une fois pour toutes, à ces braves gens.

En somme, les questions qui me sont le plus ordinairement posées, se résument en celles-ci :

— Nous avons vainement cherché, dans la nomenclature des Trappes, Notre-Dame-de-l'Atre; elle ne se trouve sur aucun des annuaires monastiques; l'avez-vous donc imaginée?

Puis : — Le frère Siméon est-il un personnage fictif, ou bien, si vous l'avez dessiné d'après nature, ne l'avez-vous pas exalté, canonisé, en quelque sorte, pour les besoins de votre livre?

Aujourd'hui que le bruit soulevé par « En Route » s'est apaisé, je crois pouvoir me départir de la réserve que j'avais toujours observée à propos de l'ascétère où vécut Durtal. Je le dis donc :

La Trappe de Notre-Dame-de-l'Atre s'appelle, de son vrai nom, la Trappe de Notre-Dame-d'Igny, et elle est située près de Fismes, dans la Marne.

Les descriptions que j'en rapportai sont exactes, les renseignements que je relate sur le genre de vie que l'on mène dans ce monastère sont authentiques; les portraits des moines que j'ai peints sont réels. Je me suis simplement borné, par convenance, à changer les noms.

J'ajoute encore que l'historique de N tre-Dame-de-l'Atre, qui figure à la page 321 de cet ouvrage, s'applique, de tous points, à Igny.

C'est elle, en effet, qui, après avoir été fondée en 1127, par saint Bernard, eut à sa tête de véritables saints, tels que les Bienheureux Humbert, Guerric dont les reliques sont conservées dans une châsse sous le maître-autel, l'extraordinaire Monoculus que vénérait Louis VII.

Elle a langui, comme toutes ses sœurs, sous le régime de la Commende; elle est morte pendant la Révolution, est ressuscitée en 1875. Par les soins du Cardinal-Archevêque de Reims, une petite colonie de Cisterciens vint, à cette époque, de Sainte-Marie-du-Désert, pour repeupler l'antique abbaye de saint Bernard et renouer les liens de prières rompus par la tourmente.

Quant au frère Siméon, j'ai pris de lui un portrait net et brut, sans enjolivements, une photographie sans retouches. Je ne l'ai nullement exhaussé, nullement agrandi, ainsi qu'on semble l'insinuer, dans l'intérêt d'une cause. Je l'ai peint d'après la méthode naturaliste, tel qu'il est, ce bon saint!

Et je songe à ce doux, à ce pieux homme que je revis,

il y a quelques jours, encore. Il est maintenant si vieux, qu'il ne peut plus soigner ses porcs. On l'occupe à éplucher les légumes à la cuisine, mais le Père Abbé l'autorise à aller rendre visite à ses anciens élèves; et ils ne sont pas ingrats, ceux-là, car ils se dressent en de joyeuses clameurs lorsqu'il s'approche des bauges.

Lui, sourit de son sourire tranquille, grogne, un instant, avec eux, puis il retourne se terrer dans le mutisme bienfaisant du cloître; mais quand ses supérieurs le délient, pour quelques moments, de la règle du silence, ce sont de brefs enseignements que cet élu nous donne.

Je cite celui-ci au hasard :

Un jour que le Père Abbé lui recommande de prier pour un malade, il répond : — « Les prières faites par obéissance, ayant plus de vertu que les autres, je vous supplie, mon Très Révérend Père, de m'indiquer celles que je dois dire. »

— Eh bien, vous réciterez trois *Pater* et trois *Ave*, mon frère.

Le vieux hoche la tête et comme l'Abbé, un peu surpris, l'interroge, il avoue son scrupule. « Un seul *Pater* et un seul *Ave*, fait-il, bien proférés, avec ferveur, suffisent; c'est manquer de confiance que d'en dire plus. »

Et ce cénobite n'est pas du tout, ainsi que l'on serait tenté de le croire, une exception. Il y en a de pareils dans toutes les Trappes et aussi dans d'autres ordres. J'en connais personnellement un autre qui me reporte, lorsqu'il m'est permis de l'aborder, au temps de saint François d'Assise. Celui-là vit, en extase, le chef ceint comme d'une auréole, par un nimbe d'oiseaux.

Les hirondelles viennent nicher au-dessus de son grabat, dans la loge de frère-portier qu'il habite; elles tournoient gaiement autour de lui et les toutes petites qui s'essaient à voler se reposent sur sa tête, sur ses bras, sur ses mains, tandis qu'il continue de sourire, en priant.

Ces bêtes se rendent évidemment compte de cette sainteté qui les aime et les protège, de cette candeur que, nous les hommes, nous ne concevons plus; il est bien certain que, dans ce siècle de studieuse ignorance et d'idées basses, le frère Siméon et ce frère-portier paraissent invraisemblables; pour ceux-ci, ils sont des idiots et pour ceux-là, des fous. La grandeur de ces convers admirables, si vraiment humbles, si vraiment simples, leur échappe!

Ils nous ramènent au Moyen Age, et c'est heureux; car il est indispensable que de telles âmes existent, pour compenser les nôtres; ils sont les oasis divines d'ici-bas, les bonnes auberges où Dieu réside, alors qu'Il a vainement parcouru le désert des autres êtres.

N'en déplaise aux gens de lettres, ces personnages sont aussi véridiques que ceux qui se profilent dans mes précédents livres; ils vivent dans un monde que les écrivains profanes ne connaissent pas, et voilà tout. Je n'ai donc rien exagéré lorsque j'ai parlé dans ce volume de l'efficace de prières inouï dont disposent ces moines.

J'espère que mes correspondants seront satisfaits par la netteté de ces réponses; en tout cas, mon rôle d'intermédiaire peut, sans léser la charité, prendre fin, puisque maintenant le nom et l'adresse de ma Trappe sont connus.

Il ne me reste plus qu'à m'excuser auprès de Dom Augustin, le T. R. P. Abbé de la Trappe de Notre-Dame-d'Igny, d'avoir ainsi enlevé le pseudonyme sous lequel je présentai, l'an dernier, au public, son monastère.

Je sais qu'il déteste le bruit qu'il désire qu'on ne le mette, ni lui, ni les siens, en scène; mais je sais aussi qu'il m'aime bien et qu'il me pardonnera, en pensant que cette indiscrétion peut être utile à beaucoup de pauvres âmes et m'assurer du même coup le moyen de travailler, un peu, à Paris, en paix.

Août 1896.

PREMIÈRE PARTIE

PREMIÈRE PARTIE

I

C'ÉTAIT pendant la première semaine de Novembre, la semaine où se célèbre l'octave des morts. Durtal entra, le soir, à huit heures, à Saint-Sulpice. Il fréquentait volontiers cette église parce que la maîtrise y était exercée et qu'il pouvait, loin des foules, s'y tirer en paix. L'horreur de cette nef, voûtée de pesants berceaux, disparaissait avec la nuit ; les bas côtés étaient souvent déserts, les lampes peu nombreuses éclairaient mal ; l'on pouvait se pouiller l'âme, sans être vu, l'on était chez soi.

Durtal s'assit derrière le maître-autel, à gauche, sous la travée qui longe la rue de Saint-Sulpice ; les réverbères de l'orgue de chœur s'allumèrent. Au loin, dans la nef presque vide, un ecclésiastique parlait en chaire. Il reconnut à la vaseline de son débit, à la graisse de son accent, un prêtre, solidement nourri, qui versait, d'habitude, sur ses auditeurs, les moins omises des rengaînes.

Pourquoi sont-ils si dénués d'éloquence ? se disait

Durtal. J'ai eu la curiosité d'en écouter un grand nombre et tous se valent. Seul, le son de leurs voix diffère. Suivant leur tempérament, les uns l'ont macéré dans le vinaigre et les autres l'ont mariné dans l'huile. Un mélange habile n'a jamais lieu. Et il se rappelait des orateurs choyés comme des ténors, Monsabré, Didon, ces Coquelin d'église et, plus bas encore que ces produits du Conservatoire catholique, la belliqueuse mazette qu'est l'abbé d'Hulst !

Après cela, reprit-il, ce sont ces médiocres-là que réclame la poignée de dévotes qui les écoute. Si ces gargotiers d'âmes avaient du talent, s'ils servaient à leurs pensionnaires des nourritures fines, des essences de théologie, des coulis de prières, des sucs concrets d'idées, ils végéteraient incompris des ouailles. C'est donc pour le mieux, en somme. Il faut un clergé dont l'étiage concorde avec le niveau des fidèles; et certes, la Providence y a vigilamment pourvu.

Un piétinement de souliers, puis des chaises dérangées qui crissèrent sur les dalles l'interrompirent. Le sermon avait pris fin.

Dans un grand silence, l'orgue préluda, puis s'effaça, soutint seulement l'envolée des voix.

Un chant lent, désolé, montait, le « De Profundis ». Des gerbes de voix filaient sous les voûtes, fusaient avec les sons presque verts des harmonicas, avec les timbres pointus des cristaux qu'on brise.

Appuyées sur le grondement contenu de l'orgue, étayées par des basses si creuses qu'elles semblaient comme descendues en elles-mêmes, comme souterraines, elles jaillissaient, scandant le verset « De profundis ad te clamavi, Do », puis elles s'arrêtaient exténuées, laissaient tomber ainsi qu'une lourde larme la syllabe finale, « mine » ; — et ces voix d'enfants proches de la mue reprenaient le deuxième verset du psaume « Domine exaudi vocem meam » et la seconde moitié du dernier mot restait encore en suspens, mais au lieu de se détacher, de tomber à terre, de s'y écraser telle qu'une goutte, elle semblait se redresser d'un suprême effort et darder jusqu'au ciel le cri d'angoisse de l'âme désincarnée, jetée nue, en pleurs, devant son Dieu.

Et, après une pause, l'orgue assisté de deux contrebasses mugissait emportant dans son torrent toutes les voix, les barytons, les ténors et les basses, ne servant plus seulement alors de gaînes aux lames aiguës des gosses, mais sonnant découvertes, donnant à pleine gorge et l'élan des petits soprani les perçait quand même, les traversait, pareil à une flèche de cristal, d'un trait.

Puis une nouvelle pause ; — et dans le silence de l'église, les strophes gémissaient à nouveau, lancées, ainsi que sur un tremplin, par l'orgue. En les écoutant avec attention, en tentant de les décomposer, en fermant les yeux, Durtal les voyait d'abord presque horizontales, s'élever peu à peu, s'ériger à la fin, toutes droites, puis vaciller en pleurant et se casser du bout.

Et soudain, à la fin du psaume, alors qu'arrivait le répons de l'antienne « Et lux perpetua luceat eis », les voix enfantines se déchiraient en un cri douloureux de soie, en un sanglot affilé, tremblant sur le mot « eis » qui restait suspendu, dans le vide.

Ces voix d'enfants tendues jusqu'à éclater, ces voix claires et acérées mettaient dans la ténèbre du chant des blancheurs d'aube; alliant leurs sons de pure mousseline au timbre retentissant des bronzes, forant avec le jet comme en vif argent de leurs eaux, les cataractes sombres des gros chantres, elles aiguillaient les plaintes, renforçaient jusqu'à l'amertume le sel ardent des pleurs, mais elles insinuaient aussi une sorte de caresse tutélaire, de fraîcheur balsamique, d'aide lustrale ; elles allumaient dans l'ombre ces brèves clartés que tintent, au petit jour, les angelus ; elles évoquaient, en devançant les prophéties du texte, la compatissante image de la Vierge passant, aux pâles lueurs de leurs sons, dans la nuit de cette prose.

C'était incomparablement beau, le « De profundis » ainsi chanté. Cette requête sublime finissant dans les sanglots, au moment où l'âme des voix allait franchir les frontières humaines, tordit les nerfs de Durtal, lui tressailla le cœur. Puis il voulut s'abstraire, s'attacher surtout au sens de la morne plainte où l'être déchu, lamentablement, implore, en gémissant, son Dieu. Et ces cris de la troisième strophe lui revenaient, ceux, où suppliant, désespéré, du fond de l'abîme, son Sauveur, l'homme, maintenant qu'il se sait écouté, hésite, honteux, ne sachant plus que dire. Les excuses qu'il prépara lui paraissent vaines, les arguments qu'il ajusta lui semblent nuls et alors il balbutie : « si vous tenez compte des iniquités, Seigneur, Seigneur, qui trouvera grâce ? »

Quel malheur, se disait Durtal, que ce psaume qui chante si magnifiquement, dans ses premiers versets, le désespoir de l'humanité tout entière, devienne, dans ceux qui suivent, plus personnel au Roi David. Je sais bien, reprit-il, qu'il faut accepter le sens symbolique de ces plaintes, admettre que ce despote confond sa cause avec celle de Dieu, que ses adversaires sont les mécréants et les impies, que lui-même préfigure, d'après les docteurs de l'Eglise, la physionomie du Christ, mais, c'est égal, le souvenir de ses boulimies charnelles et les présomptueux éloges qu'il dédie à son incorrigible peuple, rétrécissent l'empan du poème. Heureusement que la mélodie vit hors du texte, de sa vie propre, ne se confinant pas dans des débats de tribu, mais s'étendant à toute la terre, chantant l'angoisse des temps à naître, aussi bien que celle des époques présentes et des âges morts.

Le « De Profundis » avait cessé ; — après un silence — la maîtrise entonna un motet du XVIIIe siècle, mais Durtal ne s'intéressait que médiocrement à la musique humaine dans les églises. Ce qui lui semblait supérieur aux œuvres les plus vantées de la musique théâtrale ou mondaine, c'était le vieux plain-chant, cette mélodie plane et nue, tout à la fois aérienne et tombale ; c'était ce cri solennel des tristesses et altier des joies, c'étaient ces hymnes grandioses de la foi de l'homme qui semblent sourdre dans les cathédrales, comme d'irrésistibles geysers, du pied même des piliers romans. Quelle musique, si ample ou si douloureuse ou si tendre qu'elle fût, valait le « De Profundis » chanté en faux-bourdon, les solennités du « Magnificat », les verves augustes du « Lauda Sion », les enthousiasmes du « Salve Regina », les détresses du « Miserere » et du « Stabat », les omnipotentes majestés du « Te Deum » ? Des artistes de génie s'étaient évertués à traduire les textes sacrés : Vittoria, Josquin De Près, Palestrina, Orlando

Lassus, Haendel, Bach, Haydn, avaient écrit de merveilleuses pages ; souvent même, ils avaient été soulevés par l'effluence mystique, par l'émanation même du Moyen Age, à jamais perdue ; et leurs œuvres gardaient pourtant un certain apparat, demeuraient, malgré tout, orgueilleuses, en face de l'humble magnificence, de la sobre splendeur du chant grégorien et après ceux-là ç'avait été fini, car les compositeurs ne croyaient plus.

Dans le moderne, l'on pouvait cependant citer quelques morceaux religieux de Lesueur, de Wagner, de Berlioz, de César Franck, et encore sentait-on chez eux l'artiste tapi sous son œuvre, l'artiste tenant à exhiber sa science, pensant à exalter sa gloire et par conséquent omettant Dieu. L'on se trouvait en face d'hommes supérieurs, mais d'hommes, avec leurs faiblesses, leur inaliénable vanité, la tare même de leurs sens. Dans le chant liturgique créé presque toujours anonymement au fond des cloîtres, c'était une source extraterrestre, sans filon de péchés, sans trace d'art. C'était une surgie d'âmes déjà libérées du servage des chairs, une explosion de tendresses surélevées et de joies pures ; c'était aussi l'idiome de l'Eglise, l'Evangile musical accessible comme l'Evangile même, aux plus raffinés et aux plus humbles.

Ah ! la vraie preuve du Catholicisme, c'était cet art qu'il avait fondé, cet art que nul n'a surpassé encore ! c'était, en peinture et en sculpture les Primitifs ; les mystiques dans les poésies et dans les proses ; en musique, c'était le plain-chant ; en architecture, c'était le roman et le gothique. Et tout cela se tenait, flambait en une seule gerbe, sur le même autel ; tout cela se conciliait en une touffe de pensées unique : révérer, adorer, servir le Dispensateur, en lui montrant, réverbéré dans l'âme de sa créature, ainsi qu'en un fidèle miroir, le prêt encore immaculé de ses dons.

Alors, dans cet admirable Moyen Age où l'art, allaité par l'Eglise, anticipa sur la mort, s'avança jusqu'au seuil de l'éternité, jusqu'à Dieu, le concept divin et la forme céleste furent devinés, entr'aperçus, pour la première et peut-être pour la dernière fois, par l'homme. Et ils se correspondaient, se répercutaient, d'arts en arts.

Les Vierges eurent des faces en amandes, des visages allongés comme ces ogives que le gothique amenuisa pour distribuer une lumière ascétique, un jour virginal, dans la châsse mystérieuse de ses nefs. Dans les tableaux des Primitifs, le teint des saintes femmes devient transparent comme la cire paschale et leurs cheveux sont pâles comme les miettes dédorées des vrais encens ; leur corsage enfantin renfle à peine, leurs fronts bombent comme le verre des custodes, leurs doigts se fusèlent, leurs corps s'élancent ainsi que de fins piliers. Leur beauté devient, en quelque sorte, liturgique. Elles semblent vivre dans le feu des verrières, empruntant aux tourbillons en flammes des rosaces la roue de leurs auréoles, les braises bleues de leurs yeux, les tisons mourants de leurs lèvres, gardant pour leurs parures, les couleurs dédaignées de leurs chairs, les dépouillant de leurs lueurs, les muant, lorsqu'elles les transportent sur l'étoffe, en des tons opaques qui aident encore par leur contraste à attester la clarté séraphique du regard, la dolente candeur de la bouche que parfume, suivant le Propre du Temps, la senteur de lys des cantiques, ou la pénitentielle odeur de la myrrhe des psaumes.

Il y eut alors entre artistes, une coalition de cervelles, une fonte d'âmes. Les peintres s'associèrent dans un même idéal de beauté avec les architectes ; ils affilièrent en un indestructible accord les cathédrales et les Saintes ; seulement, au rebours des usages connus, ils sertirent le bijou d'après l'écrin, modelèrent les reliques d'après la châsse.

De leur côté, les proses chantées de l'Eglise eurent de subtiles affinités avec les toiles des Primitifs.

Les répons de Ténèbres de Vittoria ne sont-ils pas d'une inspiration similaire, d'une altitude égale à celles du chef-d'œuvre de Quentin Metsys, l'ensevelissement du Christ ? Le « Regina Cœli » du musicien flamand Lassus n'a-t-il pas la bonne foi, l'allure candide et baroque de certaines statues de retables ou des tableaux religieux du vieux Brueghel ? Enfin le « Miserere » du maître de chapelle de Louis XII, de Josquin De Près, n'a-t-il pas, de même que les panneaux des Primitifs de la Bourgogne et des Flandres, un essor un peu patient, une simplesse filiforme un peu roide, mais n'exhale-t-il point, comme eux aussi, une saveur vraiment mystique, ne se contourne-t-il pas en une gaucherie vraiment touchante ?

L'idéal de toutes ces œuvres est le même et par des moyens différents, atteint.

Quant au plain-chant, l'accord de sa mélodie avec l'architecture est certain aussi ; parfois, il se courbe ainsi que les sombres arceaux romans, surgit, ténébreux et pensif, tel que les pleins cintres. Le « De Profundis », par exemple, s'incurve semblable à ces grands arcs qui forment l'ossature enfumée des voûtes; il est lent et nocturne comme eux; il ne se tend que dans l'obscurité, ne se meut que dans la pénombre marrie des cryptes.

Parfois, au contraire, le chant grégorien semble emprunter au gothique ses lobes fleuris, ses flèches déchiquetées, ses rouets de gaze, ses trémies de dentelles, ses guipures légères et ténues comme des voix d'enfants. Alors il passe d'un extrême à l'autre, de l'ampleur des détresses à l'infini des joies. D'autres fois encore, la musique plane et la musique chrétienne qu'elle enfanta, se plient de même que la sculpture à la gaieté du peuple; elles s'associent aux allégresses ingénues, aux rires sculptés des vieux porches; elles prennent ainsi que dans le chant de la Noël, « l'Adeste fideles », et dans l'hymne paschale « l'O filii et filiæ », le rythme populacier des foules ; elles se font petites et familières telles que les Évangiles, se soumettent aux humbles souhaits des pauvres, en leur prêtant un air de fête facile à retenir, un véhicule mélodique qui les emporte en de pures régions où ces âmes naïves s'ébattent aux pieds indulgents du Christ.

Créé par l'Eglise, élevé par elle, dans les psallettes du Moyen Age, le plain-chant est la paraphrase aérienne et mouvante de l'immobile structure des cathédrales; il est l'interprétation immatérielle et fluide des toiles des Primitifs; il est la traduction ailée et il est aussi la stricte et la flexible étole de ces proses latines qu'édifièrent les moines, exhaussés, jadis, hors des temps, dans des cloîtres.

Il est maintenant altéré et décousu, vainement dominé par le fracas des orgues, et il est chanté Dieu sait comme !

La plupart des maîtrises, lorsqu'elles l'entonnent, se plaisent à simuler les borborygmes qui gargouillent dans les conduites d'eaux ; d'autres se délectent à imiter le grincement des crécelles, le hiement des poulies, le cri des grues ; malgré tout, son imperméable beauté subsiste, sourd quand même de ces meuglements égarés de chantres.

Le silence subit de l'église dispersa Durtal. Il se leva, regarda autour de lui ; dans son coin, personne, sinon deux pauvresses endormies, les pieds sur des barreaux de chaises, la tête sur leurs genoux. En se penchant un peu, il aperçut en l'air, dans une chapelle noire, le rubis d'une veilleuse brûlant dans un verre rouge ; aucun bruit, sauf le pas militaire d'un suisse, faisant sa ronde au loin.

Durtal se rassit ; la douceur de cette solitude qu'aromatisait le parfum des cires mêlé aux souvenirs déjà lointains à cette heure des fumées d'encens, s'évanouit d'un coup. Aux premiers accords plaqués sur l'orgue, Durtal reconnut le « Dies iræ », l'hymne désespérée du Moyen Age ; instinctivement, il baissa le front et écouta.

Ce n'était plus, ainsi que dans le «De Profundis», une supplique humble, une souffrance qui se croit entendue, qui discerne pour cheminer dans sa nuit un sentier de lueurs ; ce n'était plus la prière qui conserve assez d'espoir pour ne pas trembler ; c'était le cri de la désolation absolue et de l'effroi.

Et, en effet, la colère divine soufflait en tempête dans ces strophes. Elles semblaient s'adresser moins au Dieu de miséricorde, à l'exorable Fils qu'à l'inflexible Père, à Celui que l'Ancien Testament nous montre, bouleversé de fureur, mal apaisé par les fumigations des bûchers, par les incompréhensibles attraits des holocaustes. Dans ce chant, il se dressait, plus farouche encore, car il menaçait d'affoler les eaux, de fracasser les monts, d'éventrer, à coups de foudre, les océans du ciel. Et la terre épouvantée criait de peur.

C'était une voix cristalline, une voix claire d'enfant qui clamait dans le silence de la nef l'annonce des cataclysmes ; et après elle, la maîtrise chantait de nouvelles strophes où l'implacable Juge venait, dans les éclats déchirants des trompettes, purifier par le feu la sanie du monde.

Puis, à son tour, une basse profonde, voûtée, comme issue des caveaux de l'église, soulignait l'horreur de ces prophéties, aggravait la stupeur de ces menaces ; et après une courte reprise du chœur, un alto les répétait, les détaillait encore et alors que l'effrayant poème avait épuisé le récit des châtiments et des peines, dans le timbre suraigu, dans le fausset d'un petit garçon, le nom de Jésus passait et c'était une éclaircie dans cette trombe ; l'univers haletant criait grâce, rappelait, par toutes les voix de la maîtrise, les miséricordes infinies du Sauveur et ses pardons, le conjurait de l'absoudre, comme jadis il épargna le larron pénitent et la Madeleine.

Mais, dans la même mélodie désolée et têtue, la tempête sévissait à nouveau, noyait de ses lames les plages entrevues du ciel, et les solos continuaient, découragés, coupés par les rentrées éplorées du chœur, incarnant tour à tour, avec la diversité des voix, les conditions spéciales des hontes, les états particuliers des transes, les âges différents des pleurs.

A la fin, alors que mêlées encore et confondues, ces voix avaient charrié, sur les grandes eaux de l'orgue, toutes les épaves des douleurs humaines, toutes les bouées des prières et des larmes, elles retombaient exténuées, paralysées par l'épouvante, gémissaient en des soupirs d'enfant qui se cache la face, balbutiaient le « Dona eis requiem », terminaient, épuisées, par un amen si plaintif qu'il expirait ainsi qu'une haleine, au-dessus des sanglots de l'orgue.

Quel homme avait pu imaginer de telles désespérances, rêver à de tels désastres? et Durtal se répondait : personne.

Le fait est que l'on s'était vainement ingénié à découvrir l'auteur de cette musique et de cette prose. On les avait attribuées à Frangipani, à Thomas de Celano, à saint Bernard, à un tas d'autres, et elles demeuraient anonymes, simplement formées par les alluvions douloureuses des temps. Le « Dies iræ » semblait être tout d'abord tombé, ainsi qu'une semence de désolation, dans les âmes éperdues du XIe siècle ; il y avait germé, puis lentement poussé, nourri par la sève des angoisses, arrosé par la pluie des larmes. Il avait été enfin taillé lorsqu'il avait paru mûr et il avait été trop ébranché peut-être, car dans l'un des premiers textes que l'on connaît, une strophe, depuis disparue, évoquait la magnifique et barbare image de la terre qui tournait en crachant des flammes, tandis que les constellations volaient en éclats, que le ciel se ployait en deux comme un livre!

Tout cela n'empêche, conclut Durtal, que ces tercets

tramés d'ombre et de froid, frappés de rimes se réper
cutant en de durs échos, que cette musique de toile rude
qui enrobe les phrases telle qu'un suaire et dessine les
contours rigides de l'œuvre ne soient admirables ! —
Et pourtant ce chant qui étreint, qui rend avec tant d'é-
nergie l'ampleur de cette prose, cette période mélodique
qui parvient, tout en ne variant pas, tout en restant la
même, à exprimer tour à tour la prière et l'effroi, m'é-
meut, me poigne moins que le « De Profundis » qui
n'a cependant ni cette grandiose envergure, ni ce cri
déchirant d'art.

Mais, chanté en faux-bourdon, ce psaume est terreux
et suffocant. Il sort du fond même des sépulcres, tandis
que « le Dies iræ » ne jaillit que du seuil des tombes.
L'un est la voix même du trépassé, l'autre celles des vivants qui l'enterrent, et le mort pleure mais reprend un
peu courage, quand déjà ceux qui l'ensevelissent déses-
pèrent.

En fin de compte, je préfère le texte du « Dies iræ »
à celui du « De Profundis », et la mélodie du « De
Profundis » à celle du « Dies iræ ». Il est vrai de dire
aussi que cette dernière prose est modernisée, chantée
théâtralement ici, sans l'imposante et la nécessaire
marche d'un unisson, conclut Durtal.

Cette fois, par exemple, c'est dénué d'intérêt, reprit-
il, sortant de ses réflexions, pour écouter, pendant une
seconde, le morceau de musique moderne que dé-
vidait maintenant la maîtrise. Ah ! qui donc se décidera
à proscrire cette mystique égrillarde, ces fonts à l'eau
de bidet qu'inventa Gounod ? Il devrait y avoir vraiment
des pénalités surprenantes pour les maîtres de chapelle

qui admettent l'onanisme musical dans les églises ! C'est, comme ce matin, à la Madeleine où j'assistais par hasard aux interminables funérailles d'un vieux banquier ; on joua une marche guerrière avec accompagnement de violoncelles et de violons, de tubas et de timbres, une marche héroïque et mondaine pour saluer le départ en décomposition d'un financier !... C'est réellement absurde ! — Et, sans plus écouter la musique de Saint-Sulpice, Durtal se transféra, en pensée, à la Madeleine et repartit, à fond de train, dans ses rêveries.

En vérité, se dit-il, le clergé assimile Jésus à un touriste, lorsqu'il l'invite, chaque jour, à descendre dans cette église dont l'extérieur n'est surmonté d'aucune croix et dont l'intérieur ressemble au grand salon d'un Continental ou d'un Louvre. Mais comment faire comprendre à des prêtres que la laideur est sacrilège et que rien n'égale l'effrayant péché de ce bout-ci, bout-là de romain et de grec, de ces peintures d'octogénaires, de ce plafond plat et ocellé d'œils-de-bœuf d'où coulent, par tous les temps, les lueurs avariées des jours de pluie, de ce futile autel que surmonte une ronde d'anges qui, prudemment éperdus, dansent, en l'honneur de la Vierge, un immobile rigaudon de marbre ?

Et pourtant, à la Madeleine, aux heures d'enterrement, lorsque la porte s'ouvre et que le mort s'avance dans une trouée de jour, tout change. Comme un antiseptique supraterrestre, comme un thymol extrahumain, la liturgie épure, désinfecte la laideur impie de ces lieux.

Et, recensant ses souvenirs du matin, Durtal revit, en fermant les yeux, au fond de l'abside en hémicycle, le défilé des robes rouges et noires, des surplis blancs, qui se rejoignaient devant l'autel, descendaient ensemble les marches, s'acheminaient, mêlés jusqu'au catafalque, puis, là, se redivisaient encore, en le longeant, et se rejoignaient, se confondant à nouveau, dans la grande allée bordée de chaises.

Cette procession lente et muette, précédée par d'incomparables suisses, vêtus de deuil, avec l'épée en verrouil et une épaulette de général en jais, s'avançait, la croix en tête, au-devant du cadavre couché sur des tréteaux et, de loin, dans cette cohue de lueurs tombées du toit et de feux allumés autour du catafalque et sur l'autel, le blanc des cierges disparaissait et les prêtres qui les portaient semblaient marcher, la main vide et levée, comme pour désigner les étoiles qui les accompagnaient, en scintillant au-dessus de leurs têtes.

Puis, quand la bière fut entourée par le clergé, le « De Profundis » éclata, du fond du sanctuaire, entonné par d'invisibles chantres.

— Ça, c'était bien, se dit Durtal. A la Madeleine, les voix des enfants sont aigres et frêles et les basses sont mal décantées et sont blettes ; nous sommes évidemment loin de la maîtrise de Saint-Sulpice, mais c'était quand même superbe ; puis quel moment que celui de la communion du prêtre, lorsque sortant tout à coup des mugissements du chœur, la voix du ténor lance au-dessus du cadavre la magnifique antienne du plain-chant :

« Requiem æternam dona eis, Domine, et lux perpetua luceat eis »

Il semble qu'après toutes les lamentations du « De Profundis » et du « Dies iræ », la présence de Dieu qui vient, là, sur l'autel, apporte un soulagement et légitime la confiante et la solennelle fierté de cette phrase mélodique qui invoque alors le Christ sans alarmes et sans pleurs.

La messe se termine, le célébrant disparaît et, de même qu'au moment où le mort entra, le clergé, précédé par les suisses, s'avance vers le cadavre, et, dans le cercle enflammé des cierges, un prêtre en chape profère les puissantes prières des absoutes.

Alors, la liturgie se hausse, devient plus admirable encore. Médiatrice entre le coupable et le Juge, l'Eglise, par la bouche de son prêtre, adjure le Seigneur de pardonner à la pauvre âme : —« Non intres in judicium cum servo tuo, Domine..... » — puis, après l'amen, lancé par l'orgue et toute la maîtrise, une voix se lève dans le silence et parle au nom du mort :

« Libera me...

Et le chœur continue le vieux chant du xe siècle. Ainsi que dans le « Dies iræ » qui s'appropria des fragments de ces plaintes, le Jugement Dernier flamboie et d'impitoyables répons attestent au trépassé la véracité de ses transes, lui confirment qu'à la chute des temps, le Juge viendra, dans le hourra des foudres, châtier le monde.

Et le prêtre fait à grands pas le tour du catafalque, le brode de perles d'eau bénite, l'encense, abrite la pauvre âme qui pleure, la console, la prend contre lui, la couvre, en quelque sorte, de sa chape et il intervient encore pour qu'après tant de fatigues et de peines, le Seigneur permette à la malheureuse de dormir, loin des bruits de la terre, dans un repos sans fin.

Ah ! jamais, dans aucune religion, un rôle plus charitable, une mission plus auguste, ne fût réservée à un homme. Elevé au-dessus de l'humanité tout entière par la consécration, presque déifié par le sacerdoce, le prêtre pouvait, alors que la terre gémissait ou se taisait, s'avancer au bord de l'abîme et intercéder pour l'être que l'Eglise avait ondoyé, étant enfant, et qui l'avait sans doute oubliée depuis, et qui l'avait peut-être même persécutée jusqu'à sa mort.

Et l'Eglise ne défaillait point dans cette tâche. Devant cette boue de chairs, tassée dans une caisse, elle pensait à la voirie de l'âme et s'écriait : « Seigneur, des portes de l'enfer, arrachez-la » ; mais, à la fin de l'absoute, au moment où le cortège tournait le dos et s'acheminait vers la sacristie, elle semblait, elle aussi, inquiète. Recensant peut-être, en une seconde, les méfaits commis pendant son existence par ce cadavre, elle paraissait douter que ses suppliques fussent admises, et ce doute, que ses paroles n'avouaient point, passait dans l'intonation du dernier amen, murmuré à la Madeleine, par des voix d'enfants.

Timide et lointain, doux et plaintif, cet amen disait : nous avons fait ce que nous pouvions, mais... mais... Et, dans le funèbre silence que laissait ce départ du clergé quittant la nef, l'ignoble réalité demeurait seule de la coque vide, enlevée à bras d'hommes, jetée dans une voiture, ainsi que ces rebuts de boucherie qu'on emporte, le matin, pour les saponifier dans les fondoirs.

Quand on évoque, en face de ces douloureuses oraisons, de ces éloquentes absoutes, une messe de mariage, comme cela change ! continua Durtal. Là, l'Église est désarmée et sa liturgie musicale est quasi nulle. Il faut bien alors qu'elle joue les marches nuptiales des Mendelssohn, qu'elle emprunte aux auteurs profanes la gaieté de leurs chants pour célébrer la brève et la vaine joie des corps. Se figure-t-on — et cela se fait pourtant — le cantique de la Vierge servant à magnifier l'impatiente allégresse d'une jeune fille qui attend qu'un Monsieur l'entame, le soir même, après un repas ? s'imagine-t-on le « Te Deüm » chantant la béatitude d'un homme qui va forcer sur un lit une femme qu'il épouse parce qu'il n'a pas découvert d'autres moyens de lui violer sa dot ?

Loin de ce fermage infamant des chairs, le plain-chant demeure parqué dans ses antiphonaires, comme le moine dans son cloître ; et quand il en sort, c'est pour faire jaillir devant le Christ la gerbe des douleurs et des peines. Il les condense et les résume en d'admirables plaintes et si, las d'implorer, il adore, alors ses élans glorifient les Evènements éternels, les Rameaux et les Pâques, les Pentecôtes et les Ascensions, les Epiphanies et les Noëls ; alors, il déborde d'une joie si magnifique, qu'il bondit hors des mondes, exubère, en extase, aux pieds d'un Dieu !

Quant aux cérémonies mêmes de l'enterrement, elles ne sont plus aujourd'hui qu'un train-train fructueux, qu'une routine officielle, qu'un treuil d'oraisons qu'on tourne, machinalement, sans y penser.

L'organiste songe à sa famille et rumine ses ennuis pendant qu'il joue ; l'homme qui pompe l'air et le refoule dans les tuyaux, pense au demi-setier qui tarira ses sueurs ; les ténors et les basses soignent leurs effets, se mirent dans l'eau plus ou moins ridée de leurs voix ; les enfants de la maîtrise rêvent d'aller galopiner, après la messe ; d'ailleurs, ni les uns, ni les autres, ne comprennent un mot du latin qu'ils chantent et qu'ils abrègent, du reste, ainsi que dans le « Dies iræ » dont ils suppriment une partie des strophes.

De son côté, la bedeaudaille suppute les fonds que le trépassé rapporte et le prêtre même, excédé par ces prières qu'il a tant lues et pressé par l'heure du repas, expédie l'office, prie mécaniquement du bout des lèvres, tandis que les assistants ont hâte, eux aussi, que la messe, qu'ils n'ont pas écoutée d'ailleurs, s'achève pour serrer la main des parents et quitter le mort.

C'est une inattention absolue, un ennui profond. Et pourtant, c'est effrayant ce qui est là, sur des tréteaux, ce qui attend là, dans l'église ; car enfin, c'est l'étable vide, à jamais abandonnée, du corps ; et c'est cette étable même qui s'effondre. Du purin qui fétide, des gaz qui émigrent, de la viande qui tourne, c'est tout ce qui reste !

Et l'âme, maintenant que la vie n'est plus et que tout commence ? Personne n'y songe ; pas même la famille, énervée par la longueur de l'office, absorbée dans son chagrin et qui ne regrette, en somme, que la présence visible de l'être qu'elle a perdu, personne, excepté moi, se disait Durtal, et quelques curieux qui s'unissent, terrifiés, au « Dies Iræ » et au « Libera » dont ils comprennent et la langue et le sens !

Alors, par le son extérieur des mots, sans l'aide du recueillement, sans l'appui même de la réflexion, l'Église agit.

Et c'est là, le miracle de sa liturgie, le pouvoir de son verbe, le prodige toujours renaissant des paroles créées par des temps révolus, des oraisons apprêtées par des siècles morts ! Tout a passé ; rien de ce qui fut rurélevé dans les âges abolis ne subsiste. Et ces proses demeurées intactes, criées par des voix indifférentes et projetées de cœurs nuls, intercèdent, gémissent, implorent, efficacement, quand même, par leur force virtuelle, par leur vertu talismanique, par leur inaliénable beauté, par la certitude toute-puissante de leur foi. Et c'est le Moyen Age qui nous les légua pour nous aider à sauver, s'il se peut, l'âme du mufle moderne, du mufle mort !

A l'heure actuelle, conclut Durtal, il ne reste de propre à Paris que les cérémonies presque similaires des prises d'habit et des enterrements. Le malheur, c'est que, lorsqu'il s'agit d'un somptueux cadavre, les Pompes Funèbres sévissent.

Elles sortent alors un mobilier à faire frémir, des statues argentées de Vierges d'un goût atroce, des cuvettes de zinc dans lesquelles flambent des bols de punch vert, des candélabres en fer blanc, supportant au bout d'une tige qui ressemble à un canon dressé, la gueule en l'air, des araignées renversées sur le dos et dont les pattes emmanchées de bougies brûlent, toute une quincaillerie funéraire du temps du premier Empire, frappée en relief de patères, de feuilles d'acanthe, de sabliers ailés, de losanges et de grecques ! — Le malheur aussi, c'est que, pour rehausser le misérable apparat de ces fêtes, l'on joue du Massenet et du Dubois, du Benjamin Godard et du Widor, ou pis encore, du bastringue de sacristie, de la mystique de beuglant, comme les femmes affiliées aux confréries du mois de Mai, en chantent !

Et puis, hélas ! l'on n'entend plus les tempêtes des grandes orgues et les majestés douloureuses du plain-chant, qu'aux convois des détenteurs ; pour les pauvres, rien — ni maîtrise, ni orgue — quelques poignées d'oraisons ; trois coups de pinceau trempé dans un bénitier et c'est un mort de plus sur lequel il pleut et qu'on enlève ! L'Eglise sait pourtant que la charogne du riche purule autant que celle du pauvre et que son âme pue davantage encore ; mais elle brocante les indulgences et bazarde les messes ; elle est, elle aussi, ravagée par l'appât du lucre !

Il ne faut pas cependant que je pense trop de mal des crevés opulents, fit Durtal, après un silence de réflexions ; car enfin, c'est grâce à eux que je puis écouter l'admirable liturgie des funérailles ; ces gens qui n'ont peut-être fait aucun bien, pendant leur vie, font, au moins, sans le savoir, cette charité à quelques-uns, après leur mort.

Un brouhaha le ramena à Saint-Sulpice ; la maîtrise partait ; l'église allait se clore. J'aurais bien dû tâcher de prier, se dit-il ; cela eût mieux valu que de rêvasser dans le vide ainsi sur une chaise ; mais prier ? Je n'en ai pas le désir ; je suis hanté par le Catholicisme, grisé par son atmosphère d'encens et de cire, je rôde autour de lui, touché jusqu'aux larmes par ses prières, pressuré jusqu'aux moelles par ses psalmodies et par ses chants. Je suis bien dégoûté de ma vie, bien las de moi, mais de là à mener une autre existence il y a loin ! Et puis... et puis... si je suis perturbé dans les chapelles, je redeviens inému et sec, dès que j'en sors. Au fond, se dit-il, en se levant et en suivant les quelques personnes qui se dirigeaient, rabattues par le suisse vers une porte, au fond, j'ai le cœur racorni et fumé par les noces, je ne suis bon à rien.

II

COMMENT était-il redevenu catholique, comment en était-il arrivé là?

Et Durtal se répondait : je l'ignore, tout ce que je sais, c'est qu'après avoir été pendant des années incrédule, soudain je crois.

Voyons, se disait-il, tâchons cependant de raisonner si tant est que dans l'obscurité d'un tel sujet, le bon sens subsiste.

En somme, ma surprise tient à des idées préconçues sur les conversions. J'ai entendu parler du bouleversement subit et violent de l'âme, du coup de foudre, ou bien de la Foi faisant à la fin explosion dans un terrain lentement et savamment miné. Il est bien évident que les conversions peuvent s'effectuer suivant l'un ou l'autre de ces deux modes, car Dieu agit comme bon lui semble, mais il doit y avoir aussi un troisième moyen qui est sans doute le plus ordinaire, celui dont le Sauveur s'est servi pour moi. Et celui-là consiste en je ne sais quoi ; c'est quelque chose d'analogue à la digestion d'un estomac qui travaille, sans qu'on le sente. Il n'y a pas eu de chemin de Damas, pas d'événements qui déterminent une crise ; il n'est rien survenu et l'on se réveille un beau matin, et sans que l'on sache ni comment, ni pourquoi, c'est fait.

Oui, mais cette manœuvre ressemble, fort, en somme, à celle de cette mine qui n'éclate qu'après avoir été profondément creusée. Eh ! non, car, dans ce cas, les opérations sont sensibles ; les objections qui embarrassaient la route sont résolues ; j'aurais pu raisonner, suivre la marche de l'étincelle le long du fil et, ici, pas. J'ai sauté à l'improviste, sans avoir été prévenu, sans même m'être douté que j'étais si studieusement sapé. Et ce n'est pas davantage le coup de foudre, à moins que je n'admette un coup de foudre qui serait occulte et taciturne, bizarre et doux. Et ce serait encore faux, car ce bouleversement brusque de l'âme vient presque toujours à la suite d'un malheur ou d'un crime, d'un acte enfin que l'on connaît.

Non, la seule chose qui me semble sûre c'est qu'il y a eu, dans mon cas, prémotion divine, grâce.

Mais, fit-il, alors la psychologie de la conversion serait nulle ? et il se répondit :

Ça m'en a tout l'air, car je cherche vainement à me retracer les étapes par lesquelles j'ai passé ; sans doute, je peux relever sur la route parcourue, çà et là, quelques bornes : l'amour de l'art, l'hérédité, l'ennui de vivre ; je peux même me rappeler des sensations oubliées d'enfance, des cheminements souterrains d'idées suscitées par mes stations dans les églises ; mais ce que je ne puis faire c'est relier ces fils, les grouper en faisceau, ce que je ne puis comprendre c'est la soudaine et la silencieuse explosion de lumière qui s'est faite en moi. Quand je cherche à m'expliquer comment, la veille, incrédule, je suis devenu, sans le savoir, en une nuit, croyant, eh bien je ne découvre rien, car l'action céleste a disparu, sans laisser de traces.

Il est bien certain, reprit-il, après un silence de pensée, que c'est la Vierge qui agit dans ces cas-là sur nous; c'est elle qui vous pétrit et vous remet entre les mains du Fils; mais ses doigts sont si légers, si fluides, si caressants que l'âme qu'ils ont retournée n'a rien senti.

Par contre, si j'ignore la marche et les relais de ma conversion, je puis au moins deviner quels sont les motifs qui, après une vie d'indifférence, m'ont ramené dans les parages de l'Eglise, m'ont fait errer dans ses alentours, m'ont enfin poussé par le dos pour m'y faire entrer.

Et il se disait sans ambages, il y a trois causes:

D'abord un atavisme d'ancienne famille pieuse éparse dans des monastères; et des souvenirs d'enfance lui revenaient, de cousines, de tantes, entrevues dans des parloirs, des femmes douces et graves, blanches comme des oublies, qui l'intimidaient, en parlant bas, qui l'inquiétaient presque lorsqu'en le regardant, elles demandaient s'il était sage.

Il éprouvait une sorte de peur, se réfugiait dans les jupes de sa mère, tremblant quand, en partant, il fallait apporter son front au-devant de lèvres décolorées pour subir le souffle d'un baiser froid.

De loin, alors qu'il y songeait maintenant, ces entrevues qui l'avaient tant gêné dans son enfance, lui semblaient exquises. Il y mettait toute une poésie de cloître, enveloppait ces parloirs si nus d'une odeur effacée de boiseries et de cire ; et il revoyait aussi les jardins qu'il avait traversés dans ces couvents, des jardins embaumant le parfum amer et salé du buis, plantés de charmilles, semés de treilles dont les raisins toujours verts ne mûrissaient point, espacés de bancs dont la pierre rongée gardait des anciennes ondées des œils d'eau ; et mille détails lui revenaient de ces allées de tilleuls si tranquilles, de ces sentiers où il courait dans la guipure noire que dessinait sur le sol l'ombre tombée des branches. Il conservait de ces jardins qui lui paraissaient devenir plus grands à mesure qu'il avançait en âge un souvenir un peu confus où tremblait l'image embrouillée d'un vieux parc aulique et d'un verger de presbytère, situé au Nord, resté, même quand le soleil l'échauffait, un peu humide.

Il n'était pas surprenant que ces sensations déformées par le temps eussent laissé en lui des infiltrations d'idées pieuses qui se creusaient alors qu'il les embellissait, en y songeant ; tout cela pouvait avoir sourdement fermenté pendant trente années et se lever maintenant.

Mais les deux autres causes qu'il connaissait avaient dû être encore plus actives.

C'était son dégoût de l'existence et sa passion de l'art ; et ce dégoût s'aggravait certainement de sa solitude et de son oisiveté.

Après avoir autrefois logé ses amitiés au hasard des gens et essuyé les plâtres d'âmes qui n'avaient aucun rapport avec la sienne, il s'était, après tant d'inutile vagabondage, enfin fixé ; il avait été l'intime ami d'un D^r des Hermies, un médecin épris de démonomanie et de mystique et du sonneur de cloches de Saint-Sulpice, du breton Carhaix.

Ces affections-là n'étaient plus comme celles qu'il avait connues, tout en superficie et en façade ; elles étaient spacieuses et profondes, basées sur des similitudes de pensées, sur des ligues indissolubles d'âmes ; et celles-là avaient été brusquement rompues ; à deux mois de distance, des Hermies et Carhaix mouraient, tués, l'un, par une fièvre typhoïde, l'autre par un refroidissement qui l'alita, après qu'il eut sonné l'angelus du soir, dans sa tour.

Ce furent pour Durtal d'affreux coups. Son existence qu'aucun lien n'amarra plus partit à la dérive ; il erra, dispersé, se rendant compte que cet abandon était définitif, que, pour lui, l'âge n'était plus où l'on s'unit encore.

Aussi vivait-il, seul, à l'écart dans ses livres, mais la solitude qu'il supportait bravement quand il était occupé, quand il préparait un livre, lui devenait intolérable lorsqu'il était oisif. Il s'acagnardait des après-midi dans un fauteuil, s'essorait dans des songes ; c'était alors surtout que des idées fixes se promenaient en lui ; elles finissaient par lui jouer derrière le rideau baissé de ses yeux des féeries dont les actes ne variaient guères. Toujours des nudités lui dansaient dans la cervelle, au chant des psaumes ; et il sortait de ces rêveries, haletant, énervé, capable, si un prêtre s'était trouvé là, de se jeter en pleurant, à ses pieds, de même qu'il se fût rué aux plus basses ordures si une fille eût été près de lui, dans sa chambre.

Chassons par le travail tous ces phantasmes, se criait-il,

mais travailler à quoi ? après avoir fait paraître une histoire de Gilles de Rais qui avait pu intéresser quelques artistes, il demeurait sans sujet, à l'affût d'un livre. Comme il était, en art, un homme d'excès, il sautait aussitôt d'un extrême à l'autre, et, après avoir fouillé le Satanisme au Moyen Age, dans son récit du maréchal de Rais, il ne voyait plus d'intéressant à forer qu'une vie de Sainte et quelques lignes découvertes dans les études sur la Mystique de Gœrres et de Ribet l'avaient lancé sur la piste d'une Bienheureuse Lidwine, en quête de documents neufs.

Mais en admettant même qu'il en déterrât, pouvait-il ouvrer une vie de Sainte ? Il ne le croyait pas et les arguments sur lesquels il étayait son avis semblaient plausibles.

L'hagiographie était une branche maintenant perdue de l'art ; il en était d'elle ainsi que de la sculpture sur bois et des miniatures des vieux missels. Elle n'était plus aujourd'hui traitée que par des marguilliers et par des prêtres, par des commissionnaires de style qui semblent toujours, lorsqu'ils écrivent, charger leurs fétus d'idées sur des camions ; et elle était, entre leurs mains, devenue un des lieux communs de la bondieuserie, une transposition dans le livre des statuettes des Froc-Robert, des images en chromo des Bouasse.

La voie était donc libre et il semblait tout d'abord aisé de la planer ; mais pour extraire le charme des légendes, il fallait la langue naïve des siècles révolus, le verbe ingénu des âges morts. Comment arriver à exprimer aujourd'hui le suc dolent et le blanc parfum des très anciennes traductions de la Légende dorée de Voragine ?

comment lier en une candide gerbe ces fleurs plaintives que les moines cultivèrent dans les pourpris des cloîtres, alors que l'hagiographie était la sœur de l'art barbare et charmant des enlumineurs et des verriers, de l'ardente et de la chaste peinture des Primitifs ?

On ne pouvait cependant songer à se livrer à de studieux pastiches, s'efforcer de singer froidement de telles œuvres. Restait alors la question de savoir si, avec les ressources de l'art contemporain, l'on parviendrait à dresser l'humble et la haute figure d'une Sainte ; et c'était pour le moins douteux, car le manque de simplesse réelle, le fard trop ingénieux du style, les ruses d'un dessin attentif et la frime d'une couleur madrée transformeraient probablement l'élue en une cabotine. Ce ne serait plus une Sainte mais une actrice qui en jouerait plus ou moins adroitement le rôle ; et alors, le charme serait détruit, les miracles paraîtraient machinés, les épisodes seraient absurdes !... puis... puis... encore faudrait-il avoir une foi qui fût vraiment vive et croire à la sainteté de son héroïne, si l'on voulait tenter de l'exhumer et de la faire revivre dans une œuvre.

Cela est si exact que voici Gustave Flaubert qui a écrit d'admirables pages sur la légende de saint Julien-l'Hospitalier. Elles marchent en un tumulte éblouissant et réglé, évoluent en une langue superbe dont l'apparente simplicité n'est due qu'à l'astuce compliquée d'un art inouï. Tout y est, tout, sauf l'accent qui eût fait de cette nouvelle un vrai chef-d'œuvre. Etant donné le sujet, il y manque, en effet, la flamme qui devrait circuler sous ces magnifiques phrases ; il y manque le cri de l'amour qui défaille, le don de l'exil surhumain, l'âme mystique !

D'un autre côté, les « Physionomies de Saints » d'Hello valent qu'on les lise. La Foi jaillit dans chacun de ses portraits, l'enthousiasme déborde des chapitres, des rapprochements inattendus creusent d'inépuisables citernes de réflexions entre les lignes ; mais quoi ! Hello était si peu artiste que d'adorables légendes déteignent dans ses doigts quand il y touche ; la lésine de son style appauvrit les miracles et les rend inermes. Il y manque l'art qui sortirait ce livre de la catégorie des œuvres blafardes, des œuvres mortes !

L'exemple de ces deux hommes, opposés comme jamais écrivains ne le furent, et n'ayant pu atteindre la perfection, l'un, dans la légende de saint Julien parce que la Foi lui faisait défaut et l'autre parce qu'il possédait une inextensible indigence d'art, décourageait complètement Durtal. Il faudrait être, en même temps les deux, et rester encore soi, se disait il, sinon à quoi bon s'atteler à de telles tâches ? mieux vaut se taire ; et il se renfrognait, désespéré, dans son fauteuil.

Alors le mépris de cette existence déserte qu'il menait s'accélérait en lui et, une fois de plus, il se demandait l'intérêt que la Providence pouvait bien avoir à torturer ainsi les descendants de ses premiers convicts ? et s'il n'obtenait pas de réponse, il était pourtant bien obligé de se dire qu'au moins l'Eglise recueillait, dans ces désastres, les épaves, qu'elle abritait les naufragés, les rapatriait, leur assurait enfin un gîte.

Pas plus que Schopenhauer dont il avait autrefois raffolé, mais dont la spécialité d'inventaires avant décès et les herbiers de plaintes sèches l'avaient lassé, l'Eglise ne décevait l'homme et ne cherchait à le leurrer, en lui vantant la clémence d'une vie qu'elle savait ignoble.

Par tous ses livres inspirés, elle clamait l'horreur de la destinée, pleurait la tâche imposée de vivre. L'Ecclésiastique, l'Ecclésiaste, le livre de Job, les Lamentations de Jérémie attestaient cette douleur à chaque ligne et le Moyen Age avait, lui aussi, dans l'Imitation de Jésus-Christ. maudit l'existence et appelé à grands cris la mort.

Plus nettement que Schopenhauer, l'Eglise déclarait qu'il n'y avait rien à souhaiter ici-bas, rien à attendre ; mais là où s'arrêtaient les procès-verbaux du philosophe, elle, continuait, franchissait les limites des sens, divulguait le but, précisait les fins.

Puis, se disait-il, tout bien considéré, l'argument de Schopenhauer tant prôné contre le Créateur et tiré de la misère et de l'injustice du monde, n'est pas, quand on y réfléchit, irrésistible, car le monde n'est pas ce que Dieu l'a fait, mais bien ce que l'homme en a fait.

Avant d'accuser le ciel de nos maux, il conviendrait sans doute de rechercher par quelles phases consenties, par quelles chutes voulues, la créature a passé, avant que d'aboutir au sinistre gâchis qu'elle déplore. Il faudrait maudire les vices de ses ancêtres et ses propres passions qui engendrèrent la plupart des maladies dont on souffre ; il faudrait se dire que si Dieu nous infligea l'excrément, l'homme y a par ses excès ajouté le pus ; il faudrait vomir la civilisation qui a rendu l'existence intolérable aux âmes propres et non le Seigneur qui ne nous a peut-être pas créés, pour être pilés à coups de canons, en temps de guerre, pour être exploités, volés, dévalisés, en temps de paix, par les négriers du commerce et les brigands des banques.

Ce qui reste incompréhensible, par exemple, c'est l'horreur initiale, l'horreur imposée à chacun de nous, de vivre ; mais c'est là un mystère qu'aucune philosophie n'explique.

Ah ! reprenait-il, quand je songe à cette horreur, à ce dégoût de l'existence qui s'est, d'années en années, exaspéré en moi, comme je comprends que j'aie forcément cinglé vers le seul port où je pouvais trouver un abri, vers l'Eglise.

Jadis, je la méprisais, parce que j'avais un pal qui me soutenait lorsque soufflaient les grands vents d'ennui ; je croyais à mes romans, je travaillais à mes livres d'histoire, j'avais l'art. J'ai fini par reconnaître sa parfaite insuffisance, son inaptitude résolue à rendre heureux. Alors j'ai compris que le Pessimisme était tout au plus bon à réconforter les gens qui n'avaient pas un réel besoin d'être consolés ; j'ai compris que ses théories, alléchantes quand on est jeune et riche et bien portant, deviennent singulièrement débiles et lamentablement fausses, quand l'âge s'avance, quand les infirmités s'annoncent, quand tout s'écroule !

Je suis allé à l'hôpital des âmes, à l'Eglise. On vous y reçoit au moins, on vous y couche, on vous y soigne ; on ne se borne pas à vous dire, en vous tournant le dos, ainsi que dans la clinique du Pessimisme, le nom du mal dont on souffre !

Enfin Durtal avait été ramené à la religion par l'art. Plus que son dégoût de la vie même, l'art avait été l'irrésistible aimant qui l'avait attiré vers Dieu.

Le jour où, par curiosité, pour tuer le temps, il était entré dans une église et, après tant d'années d'oubli, y avait écouté les Vêpres des morts tomber lourdement, une à une, tandis que les chantres alternaient et jetaient, l'un après l'autre, comme des fossoyeurs, des pelletées de versets, il avait eu l'âme remuée jusque dans ses combles. Les soirs où il avait entendu les admirables chants de l'octave des trépassés, à Saint-Sulpice, il s'était senti pour jamais capté ; mais ce qui l'avait pressuré, ce qui l'avait asservi mieux encore, c'étaient les cérémonies, les chants de la semaine sainte.

Il les avait visitées les églises, pendant cette semaine ! Elles s'ouvraient ainsi que des palais dévastés, ainsi que des cimetières ravagés de Dieu. Elles étaient sinistres avec leurs images voilées, leurs crucifix enveloppés d'un losange violet, leurs orgues taciturnes, leurs cloches muettes. La foule s'écoulait, affairée, sans bruit, marchait par terre, sur l'immense croix que dessinent la grande allée et les deux bras du transept et, entrée par les plaies que figurent les portes, elle remontait jusqu'à l'autel, là où devait poser la tête ensanglantée du Christ et elle baisait avidement, à genoux, le crucifix qui barrait la place du menton, au bas des marches.

Et cette foule devenait, elle-même, en se coulant dans ce moule crucial de l'église, une énorme croix vivante et grouillante, silencieuse et sombre.

A Saint-Sulpice où tout le séminaire assemblé pleurait l'ignominie de la justice humaine et la mort décidée d'un Dieu, Durtal avait suivi les incomparables offices de ces jours luctueux, de ces minutes noires, écouté la douleur infinie de la Passion, si noblement, si profondément exprimée à Ténèbres par les lentes psalmodies, par le chant des Lamentations et des Psaumes ; mais quand il y songeait, ce qui le faisait surtout frémir, c'était le souvenir de la Vierge arrivant le jeudi, dès que la nuit tombait.

L'Eglise jusqu'alors absorbée dans son chagrin et couchée devant la croix, se relevait et se mettait à sangloter, en voyant la Mère.

Par toutes les voix de sa maîtrise, elle s'empressait autour de Marie, s'efforçait de la consoler, en mêlant les larmes du « Stabat » aux siennes, en gémissant cette musique de plaintes endolories, en pressant sur la blessure de cette prose qui rendait de l'eau et du sang comme la plaie du Christ.

Durtal sortait, accablé, de ces longues séances, mais ses tentations contre la Foi se dissipaient ; il ne doutait plus ; il lui semblait qu'à Saint-Sulpice, la Grâce se mêlait aux éloquentes splendeurs des liturgies et que des appels passaient pour lui dans l'obscure affliction des voix ; aussi éprouvait-il une reconnaissance toute filiale pour cette église où il avait vécu de si douces et de si dolentes heures !

Et cependant, dans les semaines ordinaires, il ne la fréquentait point ; elle lui paraissait trop grande et trop froide et elle était si laide ! Il lui préférait des sanctuaires plus tièdes et plus petits, des sanctuaires où subsistaient encore des traces du Moyen Age.

Alors, il se réfugiait, les jours de flâne en sortant du Louvre où il s'était longuement évagué devant les toiles des Primitifs, dans la vieille église de Saint-Séverin, enfouie en un coin du Paris pauvre.

Il y apportait les visions des toiles qu'il avait admirées au Louvre et il les contemplait à nouveau, dans ce milieu où elles se trouvaient vraiment chez elles.

Puis c'étaient des moments délicieux qu'il y écoulait, emporté dans ces nuées d'harmonie que sillonne l'éclair blanc de la voix enfantine jailli du tonnerre roulant des orgues.

Là, sans même prier, il sentait glisser en lui une langueur plaintive, un discret malaise ; Saint-Séverin le ravissait, l'aidait mieux que les autres à se suggérer, certains jours, une indéfinissable impression d'allégresse et de pitié, quelquefois même, alors qu'il songeait à la voirie de ses sens, à se natter l'âme de regrets et d'effroi.

Souvent, il y allait ; surtout, le dimanche matin, à dix heures, à la grand'messe.

Là, il s'installait, derrière le maître-autel, dans cette mélancolique et délicate abside plantée, ainsi qu'un jardin d'hiver, de bois rares et un peu fous. On eût dit d'un berceau pétrifié de très vieux arbres tout en fleurs mais défeuillés, de ces futaies de piliers carrés ou taillés à larges pans, creusés d'entailles régulières près de leurs bases, côtelés sur leurs parcours comme des pieds de rhubarbe, cannelés comme des céleris.

Aucune végétation ne s'épanouissait au sommet de ces troncs qui arquaient leurs rameaux dénudés le long des voûtes, les rejoignaient, les aboutaient, assemblant à leurs points de suture, à leurs nœuds de greffe, d'extravagants bouquets de roses blasonnées, de fleurs armoriées et fouillées à jour ; et depuis près de quatre cents ans ces arbres immobilisaient leur sève et ne poussaient plus. Les hampes à jamais courbées restaient intactes ; la blanche écorce des piliers s'effritait à peine, mais la plupart des fleurs étaient flétries ; des pétales héraldiques manquaient; certaines clefs de voûte ne gardaient plus que des calices stratifiés, ouvrés comme des nids, troués comme des éponges, chiffonnés comme des poignées de dentelles rousses.

Et au milieu de cette flore mystique, parmi ces arbres lapidifiés, il en était un, bizarre et charmant, qui suggérait cette chimérique idée que la fumée déroulée des bleus encens était parvenue à se condenser, à se coaguler en pâlissant avec l'âge et à former, en se tordant, la spirale de cette colonne qui tournoyait sur elle-même et finissait par s'évaser en une gerbe dont les tiges brisées retombaient du haut des cintres.

Ce coin où se réfugiait Durtal était à peine éclairé par des verrières en ogive, losangées de mailles noires, serties de minuscules carreaux obscurcis par la poussière accumulée des temps, rendus plus sombres encore par les boiseries des chapelles qui les ceinturaient jusqu'à mi-corps.

Cette abside elle était bien, si l'on voulait, un massif gelé de squelettes d'arbres, une serre d'essences mortes, ayant appartenu à la famille des palmifères, évoquant encore le souvenir d'invraisemblables phœnix, d'inexacts lataniers, mais elle rappelait aussi, avec sa forme en demi-lune et sa lumière trouble, l'image d'une proue de navire plongée sous l'onde. Elle laissait, en effet, filtrer au travers de ses hublots, aux vitres treillissées d'une résille noire, le murmure étouffé, — que simulait le roulement des voitures ébranlant la rue, — d'une rivière qui tamiserait dans le cours saumâtre de ses eaux des lueurs dédorées de jour.

Le dimanche, à l'heure de la grand'messe, cette abside restait déserte. Tout le public emplissait la nef devant le maître-autel ou s'éparpillait plus loin dans une chapelle dédiée à Notre-Dame. Durtal était donc à peu près seul ; et les gens même qui traversaient son refuge n'étaient ni hébétés, ni hostiles, ainsi que les fidèles des autres églises. C'étaient dans ce quartier de gueux, de très pauvres gens, des regrattières, des sœurs de charité, des loqueteux, des mioches ; c'étaient surtout des femmes en guenilles, marchant sur la pointe des pieds, s'agenouillant sans regarder autour d'elles, des humbles gênées même par le luxe piteux des autels, hasardant un œil soumis et baissant le dos quand passait le suisse.

Touché par la timidité de ces misères muettes, Durtal écoutait la messe que chantait une maîtrise peu nombreuse mais patiemment dressée. Mieux qu'à Saint-Sulpice où pourtant les offices étaient autrement solennels et exacts, la maîtrise de Saint-Séverin entonnait cette merveille du plain-chant le « Credo ». Elle l'enlevait, en quelque sorte, jusqu'au sommet du chœur et le faisait planer, les ailes grandes ouvertes, presque immobiles, au-dessus des ouailles prosternées, lorsque le verset « et homo factus est » prenait son lent et respectueux essor dans la voix baissée du chantre. C'était, à la fois, lapidaire et fluide, indestructible, ainsi que les articles du Symbole même, inspiré, comme le texte que l'Esprit Saint dicta, dans leur dernière assemblée, aux apôtres réunis du Christ.

A Saint-Séverin, une voix de taureau clamait, seule, un verset, puis tous les enfants, soutenus par la réserve des chantres, lançaient les autres et les inaltérables vérités s'affirmaient à mesure, plus attentives, plus graves, plus accentuées, un peu plaintives même dans la voix isolée de l'homme, plus timides peut-être, mais aussi plus familières, plus joyeuses, dans l'élan pourtant contenu des gosses.

A ce moment-là, Durtal se sentait soulevé et il se criait : mais il est impossible que les alluvions de la Foi qui ont créé cette certitude musicale soient fausses ! l'accent de ces aveux est tel qu'il est surhumain et si loin de la musique profane qui n'a jamais atteint l'imperméable grandeur de ce chant nu !

Toute la messe était d'ailleurs à Saint-Séverin exquise. Le « Kyrie eleison » sourd et somptueux ; le « Gloria in excelsis » divisé entre le grand et le petit orgue, l'un chantant seul et l'autre dirigeant et soutenant le chœur, exultait d'allégresse ; le « Sanctus » emballé, presque hagard alors que la maîtrise criait l'« hosanna in excelsis » bondissait jusqu'aux cintres ; et l'« Agnus Dei » s'élevait à peine en une claire mélodie suppliante, si humble qu'elle n'osait monter.

En somme, à part des « Salutaris » de contrebande détaillés là, ainsi que dans toutes les églises, Saint-Séverin conservait, les dimanches ordinaires, la liturgie musicale, la chantait presque respectueusement avec des voix fragiles mais bien teintées d'enfants, avec des basses solidement bétonnées, remontant de leurs puits de vigoureux sons.

Et c'était une joie pour Durtal que de s'attarder dans cet adorable milieu du Moyen Age, dans cette ombre déserte, parmi ces chants qui s'élevaient derrière lui, sans qu'il fût troublé par les manigances des bouches qu'il ne pouvait voir.

Il finissait par être pris aux moelles, suffoqué par de

nerveuses larmes et toutes les rancœurs de sa vie lui remontaient ; plein de craintes indécises, de postulations confuses qui l'étouffaient sans trouver d'issues, il maudissait l'ignominie de son existence, se jurait d'étouffer ses émois charnels.

Puis, quand la messe était terminée, il errait dans l'église même s'exaltait devant l'essor de cette nef que quatre siècles bâtirent et scellèrent de leurs armes, en y apposant ces extraordinaires empreintes, ces fabuleux cachets qui s'épanouissent en relief sous le berceau renversé des voûtes. Ces siècles s'étaient réunis pour apporter aux pieds du Christ l'effort surhumain de leur art et les dons de chacun étaient visibles encore. Le XIII° siècle avait taillé ces piliers bas et trapus dont les chapiteaux se couronnent de nymphéas, de trèfles d'eau, de feuillages à grandes côtes, volutés en crochets et tournés en crosse. Le XIV° siècle avait élevé les colonnes des travées voisines sur le flanc desquelles des prophètes, des moines, des saints, soutiennent de leurs corps étendus la retombée des arcs. Le XV° et le XVI° avaient créé l'abside, le sanctuaire, quelques-uns même des vitraux ouverts au sommet du chœur et, bien qu'ils eussent été réparés par de vrais gnaffs, ils n'en avaient pas moins gardé une grâce barbare, une naïveté vraiment touchante.

Ils paraissaient avoir été dessinés par les ancêtres des imagiers d'Epinal et bariolés par eux de tons crus. Les donateurs et les Saints qui défilaient dans ces clairs tableaux encadrés de pierre, étaient tous maladroits et pensifs, vêtus de robes gomme-gutte, vert bouteille, bleu de prusse, rouge de groseille, violet d'aubergine et lie de vin qui se fonçaient encore au contact des chairs omises ou perdues, restées, en tout cas, comme leur épiderme de verre, incolores. Dans l'une de ces fenêtres, le Christ en croix semblait même limpide, tout en lumière, au milieu des taches azurées du ciel et des plaques rouges et vertes que formaient les ailes de deux anges dont le visage paraissait aussi taillé dans le cristal et rempli de jour.

Et ces vitraux différents en cela de ceux des autres églises absorbaient les rayons du soleil, sans les réfracter. Ils avaient sans doute été privés volontairement de reflets, afin de ne pas insulter par une insolente gaieté de pierreries en feu, à la mélancolique détresse de cette église qui s'élevait dans l'atroce repaire d'un quartier peuplé de mendiants et d'escarpes.

Alors des réflexions assaillaient Durtal. Dans Paris, les basiliques modernes étaient inertes ; elles restaient sourdes aux prières qui se brisaient contre l'indifférence glacée de leurs murs. Comment se recueillir dans ces nefs où les âmes n'ont rien laissé d'elles, où lorsqu'elles allaient peut-être se livrer, elles avaient dû se reprendre, se replier, rebutées par l'indiscrétion d'un éclairage de photographe, offusquées même par l'abandon de ces autels où aucun Saint n'avait jamais célébré la messe ? Il semblait que Dieu fût toujours sorti, qu'il ne rentrât que pour tenir sa promesse de paraître au moment de la consécration et qu'aussitôt après, il se retirât, méprisant, de ces édifices qui n'avaient pas été créés expressément pour lui, puisque, par la bassesse de leurs formes, ils pouvaient servir aux usages les plus profanes, puisque surtout ils ne lui apportaient point, à défaut de la sainteté, le seul don qui pût lui plaire, ce don de l'art qu'il a, lui-même, prêté à l'homme et qui lui permet de se mirer dans la restitution abrégée de son œuvre, de se réjouir devant l'éclosion de cette flore dont il a semé les germes dans les âmes qu'il a triées avec soin, dans les âmes qu'il a, après celles de ses Saints, vraiment élues.

Ah! les charitables églises du Moyen Age, les chapelles moites et enfumées, pleines de chants anciens, de peintures exquises et cette odeur des cierges qu'on éteint et ces parfums des encens qu'on brûle!

A Paris, il ne restait plus que quelques spécimens de cet art d'antan, que quelques sanctuaires dont les pierres suintaient réellement la Foi; parmi ceux-là, Saint-Séverin apparaissait à Durtal comme le plus exquis et le plus sûr. Il ne se sentait chez lui que là; il croyait que s'il voulait enfin prier pour de bon, ce serait dans cette église qu'il devrait le faire, et il se disait : ici, l'âme des voûtes existe. Il est impossible que les ardentes prières, que les sanglots désespérés du Moyen Age n'aient pas à jamais imprégné ces piliers et tanné ces murs; il est impossible que cette vigne de douleurs où jadis des Saints vendangèrent les grappes chaudes des larmes, n'ait pas conservé de ces admirables temps, des émanations qui soutiennent, des effluves qui sollicitent encore la honte des péchés, l'aveu des pleurs!

De même que sainte Agnès demeurant immaculée dans les bordeaux, cette église restait intacte dans un milieu infâme, alors que tout autour d'elle dans les rues, au Château rouge, à la crémerie Alexandre, là, à deux pas, la tourbe moderne des sacripants combinaient leurs méfaits, en cuvant, avec des prostituées, les boissons de crimes, les absinthes cuivrées et les trois six !

Dans ce territoire réservé du Satanisme, elle émergeait, délicate et petite, frileusement emmitouflée dans les guenilles des cabarets et des taudis ; et, de loin, elle dressait encore, au-dessus des toits, son clocher frêle, pareil à une aiguille piquée, la pointe en bas et ajourant en l'air son chas au travers duquel on apercevait, surplombant une sorte d'enclume, une minuscule cloche. Telle elle apparaissait, du moins, de la place Saint-André-des-Arts. Symboliquement, on eût dit d'un miséricordieux appel toujours repoussé par des âmes endurcies et martelées par les vices, de cette enclume qui n'était qu'une illusion d'optique et de cette très réelle cloche.

Et dire, songeait Durtal, dire que d'ignares architectes et que d'ineptes archéologues voudraient dégager Saint-Séverin de ses loques et la cerner avec les arbres en prison d'un square ! Mais elle a toujours vécu dans son lacis de rues noires ! elle est volontairement humble, en accord avec le misérable quartier qu'elle assiste. Au Moyen Age, elle était un monument d'intérieur et non l'une de ces impétueuses basiliques que l'on dressait en évidence sur de grandes places.

Elle était un oratoire pour les pauvres, une église agenouillée et non debout ; aussi serait-ce le contre-sens le plus absolu que de la sortir de son milieu, que de lui enlever ce jour d'éternel crépuscule, ces heures toutes en ombre, qui avivent sa dolente beauté de servante en prière derrière la haie impie des bouges !

Ah ! si l'on pouvait la tremper dans l'atmosphère embrasée de Notre-Dame des Victoires et adjoindre à sa maigre psallette la puissante maîtrise de Saint-Sulpice, ce serait complet ! se criait Durtal ; mais hélas ! ici-bas, rien d'entier, rien de parfait n'existe !

Enfin, au point de vue de l'art, elle était encore la seule qui le ravissait, car Notre-Dame de Paris était trop grande et trop sillonnée par des touristes : puis les cérémonies s'y faisaient rares ; on y débitait juste le poids des prières exigées et la plupart des chapelles demeuraient closes ; enfin les voix de ses enfants étaient en coton à repriser ; à tous coups, elles cassaient, pendant que graillonnait l'âge avancé des basses. A Saint-Etienne du Mont, c'était pis encore ; la coque de l'église était charmante mais la maîtrise était une succursale de la maison Sanfourche ; on se serait cru dans un chenil où grognait une meute variée de bêtes malades ; quant aux autres sanctuaires de la rive gauche, ils étaient nuls ; l'on y supprimait d'ailleurs autant que possible le plain-chant, et partout l'on y embrenait avec des fredons libertins la pauvreté des voix.

Et c'était cependant encore sur cette rive que les églises se respectaient le mieux, car le district religieux de Paris s'arrête à ce côté de la Seine, cesse après que l'on a franchi les ponts.

En somme, en se récapitulant, il pouvait croire que Saint-Séverin par ses effluves et l'art délicieux de sa vieille nef, que Saint-Sulpice par ses cérémonies et par ses chants l'avaient ramené vers l'art chrétien qui l'avait à son tour, dirigé vers Dieu.

Puis, une fois aiguillé sur cette voie, il l'avait parcourue, était sorti de l'architecture et de la musique, avait erré sur les territoires mystiques des autres arts et ses longues stations au Louvre, ses incursions dans les bréviaires, dans les livres de Ruysbroeck, d'Angèle de Foligno, de sainte Térèse, de sainte Catherine de Gênes, de Madeleine de Pazzi, l'avaient encore affermi dans ses croyances.

Mais ce bouleversement d'idées qu'il avait subi était trop récent pour que son âme encore déséquilibrée se tînt. Par instants, elle semblait vouloir se retourner et il se débattait alors pour l'apaiser. Il s'usait en disputes, en arrivait à douter de la sincérité de sa conversion, se disait : enfin de compte, je ne suis emballé à l'église que par l'art ; je n'y vais que pour voir ou pour entendre et non pour prier ; je ne cherche pas le Seigneur, mais mon plaisir. Ce n'est pas sérieux ! de même que dans un bain tiède, je ne sens point le froid si je reste immobile et que si je remue, je gèle, de même aussi à l'église mes élans chavirent dès que je bouge ; je suis presque enflammé dans la nef, moins chaud déjà sous le parvis et je deviens absolument glacé lorsque je suis dehors. Ce sont des postulations littéraires, des vibrations de nerfs, des échauffourées de pensées, des bagarres d'esprit, c'est tout ce que l'on voudra, sauf la Foi.

Mais ce qui l'inquiétait plus encore que ce besoin d'adjuvants pour s'attendrir, c'était que ses sens dévergondés s'exaspéraient au contact des idées pieuses. Il flottait, comme une épave, entre la Luxure et l'Eglise et elles se le renvoyaient, à tour de rôle, le forçant dès qu'il s'approchait de l'une à retourner aussitôt auprès de celle qu'il avait quittée et il en venait à se demander s'il n'était pas victime d'une mystification de ses bas instincts cherchant à se ranimer, sans même qu'il en eût conscience, par le cordial d'une piété fausse.

En effet, combien de fois l'avait-il vu se réaliser l'immonde miracle, alors qu'il sortait presque en larmes de Saint-Séverin ? Sournoisement, sans filiation d'idées, sans gradation, sans soudure de sensations, sans même qu'une étincelle crépitât, ses sens prenaient feu et il était sans force pour les laisser se consumer seuls, pour leur résister.

Il se vomissait après, mais il était bien temps ! Et alors le mouvement inverse se produisait ; il avait envie de courir dans une chapelle, de s'y laver et il était si dégoûté de lui que, s'il allait quelquefois jusqu'à la porte, il n'osait entrer.

D'autres fois, au contraire, il se révoltait et se criait, furieux : c'est bête, à la fin, je me suis gâté le seul plaisir qui me restait, la chair. Jadis, je m'amusais et ne me répugnais point ; aujourd'hui, je paye mes pauvres godailles par des tourments. J'ai ajouté un ennui de plus dans mon existence ; ah ! si c'était à refaire !

Et vainement, il se mentait, tentait de se justifier, en se suggérant des doutes.

Et si tout cela n'était pas véritable ? s'il n'y avait rien ? si je me trompais ? si les libres-penseurs avaient raison ?

Mais il était bien obligé de se prendre en pitié, car il sentait très distinctement, au fond de lui, qu'il possédait l'inébranlable certitude de la vraie Foi.

Ces discussions sont misérables et ces excuses que je cherche à mes saletés sont odieuses, se disait-il : et une flambée d'enthousiasme jaillissait en lui.

Comment douter de la véracité des dogmes, comment nier la puissance divine de l'Eglise, mais elle s'impose !

D'abord elle a son art surhumain et sa mystique, puis n'est-elle donc pas surprenante la persistante inanité des hérésies vaincues ? Toutes, depuis que le monde existe, ont eu pour tremplin la chair. Logiquement, humainement, elles devaient triompher, car elles permettaient à l'homme et à la femme de satisfaire leurs passions, soi-disant en ne péchant pas, en se sanctifiant même comme les gnostiques, en rendant par les plus basses turpitudes hommage à Dieu.

Que sont-elles devenues ? toutes ont sombré. L'Eglise si inflexible sur cette question est demeurée entière et debout. Elle ordonne au corps de se taire, à l'âme de souffrir et, contre toute vraisemblance, l'humanité l'écoute et balaie, tel qu'un fumier, les séduisantes allégresses qu'on lui propose.

N'est-elle pas décisive aussi cette vitalité que conserve l'Eglise, malgré l'insondable stupidité des siens ? Elle a résisté à l'inquiétante sottise de son clergé, elle n'a pas même été entamée par la maladresse, par le manque de talent de ses défenseurs ! c'est cela qui est fort !

Non, plus j'y songe, s'écriait-il, plus je la trouve prodigieuse, unique ! plus je suis convaincu qu'elle seule détient la vérité, qu'hors d'elle, ce ne sont plus que des luxations d'esprit, que des impostures, que des esclandres ! — L'Eglise, elle est le haras divin et le dispensaire céleste des âmes ; c'est elle qui les allaite, qui les élève, qui les panse ; elle, qui leur notifie, quand le temps des douleurs est venu, que la vie réelle ne commence pas à la naissance mais bien à la mort. L'Eglise, elle est indéfectible, elle est suradmirable, elle est immense...

Oui, mais alors, il faudrait suivre ses prescriptions et pratiquer les sacrements qu'elle exige !

Et Durtal, en hochant la tête, ne se répondait plus.

III

COMME tous les incrédules il s'était dit, avant sa conversion : moi, si je croyais que Jésus est Dieu et que la vie éternelle n'est pas un leurre, je n'hésiterais point à renverser mes habitudes, à suivre autant que possible les règles religieuses, à demeurer, en tout cas, chaste. Et il s'étonnait que des gens qu'il avait connus et qui se trouvaient dans ces conditions n'eussent pas une attitude supérieure à la sienne. Lui, qui s'accordait depuis si longtemps d'indulgents pardons, devenait d'une singulière intolérance, dès qu'il s'agissait d'un catholique.

Il comprenait maintenant l'iniquité de ses jugements, se rendait compte qu'entre croire et pratiquer l'abîme le plus difficile à franchir existe.

Il n'aimait pas à se disputer sur cette question, mais elle revenait et l'obsédait quand même et il était bien obligé de s'avouer alors la mesquinerie de ses arguments, les méprisables raisons de ses résistances.

Il était encore assez franc pour se dire : je ne suis plus un enfant ; si j'ai la Foi, si j'admets le Catholicisme, je ne puis le concevoir, tiède et flottant, continuellement réchauffé par le bain-marie d'un faux zèle. Je ne veux pas de compromis et de trêves, d'alternances de débauches et de communions, de relais libertins et pieux, non, tout ou rien ; se muer de fond en comble ou ne rien changer !

Et aussitôt, il reculait épouvanté, essayait de fuir devant ce parti qu'il s'agissait de prendre, s'ingéniait à se disculper en ergotant pendant des heures, invoquait les plus piètres motifs pour demeurer tel qu'il était, pour ne pas bouger.

Comment faire ? si je n'obéis pas à des ordres que je sens s'affirmer, de plus en plus impérieux, en moi, je me prépare une vie de malaises et de remords, car je sais très bien que je ne dois pas m'éterniser ainsi sur le seuil, mais pénétrer dans le sanctuaire et y rester. Et si je me décide.... ah ! non, par exemple... car alors il faudra s'astreindre à un tas d'observances, se plier à des séries d'exercices, suivre la messe le dimanche, faire maigre le vendredi ; il faudra vivre en cagot, ressembler à un imbécile !

Et il se rappelait soudain, pour s'aider à la révolte, la dégaîne, la tête, des gens assidus dans les églises ; pour deux hommes qui avaient l'air d'être intelligents, d'êtres propres, combien, à n'en pas douter, étaient des cafards et des pleutres !

Presque tous avaient l'aspect louche, la voix huileuse, les yeux rampants, les lunettes inamovibles, les vêtements en bois noir des sacristains ; presque tous égrenaient d'ostensibles chapelets et, plus stratégiques, plus fourbes encore que les impies, ils rançonnaient leur prochain, en quittant Dieu.

Et les dévotes étaient encore moins rassurantes ; elles envahissaient l'église, s'y promenaient ainsi que chez elles, dérangeaient tout le monde, bousculaient les chaises, vous cognaient sans même demander pardon ; puis elles s'agenouillaient avec faste, prenaient des attitudes d'anges contrits, marmottaient d'intarissables patenôtres, sortaient de l'église encore plus arrogantes et plus aigres.

— Comme c'est encourageant de se dire qu'il faudra se mêler à la clique de ces pécores pieuses ! s'écriait-il.

Mais aussitôt, sans même qu'il le voulût, il se répondait : tu n'as pas à t'occuper des autres ; si tu étais plus humble, ces gens te paraîtraient sans doute moins hostiles ; ils ont dans tous les cas le courage qui te manque ; eux n'ont pas honte de leur foi et ils ne craignent pas de s'agenouiller en public devant leur Dieu.

Et Durtal restait penaud, car il devait bien s'avouer que cette riposte frappait juste. L'humilité lui faisait défaut, cela était sûr, mais ce qui était peut-être pis encore, il ne pouvait se soustraire au respect humain.

Il appréhendait de passer pour un sot ; la perspective d'être aperçu, à genoux, dans une église, l'horripilait ; l'idée, si jamais il devait communier, de se lever, d'affronter les regards pour s'acheminer vers l'autel, lui était intolérable.

— S'il vient jamais, ce qu'il sera dur à subir ce moment-là ! se disait-il ; et pourtant, c'est idiot, car enfin je n'ai que faire de l'opinion de personnes que je ne connais point ! mais il avait beau se répéter que ses alarmes étaient absurdes, il ne parvenait pas à les surmonter, à se dissuader de la peur du ridicule.

— Enfin, reprenait-il, quand même je me déciderais à

sauter le fossé, à me confesser et à communier, il resterait toujours à résoudre la terrible question des sens; il faudrait se déterminer à fuir les emprises de la chair, à renoncer aux filles, à accepter un éternel jeûne. Ça, je n'y parviendrai jamais !

Sans compter que, dans tous les cas, le moment serait mal choisi si je tentais dès maintenant cet effort, car je n'ai jamais été si tourmenté que depuis ma conversion; ah! ce que le Catholicisme suscite d'immondes rumeurs lorsque l'on rôde dans ses alentours, sans y entrer !

Et à cette exclamation une autre répliquait aussitôt : Eh bien mais alors, il y faut entrer !

Il s'irritait à tourner ainsi sur lui-même, sans changer de place et il essayait de dévier cette conversation, comme s'il se fût entretenu avec une autre personne dont les questions l'embarrassaient; mais il y revenait quand même et, agacé, réunissait toute sa raison, l'appelait à l'aide.

Voyons, il faut tâcher de se repérer pourtant ! il est évident que depuis que je me suis approché de l'Eglise, mes persuasions d'ordures sont devenues plus fréquentes et plus tenaces; un autre fait est certain encore, c'est que je suis suffisamment usé par vingt ans de noce pour n'avoir plus de besoins charnels. Je pourrais donc parfaitement, en somme, si je le voulais bien, demeurer chaste ; mais il faudrait ordonner à ma misérable cervelle de se taire et je n'en ai pas la force ! — C'est effrayant tout de même, dire que je suis plus attisé que dans ma jeunesse, car maintenant mes désirs voyagent et, las de l'abri coutumier, ils partent à la recherche du mauvais gîte ! Comment expliquer cela ? ne s'agirait-il pas alors d'une sorte de dyspepsie d'âme, ne digérant plus les sujets coutumiers, cherchant pour se nourrir des ravigotes de songeries, des salaisons d'idées ; ce serait donc cette inappétence des repas sains qui aurait engendré cette convoitise de mets baroques, cet idéal trouble, cette envie de s'échapper hors de moi, de franchir, ne fût-ce que pendant une seconde, les lisières tolérées des sens.

Dans ce cas, le Catholicisme jouerait tout à la fois le rôle d'un révulsif et d'un déprimant. Il stimulerait ces souhaits maladifs et il me débiliterait en même temps, me livrerait, sans vigueur pour résister, à l'émoi de mes nerfs.

A force de s'ausculter, en errant ainsi, il finissait par s'acculer dans une impasse, aboutissait à cette conclusion : je ne pratique pas ma religion parce que je cède à d'ignobles instincts et je cède à ces instincts parce que je ne pratique pas ma religion.

Mis ainsi au pied du mur, il regimbait, se demandant si cette dernière observation était bien juste ; car enfin, rien ne prouvait qu'après s'être approché des Sacrements, il ne serait pas attaqué plus violemment encore. C'était même probable, car le démon s'acharnait surtout sur les gens pieux.

Puis il se révoltait contre la lâcheté de ces remarques, se criait : je me mens, car je sais bien que si je faisais seulement mine de me défendre, je serais là-haut puissamment aidé.

Habile à se tourmenter, il continuait à se piétiner l'âme, toujours sur la même piste. Admettons, se disait-il, que, par impossible, j'aie mâté mon orgueil et réduit mon corps, admettons qu'il ne me reste plus, à l'heure actuelle, qu'à aller de l'avant, eh bien, je suis encore arrêté, car le dernier obstacle à franchir m'effare.

Jusqu'ici, j'ai pu marcher seul, sans une aide terrestre, sans un conseil; j'ai pu me convertir, sans l'appui de personne, mais aujourd'hui, je ne puis plus faire un pas sans avoir un guide. Je ne puis m'approcher de l'autel, sans le secours d'un truchement, sans le renfort d'un prêtre.

Et une fois de plus, il reculait, car il avait autrefois fréquenté un certain nombre d'ecclésiastiques et il les avait trouvés si médiocres, si tièdes, surtout si hostiles à la Mystique, qu'il se révoltait rien qu'à l'idée de leur exposer le bilan de ses postulations et de ses regrets.

Ils ne me comprendront pas, se disait-il, ils me répondront que la Mystique était intéressante au Moyen Age, qu'elle est maintenant désuète, qu'elle est, en tout cas, en parfait désaccord avec le modernisme. Ils croiront que je suis fou, m'assureront d'ailleurs que Dieu n'en demande pas tant, m'engageront, en souriant, à ne pas me singulariser, à faire comme les autres, à penser comme eux.

Je n'ai certes pas la prétention d'aborder, de moi-même, la voie mystique, mais enfin qu'ils me laissent au moins l'envier, qu'ils ne m'infligent pas leur idéal bourgeois d'un Dieu!

Car, il n'y a pas à se leurrer, le Catholicisme n'est point seulement cette religion tempérée qu'on nous propose; il ne se compose pas seulement de petites cases et de formules; il ne réside pas en entier dans d'étroites pratiques, dans des amusettes de vieille fille dans toute cette bondieusarderie qui s'épand le long de la rue de Saint-Sulpice ; il est autrement surélevé, autrement pur ; mais alors il faut pénétrer dans sa zone brûlante, il faut le chercher dans la Mystique qui est l'art, qui est l'essence, qui est l'âme de l'Eglise même.

En usant des puissants moyens dont elle dispose, il s'agit alors de faire le vide en soi, de se dénuder l'âme, de telle sorte que, s'il le veut, le Christ puisse y descendre ; il s'agit de désinfecter le logis, de le passer au chlore des prières, au sublimé des Sacrements ; il s'agit, en un mot, d'être prêt quand l'Hôte viendra et nous ordonnera de nous transvaser en lui, tandis que lui-même se fondra en nous.

Je sais, parbleu bien, que cette alchimie divine, que cette transmutation de la créature humaine en Dieu est, la plupart du temps, impossible car le Sauveur réserve d'habitude ces extraordinaires faveurs à ses élus, mais enfin, si indigne qu'il soit, chacun est présumé pouvoir atteindre ce but grandiose, puisque c'est Dieu seul qui décide et non l'homme, dont l'humble concours est seulement requis.

Je me vois raconter cela à des prêtres ! ils me diront que je n'ai pas à m'occuper d'idées mystiques et ils me présenteront en échange une religionnette de femme riche ; ils voudront s'immiscer dans ma vie, me presser sur l'âme, m'insinuer leurs goûts ; ils essaieront de me convaincre que l'art est un danger ; ils me prôneront des lectures imbéciles ; ils me verseront à pleins bols leur bouillon de veau pieux !

Et je me connais, au bout de deux entretiens avec eux, je me révolterai, je deviendrai impie !

Et Durtal hochait la tête, et demeurait pensif, puis il reprenait :

Il importe néanmoins d'être juste ; le clergé séculier ne peut être qu'un déchet, car les ordres contemplatifs et l'armée des missionnaires enlèvent, chaque année, la fleur du panier des âmes ; les mystiques, les prêtres affamés de douleurs, ivres de sacrifices, s'internent dans des cloîtres, ou s'exilent chez des sauvages qu'ils catéchisent. Ainsi écrémé le reste du clergé n'est évidemment plus que le lait allongé, que la lavasse des séminaires...

Oui, mais enfin, continuait-il, la question n'est pas de savoir s'ils sont intelligents ou bornés ; je n'ai pas à dépecer le prêtre pour chercher à découvrir, sous l'écorce consacrée, le néant de l'homme ; je n'ai pas à médire de son insuffisance puisqu'elle s'ajuste en somme à la compréhension des foules. Ne serait-ce pas, d'ailleurs, plus courageux et plus humble de s'agenouiller devant un être dont la misère de cervelle vous serait connue ?

Et puis... et puis... je n'en suis pas réduit là ; car enfin, j'en sais un, à Paris, qui est un vrai mystique. Si j'allais le voir ?

Et il repensait à un abbé Gévresin avec lequel il avait jadis entretenu des relations ; il l'avait rencontré, plusieurs fois, chez un libraire de la rue Servandoni, le père Tocane, qui possédait d'introuvables livres sur la liturgie et les vies de Saints.

Apprenant que Durtal cherchait des ouvrages sur la Bienheureuse Lidwine, ce prêtre s'était aussitôt intéressé à lui et ils avaient, en sortant, longuement causé. Cet abbé était très vieux et marchait avec peine ; aussi s'était-il volontiers appuyé sur le bras de Durtal qui l'avait accompagné jusqu'à sa porte.

— C'est un sujet magnifique que l'existence de cette victime des péchés de son temps, disait-il ; vous vous la rappelez, n'est-ce pas ? et il en avait, à grands traits, retracé, tout en cheminant, les lignes.

Lidwine était née vers la fin du XIVe siècle, à Schcida, en Hollande. Sa beauté était extraordinaire mais elle tomba malade vers quinze ans et devint laide. Elle entre en convalescence, se rétablit et un jour qu'elle patine avec des camarades sur les canaux glacés de la ville, elle fait une chute et se brise une côte. A partir de cet accident, elle demeure étendue sur un grabat jusqu'à sa mort ; les maux les plus effrayants se ruent sur elle, la gangrène court dans ses plaies et de ses chairs en putréfaction naissent des vers. La terrible maladie du Moyen Age, le feu sacré, la consume. Son bras droit est rongé ; il ne reste qu'un seul nerf qui empêche ce bras de se séparer du corps ; son front se fend du haut en bas, un de ses yeux s'éteint et l'autre devient si faible qu'il ne peut supporter aucune lueur.

Sur ces entrefaites, la peste ravage la Hollande, décime la cité qu'elle habite ; elle est la première atteinte ; deux pustules se forment, l'une, sous un bras, l'autre, dans la région du cœur. Deux pustules, c'est bien, dit-elle au Seigneur, mais trois seraient mieux, en l'honneur de la Trinité Sainte ; et aussitôt un troisième bouton lui crève la face.

Pendant trente-cinq années, elle vécut dans une cave, ne prenant aucun aliment solide, priant et pleurant ; si transie, l'hiver, que, le matin, ses larmes formaient deux ruisseaux gelés le long de ses joues.

Elle s'estimait encore trop heureuse, suppliait le Seigneur de ne point l'épargner; elle obtenait de lui d'expier par ses douleurs les péchés des autres; et le Christ l'écoutait, venait la voir avec ses anges, la communiait de sa main, la ravissait en de célestes extases, faisait s'exhaler, de la pourriture de ses plaies, de savants parfums.

Au moment de mourir, il l'assiste et rétablit dans son intégrité son pauvre corps. Sa beauté, depuis si longtemps disparue, resplendit; la ville s'émeut, les infirmes arrivent en foule et tous ceux qui l'approchent guérissent.

Elle est la véritable patronne des malades, avait conclu l'abbé; et, après un silence, il avait repris :

— Au point de vue de la haute Mystique, Lidwine fut prodigieuse, car l'on peut vérifier sur elle la méthode de substitution qui fut et qui est encore la glorieuse raison d'être des cloîtres.

Et comme, sans répondre, Durtal l'avait interrogé du regard, il avait poursuivi :

— Vous n'ignorez pas, Monsieur, que, de tout temps, des religieuses se sont offertes pour servir de victimes d'expiation au Ciel. Les vies des Saints et des Saintes qui convoitèrent ces sacrifices et réparèrent par des souffrances ardemment réclamées et patiemment subies, les péchés des autres, abondent. Mais, il est une tâche encore plus ardue et plus douloureuse que ces âmes admirables envient. Elle consiste, non plus à purger les fautes d'autrui, mais à les prévenir, à les empêcher d'être commises, en supplantant les personnes trop faibles pour en supporter le choc.

Lisez, à cette occasion, sainte Térèse; vous verrez qu'elle obtint de prendre à sa charge les tentations d'un prêtre qui ne pouvait les endurer, sans fléchir. Cette substitution d'une âme forte débarrassant celle qui ne l'est point, de ses périls et de ses craintes, est une des grandes règles de la Mystique.

Tantôt, cette suppléance est purement spirituelle et tantôt, au contraire, elle ne s'adresse qu'aux maladies du corps; sainte Térèse se subrogeait aux âmes en peine, la sœur Catherine Emmerich succédait, elle, aux impotentes, relayait, tout au moins, les plus malades; c'est ainsi, par exemple, qu'elle put souffrir les tortures d'une femme atteinte de phthisie et d'une hydropique, pour leur permettre de se préparer à la mort en paix.

Eh bien! Lidwine accaparait toutes les maladies du corps; elle eut la concupiscence des douleurs physiques, la gloutonnerie des plaies; elle fut, en quelque sorte, la moissonneuse des supplices et elle fut aussi le lamentable vase où chacun venait verser le trop plein de ses maux. Si vous voulez parler d'elle, autrement que les pauvres hagiographes de notre temps, étudiez d'abord cette loi de la substitution, cette merveille de la charité absolue, cette victoire surhumaine de la Mystique; elle sera la tige de votre livre et, naturellement, sans efforts, tous les actes de Lidwine se grefferont sur elle.

— Mais, avait questionné Durtal, cette loi subsiste encore?

— Oui, je connais des couvents qui l'appliquent. Au reste, des ordres, tels que les Carmélites et les Clarisses acceptent très bien qu'on leur transfère les tentations dont on souffre; alors ces monastères endossent, pour ainsi dire, les échéances diaboliques imposées à des âmes insolvables dont ils paient de la sorte intégralement les dettes.

— C'est égal, avait fait Durtal, en hochant la tête, pour consentir à attirer ainsi sur soi les attaques destinées au prochain, il faut être joliment certain de ne pas sombrer ?

— Les religieuses choisies par Notre Seigneur, comme victimes expiatoires, comme holocaustes, sont, en somme, assez rares, avait repris l'abbé ; elles sont, généralement, dans ce siècle surtout, obligées de se réunir, de se coaliser, afin de supporter sans faiblir le poids des méfaits qui les tentent, car, pour qu'une âme puisse subir, à elle seule, les assauts sataniques qui sont parfois atroces, il faut qu'elle soit vraiment assistée par les anges et élue par Dieu..... Et après un silence, le vieux prêtre avait ajouté :

— Je crois pouvoir parler avec une certaine expérience de ces questions, car je suis l'un des directeurs des religieuses réparatrices dans les couvents.

— Et quand on pense que le monde se demande à quoi servent les ordres contemplatifs ! s'était écrié Durtal.

— Ils sont les paratonnerres de la société, avait dit, avec une singulière énergie, l'abbé. Ils attirent sur eux le fluide démoniaque, ils résorbent les séductions des vices, ils préservent par leurs prières ceux qui vivent dans le péché comme nous ; ils apaisent enfin la colère du Très-Haut et l'empêchent de mettre en interdit la terre. Ah ! certes, les sœurs qui se vouent à la garde des malades et des infirmes sont admirables, mais combien leur tâche est aisée, en comparaison de celle qu'assument les ordres cloîtrés, les ordres où les pénitences ne s'interrompent jamais, où même les nuits alitées sanglotent !

Il est tout de même plus intéressant que ses confrères, ce prêtre-là, s'était dit Durtal, au moment où ils s'étaient quittés ; et comme l'abbé l'avait invité à venir le voir, il y était plusieurs fois allé.

Il avait toujours été cordialement reçu. A diverses reprises, il avait habilement tâté ce vieillard sur quelques questions. Il répondait évasivement lorsqu'il s'agissait de ses confrères. Il ne paraissait point, cependant, en faire grand cas, si l'on en jugeait par ce qu'il avait répliqué, un jour, à Durtal qui lui reparlait de cet aimant de douleurs que fut Lidwine.

— Voyez-vous, une âme faible et probe a tout avantage à se choisir un confesseur, non dans le clergé qui a perdu le sens de la Mystique, mais chez les moines. Eux seuls connaissent les effets de la loi de substitution et s'ils voient que, malgré ses efforts, le pénitent succombe, ils finissent par le délivrer, en prenant à leur compte ses tentations ou en les expédiant dans un couvent de province où des gens résolus les usent.

Une autre fois, la question des nationalités était discutée dans un journal que lui montrait Durtal ; l'abbé avait haussé les épaules et repoussé les balivernes du chauvinisme. Pour moi, avait-il affirmé placidement, pour moi, la patrie, c'est où je prie bien.

Qu'était ce prêtre ? il ne le savait, au juste. Par le libraire, il avait appris que l'abbé Gévresin était incapable, à cause de son grand âge et de ses infirmités, d'exercer régulièrement le sacerdoce. Je sais que, lorsqu'il le peut, il célèbre encore la messe, le matin, dans un couvent ; je crois aussi qu'il confesse chez lui quelques confrères ; et Tocane avait dédaigneusement ajouté : il a à peine de quoi vivre et il ne doit pas être bien vu à l'archevêché, à cause de ses idées mystiques.

Là, s'arrêtaient ses renseignements. Il est évidemment un très bon prêtre, se répétait Durtal ; sa physionomie même le détermine et c'est une contradiction de la bouche et des yeux qui avère cette certitude d'une bonté parfaite ; ses lèvres, un peu grosses et violettes, toujours humides, sourient d'un sourire affectueux mais presque triste que démentent ses yeux bleus d'enfants, des yeux qui rient, étonnés, sous d'épais sourcils blancs, dans son visage un peu rouge, piqueté sur les joues tel qu'un abricot mûr, de points de sang.

En tout cas, conclut Durtal qui sortit de ses rêveries. j'ai eu bien tort de ne pas continuer les relations que j'avais entamées avec lui.

Oui, mais voilà, rien n'est plus difficile que d'entrer dans la réelle intimité d'un prêtre ; d'abord, par l'éducation même qu'il reçut au séminaire, l'ecclésiastique se croit obligé de se disséminer, de ne pas se concentrer en des affections particulières ; puis il est, ainsi que le médecin, un homme harassé d'occupations et introuvable. On les voit, quand on les joint, l'un et l'autre, entre deux confessions ou deux visites. L'on n'est pas avec cela bien certain du bon aloi de l'accueil empressé du prêtre, car il est le même pour tous ceux qui l'approchent ; enfin ne visitant pas l'abbé Gévresin pour réclamer des secours ou des soins, j'ai eu peur de l'embarrasser, de lui faire perdre son temps et je me suis par discrétion abstenu d'aller le voir.

J'en suis maintenant fâché; voyons, si je lui écrivais ou si j'y retournais, un matin; mais pour quoi lui dire? encore faudrait-il savoir ce que l'on veut pour se permettre de le relancer. Si j'y vais seulement pour geindre, il me répondra que j'ai tort de ne pas communier et que lui répliquerai-je? Non, ce qu'il faudrait, ce serait le croiser comme par hasard sur les quais où il bouquine parfois ou chez Tocane, car alors je pourrais l'entretenir d'une façon plus intime, en quelque sorte moins officielle, de mes oscillations et de mes regrets.

Et Durtal se mit à battre les quais et n'y rencontra pas une seule fois l'abbé. Il se rendit chez le libraire sous le prétexte de feuilleter ses livres, mais, dès qu'il eut prononcé le nom de Gévresin, Tocane s'écria : je suis sans nouvelles de lui; il y a deux mois qu'il n'est venu !

Il n'y a pas à tergiverser, il va falloir le déranger chez lui, se dit Durtal, mais il se demandera pourquoi je reviens, après une si longue absence. Outre la gêne que j'éprouve à retourner chez les personnes que j'ai délaissées, il y a encore cet ennui de penser qu'en m'apercevant l'abbé soupçonnera aussitôt un but intéressé à ma visite. Ce n'est vraiment pas commode ; si j'avais seulement un bon prétexte; il y aurait bien cette vie de Lidwine qui l'intéresse; je pourrais le consulter sur divers points. Oui, mais lesquels ? je ne me suis pas occupé de cette sainte depuis longtemps et il faudrait relire les indigents bouquins de ses biographes. Au fond, il serait plus simple et il serait plus digne d'agir franchement, de lui dire : voici le motif de ma venue ; je vais vous demander des conseils que je ne suis pas résolu à suivre, mais j'ai tant besoin de causer, de me débrider l'âme, que je vous supplie de me faire la charité de perdre pour moi une heure.

Et il le fera certainement et de bon cœur.

Alors est-ce entendu ? si j'y allais, demain ? — et aussitôt il s'ébroua. Rien ne pressait ; il serait toujours temps ; mieux valait réfléchir encore ; ah ! mais, j'y pense, voici Noël ; je ne puis décemment importuner ce prêtre qui doit confesser ses clients, car l'on communie beaucoup ce jour-là. Laissons passer son coup de feu, nous verrons après.

Il fut d'abord ravi de s'être inventé cette excuse ; puis, il dut intérieurement s'avouer qu'elle n'était pas trop valide, car enfin rien ne prouvait que ce prêtre, qui n'était pas attaché à une paroisse, fût occupé à confesser des fidèles.

Ce n'était guères probable, mais il essaya de se convaincre qu'il pouvait néanmoins en être ainsi ; et ses hésitations recommencèrent. Exaspéré, à la fin, par ces débats, il adopta un moyen terme. Il n'irait, pour plus de sûreté, chez l'abbé qu'après Noël, seulement il ne dépasserait pas la date qu'il allait se fixer, et il prit un almanach et jura de tenir sa promesse, trois jours après cette fête.

IV

AH! cette messe de minuit! il avait eu la malencontreuse idée de s'y rendre à Noël. Il était entré à Saint-Séverin, y avait trouvé installé, à la place de la maîtrise, un externat de demoiselles qui tricotait avec des voix en aiguilles la laine fatiguée des cantiques. Il avait fui jusqu'à Saint-Sulpice, était tombé dans une foule qui se promenait et causait comme en plein vent; il y avait écouté des marches d'orphéons, des valses de guinguettes, des airs de feux d'artifice, et, indigné, il était sorti.

Il lui avait semblé superflu de faire escale à Saint-Germain-des-Prés car il avait cette église en horreur. Outre l'ennui que dégage sa lourde coque si mal rafistolée et les mornes peintures dont la chargea Flandrin, le clergé y était d'une laideur spéciale, presque inquiétante, et la maîtrise y était vraiment infâme. C'était un ramas de gâte-sauces, d'enfants qui crachaient de la vinaigrette et de vieux chantres qui mitonnaient dans le fourneau de leur gorge une sorte de panade vocale, une vraie bouillie de sons.

Il ne songeait pas non plus à se réfugier à Saint-Thomas d'Aquin dont il redoutait et les aboiements et les flons-flons; restait Sainte-Clotilde où la psallette tient au moins debout et n'a point, ainsi que celle de Saint-Thomas, perdu toute vergogne. Il y pénétra, mais, là encore, il se heurta à un bal d'airs profanes, à un sabbat mondain.

Il avait fini par se coucher, furieux, se disant : tout de même, à Paris, quel singulier baptême musical on réserve au Nouveau-Né !

Le lendemain, en se réveillant, il se sentit sans courage pour affronter les églises; les sacrilèges de cette nuit vont continuer, pensa-t-il; et comme le temps était à peu près beau, il sortit, erra dans le Luxembourg, rejoignit le carrefour de l'Observatoire et le boulevard de Port-Royal et, machinalement, il enfila l'interminable rue de la Santé.

Cette rue, il la connaissait de longue date ; il y faisait souvent de mélancoliques promenades, attiré par sa détresse casanière de province pauvre ; puis elle était accessible aux rêveries, car elle était bordée, à droite, par les murs de la prison de la Santé et de l'asile des aliénés de Sainte-Anne, à gauche par des couvents. L'air, le jour, coulaient dans l'intérieur de cette rue, mais il semblait que, derrière elle, tout devînt noir ; elle était, en quelque sorte, une allée de prison, côtoyée par des cellules où les uns subissaient de force de temporaires condamnations et où les autres souffraient, de leur plein gré, d'éternelles peines.

Je me la figure assez bien, peinte par un Primitif des Flandres, se disait Durtal ; le long de la chaussée que pavèrent de patients pinceaux, des étages de maisons ouvertes, du haut en bas, ainsi que des armoires ; et, d'un côté, des cachots massifs avec couchettes de fer, cruche de grès, petit judas ouvert dans des portes scellées de puissants verrous; là-dedans, de mauvais larrons, grinçant des dents, tournant sur eux-mêmes, les cheveux droits, hurlant tels que des bêtes enchaînées dans des cages ; de l'autre côté, des logettes meublées d'un galetas, d'une cruche de grès, d'un crucifix, fermées, elles aussi, par des portes bardées de fer, et, au milieu, des religieuses ou des moines, à genoux sur le carreau, la face découpée sur le feu d'un nimbe, les yeux au ciel, les mains jointes, envolés, dans l'extase, près d'un pot où fleurit un lys.

Enfin, au fond de la toile, entre ces deux haies de maisons, monte une grande allée au bout de laquelle, dans un ciel pommelé, Dieu le Père assis, avec le Christ à sa droite, et, tout autour d'eux, des chœurs de Séraphins jouant de l'angélique et de la viole ; et Dieu le Père immobile sous sa haute tiare, la poitrine couverte par sa longue barbe, tient une balance dont les plateaux s'équilibrent, les saints captifs expiant à mesure, par leurs pénitences et leurs prières, les blasphèmes des scélérats et des fous.

Il faut avouer, se disait Durtal, que cette rue est bien particulière, qu'elle est même probablement à Paris unique, car elle réunit, sur son parcours, les vertus et les vices qui, dans les autres arrondissements, se disséminent, d'habitude, malgré les efforts de l'Eglise, le plus loin qu'ils peuvent, les uns des autres.

Il était arrivé, en devisant, près de Sainte-Anne ; alors la rue s'aéra et les maisons baissèrent; elles n'eurent plus qu'un, que deux étages, puis, peu à peu, elles s'espacèrent, ne furent plus reliées, les unes aux autres, que par des bouts déplâtrés de murs.

C'est égal, se disait Durtal, si ce coin de rue est dénué de prestige, il est, en revanche, bien intime ; au moins ici, on est dispensé d'admirer le décor saugrenu de ces modernes agences qui exposent dans leurs vitrines, ainsi que de précieuses denrées, des piles choisies de bûches et, dans des compotiers de cristal, les dragées des anthracites et les pralines des cokes.

Et puis voici une ruelle vraiment cocasse et il regardait une sente qui descendait en pente roide dans une grande rue où l'on apercevait le drapeau tricolore en zinc d'un lavoir ; et il lut ce nom : rue de l'Ebre.

Il s'y engagea ; elle mesurait quelques mètres à peine, était arrêtée dans toute sa longueur, à droite, par un mur derrière lequel on entrevoyait des masures éclopées, surmontées d'une cloche. Une porte cochère treillissée d'un guichet carré s'enfonçait dans ce mur qui s'élevait à mesure qu'il descendait et finissait par se trouer de croisées rondes, par s'élever en une petite bâtisse que dépassait un clocher si bas que sa pointe n'atteignait même pas la hauteur de la maison de deux étages, située en face.

De l'autre côté, c'était une glissade de trois bicoques, collées les unes contre les autres ; des tuyaux de zinc rampaient, en montant comme des ceps, se ramifiaient comme les tiges d'une vigne creuse, le long des murs ; des fenêtres bâillaient sur des caisses rouillées de plombs. L'on discernait dans de vagues cours d'affreux taudis ; dans l'un, était un galetas où dormaient des vaches ;

dans les deux autres, s'ouvraient une remise de voitures à bras et une bibine derrière les barreaux de laquelle apparaissaient des goulots capsulés de litres.

Ah çà mais, c'est une église, se dit Durtal, en regardant le petit clocher et les trois ou quatre baies rondes qui semblaient découpées dans le papier d'émeri que simulait le mortier noir et rugueux du mur ; où est l'entrée ?

Il la découvrit, au tournant de cette sente qui se jetait dans la rue de la Glacière. Un porche minuscule donnait accès dans la bâtisse.

Il poussa la porte, pénétra dans une grande pièce, une sorte de hangar fermé peint en jaune, au plafond plat, traversé de poutrelles de fer badigeonnées de gris, liserées de filets d'azur et ornées de becs de gaz de marchand de vins. Au fond, un autel en marbre, six cierges allumés, des fleurs en papier et des colifichets dorés, des candélabres plantés de bougies et sous le tabernacle, un tout petit Saint Sacrement qui scintillait en réverbérant le feu des cierges.

Il faisait à peine clair, les vitres des croisées ayant été peinturlurées à cru de bandes d'indigo et de jaune serin ; on gelait, le poêle n'étant pas allumé et l'église, pavée de carreaux de cuisine, ne possédant aucun paillasson, aucun tapis.

Durtal s'emmitoufla de son mieux et s'assit. Ses yeux finirent par s'habituer à l'obscurité de cette salle ; ce qu'il apercevait devant lui était étrange ; sur des rangées de chaises, en face du chœur, des formes humaines, noyées dans des flots de mousseline blanche, étaient posées. Aucune ne bougeait.

Soudain, par une porte de côté, une religieuse, également enveloppée, de la tête aux pieds, dans un grand voile, entra. Elle longea l'autel, s'arrêta au milieu, tomba par terre, baisa le sol et, d'un effort de reins, sans même s'aider des bras, se mit debout ; elle s'avança, muette, dans l'église, frôla Durtal qui discerna sous la mousseline une magnifique robe d'un blanc de crème, une croix d'ivoire pendue au cou, une cordelière et un chapelet blancs à la ceinture.

Elle alla jusqu'à la porte d'entrée et, là, monta par un petit escalier dans une tribune qui dominait l'église.

Qu'est-ce que cet ordre si somptueusement vêtu, installé dans la misérable chapelle de ce quartier, se demandait-il ?

Peu à peu, maintenant, la salle s'emplissait ; des enfants de chœur en rouge avec des pèlerines bordées de poils de lapin allumèrent les candélabres, sortirent, ramenèrent un prêtre, habillé d'une chape d'occasion, à grandes fleurs, un prêtre maigre et jeune, qui s'assit et, d'un ton grave, chanta la première antienne des vêpres.

Et subitement, Durtal se retourna. Dans la tribune, un harmonium soutenait les répons d'inoubliables voix. Ce n'était plus la voix de la femme, mais une voix tenant de celle de l'enfant, adoucie, mondée, épointée du bout, et de celle de l'homme, mais écorcée, plus délicate et plus ténue, une voix asexuée, filtrée par les litanies, blutée par les oraisons, passée aux cribles des adorations et des pleurs.

Le prêtre, toujours assis, chanta le premier verset de l'immuable psaume « Dixit Dominus Domino meo. »

Et Durtal, vit en l'air, dans la tribune, de longues

statues blanches, tenant en mains des livres noirs, chantant lentement, les yeux au ciel. Une lampe éclaira l'une de ces figures qui, pendant une minute, se pencha un peu et il aperçut, sous le voile relevé, un visage attentif et dolent, très pâle.

Les vêpres alternaient maintenant leurs strophes, chantées, les unes par les religieuses, en haut, les autres, par les moniales, en bas. La chapelle était presque pleine ; un pensionnat de jeunes filles voilées de blanc emplissait un côté ; des petites bourgeoises tristement vêtues, des gosses qui jouaient avec leurs poupées, occupaient l'autre. A peine quelques femmes du peuple en sabots et pas un homme.

L'atmosphère devenait extraordinaire. Positivement le brasier des âmes tiédissait la glace de cette pièce ; ce n'étaient plus ces vêpres opulentes, telles qu'on les célèbre, le dimanche, à Saint-Sulpice, c'étaient les vêpres des pauvres, des vêpres intimes, en plain-chant de campagne, suivies par les fidèles avec une ferveur prodigieuse, dans un recueillement de silence inouï.

Durtal se crut transporté, hors barrière, au fond d'un village, dans un cloître ; il se sentait amolli, l'âme bercée par la monotone ampleur de ces chants, ne discernant plus la fin des psaumes qu'au retour de la doxologie, au « Gloria Patri et filio » qui les séparait les uns des autres.

Il eut un élan véritable, un sourd besoin de supplier l'Incompréhensible, lui aussi ; environné d'effluves, pénétré jusqu'aux moelles par ce milieu, il lui parut qu'il se dissolvait un peu, qu'il participait même de loin aux tendresses réunies de ces âmes claires. Il chercha une prière, se rappela celle que saint Paphnuce enseigna à la courtisane Thaïs, alors qu'il lui cria : « Tu n'es pas digne de nommer Dieu, tu prieras seulement ainsi : « qui plasmasti me, miserere mei », toi qui m'as créée, aie pitié de moi ». Il balbutia l'humble phrase, pria, non par amour ou par contrition, mais par dégoût de lui-même, par impuissance de s'abandonner, par regret de ne pouvoir aimer. Puis il songea à réciter le Pater, s'arrêta à cette idée que cette prière était la plus difficile de toutes à prononcer, lorsqu'on en pèse au trébuchet les phrases. N'y déclare-t-on pas, en effet, à Dieu, qu'on pardonne les offenses de son prochain? Or, combien parmi ceux qui profèrent ces mots pardonnent aux autres ? Combien parmi les catholiques qui ne mentent point, lorsqu'ils affirment à Celui qui sait tout qu'ils sont sans haine ?

Il fut tiré de ses réflexions par le silence subit de la salle. Les vêpres étaient terminées ; l'harmonium préluda encore et toutes les voix des nonnes s'élevèrent, en bas, dans le chœur, en haut dans la tribune, chantant le vieux Noël « Il est né le divin enfant ».

Il écoutait, ému, par la naïveté de ce cantique et, soudain, en une minute, brutalement, sans y rien comprendre, la posture de petites filles à genoux sur leurs chaises, devant lui, lui suscita d'infâmes souvenirs.

Il se rebiffa, dégoûté, voulut repousser l'assaut de ces hontes et elles persistèrent. Une femme, dont les perversions l'affolaient, revint le trouver là.

Il revit, sous les chemisettes de dentelles et de soie, renfler les chairs ; ses mains tremblèrent et, fiévreusement, elles ouvrirent les abjectes et les délicieuses cassolettes de cette fille.

Tout à coup, cette hallucination cessa; machinalement, son œil était attiré vers le prêtre qui le regardait en parlant bas à un bedeau.

Il perdit la tête, s'imagina que ce prêtre devinait ses pensées et le chassait, mais cette idée était si folle qu'il haussa les épaules et plus sagement se dit que l'on ne recevait sans doute pas d'hommes dans ce couvent de femmes, que l'abbé venait de l'apercevoir et lui dépêchait le bedeau pour le prier de sortir.

Il venait en effet droit à lui ; Durtal s'apprêtait à prendre son chapeau, quand, d'un ton tout à fait persuasif et docile, cet employé lui dit : la procession va commencer ; il est d'usage que les Messieurs marchent derrière le Saint-Sacrement ; bien que vous soyez le seul homme ici, Monsieur l'abbé a pensé que vous ne refuseriez pas de suivre le cortège qu'on va former.

Ahuri par cette demande, Durtal eut un geste vague dans lequel le bedeau crut discerner une adhésion.

Mais non, se dit-il, lorsqu'il fut seul ; je ne veux pas du tout me mêler à la cérémonie ; d'abord, je n'y connais rien et je gafferais, ensuite je ne veux pas me couvrir de ridicule. Il s'apprêtait à filer sans bruit, mais il n'eut pas le temps d'exécuter son projet ; l'huissier lui apportait un cierge allumé et l'invitait à l'accompagner. Il fit alors contre fortune bon cœur et tout en se répétant : ce que je dois avoir l'air couenne ! il s'achemina derrière cet individu jusqu'à l'autel.

Là le bedeau l'arrêta et le pria de ne plus bouger. Toute la chapelle était maintenant debout ; le pensionnat de jeunes filles se divisait en deux files précédées d'une femme portant une bannière. Durtal s'avança devant le premier rang des religieuses.

Les voiles baissés devant les profanes, dans l'église même, étaient levés devant le Saint-Sacrement, devant Dieu. Durtal put examiner ces sœurs pendant une seconde; sa désillusion fut d'abord complète. Il se les figurait pâles et graves comme la nonne qu'il avait entrevue dans la tribune et presque toutes étaient rouges, tachées de sons, et croisaient de pauvres doigts boudinés et crevés par les engelures. Elles avaient des visages gonflés et semblaient toutes commencer ou terminer une fluxion ; elles étaient évidemment des filles de la campagne; et les novices reconnaissables à leurs robes grises, sous le voile blanc, étaient plus vulgaires encore; elles avaient certainement travaillé dans des fermes ; et, pourtant, à les regarder ainsi tendues vers l'autel, l'indigence de leurs faces, l'horreur de leurs mains bleuies par le froid, de leurs ongles crénelés, cuits par les lessives, disparaissaient ; les yeux humbles et chastes, prompts aux larmes de l'adoration sous les longs cils, changeaient en une pieuse simplesse la grossièreté des traits. Fondues dans la prière, elles ne voyaient même pas ses regards curieux, ne soupçonnaient même point qu'un homme était là qui les épiait.

Et Durtal enviait l'admirable sagesse de ces pauvres filles qui avaient seules compris qu'il était dément de vouloir vivre. Il se disait : l'ignorance mène au même résultat que la science. Parmi les Carmélites, il est des femmes riches et jolies qui ont vécu dans le monde et l'ont quitté, convaincues à jamais du néant de ses joies et ces religieuses-ci, qui ne connaissent évidemment rien, ont eu l'intuition de cette vacuité qu'il a fallu des années d'expérience aux autres pour acquérir. Par des voies différentes, elles sont arrivées au même rond-point. Puis, quelle lucidité révèle cette entrée dans un ordre ! car enfin, si elles n'avaient pas été recueillies par le Christ, elles seraient devenues quoi, ces malheureuses ? Mariées à des pochards et martelées de coups ; ou bien servantes dans des auberges, violées par leurs patrons, brutalisées par les autres domestiques, condamnées aux couches clandestines, vouées au mépris des carrefours, aux dangers des retapes ! Et, sans rien savoir, elles ont tout évité ; elles demeurent innocentes, loin de ces périls et loin de ces boues, soumises à une obéissance qui n'est plus ignoble, disposées par leur genre de vie même à éprouver, si elles en sont dignes, les plus puissantes allégresses que l'âme de la créature humaine puisse ressentir !

Elles restent peut-être encore des bêtes de somme, mais elles sont les bêtes de somme du bon Dieu, au moins !

Il en était là de ses réflexions quand le bedeau lui fit un signe. Le prêtre, descendu de l'autel, tenait le petit ostensoir ; la procession des jeunes filles s'ébranlait maintenant devant lui. Durtal passa devant le rang des religieuses qui ne se mêlèrent pas au cortège et, le cierge à la main, il suivit le bedeau qui portait derrière le prêtre un parasol tendu de soie blanche.

Alors, de sa voix traînante d'accordéon grandi, l'harmonium, du haut de la tribune, emplit l'église et les nonnes, debout à ses côtés, entonnèrent le vieux chant rythmé tel qu'un pas de marche « l'Adeste fideles », tandis qu'en bas les moniales et les fidèles scandaient, après chaque strophe, le doux et pressant refrain « Venite adoremus ».

La procession tourna, plusieurs fois, autour de la chapelle, dominant les têtes courbées dans la fumée des encensoirs que les enfants de chœur brandissaient, en se retournant, à chaque halte, devant le prêtre.

Eh bien mais, je ne m'en suis pas trop mal tiré, se dit Durtal, lorsqu'ils furent revenus devant l'autel. Il croyait que son rôle avait pris fin, mais, sans lui demander, cette fois, son avis, le bedeau le pria de s'agenouiller, à la barre de communion, devant l'autel.

Il se sentait, mal à l'aise, gêné de se savoir ainsi, derrière le dos, tout ce pensionnat, tout ce couvent ; puis il n'avait pas l'habitude de cette posture ; il lui sembla qu'on lui enfonçait des coins dans les jambes, qu'on le soumettait, comme au Moyen Age, à la torture. Embarrassé par son cierge qui coulait et menaçait de le cribler de taches, il remuait doucement sur place, tentant d'émousser, en glissant le bas de son paletot sous ses genoux, le coupant des marches ; mais il ne faisait, en bougeant, qu'aggraver son mal ; ses chairs refoulées s'inséraient entre les os et son épiderme froissé brûlait. Il finit par suer d'angoisse, craignant de distraire la ferveur de la communauté par une chute ; et la cérémonie s'éternisait ! à la tribune, les religieuses chantaient, mais il ne les écoutait plus et déplorait la longueur de cet office.

Enfin, le moment de la Bénédiction s'apprêta.

Alors, malgré lui, se voyant, là, si près de Dieu, Durtal oublia ses souffrances et baissa le front, honteux d'être ainsi placé, tel qu'un capitaine à la tête de sa compagnie, au premier rang de la troupe de ces vierges ; et, lorsque, dans un grand silence, la sonnette tinta et que le prêtre, se retournant, fendit lentement l'air en forme de croix et bénit, avec le Saint-Sacrement, la chapelle abattue à ses pieds, Durtal demeura, le corps incliné, les yeux clos, cherchant à se dissimuler, à se faire petit, à passer inaperçu, là-haut, au milieu de cette foule pieuse.

Le psaume « Laudate Dominum omnes gentes » retentissait encore, quand le bedeau vint lui enlever son cierge. Durtal fut sur le point de jeter un cri, alors qu'il fallut se mettre debout ; ses genoux engourdis craquaient et leurs charnières ne manœuvraient plus.

Il finit néanmoins par regagner, cahin-caha, sa place ; il laissa s'écouler la foule, et, s'approchant du bedeau, il lui demanda le nom de ce couvent et l'ordre auquel appartenaient ces religieuses.

Ce sont des Franciscaines missionnaires de Marie, répondit cet homme, mais ce sanctuaire n'est pas leur propriété, comme vous semblez le croire ; c'est une chapelle de secours qui dépend de la paroisse de Saint-Marcel de la Maison Blanche ; elle est seulement reliée par un couloir à la maison que ces sœurs occupent là, derrière nous, dans la rue de l'Ebre. Elles suivent, en somme, les offices au même titre que vous, que moi, et elles tiennent, pour les enfants du quartier, école.

Elle est attendrissante cette petite chapelle, se dit Durtal, lorsqu'il fut seul. Elle est vraiment appariée à l'endroit qu'elle abrite, à la triste rivière des tanneurs qui coule, en deçà de la rue de la Glacière, dans les cours. Elle me fait l'effet d'être à Notre-Dame de Paris ce que sa voisine la Bièvre est à la Seine. Elle est le ruisselet de l'Eglise, la panne pieuse, la misérable banlieue du culte !

Et elles sont aussi, indigentes et exquises, les voix au sexe indécis ou fondu de ces pauvres nonnes ! et Dieu sait pourtant si j'exècre la voix de la femme dans le lieu saint, car elle reste quand même impure. Il me semble que la femme apporte toujours avec elle les miasmes permanents de ses malaises et qu'elle fasse tourner les psaumes. Puis, quand même, la vanité, la concupiscence sourdent de la voix mondaine et ses cris d'adoration auprès de l'orgue ne sont que les cris de l'instance charnelle, ses plaintes même dans les hymnes liturgiques les plus sombres ne s'adressent que des lèvres à Dieu, car, au fond, la femme ne pleure que le médiocre idéal du plaisir terrestre qu'elle ne peut atteindre. Aussi, comme je comprends que l'Eglise l'ait rejetée de ses offices et qu'elle emploie, pour ne pas contaminer l'étole musicale de ses proses, la voix de l'enfant et de l'homme, voire même celle du castrat.

Et cependant dans les couvents de femmes, cela change ; il est certain que la prière, que la communion, que les abstinences, que les vœux, épurent le corps et l'âme et l'odeur vocale qui s'en dégage. Leurs effluves donnent à la voix des religieuses, si écrue, si mal équarrie qu'elle puisse être, ses chastes inflexions, ses naïves caresses d'amour pur ; ils la ramènent aux sons ingénus de l'enfance.

Dans certains ordres, ils semblent même l'émonder de la plupart de ses branches et concentrer les filets de sève qui restent sur quelques tiges ; et il songeait à un monastère de Carmélites où il était parfois allé, se rappelait leurs voix défaillantes, presque mortes, dont le peu de santé s'était réfugié dans trois notes, des voix ayant perdu les couleurs musicales de la vie, les teintes du grand air, ne conservant plus, dans le cloître, que celles des costumes qu'elles semblaient réfléter, des sons blancs et bruns, des sons chastes et sombres.

Ah! ces Carmélites, il y repensait maintenant, tandis qu'il descendait la rue de la Glacière; et il évoquait une prise de voile dont le souvenir l'emballait, chaque fois qu'il rêvait à des couvents. Il se revoyait, un matin, dans la petite chapelle de l'avenue de Saxe, une chapelle de style ogival, espagnol, percée d'étroites fenêtres tendues de vitraux si foncés que la lumière séjournait dans leurs couleurs, sans éclairer.

Au fond, se dressait, dans l'ombre, le maître-autel, surélevé de six marches; à sa gauche, une grande grille de fer en forme d'ogive était voilée d'un rideau noir et, du même côté, mais presque au bas de l'autel alors, une petite ogive tracée sur un mur plein, s'allongeait en lancette, trouée, au milieu, d'une ouverture simulant une sorte de chatière carrée, un cadre sans panneau, vide.

Ce matin-là, cette chapelle, froide et obscure, rutilait, incendiée par des taillis de cierges et l'odeur d'un encens non altéré, comme celui des autres églises, par des benjoins et des gommes, l'emplissait d'une fumée sourde; elle regorgeait de monde. Tapi dans un coin, Durtal s'était retourné, et avait, ainsi que ses voisins, suivi du regard le dos des thuriféraires et des prêtres qui se dirigeaient vers l'entrée. Et la porte s'était brusquement écartée et il avait eu, dans une explosion de jour, la vision rouge du Cardinal Archevêque de Paris, traversant la nef, branlant une tête chevaline précédée d'un grand nez à lunettes, voûtant sa haute taille, la penchant tout d'un côté, bénissant d'une longue main tordue, telle qu'une patte de crabe, les assistants.

Il était monté avec sa suite à l'autel, s'était agenouillé sur un prie-dieu ; puis on lui avait enlevé sa pèlerine, on lui avait passé une chasuble de soie, à croix claire, tissée d'argent, et la messe avait commencé. Un peu avant la communion, le voile noir avait été doucement tiré, derrière la haute grille, et dans un jour bleuâtre pareil à une nuit de lune, Durtal avait entrevu des fantômes blancs qui glissaient et des étoiles qui clignotaient en l'air et, tout contre la grille, une forme de femme, agenouillée, immobile sur le sol, tenant, elle aussi, une étoile au bout d'un cierge. La femme ne bougeait pas, mais l'étoile tremblait ; puis quand le moment de la communion avait été proche, la femme s'était levée, avait disparu et sa tête, comme décapitée, était venue remplir le cadre du guichet ouvert dans la lancette.

Penché en avant, il avait alors aperçu, pendant une seconde, une figure morte, les paupières tombées ; blanche, sans yeux, de même que les statues en marbre de l'antique. Et tout s'était effacé avec le Cardinal, courbé, le saint ciboire à la main, sur la chatière.

Ce fut si prompt qu'il se demanda s'il n'avait pas rêvé ; la messe s'était achevée. L'on entendait, derrière la claire-voie de fer, des psalmodies lamentables, des chants lents, traînés, pleurés toujours sur les mêmes notes ; des lueurs vagabondes et des formes blanches passaient dans l'azur fluide des encens. Mgr Richard s'était alors assis, mître en tête, et il interrogeait la postulante, revenue à sa place, agenouillée devant lui, derrière la grille.

Il parlait, à voix basse ; on ne pouvait l'entendre. Toute la chapelle, se penchait pour écouter la novice prononcer ses vœux, mais l'on ne percevait qu'un long murmure. Durtal se rappelait qu'il avait joué des coudes, qu'il était parvenu à s'approcher du chœur et que, là, au travers des barres croisées de la herse, il avait aperçu, la femme en blanc, étendue à plat ventre, dans un cadre de fleurs ; et tout le couvent défilait, en se courbant sur elle, entonnait le chant des trépassés, l'aspergeait d'eau bénite comme une morte !

C'est admirable ! s'écria-t-il, soulevé dans la rue, par le souvenir de cette scène — et il se disait : la vie ! la vie de ces femmes ! coucher sur une paillasse piquée de crins, sans oreiller ni draps ; jeûner sept mois de l'année sur douze, sauf les dimanches et les jours de fêtes ; toujours manger, debout, des légumes et des aliments maigres ; rester sans feu, l'hiver ; psalmodier pendant des heures, sur des dalles glacées ; se châtier le corps, être assez humble pour, si l'on a été douillettement élevée, accepter avec joie de laver la vaisselle, de vaquer aux besognes les plus viles ; prier, dès le matin, toute la journée jusqu'à minuit, jusqu'à ce que l'on tombe en défaillance, prier ainsi jusqu'à la mort ! Faut-il qu'elles aient pitié de nous et qu'elles tiennent à expier l'imbécillité de ce monde qui les traite d'hystériques et de folles, car il est inapte à comprendre les joies suppliciées de telles âmes !

On ne se sent pas très fier de soi, quand on songe aux Carmélites et même à ces humbles Franciscaines qui sont cependant plus vulgaires. Il est vrai que celles-là n'appartiennent pas à un ordre contemplatif, mais, c'est égal, leurs règles sont assez rigides, leur existence est assez dure pour qu'elles puissent, elles aussi, compenser par leurs oraisons et par leurs œuvres les excès de la ville qu'elles protègent.

Il s'exaltait, en pensant aux monastères. Ah! être terré chez eux, à l'abri des mufles, ne plus savoir si des livres paraissent, si des journaux s'impriment, ignorer pour jamais ce qui se passe, hors de sa cellule, chez les hommes! — et parfaire le bienfaisant silence de cette vie murée, en se nourrissant d'actions de grâces, en se désaltérant de plain-chant, en se saturant avec les inépuisables délices des liturgies!

Puis, qui sait? à force de bonne volonté, de suppliques ardentes, parvenir à L'approcher, à L'entretenir, à Le sentir près de soi, presque content de sa créature, peut-être! Et il évoquait les allégresses de ces abbayes où Jésus vivait. Il se rappelait cet étonnant couvent d'Unterlinden, près de Colmar, où au XIIIe siècle, ce n'était pas, une, deux nonnes, c'était le monastère tout entier qui surgissait, éperdu, devant le Christ dans des cris de joie; des religieuses s'élevaient au-dessus de terre, d'autres entendaient des chants séraphiques ou sécrétaient de leurs corps épuisés des baumes; d'autres encore devenaient diaphanes ou se nimbaient d'étoiles; tous les phénomènes de la vie contemplative étaient visibles dans la haute école de Mystique que fut ce cloître.

Emballé, comme il l'était, il se trouva devant sa porte, sans même se souvenir de la route qu'il avait prise et, une fois dans sa chambre, il eut une distension et un éclat d'âme. Il avait envie de remercier, de demander miséricorde, d'appeler, il ne savait qui, de quérir il ne savait quoi. Et soudain ce besoin de s'épancher, de sortir de lui-même, se précisa et il tomba à genoux, disant à la Vierge :

— Ayez pitié, écoutez-moi ; j'aime mieux tout plutôt que de rester ainsi, que de continuer cette existence ballottée et sans but, ces étapes vaines ! Pardonnez, Sainte Vierge, au salaud que je suis, car je n'ai aucun courage pour commencer les hostilités, pour me combattre ! ah ! si vous vouliez ! je sais bien que c'est fort d'oser vous supplier, alors que l'on n'est même pas résolu à retourner son âme, à la vider comme un seau d'ordures, à taper sur son fond, pour en faire couler la lie, pour en détacher le tartre, mais.... mais.... que voulez-vous, je me sens si débile, si peu sûr de moi, qu'en vérité, je recule !

Oh ! tout de même ce que je voudrais m'en aller, être hors d'ici, à mille lieues de Paris, je ne sais où, dans un cloître ! Mon Dieu ! c'est fou ce que je vous raconte, car je ne resterais pas deux jours dans un couvent et l'on ne m'y recevrait pas d'ailleurs !

Et il se fit cette réflexion.

Pour une fois que je suis moins sec, moins malpropre que de coutume, je ne trouve à dire à la Vierge que des insanités et des niaiseries, alors qu'il serait si simple de solliciter son pardon, de l'implorer pour qu'elle ait pitié de ma vie déserte, pour qu'elle m'aide à résister aux sommations de mes vices, à ne plus payer, ainsi que je le fais, les redevances des nerfs, l'impôt des sens !

C'est égal, reprit-il, en se relevant, en voilà assez. Je ferai au moins le peu que je puis ; sans plus tarder, j'irai chez l'abbé, demain, je lui expliquerai mes litiges d'âme et nous verrons bien après !

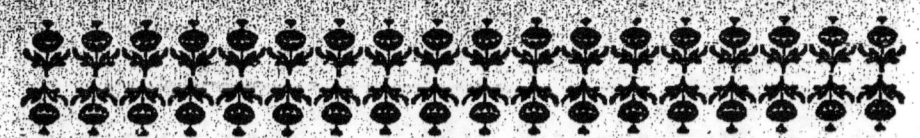

V

IL éprouva un véritable soulagement lorsque la bonne lui répondit : Monsieur l'abbé est chez lui. Il entra dans un petit salon et attendit que le prêtre, qu'il entendait converser avec une personne dans une autre chambre, fût seul.

Il regardait cette petite pièce et constatait que rien n'était changé depuis sa dernière visite. Elle restait meublée d'un divan de velours dont le rouge jadis incarnat était devenu de ce rose fané qu'a la confiture de framboise bue par du pain. Il y avait, en outre, deux fauteuils Voltaire, placés de chaque côté d'une cheminée que paraient une pendule Empire et des vases de porcelaine remplis de sable dans lequel s'enfonçaient des tiges de roseaux secs. En un coin, contre le mur, sous un ancien crucifix de bois, on apercevait un prie-Dieu où la place des genoux était marquée ; une table ovale, au milieu ; quelques gravures pieuses le long des murs ; et c'était tout.

Ça sent l'hôtel et le logis de la vieille fille, se dit Durtal. La vulgarité des meubles, des rideaux en damas déteint, des cloisons tapissées d'un papier de tenture, semé de bouquets de pavots et de fleurs des champs aux teintes inexactes, rappelait, en effet, les chambres garnies au mois, mais certains détails, d'abord la méticuleuse propreté de la pièce, les coussins de tapisserie posés sur le divan, les ronds de sparterie sous les chaises, un hortensia semblable à un chou-fleur peint, placé dans un cache-pot couvert d'une dentelle, évoquaient, d'autre part, l'intérieur futile et glacé d'une dévote.

Il n'y manquait alors qu'une cage à serins, des photographies dans des cadres de peluche, des coquillages et des pelotes.

Durtal en était là de ses réflexions quand l'abbé survint, lui tendit la main, tout en lui reprochant doucement son abandon.

Durtal s'excusa de son mieux, prétexta des occupations inaccoutumées, de longs ennuis.

— Et notre Bienheureuse Lidwine, qu'en faites-vous?

— Ah! je n'ai même pas commencé sa vie; je ne suis vraiment point dans un état d'âme qui me permette de l'aborder.

L'accent découragé de Durtal surprit le prêtre.

— Voyons, qu'est-ce qu'il y a? puis-je vous être utile?

— Je ne sais, Monsieur l'abbé; j'ai un peu honte de vous entretenir de semblables misères; et subitement, il se débonda, épandant, au hasard des mots, ses plaintes, avouant l'inconscience de sa conversion, ses débats avec sa chair, son respect humain, son éloignement des pratiques ecclésiales, son aversion pour tous les rites exigés, pour tous les jougs.

L'abbé l'écoutait sans broncher, le menton dans sa main.

— Vous avez plus de quarante ans, dit-il, lorsque Durtal se tut; vous avez franchi l'âge où avant toute impulsion d'idées, c'est l'éveil de la chair qui suscite les tentations; maintenant, vous en êtes à cette période où ce sont les pensées lubriques qui se présentent d'abord à l'imagination, avant que les sens ne tressaillent. Il s'agirait donc de combattre moins votre corps endormi que votre âme qui le stimule et le trouble. D'autre part, vous avez des lots arriérés de tendresses à placer; pas de femme, pas d'enfants qui les puissent prendre; de sorte que, les affections refoulées par le célibat, vous finissez par les reporter là où elles eussent dû tout d'abord aller; votre faim d'âme, vous tentez de la contenter dans les chapelles et, comme vous hésitez, comme vous n'avez pas le courage de vous arrêter à une décision, de rompre, une bonne fois, avec vos vices, vous en êtes arrivé à cet étrange compromis : réserver votre tendresse pour l'Eglise et les manifestations de cette tendresse pour les filles. Voilà, si je ne me trompe, votre bilan exact. Eh bien mais, mon Dieu, il ne faut pas trop vous plaindre; car, voyez-vous, l'important c'est de n'aimer que corporellement la femme. Quand le Ciel vous a départi cette grâce de n'être pas pris par les sentiments, avec un peu de bonne volonté tout s'arrange.

— Il est indulgent ce prêtre, pensa Durtal.

— Oui, mais, reprit l'abbé, vous ne pouvez rester toujours entre deux selles; le moment va venir où il faudra enjamber l'une et repousser l'autre...

Et regardant Durtal qui baissait le nez sans répondre.

— Priez-vous seulement? — Je ne vous demande pas si vous faites oraison le matin, car tous ceux qui finissent par s'engager dans la voie divine, après avoir vagabondé, pendant des années, au hasard des routes, n'invoquent pas le Seigneur, dès leur réveil. L'âme se croit mieux portante, au lever du jour, elle s'estime plus solide et elle profite aussitôt de cette passagère énergie pour oublier Dieu. Mais il en est d'elle ainsi que du corps lorsqu'il est malade. Dès que la nuit vient, les affections s'aggravent, les douleurs assoupies se réveillent, la fièvre qui dormait se ranime, les ordures ressuscitent et les plaies ressaignent, et alors elle songe au divin Thaumaturge, elle songe au Christ. Priez-vous le soir ?

— Parfois... et c'est si difficile pourtant ! les après-midi sont encore possibles, mais, vous le dites justement, quand le jour disparaît, les maux sévissent. C'est toute une chevauchée d'idées obscènes qui me passe alors dans la cervelle ! allez donc vous recueillir dans ces moments-là !

— Si vous ne vous sentez pas la force de résister, dans la rue ou chez vous, pourquoi ne vous réfugiez-vous point dans les églises ?

— Mais elles sont fermées lorsqu'on a le plus besoin d'elles, le clergé couche Jésus aussitôt que la nuit tombe !

— Je le sais ; mais si la plupart des églises sont closes, il en est quelques-unes pourtant qui restent entrebâillées assez tard. Tenez, Saint-Sulpice est du nombre ; puis, il en est encore une qui demeure ouverte tous les soirs et qui, par tous les temps, assure les prières et les chants du Salut à ses visiteurs : Notre-Dame des Victoires ; vous la connaissez, je pense.

— Oui, Monsieur l'abbé. Elle est laide à faire pleurer, elle est prétentieuse, elle est baroque et ses chantres y barattent une margarine de sons vraiment rances! Je ne la fréquenterais donc pas comme Saint-Séverin et Saint-Sulpice, pour y admirer l'art des anciens « Logeurs du bon Dieu » ou y écouter, même falsifiées, les amples et les familières mélodies du plain-chant. Notre-Dame des Victoires est, au point de vue esthétique, nulle, et j'y suis allé quelquefois pourtant, parce que, seule, à Paris, elle possède l'irrésistible attrait d'une piété sûre, parce que, seule, elle conserve intacte l'âme perdue des Temps. A quelque heure qu'on y aille, dans un silence absolu, des gens prosternés y prient; elle est pleine lorsqu'on l'ouvre et elle est encore pleine quand on la ferme; c'est un va-et-vient continu de pèlerins, issus de tous les quartiers de Paris, débarqués de tous les fonds de la province et il semble que chacun d'eux alimente, avec les prières qu'il apporte, l'immense brasier de Foi dont les flammes se renouvellent, sous ses cintres enfumés, ainsi que ces milliers de cierges qui se succèdent, en brûlant, du matin au soir, devant la Vierge.

Eh bien, moi qui recherche dans les chapelles les coins les plus déserts, les endroits les plus sombres, moi qui exècre les cohues, je me mêle presque volontiers aux siennes. C'est que, là, chacun s'isole et que néanmoins chacun s'entr'aide; l'on ne voit même plus les corps humains qui vous environnent, mais l'on sent le souffle des âmes qui vous entourent. Si réfractaire, si humide que l'on puisse être, l'on finit par prendre feu à ce contact et l'on s'étonne de se trouver tout à coup moins vil; il me semble que les prières qui, autre part, lorsqu'elles me sortent des lèvres, retombent, épuisées et presque froides sur le sol, s'élancent dans ce lieu, sont emportées, soutenues par les autres, et qu'elles s'échauffent et qu'elles planent et qu'elles vivent !

A Saint-Séverin j'ai bien éprouvé déjà cette sensation d'une assistance s'épandant des piliers et coulant des voûtes, mais, tout bien considéré, ces secours étaient plus faibles. Peut-être que, depuis le Moyen Age, cette église use, à force de ne pas les renouveler, les célestes effluves dont elle est chargée; tandis qu'à Notre-Dame, cette aide qui jaillit des dalles est continuellement vivifiée par la présence ininterrompue d'une ardente foule. Dans l'une, c'est la pierre imprégnée, c'est l'église même qui vous réconforte, dans l'autre c'est surtout la ferveur des multitudes qui l'emplissent.

Et puis, j'ai cette impression bizarre que la Vierge, attirée, retenue par tant de foi, ne fait que séjourner dans les autres églises, qu'elle n'y va qu'en visite, tandis qu'elle est installée à demeure, qu'elle réside réellement à Notre-Dame.

L'abbé souriait.

— Allons, je vois que vous la connaissez et que vous l'aimez; et pourtant, cette église n'est pas située sur notre rive gauche, hors de laquelle il n'est point de sanctuaire qui vaille, m'avez-vous dit, un jour.

— Oui, et cela m'étonne — d'autant qu'elle se dresse en plein quartier commerçant, à deux pas de la Bourse dont elle peut entendre les cris ignobles !

— Et elle fut elle-même une Bourse, répliqua l'abbé.

— Comment?

— Après avoir été baptisée par des moines et avoir

servi de chapelle aux Augustins déchaux, elle a, pendant la Révolution, subi les derniers outrages ; la Bourse s'est installée dans ses murs.

— J'ignorais ce détail, s'écria Durtal.

— Mais, reprit l'abbé, il en fut d'elle comme de ces Saintes qui, si l'on en croit leurs biographes, recouvrèrent dans une vie d'oraisons la virginité qu'elles avaient autrefois perdue. Notre-Dame s'est lavée de son stupre et, bien qu'elle soit relativement jeune, elle est aujourd'hui saturée d'émanations, injectée d'effluences angéliques, pénétrée de sels divins ; elle est pour les âmes infirmes ce que certaines stations thermales sont pour le corps. On y fait des saisons, on y accomplit des neuvaines, on y obtient des cures.

Eh bien, revenons à nos moutons, je vous disais donc que vous agiriez sagement, en allant, les mauvais soirs, assister au Salut dans cette église ; je serais surpris si vous n'en sortiez pas émondé et vraiment calme.

— S'il n'a que cela à m'offrir, c'est peu, pensa Durtal. Et, après un silence découragé, il reprit :

— Mais, Monsieur l'abbé, quand même je fréquenterais ce sanctuaire et suivrais les offices des autres églises, alors que les tentations m'assaillent ; quand même je me confesserais et m'approcherais des Sacrements, à quoi cela m'avancerait-il ? je rencontrerais, en sortant, une femme dont la vue me tisonnerait les sens, eh bien ce serait, comme après mes départs énervés de Saint-Séverin ; l'attendrissement même que j'aurais eu dans la chapelle me perdrait, je suivrais la femme.

— Qu'en savez-vous ? — Et subitement le prêtre se leva et arpenta la chambre.

— Vous n'avez pas le droit de parler ainsi, car la vertu du Sacrement est formelle ; l'homme qui a communié n'est plus seul. Il est armé contre les autres et défendu contre lui-même ; et se croisant les bras devant Durtal, il s'exclama :

— Perdre son âme pour le plaisir de projeter un peu de boue hors de soi, car c'est cela votre amour humain ! quelle démence ! — Et depuis le temps que vous vous réprouvez, cela ne vous dégoûte point ?

— Si, je me dégoûte — mais après que mes porcheries sont satisfaites — Si seulement je pouvais arriver au vrai repentir...

— Soyez tranquille, fit l'abbé qui se rassit, vous l'avez...

Et voyant que Durtal hochait la tête.

— Rappelez-vous ce que dit sainte Térèse : « une peine des commençants, c'est de ne pouvoir reconnaître s'ils ont un vrai repentir de leurs fautes ; ils l'ont pourtant et la preuve en est de leur résolution si sincère de servir Dieu ». Méditez cette phrase, elle s'applique à vous, car cette répulsion de vos péchés qui vous excède témoigne de vos regrets et vous avez le désir de servir le Seigneur, puisque vous vous débattez, en somme, pour aller à lui.

Il y eut un instant de silence.

— Enfin, Monsieur l'abbé, que me conseillez-vous ?

— Je vous recommande de prier, chez vous, à l'église, le plus que vous pourrez, partout. Je ne vous prescris aucun remède religieux, je vous invite tout bonnement à mettre à profit quelques préceptes d'hygiène pieuse ; nous verrons après.

Durtal restait indécis, mécontent de même que ces malades qui en veulent aux médecins lorsque, pour les contenter, ceux-ci ne leur ordonnent que de pâles drogues.

Le prêtre se mit à rire.

— Avouez, fit-il, en le regardant bien en face, avouez que vous vous dites : ce n'était pas la peine de me déranger car je ne suis pas plus avancé qu'avant ; ce brave homme de prêtre pratique la médecine expectante ; au lieu de me couper par des médicaments énergiques mes crises, il me lanterne, me recommande de me coucher de bonne heure, de ne pas attraper froid...

— Oh ! Monsieur l'abbé, protesta Durtal.

— Je ne veux cependant pas vous traiter comme un enfant ou vous parler comme à une femme ; entendez-moi donc.

La façon dont s'est opérée votre conversion ne peut me laisser aucun doute. Il y a eu ce que la Mystique appelle un attouchement divin ; seulement — et ceci est à remarquer — Dieu s'est passé de l'intervention humaine, de l'entremise même d'un prêtre, pour vous ramener dans une voie que vous aviez depuis plus de vingt ans quittée.

Or, nous ne pouvons raisonnablement supposer que le Seigneur ait agi à la légère et qu'il veuille laisser maintenant inachevée son œuvre. Il la parfera donc, si vous n'y mettez aucun obstacle.

En somme vous êtes, à l'heure actuelle, ainsi qu'une pierre d'attente entre ses mains ; qu'en fera-t-il ? je l'ignore, mais puisqu'il s'est réservé la conduite de votre âme, laissez-le agir ; patientez, il s'expliquera ; ayez confiance, il vous aidera ; contentez-vous de proférer avec le

Psalmiste : « Doce me facere voluntatem tuam, quia Deus meus es tu ».

Je vous le répète, je crois à la vertu préventive, à la puissance formelle des Sacrements. Je comprends très bien le système du père Milleriot qui forçait à communier des gens qu'il appréhendait de voir retomber dans leurs péchés, après. Pour toute pénitence, il les obligeait à recommunier encore et il finissait par les épurer avec les Saintes Espèces prises à de hautes doses. C'est une doctrine tout à la fois réaliste et surélevée.....

Mais, rassurez-vous, reprit l'abbé, en regardant Durtal qui paraissait gêné ; mon intention n'est pas d'expérimenter sur vous cette méthode ; au contraire mon avis est que, dans l'état d'ignorance où nous sommes des volontés de Dieu, vous vous absteniez des Sacrements.

Car il faut que vous les désiriez, il faut que cela vienne de vous ou plutôt de Lui ; cette soif de la Pénitence, cette faim de l'Eucharistie, vous l'aurez, dans un temps plus ou moins rapproché, soyez-en sûr. Eh bien, quand, n'y tenant plus, vous réclamerez le pardon et supplierez qu'on vous laisse approcher de la Sainte Table, alors nous verrons, nous Lui demanderons de quelle manière il conviendra de s'y prendre pour vous sauver.

— Mais, il n'y a pas, je présume, plusieurs manières de se confesser et de communier...

— Evidemment — aussi n'est-ce point cela que je veux dire ; non... mais...

Et le prêtre hésita, chercha ses mots.

— Il est bien certain, reprit-il, que l'art a été le principal véhicule dont le Sauveur s'est servi pour vous faire absorber la Foi. Il vous a pris par votre côté faible... ou fort, si vous aimez mieux. Il vous a imprégné de chefs-d'œuvre mystiques ; il vous a persuadé et converti, moins par la voie de la raison que par la voie des sens ; et dame, ce sont là des conditions très spéciales dont il importe de tenir compte.

D'autre part, vous n'avez point une âme humble, une âme simple ; vous êtes une sorte de sensitive que la moindre imprudence, que la moindre maladresse d'un confesseur fera se replier sur elle.

Pour que vous ne soyez pas à la merci d'une impression fâcheuse, il y aurait donc certaines précautions à prendre. Dans l'état de faiblesse, de défaillance où vous êtes, il suffirait, pour vous mettre en déroute de si peu de chose, d'une figure déplaisante, d'un mot malheureux, d'un milieu antipathique, d'un rien..... est-ce vrai ?

— Hélas ! soupira Durtal, je suis bien obligé de vous répondre que vous voyez juste : mais, Monsieur l'abbé, il me semble que je n'aurais pas de telles désillusions à craindre, si, quand le moment que vous annoncez sera venu, vous me permettiez de me confesser à vous.

Le prêtre resta silencieux.

— Sans doute, fit-il, si je vous ai rencontré, c'est que probablement, je dois vous être utile, mais j'ai l'idée que mon rôle se bornera à vous désigner la route ; je serai un trait-d'union et rien de plus : vous finirez comme vous avez commencé, sans aide, seul ; l'abbé demeura rêveur, puis il secoua la tête ; — au fait, reprit-il, laissons cela, car nous ne pouvons préjuger les desseins de Dieu ; je vais me résumer plutôt : tâchez d'étouffer vos crises charnelles dans la prière ; il s'agit moins pour l'instant de n'être pas vaincu, que de faire tous vos efforts pour ne l'être point.

Et, doucement, afin de remonter Durtal qu'il voyait abattu, le prêtre ajouta :

— Si vous succombez, ne désespérez pas, ne jetez pas, après la cognée, le manche. Dites-vous qu'après tout, la Salacité n'est point la plus impardonnable des fautes, qu'elle figure au nombre des deux délits que la créature humaine paie au comptant et qui sont, par conséquent, expiés, en partie au moins, avant la mort. Dites-vous que la Luxure et la Cupidité refusent tout crédit et n'attendent point ; et, en effet, celui qui commet indûment l'acte de chair est presque toujours, de son vivant, puni. Pour les uns, ce sont des bâtards à élever, des femmes infirmes, de bas concubinages, des carrières brisées, d'abominables duperies de la part de celles qu'ils aiment. De quelque côté que l'on se tourne avec la femme, on souffre, car elle est le plus puissant engin de douleur que Dieu ait donné à l'homme !

Et il en est de même de la passion du Lucre. Tout être qui se laisse envahir par cet odieux péché le répare généralement avant qu'il meure. Tenez, prenez le Panama. Des cuisinières, des concierges, des petits rentiers qui jusqu'alors vivaient tranquilles, ne cherchaient pas des gains démesurés, des profits par trop illicites, se sont rués, tels que des fous, sur cette affaire. Ils n'ont plus eu qu'une pensée, gagner de l'argent ; le châtiment de leur avidité fut, vous le savez, brusque !

— Oui, fit Durtal en riant, les de Lesseps ont été les agents de la Providence, lorsqu'ils ont dérobé les économies de gogos qui les avaient acquises par de probables larcins, du reste !

— Enfin, reprit l'abbé, j'insiste sur cette dernière recommandation : ne vous découragez point, si vous sombrez. Ne vous méprisez pas trop ; ayez le courage d'entrer dans une église, après ; car c'est par la lâcheté que le démon vous tient ; la fausse honte, la fausse humilité qu'il vous insinue, ce sont elles qui nourrissent, qui conservent, qui solidifient, en quelque sorte, votre luxure.

Allons, sans adieu ; revenez bientôt me voir.

Durtal se retrouva, un peu ahuri, dans la rue. Il est évident, murmura-t-il, en marchant à grands pas, que l'abbé Gévresin est un habile horloger d'âme. Il m'a dextrement dévissé le mouvement de mes passions et fait sonner mes heures de lassitude et d'ennui ; mais, en somme, tous ses conseils se réduisent à celui-ci : cuisez dans votre jus et attendez.

Au fait, il a raison, si j'étais à point, je ne serais pas allé chez lui pour bavarder mais bien pour me confesser ; ce qui est étrange, c'est qu'il ne semble pas du tout croire que c'est lui qui me passera à la lessive ; et à qui veut-il donc que je m'adresse ? au premier venu qui me dévidera sa bobine de lieux-communs, qui me frottera, avec de grosses mains, sans y voir clair.

Tout ça.... tout ça.... voyons, quelle heure est-il ? Il regarda sa montre ; six heures ; je n'ai pas envie de rentrer chez moi, qu'est-ce que je vais faire jusqu'au dîner ?

Il était près de Saint-Sulpice. Il fut s'y asseoir, afin de mettre un peu d'ordre dans ses idées ; il s'installa dans la chapelle de la Vierge qui était presque vide à cette heure.

Il ne se sentait aucun désir de prier, restait là, regardant cette grande rotonde de marbre et d'or, cette scène de théâtre où, seule éclairée, la Vierge s'avance au-devant des fidèles comme du fond d'un décor de grotte, sur des nuées de plâtre.

Deux petites sœurs des Pauvres vinrent, sur ces entrefaites, s'agenouiller non loin de lui et se recueillirent, la tête entre les mains.

Il se prit à rêvasser en les regardant.

Elles sont enviables, se dit-il, ces âmes qui peuvent s'abstraire ainsi dans l'oraison; comment font-elles, car enfin ce n'est pas aisé, lorsque l'on songe aux misères de ce monde, d'aduler la miséricorde si vantée d'un Dieu ? On a beau croire qu'il existe, être certain qu'il est bon, on ne le connaît pas, en somme, on l'ignore ; Il est, et en effet, il ne peut être qu'immanent et permanent, inaccessible. Il est on ne sait quoi et l'on sait tout au plus ce qu'il n'est point. Essayez de vous l'imaginer et aussitôt le bon sens chavire, car il est au-dessus, au dehors, au dedans de chacun de nous. Il est trois et il est un, il est chaque et il est tout ; il est sans commencement et il sera sans fin ; il est surtout et à jamais incompréhensible. Si l'on tente de se le figurer, de lui attribuer une enveloppe humaine, on aboutit à la naïve conception des premiers âges ; on se le représente sous les traits d'un ancêtre, d'un vieux modèle italien, d'un papa Tourguéneff à longue barbe et l'on ne peut s'empêcher de sourire, tant ce portrait de Dieu le Père est enfantin !

Il est en somme si résolument au-dessus de l'imagination, au-dessus des sens qu'il demeure presque à l'état vocal dans les oraisons et que les élans de l'humanité, vont surtout au Fils qui est seul évocable, parce qu'il s'est fait homme, parce qu'il a pour nous quelque chose d'un grand frère, parce qu'ayant pleuré sous la forme humaine, nous pensons qu'il sera plus exorable, qu'il compatira mieux à nos maux.

Quant à la troisième Personne, elle est plus déconcertante encore que la première. Elle est, par excellence, l'Incogniscible. Comment s'imaginer ce Dieu amorphe et asome, cette Hypostase égale aux deux autres qui l'effluent, qui l'expirent, en quelque sorte; on se la figure comme une clarté, comme un fluide, comme un souffle et l'on ne peut même lui prêter ainsi qu'au Père la face virile, car les deux fois qu'elle revêtit un corps, elle se montra sous les espèces d'une colombe et de langues de feu et ces deux aspects si différents n'aident point à nous suggérer l'idée de la nouvelle apparence qu'elle pourrait prendre!

Décidément, la Trinité est effrayante; elle est le vertige même; Ruysbroeck l'admirable l'a du reste écrit:

« Que ceux qui voudraient savoir ce qu'est Dieu et l'étudier, sachent que c'est défendu; ils deviendraient fous. »

Aussi, reprit-il, en regardant les deux petites sœurs qui égrenaient maintenant leur rosaire, ce qu'elles ont raison les braves filles de ne pas chercher à comprendre et de se borner à prier de tout leur cœur et la Mère et le Fils!

D'ailleurs dans toutes les vies des Saints qu'elles ont

pu lire, elles ont constaté que c'était toujours Jésus et Marie qui apparaissaient à ces élus pour les consoler et les affermir.

Au fait, que je suis bête, implorer le Fils c'est implorer les deux autres, car en priant l'un d'entre eux, l'on prie en même temps les trois, puisqu'ils ne font qu'un ! — Et cependant les Hypostases sont quand même spéciales, puisque si l'Essence divine est une et simple elle l'est dans la triple distinction des Personnes, mais, encore une fois, à quoi bon sonder l'Impénétrable ?

C'est égal, poursuivit-il, se remémorant cette entrevue qu'il venait d'avoir avec ce prêtre, comment tout cela finira-t-il ? si l'abbé voit juste, je ne m'appartiens déjà plus ; je vais entrer dans un inconnu qui m'effraie ; si seulement les rumeurs de mes vices consentaient à se taire, mais je les sens qui montent furieusement en moi. Ah ! cette Florence, — et il pensait à une fille aux aberrations de laquelle il était rivé, — elle continue à se promener dans ma cervelle ; elle se déshabille derrière le rideau baissé de mes yeux ; et je suis envahi d'une affreuse lâcheté lorsque j'y songe.

Il essaya, une fois de plus, de l'éloigner, mais elle riait, étendue, ouverte, devant lui, et sa volonté s'affaissait rien qu'à la voir.

Il la méprisait, l'exécrait même, mais la démence de ses impostures le rendait fou ; il la quittait, dégoûté et d'elle et de lui ; il se jurait de n'y plus retourner et il y revenait quand même, sachant qu'après celle-là, toutes les autres seraient monotones. Il se rappelait mélancoliquement des femmes d'un cru plus recherché, bien supérieur à celui de Florence, des femmes passionnées, elles aussi, et voulant tout, mais comme, en comparaison de cette fille dont le terroir était pour le moins inavouable, elles étaient, au goûter, de bouquet plat et d'arome fade !

Non, plus il y pensait et plus il devait s'avouer qu'aucune d'elles ne savait apprêter d'aussi délicieuses immondices, conditionner d'aussi terribles plats.

Et il la voyait maintenant avancer vers lui sa bouche, étendre la main pour le saisir.

Il eut un recul. Quelle ordure ! se cria-t-il, mais sa rêverie se continua ; seulement elle dévia sur l'une des sœurs dont il apercevait le doux profil.

Il la déshabilla lentement, se plaisant à des haltes, fermant les yeux, sentant sous la pauvre robe les formes retrouvées de Florence.

Du coup, il s'ébroua, revint à la réalité, se vit à Saint-Sulpice, dans la chapelle. Ah ! c'est dégoûtant de venir souiller par de monstrueuses visions l'église ! non, mieux vaut partir.

Et il sortit, éperdu. — Je suis chaste depuis quelque temps, c'est peut-être pour cela que je divague, se dit-il, si j'allais chez Florence épuiser toutes les fraudes de mon cerveau, tous les méfaits de mes nerfs, si je vidais aussi le désir, si je tuais enfin la hantise de son corps, en m'en gavant !

Et il était bien obligé de se répondre qu'il devenait idiot car il savait, par expérience, que l'obscénité ne se tarit pas et que la luxure s'affame, à mesure qu'on l'alimente. Non, l'abbé a raison, il s'agit de devenir, de rester chaste. Mais comment faire ? prier ? est-ce que je le puis, alors qu'à l'église même des nudités m'assaillent ! les turpitudes m'avaient déjà suivi à la Glacière ; ici, elles m'apparaissent encore et me terrassent. Comment se défendre ? car enfin, c'est affreux d'être ainsi seul, de ne rien savoir, de n'avoir aucune preuve, de sentir les prières qu'on s'arrache, choir dans le silence, dans le vide, sans un geste qui réponde, sans un mot d'encouragement, sans un signe. On ne sait vraiment pas s'Il est là et s'Il vous écoute ! Et l'abbé qui veut que j'attende, de là-haut, une indication, un ordre ; mais c'est d'en bas qu'ils me viennent, hélas !

VI

PLUSIEURS mois s'écoulèrent ; Durtal continua son train-train d'idées libertines et d'idées pieuses. Sans force pour réagir, il se regardait couler. Ce n'est pas clair, tout cela, s'écria-t-il rageusement, un jour, où, moins apathique, il s'efforçait d'apurer ses comptes. — Voyons, Monsieur l'abbé, qu'est-ce que cela signifie ? chaque fois que mes hantises sensuelles fléchissent, mes obsessions religieuses se débilitent.

— Cela signifie, répondit le prêtre, que votre adversaire vous tend le plus sournois de ses pièges. Il cherche à vous persuader que vous n'arriverez à rien, tant que vous ne vous livrerez pas aux plus répugnantes des débauches. Il tâche de vous convaincre que c'est la satiété et le dégoût seuls de ces actes qui vous ramèneront à Dieu ; il vous incite à les commettre pour soi-disant hâter votre délivrance ; il vous induit au péché sous prétexte de vous en préserver. Ayez donc un peu d'énergie méprisez ces sophismes et repoussez-le.

Il allait voir l'abbé Gévresin, chaque semaine. Il aimait la patiente discrétion de ce vieux prêtre qui le laissait aller lorsqu'il était en humeur de confidence, l'écoutait avec soin, ne témoignait aucune surprise de ses réduplications charnelles et de ses chutes. Seulement, l'abbé en revenait toujours à ses premiers conseils, insistait pour que Durtal priât régulièrement et se rendît autant que possible, chaque jour, dans les églises. Il ajoutait même maintenant : « l'heure n'est pas indifférente à la réussite de ces pratiques. Si vous voulez que les chapelles vous soient propices, levez-vous à temps pour assister, dès l'aube, à la première messe, à la messe des servantes et ne négligez pas non plus de fréquenter les sanctuaires, quand la nuit tombe. »

Ce prêtre s'était évidemment tracé un plan ; Durtal ne le pénétrait pas encore, en son entier, mais il devait constater que ce régime de temporisation et que cette alerte de pensées toujours ramenées vers Dieu par des visites quotidiennes dans les églises, agissaient à la longue sur lui et lui malaxaient peu à peu l'âme. Un fait le prouvait ; lui qui n'avait pu pendant si longtemps se recueillir, le matin, il priait maintenant dès son réveil. Dans l'après-midi même, il se sentait, certains jours, envahi par le besoin de causer humblement avec Dieu, par un irrésistible désir de lui demander pardon, d'implorer son aide.

Il semblait alors que le Seigneur lui frappât l'âme de petites touches, qu'il voulût attirer ainsi son attention et se rappeler à lui ; — mais quand, attendri, gêné, Durtal voulait descendre en lui-même pour le chercher, il errait, vagabondant, ne savait plus ce qu'il disait, pensait à autre chose, en lui parlant.

6.

Il se plaignait de ces égarements, de ces distractions au prêtre qui lui répondait :

— Vous êtes sur le seuil de la vie purgative ; vous ne pouvez éprouver encore la douce et la familière amitié des oraisons ; ne vous attristez pas parce que vous ne pouvez refermer sur vous la porte de vos sens ; veillez en attendant ; priez mal, si vous ne pouvez faire autrement, mais priez.

Mettez-vous bien dans la tête aussi que ces troubles qui vous affligent, tous les ont connus ; croyez bien surtout que nous ne marchons pas à l'aveuglette, que la Mystique est une science absolument exacte. Elle peut annoncer d'avance la plupart des phénomènes qui se produisent dans une âme que le Seigneur destine à la vie parfaite ; elle suit aussi nettement les opérations spirituelles que la physiologie observe les états différents du corps.

De siècles en siècles, elle a divulgué la marche de la Grâce et ses effets tantôt impétueux et tantôt lents ; elle a même précisé les modifications des organes matériels qui se transforment quand l'âme tout entière se fond en Dieu.

Saint Denys l'Aréopagite, saint Bonaventure, Hugues et Richard de Saint Victor, saint Thomas d'Aquin, saint Bernard, Ruysbroeck, Angèle de Foligno, les deux Eckhart, Tauler, Suso, Denys le chartreux, sainte Hildegarde, sainte Catherine de Gênes, sainte Catherine de Sienne, sainte Madeleine de Pazzi, sainte Gertrude, d'autres encore ont magistralement exposé les principes et les théories de la Mystique ; elle a, enfin, trouvé, pour résumer ses exceptions et ses règles, une psychologue admirable, une Sainte qui a vérifié sur elle-même les phases surnaturelles qu'elle a décrites, une femme dont la lucidité fut plus qu'humaine, sainte Térèse. Vous avez lu sa vie et ses « châteaux de l'âme » ?

Durtal fit signe que oui.

— Alors, vous êtes renseigné ; vous devez savoir qu'avant d'aborder les plages de la Béatitude, avant d'arriver à la cinquième demeure du château intérieur, à cette oraison d'union où l'âme est éveillée à l'égard de son Dieu et complètement endormie à toutes les choses de la terre et à elle-même, elle doit passer par les plus lamentables aridités, par les plus douloureuses épreintes ; consolez-vous donc ; dites-vous aussi que les sécheresses doivent être une source d'humilité et non une cause d'inquiétude ; faites enfin comme le veut sainte Térèse, portez votre croix et ne la traînez pas !

— Elle m'épouvante cette magnifique et terrible Sainte, soupira Durtal ; j'ai lu ses œuvres, eh bien, savez-vous, elle me fait l'effet d'un lys immaculé, mais d'un lys métallique, d'un lys forgé de fer ; avouez que ceux qui souffrent n'ont que peu de consolations à attendre d'elle !

— Oui, en ce sens qu'elle ne s'occupe pas de la créature, hors de la voie mystique ! Elle suppose les champs déjà défrichés, l'âme déjà affranchie des plus fortes tentations et à l'abri des crises ; son point de départ est encore trop haut et trop éloigné pour vous, car elle s'adresse, en somme, à des religieuses, à des femmes cloîtrées, à des êtres qui vivent hors le monde et qui sont par conséquent déjà avancées dans les routes ascétiques où Dieu les mène.

Mais, sautez, par l'esprit, au-dessus de vos boues ; rejetez pour quelques instants, le souvenir de vos imperfections et de vos peines, et suivez-la. Voyez alors comme, dans le domaine du surnaturel, elle est experte ! comme, malgré ses répétitions et ses longueurs, elle explique savamment, clairement, le mécanisme de l'âme évoluant dès que Dieu la touche. Dans des sujets où les mots se délitent, où les expressions s'émiettent, elle parvient à se faire comprendre, à montrer, à faire sentir, presque à faire voir cet inconcevable spectacle d'un Dieu tapi dans une âme et s'y plaisant !

Et elle va plus loin encore dans le mystère, elle va jusqu'au bout, bondit d'un dernier élan jusqu'à l'entrée du ciel, mais alors elle défaille d'adoration et, ne pouvant plus s'exprimer, elle s'essore, décrit des cercles telle qu'un oiseau affolé, plane hors d'elle-même, dans des cris d'amour !

— Oui, Monsieur l'abbé, je le reconnais, sainte Térèse a exploré plus à fond que tout autre les régions inconnues de l'âme ; elle en est, en quelque sorte, la géographe ; elle a surtout dressé la carte de ses pôles, marqué les latitudes contemplatives, les terres intérieures du ciel humain ; d'autres Saints les avaient parcourues avant elle, mais ils ne nous en avaient laissé une topographie ni aussi méthodique, ni aussi exacte.

N'empêche que je lui préfère des mystiques qui ne s'analysent pas ainsi et raisonnent moins, mais qui font, tout le temps, dans leurs œuvres, ce que sainte Térèse fait à la fin des siennes, c'est-à-dire qui flambent de la première à la dernière page et se consument, éperdus, aux pieds du Christ ; Ruysbroeck est de ceux-là ; quel brasier que le petit volume qu'a traduit Hello ! et tenez pour citer une femme alors, prenons sainte Angèle de Foligno, moins dans le livre de ses Visions qui demeure parfois inerte, que dans la merveilleuse vie qu'elle dicta au frère Armand, son confesseur. Elle aussi explique, et bien avant sainte Térèse, les principes et les effets de la Mystique, mais si elle est moins profonde, moins habile à fixer les nuances, en revanche, quelles effusions et quelles tendresses ! quelle chatte caressante d'âme ! quelle Bacchante de l'amour divin, quelle Ménade de pureté ! Le Christ l'aime, l'entretient longuement et ses paroles qu'elle a retenues, dépassent toute littérature, s'affirment comme les plus belles qu'on ait écrites. Ce n'est plus le Christ farouche, le Christ espagnol qui commence par fouler sa créature pour l'assouplir, c'est le Christ si miséricordieux des Évangiles, c'est le Christ si doux de saint François, et j'aime mieux le Christ des Franciscains que celui des Carmes !

— Que diriez-vous alors, reprit en souriant l'abbé, de saint Jean de la Croix ? Vous compariez tout à l'heure sainte Térèse à une fleur forgée de fer ; lui aussi en est une, mais il est le lys des tortures, la royale fleur que les bourreaux imprimaient jadis sur les chairs héraldiques des forçats. De même que le fer rouge, il est à la fois ardent et sombre. A certains tournants de pages, sainte Térèse se penche sur nos misères et nous plaint ; lui, demeure imperméable, terré dans son abîme interne, occupé surtout à décrire les peines de l'âme qui, après avoir crucifié ses appétits, passe par « la Nuit obscure », c'est-à-dire par le renoncement de tout ce qui vient du sensible et du créé.

Il veut que l'on éteigne son imagination, qu'on la

léthargise de telle sorte qu'elle ne puisse plus former d'images, que l'on claquemure ses sens, que l'on anéantisse ses facultés. Il veut que celui qui convoite de s'unir à Dieu se mette comme sous une cloche pneumatique et fasse le vide en lui, afin que s'il le désire, le Pèlerin puisse y descendre et achever lui-même de l'épurer, en arrachant les restes des péchés, en extirpant les derniers résidus des vices !

Et alors les souffrances que l'âme endure dépassent les limites du possible ; elle gît perdue en de pleines ténèbres, elle tombe de découragement et de fatigue, se croit pour toujours abandonnée de Celui qu'elle implore et qui se cache maintenant et ne lui répond plus ; bien heureuse encore lorsqu'à cette agonie ne viennent pas se joindre les affres charnelles et cet esprit abominable qu'Isaïe appelle l'esprit de Vertige et qui n'est autre que la maladie du scrupule poussé à l'état aigu !

Saint Jean vous fait frissonner quand il s'écrie que cette nuit de l'âme est amère et terrible, que l'être qui la subit est plongé, vivant dans les enfers ! — Mais quand le vieil homme est émondé, quand il est raclé sur toutes les coutures, sarclé sur toutes les faces, la lumière jaillit et Dieu paraît. Alors l'âme se jette, ainsi qu'une enfant, dans ses bras et l'incompréhensible fusion s'opère.

Vous le voyez, saint Jean fore plus profondément que les autres le tréfonds du début mystique. Lui aussi traite comme sainte Térèse, comme Ruysbroeck, des noces spirituelles, de l'influx de la grâce et de ses dons, mais, le premier, il ose décrire minutieusement les phases douloureuses que l'on n'avait jusqu'alors signalées qu'en tremblant.

Puis s'il est un théologien admirable il est aussi un saint rigoureux et clair. Il n'a pas la faiblesse naturelle de la femme, il ne se perd point dans des digressions, ne revient pas continuellement sur ses pas ; il marche droit devant lui, mais souvent on l'aperçoit, au bout de la route, terrible et sanglant, et les yeux secs !

— Voyons, voyons, s'écria Durtal ; toutes les âmes que le Christ veut conduire dans les voies mystiques ne passent point par ces épreuves ?

— Si, plus ou moins, presque toujours.

— Je vous avouerai que je croyais la vie spirituelle moins aride et moins complexe ; je m'imaginais qu'en menant une existence chaste, en priant de son mieux, en communiant, l'on parvenait sans trop de peine, non pas à goûter les allégresses infinies réservées aux Saints, mais enfin à posséder le Seigneur, à vivre au moins près de lui, à l'aise.

Et je me contenterais fort bien de cette liesse bourgeoise, moi ; le prix dont sont payées d'avance les exultations que nous décrit saint Jean, me déconcerte...

L'abbé qui souriait ne répondit pas.

— Mais savez-vous que s'il en est ainsi, reprit Durtal, nous sommes bien loin du Catholicisme tel qu'on nous l'enseigne. Il est si pratique, si bénin, si doux, en comparaison de la Mystique ?

— Il est fait pour les âmes tièdes, c'est-à-dire pour presque toutes les âmes pieuses qui nous entourent ; il vit dans une atmosphère moyenne, sans trop de souffrances et sans trop de joies ; seul il est assimilable aux foules et les prêtres ont raison de le présenter ainsi car, sans cela, les fidèles ne comprendraient plus ou prendraient, épouvantés, la fuite.

Mais si Dieu juge que la religion tempérée suffit amplement aux masses, croyez bien qu'il exige de plus pénibles efforts de la part de ceux qu'il daigne initier aux suradorables mystères de sa Personne ; il est nécessaire, il est juste qu'il les mortifie, avant de leur faire goûter l'ivresse essentielle de son union.

— En somme, le but de la Mystique, c'est de rendre visible, sensible, presque palpable, ce Dieu qui reste muet et caché pour tous ?

— Et de nous précipiter au fond de Lui, dans l'abîme silencieux des joies ! mais afin d'en parler proprement, il faudrait oublier l'usage séculaire des expressions souillées. Nous en sommes réduits, pour qualifier ce mystérieux amour, à chercher nos comparaisons dans les actes humains, à infliger au Seigneur la honte de nos mots. Il nous faut recourir aux termes « d'union », de « mariage », de « noces », à des vocables qui puent le suint ! mais aussi, comment énoncer l'inexprimable, comment, dans la bassesse de notre langue, désigner l'ineffable immersion d'une âme en Dieu ?

— Le fait est, murmura Durtal... mais pour en revenir à sainte Térèse...

— Elle aussi, interrompit l'abbé, a traité de cette « Nuit obscure » qui vous apeure ; seulement elle n'en a parlé qu'en quelques lignes ; elle l'a qualifiée d'agonie de l'âme, de tristesse si amère qu'elle essaierait en vain de la dépeindre.

— Sans doute, mais je l'aime mieux que saint Jean

de la Croix, car elle ne vous décourage pas comme cet inflexible Saint. Avouez qu'il est vraiment par trop, celui-là, du pays des grands Christs qui saignent dans des caves!

— Et sainte Térèse de quelle nation est-elle donc?

— Oui, je sais bien, elle est espagnole, mais si compliquée, si étrange, que sa race, à elle, s'oblitère, semble moins nette.

Qu'elle soit une admirable psychologue, cela est sûr; mais quel singulier mélange elle montre aussi, d'une mystique ardente et d'une femme d'affaires froide. Car enfin elle est à double fond; elle est une contemplative hors le monde et elle est également un homme d'état; elle est le Colbert féminin des cloîtres. En somme, jamais femme ne fut et une ouvrière de précision aussi parfaite et une organisatrice aussi puissante. Quand on songe que, malgré d'invraisemblables difficultés, elle a fondé trente-deux monastères, qu'elle les a mis sous l'obédience d'une règle qui est un modèle de sagesse, d'une règle qui prévoit, qui rectifie les méprises les mieux ignorées du cœur, on reste confondu de l'entendre traitée par les esprits forts d'hystérique et de folle!

— L'un des signes distinctifs des mystiques, répondit, en souriant, l'abbé, c'est justement l'équilibre absolu, l'entier bon sens.

Ces conversations remontaient Durtal; elles déposaient en lui des germes de réflexions qui levaient quand il était seul; elles l'encourageaient à se fier aux avis de ce prêtre, à suivre ses conseils et il se trouvait d'autant mieux de cette conduite, que ces fréquentations de chapelles, que ces prières, que ces lectures occupaient sa vie désœuvrée et qu'il ne s'ennuyait plus.

J'y aurai toujours gagné des soirs pacifiques et des nuits calmes, se disait-il.

Il connaissait maintenant les attendrissantes aides des soirées pieuses.

Il visitait Saint-Sulpice, à ces heures où, sous la morne clarté des lampes, les piliers se dédoublent et couchent sur le sol de longs pans de nuit. Les chapelles qui restaient ouvertes étaient noires et devant le maître-autel, dans la nef, un seul bouquet de veilleuses s'épanouissait en l'air dans les ténèbres comme une touffe lumineuse de roses rouges.

L'on entendait, dans le silence, le bruit sourd d'une porte, le cri d'une chaise, le pas trottinant d'une femme, la marche hâtée d'un homme.

Durtal était presque isolé dans l'obscure chapelle qu'il avait choisie; il se tenait alors si loin de tout, si loin de cette ville qui battait, à deux pas de lui, son plein. Il s'agenouillait et restait coi; il s'apprêtait à parler et il n'avait plus rien à dire; il se sentait emporté par un élan et rien ne sortait. Il finissait par tomber dans une langueur vague, par éprouver cette aise indolente, ce bien-être confus du corps qui se distend dans l'eau carbonatée d'un bain.

Il rêvait alors au sort de ces femmes éparses, autour de lui, çà et là, sur des chaises. Ah! les pauvres petits châles noirs, les misérables bonnets à ruches, les tristes pèlerines et le dolent grénelis des chapelets qu'elles égouttaient dans l'ombre!

D'aucunes, en deuil, gémissaient, inconsolées encore ; d'autres, abattues, pliaient l'échine et penchaient, tout d'un côté, le cou ; d'autres priaient, les épaules secouées, la tête entre les mains.

La tâche du jour était terminée ; les excédées de la vie venaient crier grâce. Partout le malheur agenouillé ; car les riches, les bien-portants, les heureux ne prient guère ; partout, dans l'église, des femmes veuves ou vieilles, sans affection, ou des femmes abandonnées ou des femmes torturées dans leur ménage, demandant que l'existence leur soit plus clémente, que les débordements de leurs maris s'apaisent, que les vices de leurs enfants s'amendent, que la santé des êtres qu'elles aiment se raffermisse.

C'était une véritable gerbe de douleurs dont le lamentable parfum encensait la Vierge.

Très peu d'hommes venaient à ce rendez-vous caché des peines ; encore moins de jeunes gens, car ceux-là n'ont pas assez souffert ; seulement, quelques vieillards, quelques infirmes qui se traînaient, en s'appuyant sur le dos des chaises et un petit bossu que Durtal voyait arriver, tous les soirs, un déshérité qui ne pouvait être aimé que par Celle qui ne voit même pas les corps !

Et une ardente pitié soulevait Durtal, à la vue de ces malheureux qui venaient réclamer au Ciel un peu de cet amour que leur refusaient les hommes : il finissait, lui, qui ne pouvait prier pour son propre compte, par se joindre à leurs exorations, par prier pour eux !

Si indifférentes dans l'après-midi, les églises étaient, le soir, vraiment persuasives, vraiment douces ; elles semblaient s'émouvoir avec la nuit, compatir dans leur solitude aux souffrances de ces êtres malades dont elles entendaient les plaintes.

Et le matin, leur première messe, la messe des ouvrières et des bonnes était non moins touchante; il n'y avait là, ni bigotes, ni curieux, mais de pauvres femmes qui venaient chercher dans la communion la force de vivre leurs heures de besognes onéraires, d'exigences serviles. Elles savaient, en quittant l'église, qu'elles étaient la custode vivante d'un Dieu, que Celui qui fut sur cette terre l'invariable Indigent ne se plaisait que dans les âmes mansardées; elles se savaient ses élues, ne doutaient pas qu'en leur confiant, sous la forme du pain, le mémorial de ses souffrances, il exigeait, en échange, qu'elles demeurassent douloureuses et humbles. Et que pouvaient leur faire alors les soucis d'une journée écoulée dans la bonne honte des bas emplois?

« Je comprends pourquoi l'abbé tenait tant à ce que je visse les églises à ces heures matinales ou tardives, se disait Durtal; ce sont les seules, en effet, où les âmes s'ouvrent. »

Mais il était trop paresseux pour assister souvent à la messe de l'aube; il se contenta donc de faire escale, après son dîner, dans les chapelles. Il en sortait, même en priant mal, même en ne priant pas, apaisé, en somme. D'autres soirs, au contraire, il se sentait las de solitude, las de silence, las de ténèbres et alors il délaissait Saint-Sulpice et allait à Notre-Dame des Victoires.

Ce n'était plus, dans ce sanctuaire très éclairé, cet abattement, ce désespoir de pauvres hères qui se sont traînés jusqu'à l'église la plus proche et s'y sont affaissés dans l'ombre. Les pèlerins apportaient à Notre-Dame une confiance plus sûre et cette foi adoucissait leurs chagrins dont l'amertume se dissipait dans les explosions d'espoirs, dans les balbuties d'adoration, qui jaillissaient autour d'elle. Deux courants traversaient ce refuge, celui des gens qui sollicitaient des grâces et celui des gens qui, les ayant obtenues, s'épandaient en des remerciements, en des actes de gratitude. Aussi cette église avait-elle une physionomie spéciale, plus joyeuse que triste, moins mélancolique, plus ardente, en tout cas, que celle des autres églises.

Elle présentait enfin cette particularité d'être très fréquentée par les hommes ; mais elle abritait moins des cafards aux regards en fuite ou aux yeux blancs, que des gens de tous les mondes dont une fausse piété n'avait pas avili les traits ; là, seulement, on voyait des visages clairs et des faces propres ; l'on n'y voyait point surtout l'horrible grimace de l'ouvrier des cercles catholiques, de l'affreux blousard dont l'haleine dément l'onction mal arrêtée des traits.

Dans cette église couverte d'ex-voto, plaquée jusqu'en haut de ses voûtes d'inscriptions de marbre célébrant la joie des prières accueillies et des bienfaits reçus, devant cet autel de la Vierge où des centaines de cierges dardaient dans l'air bleu des encens les fers dorés de leurs lances, la prière en commun avait lieu, à huit heures, tous les soirs. Un prêtre en chaire débitait le chapelet, puis quelquefois les litanies de Marie étaient chantées sur un air bizarre, sur une sorte de centon musical, fabriqué avec on ne savait quoi, très rythmé et changeant continuellement de ton ; tour à tour, preste et grave, amenant, pendant une seconde, une vague réminiscence de vieux airs du XVIIe siècle, puis tournant brusquement à un coude, en une mélodie d'orgue de barbarie, en une mélodie moderne, presque canaille.

Et il était quand même captivant ce salmis biscornu de sons ! Après le Kyrie eleison et les invocations du début, la Vierge entrait en scène comme une ballerine sur une mesure de danse, mais lorsque défilaient certaines de ses qualités, lorsque s'annonçaient certains de ses symboles, la musique devenait singulièrement respectueuse ; elle se ralentissait, s'attardait, solennelle, répétant, par trois fois, sur le même motif, quelques-uns de ses attributs, le « Refugium Peccatorum » entre autres, puis elle reprenait sa marche, et recommençait ses grâces en sautillant.

Et quand la chance voulait qu'il n'y eût point de sermon, le Salut avait lieu aussitôt après.

On y célébrait, avec des raclures de maîtrise, avec une basse catarrhale et un ou deux enfants qui reniflaient, les chants liturgiques : « l'Inviolata », cette prose languissante et plaintive, à la mélodie blanche et traînée, si convalescente, si débile qu'elle semblerait ne devoir être chantée que par des voix d'hospices, puis le « Parce Domine », cette antienne si suppliante et si triste, enfin ce morceau détaché du « Pange lingua », le « Tantum ergo », humble et réfléchi, admiratif et lent.

Quand l'orgue plaquait ses premiers accords, quand cette mélodie de plain-chant commençait, la maîtrise n'avait plus qu'à se croiser les bras et à se taire. Ainsi que ces cierges que l'on allume par des fils de fulminate reliés entre eux, les fidèles prenaient feu et, conduits par l'orgue, ils entonnaient eux-mêmes l'humble et le glorieux chant. Ils étaient alors agenouillés sur les chaises, prosternés sur les dalles et, lorsqu'après l'échange des antiennes et des répons, après l'oremus, le prêtre montait à l'autel, les épaules et les mains enveloppées de l'écharpe de soie blanche, pour saisir l'ostensoir, alors, aux sons grêles et précipités des timbres, un vent passait qui fauchait d'un seul coup les têtes.

Et c'était dans ces groupes embrasés d'âmes une plénitude de recueillement, une réplétion de silence inouï, jusqu'à ce que les timbres retentissant encore invitassent la vie humaine interrompue à s'envelopper d'un grand signe de croix et à reprendre son cours.

Le « Laudate » n'était pas terminé que Durtal sortait, avant que la foule ne se fût écoulée, de l'église.

— Vraiment, se disait-il, en rentrant chez lui, la ferveur de ces fidèles qui ne sont plus, ainsi que dans les autres paroisses, des clients de quartier, mais des pèlerins venus de partout et d'on ne sait où, détonne dans la goujaterie de ce sot temps.

Puis on écoute au moins à Notre-Dame des chants curieux ; et il resongeait à ces étranges litanies qu'il n'avait jamais entendues que là ; et il en avait pourtant subi de toutes les sortes, dans les églises ! A Saint-Sulpice, par exemple, elles se débitaient sur deux airs. Quand la maîtrise fonctionnait, elles se déroulaient sur une mélodie de plain-chant, mugie par le gong d'une basse auquel répondait le fifre pointu des gosses ; mais pendant le mois du Rosaire tous les jours, sauf le jeudi, l'on confiait à des demoiselles le soin de les égrener, le soir, et c'était alors, autour d'un harmonium enrhumé, une troupe de jeunes et de vieilles oies qui, dans une musique de foire, faisaient tourner la Vierge sur ses litanies comme sur des chevaux de bois.

Dans d'autres églises, à Saint-Thomas d'Aquin, par exemple, où elles étaient également égouttées par des femmes, les litanies étaient poudrées à frimas et parfumées à la bergamote et à l'ambre. Elles étaient, en effet, adaptées à un air de menuet et elles ne déparaient pas ainsi l'architecture d'opéra de cette église, en présentant une Vierge qui marchait à petits pas, en pinçant de deux doigts sa jupe, s'inclinait dans de belles révérences, se reculait dans de grands saluts. Cela n'avait évidemment rien à voir avec la musique religieuse, mais ce n'était pas au moins désagréable à entendre ; il eût seulement fallu, pour que l'accord fût complet, substituer un clavecin à l'orgue.

Mais ce qui était autrement intéressant que ces fredons laïques, c'était le plain-chant qu'on chantait plus ou moins mal, ainsi que partout d'ailleurs, mais enfin qu'on chantait, lorsqu'il n'y avait pas de cérémonie de gala, à Notre-Dame.

On ne s'y conduisait pas de même qu'à Saint-Sulpice et dans les autres églises, où, presque toujours on habille le « Tantum ergo » de flons-flons imbéciles, de mélodies pour fanfare militaire et pour banquet.

L'Eglise ne permettait pas de toucher au texte même de saint Thomas d'Aquin, mais elle laissait le premier maître de chapelle venu supprimer ce plain-chant qui l'avait enveloppé dès sa naissance, qui l'avait pénétré jusqu'aux moelles, qui adhérait à chacune de ses phrases, qui faisait corps et âme avec lui.

C'était monstrueux ; et il fallait réellement que les curés eussent perdu, non pas le sens de l'art, — puisqu'ils ne l'ont jamais eu — mais le sens le plus élémentaire de la liturgie, pour accepter de semblables hérésies, pour supporter de pareils attentats dans leurs églises !

Ces souvenirs exaspéraient Durtal ; mais il revenait peu à peu à Notre-Dame des Victoires et se calmait. Celle-là, il avait beau l'examiner sur toutes ses faces, elle n'en restait pas moins mystérieuse, pas moins à Paris, unique.

A La Salette, à Lourdes, il y avait eu des apparitions. — Qu'elles aient été authentiques ou controuvées, peu m'importe, se disait-il, car, en supposant que la Vierge n'y fût pas au moment où l'on proclamait sa venue, elle y fut attirée et elle y demeure maintenant, liée par l'afflux des prières, par les effluences jaillies de la foi des foules ; des miracles s'y sont produits ; il n'est pas étonnant, dès lors, que des masses pieuses s'y rendent ; mais, ici, à Notre-Dame des Victoires, il n'y eut aucune apparition ; aucune Mélanie, aucune Bernadette n'y ont vu et décrit l'apparence lumineuse d'une « belle Dame ». Il n'y a ni piscines, ni services médicaux, ni guérisons publiques, ni cimes de montagne, ni grotte ; il n'y a rien. En 1836, un beau jour, le curé de cette paroisse, l'abbé Dufriche Des Genettes affirme que, pendant qu'il célébrait la messe, la Vierge lui a manifesté le désir que ce sanctuaire Lui fût spécialement consacré et cela seul a suffi. Cette église qui était alors déserte n'a plus désempli depuis lors et des milliers d'ex-voto attestent les grâces que depuis cette époque la Madone accorde aux visiteurs !

Oui, mais en somme, conclut Durtal, tous ces quémandeurs ne sont pas des âmes bien extraordinaires, car enfin, la plupart sont semblables à moi ; ils y vont dans leur intérêt, pour eux, et non pour Elle.

Et il se rappela la réplique de l'abbé Gévresin auquel il avait déjà fait cette réflexion :

— Vous seriez singulièrement avancé dans la voie de la Perfection, si vous n'y alliez que pour Elle.

Soudain, après tant d'heures passées dans les chapelles, une détente eut lieu ; la chair éteinte sous la cendre des prières se ralluma et l'incendie, jailli des bas-fonds, devint terrible.

Florence revint trouver Durtal, chez lui, dans les églises, dans la rue, partout ; et il resta constamment en vigie devant les appas réapparus de cette fille.

Le temps s'en mêla ; les firmaments pourrirent ; un été orageux sévit, charriant tous les énervements, affadissant toutes les volontés, décageant dans de fauves moiteurs la troupe réveillée des vices. Durtal blêmit devant l'horreur des soirées longues, devant l'abominable mélancolie des jours qui ne meurent point ; à huit heures du soir, le soleil n'était plus couché et à trois heures du matin, il semblait veiller encore ; la semaine ne faisait plus qu'une journée ininterrompue et la vie ne s'arrêtait point.

Accablé par l'ignominie des soleils en rage et des ciels bleus, dégoûté de baigner dans des Nils de sueur, las de sentir des Niagaras lui couler sous le chapeau, il ne sortit plus de chez lui ; mais alors, dans la solitude, les immondices l'envahirent.

Ce fut l'obsession, par la pensée, par l'image, par

tout, la hantise d'autant plus terrible qu'elle se spécialisait, qu'elle ne s'égarait pas, qu'elle se concentrait toujours sur le même point; la figure de Florence, le corps, le gîte même des ébats avoués s'effaçaient; il ne restait plus devant lui que l'obscure région où cette créature transférait le siège de ses sens.

Durtal résistait, puis, affolé, prenait la fuite, essayait de se briser par de grandes marches, de se distraire par des promenades, mais l'ignoble régal le suivait quand même dans ses courses, s'installait devant lui au café, s'interposait entre ses yeux et le journal qu'il voulait lire, l'accompagnait à table, se précisait dans les taches de la nappe et dans les fruits. Il finissait, après des heures de luttes, par échouer, vaincu, chez cette fille, et il en partait, accablé, mourant de dégoût et de honte, sanglotant presque.

Et il n'éprouvait aucun allègement de ces fatigues; c'était même le contraire; loin de le fuir, le charme exécré s'imposait plus violent encore et plus tenace. Alors, Durtal en arrivait à se proposer, à accepter de singuliers compromis. Si j'allais visiter, se disait-il, une autre femme que je connais et que les caresses régulières décident encore, peut-être arriverais-je à me briser les nerfs, à chasser cette possession, à m'assouvir, sans ces ennuis et ces remords; et il le fit, tâchant de se persuader qu'il serait plus pardonnable, qu'il pécherait moins, en agissant ainsi.

Le résultat le plus clair de cette tentative fut de ramener, par la comparaison forcée des joûtes, le souvenir de Florence et de proclamer l'excellence de ses vices.

Il continua donc de se vautrer chez elle, puis il eut,

pendant quelques jours, une telle révolte de ce servage, qu'il se hissa hors de l'égout et reprit pied.

Alors il parvint à se récupérer, à se réunir, et il se vomit. Il avait un peu délaissé, pendant cette crise, l'abbé Gévresin auquel il n'osait avouer ces turpitudes ; mais, présageant, à certains indices, de nouvelles attaques, il s'apeura et s'en fut le voir.

Il lui expliqua ses crises, à mots couverts ; et il se sentait si désarmé, si triste, que les larmes lui venaient aux yeux.

— Eh bien, êtes-vous sûr maintenant de l'avoir, ce repentir que vous m'assuriez ne pas éprouver jusqu'ici ? dit l'abbé.

— Oui, mais à quoi bon ? lorsqu'on est si faible que, malgré tous ses efforts, l'on est certain d'être culbuté au premier assaut !

— Ceci, c'est une autre question. — Allons, je vois que vous vous êtes au moins défendu et qu'à l'heure actuelle vous vous trouvez, en effet, dans un état de fatigue qui exige une aide.

Rassurez-vous donc ; allez en paix et péchez moins ; la plus grande part de vos tentations va vous être remise ; vous pourrez, si vous le voulez bien, supporter le reste ; seulement, faites attention, si vous succombez désormais, vous serez sans excuse et je ne réponds pas alors qu'au lieu de s'améliorer, votre situation ne s'aggrave...

Et comme Durtal, stupéfié, balbutiait : vous croyez..

— Je crois, fit le prêtre, à la substitution mystique dont je vous ai parlé ; vous l'expérimenterez sur vous-même d'ailleurs ; des saintes vont, pour vous secourir, entrer en lice ; elles prendront le surplus des assauts que vous ne pouvez vaincre ; sans même qu'ils connaissent votre nom, du fond de leur province, des monastères de Carmélites et de Clarisses vont, sur une lettre de moi, prier pour vous.

Et le fait est qu'à partir de ce jour-là, les attaques les plus lancinantes cessèrent. Cette accalmie, cette trêve, la dut-il à l'intercession des ordres cloîtrés ou au changement de temps qui se produisit, à la défaillance du soleil qui se submergea sous des flots de pluie ; il ne le sut ; une seule chose était certaine, c'est que les tentations s'espacèrent et qu'il put impunément les subir.

Cette idée de couvents le tirant par compassion de la bourbe où il s'enlisait, le ramenant par charité sur une berge, l'exalta. Il voulut aller, avenue de Saxe, prier chez les sœurs de celles qui souffraient pour lui.

Plus de lumières, plus de foules, comme ce matin où il avait assisté à une prise de voile ; plus d'odeur de cire et d'encens, plus de défilé de robe de pourpre et de chape d'or ; c'était le désert et la nuit.

Il se tenait, là, seul, dans cette chapelle sombre et humide, sentant l'eau qui dort ; et, sans dévider le tournebroche des chapelets ou répéter les oraisons apprises, il rêvassait, cherchant à voir un peu clair dans sa vie, à se rendre compte. Et tandis qu'il se colligeait, des voix lointaines arrivaient derrière la grille et elles s'approchaient peu à peu, passaient par le noir tamis du voile, tombaient brisées autour de l'autel dont la masse confuse se dressait dans l'ombre.

Ces voix des Carmélites aidaient Durtal à s'effondrer dans le désespoir.

Assis, sur une chaise, il se disait : Lorsqu'on est ainsi

que moi incapable de désintéressement quand on Lui parle, il est presque honteux de l'oser prier, car enfin, si je songe à Lui, c'est pour demander un peu de bonheur — et cela n'a aucun sens. Dans l'immédiat naufrage de la raison humaine voulant expliquer l'effrayante énigme du pourquoi de la vie, une seule idée surnage, au milieu des débris des pensées qui sombrent, l'idée d'une expiation que l'on sent et dont on ne comprend pas la cause, l'idée que le seul but assigné à la vie est la Douleur.

Chacun aurait un compte de souffrances physiques et morales à épuiser et alors quiconque ne le règle pas, ici-bas, le solde après la mort ; le bonheur ne serait qu'un emprunt qu'il faudrait rendre ; ses simulacres mêmes s'assimileraient à des avances d'hoirie sur une future succession de peines.

Qui sait, dans ce cas, si les anesthésiques qui suppriment la douleur corporelle n'endettent point ceux qui s'en servent ? qui sait si le chloroforme n'est pas un agent de révolte et si cette lâcheté de la créature à souffrir n'est point une sédition, presque un attentat contre les volontés du ciel ? s'il en est ainsi, ces arriérés de tortures, ces débets de détresses, ces warants de peines évitées, doivent produire de terribles intérêts, là-haut ; cela justifie le cri d'armes de sainte Térèse : « Seigneur, toujours souffrir ou mourir ! » cela explique pourquoi, dans leurs épreuves, les Saints se réjouissent et supplient le Seigneur de ne les point épargner, car ils savent ceux-là qu'il faut payer la somme purificatrice des maux pour demeurer, après la mort, indemne.

Puis, soyons justes, sans la douleur, l'humanité serait

trop ignoble, car elle seule peut, en les dépurant, exhausser les âmes ! mais tout ça, ce n'est rien moins que consolant, reprit-il. — Et quel accompagnement pour ses tristes songeries que les voix en deuil de ces nonnes ! ah ! c'est vraiment affreux.

Et il finissait par fuir, par échouer, pour dissiper son navrement, dans le monastère voisin situé au fond de l'impasse de Saxe, dans une allée de banlieue, pleine de réduits que précèdent des jardins où des serpents en cailloux de rivière se déroulent autour de pastilles d'herbes.

C'était là que résidaient les pauvres Clarisses humiliées de l'Ave Maria, un ordre encore plus rigide que celui des Carmélites, mais plus indigent, moins comme il faut, plus humble.

On pénétrait dans ce cloître par une petite porte poussée contre ; l'on montait sans rencontrer personne jusqu'au deuxième étage et l'on découvrait une chapelle dont les fenêtres laissaient voir des arbres qui se balançaient dans des pépiements de moineaux fous.

C'était encore une sépulture ; mais ce n'était plus, comme en face, la tombe, au fond d'un caveau noir ; c'était plutôt un cimetière avec des nids chantant, au soleil, dans des branches ; l'on se serait cru, à plus de vingt lieues de Paris, à la campagne.

Le décor de cette claire chapelle essayait pourtant d'être sombre ; il ressemblait à celui de ces boutiques de marchands de vins dont les cloisons simulent des murs de caves, avec de chimériques pierres peintes dans les raies imitées d'un faux ciment. Seulement, la hauteur de la nef sauvait l'enfantillage de cette imposture, relevait la vulgarité de ce trompe-l'œil.

Au fond, se dressait au-dessus d'un parquet ciré à glace, un autel, flanqué, de chaque côté, d'une grille de fer voilée de noir. Ainsi que le prescrit saint François, tous les ornements, le crucifix, les chandeliers, le tabernacle, étaient en bois ; il n'y avait aucun objet de métal exposé, aucune fleur ; le seul luxe de cette chapelle consistait en des vitraux modernes dont l'un représentait saint François d'Assises et l'autre sainte Claire.

Durtal jugeait ce sanctuaire aéré et charmant, mais il n'y séjournait que quelques minutes, car ce n'était point ainsi que dans le Carmel un isolement absolu, une paix noire ; là, toujours, deux ou trois Clarisses trottinaient dans la chapelle, le regardaient en rangeant les chaises, semblaient étonnées par sa présence.

Elles le gênaient et il avait peur, lui aussi, de les gêner ; si bien qu'il se retirait, mais cette courte halte suffisait pour effacer ou tout au moins pour amoindrir la funèbre impression du couvent voisin.

Et Durtal s'en revenait, à la fois très apaisé et très inquiet ; très apaisé, au point de vue lubrique, très inquiet sur le parti qu'il devait prendre.

Il sentait monter, grandir, de plus en plus, en lui, ce souhait d'en finir avec ces litiges et avec ces transes et il pâlissait dès qu'il songeait à renverser sa vie, à renoncer à jamais aux femmes.

Mais s'il avait encore des hésitations et des craintes, il n'avait déjà plus la ferme intention de résister ; il acceptait en principe maintenant l'idée d'un changement d'existence, seulement il tâchait de retarder le jour, de reculer l'heure, il tentait de gagner du temps.

Puis, de même que les gens qui s'exaspèrent dans

l'attente, il désirait, certains autres jours, ne plus différer l'inévitable instant et il se criait : que ça se termine ! tout plutôt que de rester ainsi !

Et, ce souhait ne paraissant pas s'exaucer, il se décourageait aussitôt, voulait ne plus songer à rien, regrettait le temps passé, déplorait de se sentir charrié par un courant pareil !

Et quand il se ranimait un peu, il essayait encore de s'ausculter. Au fond, je ne sais plus du tout où j'en suis, se disait-il ; ce flux et reflux de vœux différents m'effarent ; mais comment en suis-je venu là et qu'est-ce que j'ai ? Ce qu'il ressentait, depuis que sa chair le laissait plus lucide, était si insensible, si indéfinissable, si continu pourtant, qu'il devait renoncer à comprendre. En somme, chaque fois qu'il voulait descendre en lui-même, un rideau de brume se levait qui masquait la marche invisible et silencieuse d'il ne savait quoi. La seule impression qu'il rapportait, en remontant, c'est que c'était bien moins lui qui s'avançait dans l'inconnu, que cet inconnu qui l'envahissait, le pénétrait, s'emparait, peu à peu, de lui.

Quand il entretenait l'abbé de cet état tout à la fois lâche et résigné, implorant et craintif, le prêtre se bornait à sourire.

— Terrez-vous dans la prière et baissez le dos, lui dit-il, un jour.

— Mais je suis las de tendre l'échine, en piétinant toujours sur la même place, s'écria Durtal. J'en ai surtout assez de me sentir poussé par les épaules et conduit je ne sais où ; d'une façon ou d'une autre, il est vraiment temps que cette situation finisse.

— Evidemment — Et, le regardant dans les yeux, l'abbé, debout, dit d'un ton grave :

— Cette marche vers Dieu que vous trouvez si obscure et si lente, elle est au contraire si lumineuse et si rapide qu'elle m'étonne; seulement comme vous ne bougez point, vous ne vous rendez point compte de la vitesse qui vous emporte.

Allez, avant qu'il ne soit longtemps, vous serez mûr et, sans qu'il soit besoin de secouer l'arbre, vous vous détacherez seul. La question qui reste maintenant à résoudre est celle de savoir dans quel réceptacle il faudra vous mettre, lorsque vous tomberez enfin de votre vie.

VII

MAIS... mais..., s'écria Durtal, il va pourtant falloir s'expliquer; à la fin avec ses sous-entendus tranquilles, l'abbé m'embête! son réceptacle où il devra me mettre! — Il n'a pas, je présume, l'idée de faire de moi un séminariste ou un moine; le séminaire est, à mon âge, dénué d'intérêt, et quant au couvent, il est séduisant au point de vue mystique et même capiteux au point de vue de l'art, mais je n'ai pas les aptitudes physiques et encore moins les prédispositions spirituelles pour m'interner à jamais dans un cloître; laissons donc cela, mais alors que veut-il dire?

D'autre part, il a tenu à me prêter les œuvres de saint Jean de la Croix, à me les faire lire; il a donc un but, car il n'est pas homme à marcher à tâtons et il sait ce qu'il veut et où il va; s'imagine-t-il que je suis destiné à la vie parfaite et veut-il me mettre en garde par cette lecture contre les désillusions que, suivant lui, les débutants éprouvent? son flair me semble s'égarer quand il en arrive là. J'ai bien l'horreur du bigotisme et des maniques pieuses, mais je ne me sens pas attiré, tout en les admirant, vers les phénomènes de la Mystique. Non, cela m'intéresse à regarder chez les autres ; je veux bien voir cela de ma fenêtre, mais je me refuse à descendre ; je n'ai pas la prétention de devenir un saint ; tout ce que je désire c'est atteindre l'état intermédiaire entre le bondieusardisme et la sainteté. C'est un idéal, affreusement bas, mais, dans la pratique, c'est le seul que je me crois capable d'atteindre, et encore !

Puis, allez donc vous frotter à ces questions ! Si l'on se trompe, si l'on obéit à de fausses impulsions, on côtoie la folie, dès qu'on s'avance. Comment, à moins d'une grâce toute particulière, savoir si l'on est bien dans le chemin ou si l'on ne se dirige pas dans la nuit, vers les abîmes ? voici, par exemple, les entretiens de Dieu avec l'âme qui sont si fréquents dans la vie mystique ; eh bien, comment être sûr que cette voix intérieure, que ces paroles distinctes que l'on n'entend pas avec les oreilles du corps et qui sont perçues par l'âme d'une façon beaucoup plus claire, beaucoup plus nette que si elles lui arrivaient par les conduites des sens, sont véridiques ? comment s'assurer qu'elles émanent de Dieu et non de notre imagination ou du Diable même ?

Je sais bien que sainte Térèse traite longuement cette matière dans ses « Châteaux intérieurs » et qu'elle indique les signes auxquels on peut reconnaître l'origine de ces paroles ; mais ses preuves ne me paraissent pas toujours si faciles qu'elle le croit, à discerner.

Si ces phrases viennent de Dieu, dit-elle, elles sont toujours accompagnées d'effet et portent avec elles une autorité à laquelle rien ne résiste ; ainsi une âme est dans la peine et le Seigneur profère simplement en elle ces mots « ne t'afflige pas » et aussitôt la bourrasque dévie et la joie renaît. En second lieu, ces paroles laissent l'âme dans une indissoluble paix; enfin elles se gravent dans la mémoire et souvent même ne s'effacent plus.

Dans le cas contraire, reprend-elle, si ces paroles proviennent de l'imagination ou du démon, aucun de ces effets ne se produit; mais une sorte de malaise, d'angoisse, de doute vous torture; de plus, ces phrases s'évaporent en partie, fatiguent l'âme qui s'efforce, en vain, de les reconstituer dans leur entier.

Malgré ces points de repère, l'on se tient, en somme, sur un terrain mouvant où l'on peut s'enfoncer à chaque pas; mais saint Jean de la Croix intervient à son tour, et, lui, vous ordonne de ne pas bouger. Que faire alors?

L'on ne doit pas, dit-il, aspirer à ces communications surnaturelles et s'y arrêter et cela pour deux motifs: d'abord, parce qu'il y a humilité, abnégation parfaite à se refuser d'y croire; ensuite, parce qu'en agissant de la sorte, on se délivre du travail nécessaire pour s'assurer si ces visions vocales sont vraies ou fausses; on se dispense ainsi d'un examen qui n'a d'autre profit pour l'âme que perte de temps et inquiétudes.

Bien — mais si ces paroles sont réellement prononcées par Dieu, on se rebelle contre sa volonté, en demeurant sourd! Et puis, ainsi que l'affirme sainte Térèse, il n'est pas en notre pouvoir de ne point les écouter et l'âme ne peut penser qu'à ce qu'elle entend, quand Jésus lui parle!
— D'ailleurs tous les raisonnements sur cette question vacillent, car l'on n'entre pas, de son plein gré, dans la

voie étroite, comme l'appelle l'Eglise ; on y est mené, projeté, malgré soi souvent, et la résistance est impossible ; les phénomènes se succèdent et rien au monde n'est de force à les enrayer, exemple sainte Térèse qui, bien qu'elle se défendît par humilité, tombait en extase sous le souffle divin et s'enlevait du sol.

Non, ces états surhumains m'effraient et je ne tiens pas, par expérience, à les connaître. Quant à saint Jean de la Croix, l'abbé n'a pas tort de le déclarer unique, mais bien qu'il taraude les couches les plus profondes de l'âme et atteigne là où jamais la tarière humaine n'a pénétré, il me gêne quand même, dans mon admiration, car son œuvre est pleine de cauchemars qui m'interdisent ; je ne suis pas bien certain avec cela que ses géhennes soient exactes ; enfin certaines de ses affirmations ne me convainquent pas. Ce qu'il appelle « la Nuit obscure » est incompréhensible ; les souffrances de cette ténèbre dépassent le possible, s'écrie-t-il, à chaque page. Ici, je perds pied. Je m'imagine bien, pour les avoir ressenties, des douleurs morales, atroces, des décès de parents ou d'amis, des amours déçues, des espoirs effondrés, des misères spirituelles de toute sorte, mais ce martyr-là qu'il déclare supérieur aux autres, m'échappe, car il est hors de nos intérêts humains, hors de nos affections ; il se meut dans une sphère inaccessible, dans un monde inconnu et si loin de nous !

J'ai décidément peur qu'il n'y ait abus de métaphores et gongorisme d'homme du Midi, chez ce terrible Saint !

Au reste, voici encore un point où l'abbé m'étonne. Lui qui est si doux, témoigne d'un certain penchant pour le pain sec de la Mystique : les effusions de Ruysbroeck, de sainte Angèle, de sainte Catherine de Gênes, le touchent moins que les raisonnements des Saints ergoteurs et durs ; et pourtant, à côté de ceux-là, il m'a recommandé la lecture de Marie d'Agréda qu'il ne devrait pas choyer, car elle n'a aucune des qualités que, dans les œuvres de sainte Térèse et de saint Jean de la Croix, l'on aime.

Ah ! il peut se flatter de m'avoir infligé une incomparable désillusion, en me prêtant sa « Cité mystique » !

Sur le renom de cette espagnole, je m'attendais à des souffles prophétiques, à de formidables empans, à d'extraordinaires visions et pas du tout, c'est simplement bizarre et pompeux, pénible et froid. Puis la phraséologie de son livre est insoutenable. Toutes ces expressions dont ces tomes énormes fourmillent : « ma divine Princesse », « ma grande Reine », « ma grande Dame », alors qu'elle s'adresse à la Vierge qui la traite à son tour de « ma très chère » ; cette façon qu'a le Christ de l'appeler « mon épouse », ma « bien-aimée », de la citer continuellement comme « l'objet de ses complaisances et de ses délices » ; cette manière qu'elle adopte de nommer les Anges « les courtisans du grand Roi » m'agacent et me lassent.

Ça sent les perruques et les jabots, les révérences et les ronds de jambes, ça se passe à Versailles, c'est une mystique de Cour dans laquelle le Christ pontifie, affublé du costume de Louis XIV.

Sans compter, reprit-il, que Marie d'Agréda se répand en de bien extravagants détails. Elle nous entretient du lait de la Vierge qui ne pouvait tourner, des misères féminines dont elle fut exempte ; elle explique le mystère de la Conception par trois gouttes de sang qui jaillirent du cœur de Marie dans sa matrice où le Saint Esprit s'en servit pour former l'enfant ; elle déclare enfin que saint Michel, que saint Gabriel remplirent les fonctions de sages-femmes et assistèrent, vivants, sous une forme humaine, aux couches de la Vierge !

C'est tout de même un peu fort ! — Je sais bien ce que répond l'abbé, qu'il n'y a pas à tenir compte de ces étrangetés et de ces erreurs, mais qu'il faut lire la « Cité mystique » au point de vue de la vie intérieure de la Sainte Vierge. — Oui, mais alors le livre de M. Olier, qui traite le même sujet, me paraît autrement curieux, autrement sûr !

Ce prêtre forçait-il la note, jouait-il un rôle ? Durtal se le demandait, en voyant sa ténacité à ne pas s'écarter pendant un certain temps des mêmes questions. Il essayait quelquefois, pour le tâter, de détourner la conversation, mais doucement l'abbé souriait et la ramenait là où il voulait qu'elle fût.

Quand il crut avoir saturé Durtal d'œuvres mystiques, il en parla moins et il parut ne plus s'éprendre que des ordres religieux, surtout de l'ordre de saint Benoît. Très habilement, il incita Durtal à s'intéresser à cet institut, à l'interroger, et, une fois bien installé sur ce terrain, il n'en démarra plus.

Cela commença un jour où Durtal causait avec lui du plain-chant.

— Vous avez raison de l'aimer, dit l'abbé, car même en dehors de la liturgie et de l'art, ce chant, si j'en crois saint Justin, apaise les attraits et les concu-

piscences de la chair « affectiones et concupiscentias
carnis sedat » ; mais laissez-moi vous l'assurer, vous ne
le connaissez que par ouï-dire ; il n'y a plus maintenant
de vrai plain-chant dans les églises ; ce sont, ainsi
que pour les produits de la thérapeutique, des frelatages
plus ou moins audacieux qu'on vous présente.

Aucun des chants à peu près respectés par les maîtrises, — le « Tantum ergo » par exemple — n'est désormais exact. Il demeure presque fidèle jusqu'au verset
« Præstet fides » et là il déraille ; il ne tient pas compte
des nuances très perceptibles pourtant que la mélodie
grégorienne impose à ce moment où le texte avoue l'im-
potence de la raison et l'aide toute puissante de la Foi ;
ces adultérations sont plus sensibles encore si vous écoutez, après l'office des Complies, le « Salve Regina ». Celui-
là, on l'abrège de plus de moitié, on l'énerve, on le
décolore, on l'ampute de ses neumes, on en fait un
moignon de musique ignoble ; si vous aviez entendu ce
chant magnifique dans les Trappes, vous pleureriez de
dégoût, en l'écoutant braillé à Paris, dans les églises.

Mais en dehors même de l'altération du texte mélodique qui est maintenant acquise, la façon dont on
beugle le plain-chant est partout absurde ! L'une des premières conditions pour le bien rendre, c'est que les voix
marchent ensemble, qu'elles chantent toutes en même
temps, syllabe pour syllabe et note pour note ; il faut
l'unisson, en un mot.

Or, vous pouvez le vérifier, la mélodie grégorienne
n'est pas ainsi traitée : chaque voix fait sa partie et s'isole ;
ensuite, la musique plane n'admet pas d'accompagnement : elle doit se chanter, seule et sans orgue ; tout

au plus, peut-elle tolérer que l'instrument donne l'intonation et accompagne, en sourdine, juste assez, s'il est besoin, pour maintenir la ligne tracée des voix ; est-ce ainsi qu'on l'admet dans les églises ?

— Oui, je sais bien, répondit Durtal. Quand je l'écoute à Saint-Sulpice, à Saint-Séverin, à Notre-Dame des Victoires, je n'ignore pas qu'elle est sophistiquée, mais avouez qu'elle est encore superbe ainsi ! Je ne défends pas la supercherie, l'adjonction des fioritures, la fausseté des césures musicales, l'accompagnement délictueux, le ton de concert profane qu'on lui inflige à Saint-Sulpice, mais que voulez-vous que je fasse ? à défaut de l'original, je dois bien me contenter d'une copie plus ou moins vile et, je le répète, même exécutée de la sorte, cette musique est encore si admirable qu'elle m'enchante !

— Mais, fit tranquillement l'abbé, rien ne vous oblige à écouter du faux plain-chant, alors que vous pouvez en entendre du vrai ; car, ne vous déplaise, à Paris même, il existe une chapelle où il est intact et servi d'après les règles dont j'ai parlé.

— Tiens ! et où ça ?

— Chez les Bénédictines du Saint-Sacrement, rue Monsieur.

— Et tout le monde peut s'introduire dans ce couvent et assister aux offices ?

— Tout le monde — pendant la semaine, on y chante les Vêpres, à trois heures, tous les jours, et la grand' messe se célèbre, le dimanche, à neuf heures.

Ah ! si j'avais connu cette chapelle plus tôt, s'écria Durtal, la première fois qu'il en sortit.

Le fait est qu'elle réunissait toutes les conditions qu'il pouvait souhaiter; située dans une rue solitaire, elle était d'une intimité pénétrante; l'architecte qui l'avait construite n'avait rien innové et rien tenté; il l'avait bâtie dans le style gothique, sans y ajouter aucune fantaisie de son cru.

Elle figurait une croix, mais l'un des bras était à peine étendu, faute de place, tandis que l'autre s'allongeait en une salle séparée du chœur par une grille de fer au-dessus de laquelle un Saint Sacrement était adoré par deux anges agenouillés dont les ailes lilas se repliaient sur des dos roses. Sauf ces deux statues, d'une exécution vraiment coupable, le reste était au moins éteint dans l'ombre et ne choquait pas par trop la vue. La chapelle était obscure et toujours, aux heures des offices, une jeune sacristine, longue et pâle, un peu voûtée, entrait, telle qu'une ombre, et chaque fois qu'elle passait devant l'autel, elle tombait, un genou par terre et inclinait profondément la tête.

Elle était étrange, à peine humaine, glissait sur les dalles, sans bruit, le front baissé, le bandeau descendu jusqu'aux sourcils et elle semblait s'envoler comme une grande chauve-souris, alors que, vous tournant le dos, debout devant le tabernacle, elle levait les bras et remuait ses larges manches noires pour allumer les cierges. Durtal avait, un jour, aperçu ses traits maladifs et charmants, ses paupières enfumées, ses yeux d'un bleu las, et deviné un corps fuselé par les prières, sous la robe noire serrée par une ceinture de cuir, ornée d'un petit Saint Sacrement de métal doré, au-dessous de la guimpe, près du cœur.

La grille de clôture, située à gauche de l'autel, était ample, très éclairée par derrière, de sorte que lorsque même les rideaux étaient fermés, l'on pouvait facilement entrevoir tout le chapitre, échelonné dans des stalles de chêne, surmontées, au fond, d'une stalle plus haute où se tenait l'abbesse. Un cierge allumé était planté au milieu de la salle et, jours et nuits, une religieuse priait devant lui, la corde au cou, pour réparer les insultes que, sous la forme Eucharistique, Jésus subit.

La première fois qu'il avait visité cette chapelle, Durtal s'y était rendu, le dimanche, un peu avant l'heure de la messe et il avait pu assister ainsi à l'entrée des Bénédictines, derrière la claire-voie de fer. Elles s'avançaient, deux par deux, s'arrêtaient au milieu de la grille, faisaient vis-à-vis à l'autel et le saluaient, puis se regardant elles s'inclinaient l'une devant l'autre; et ce défilé de femmes noires où n'éclatait que la blancheur du bandeau et du col et la tache dorée du petit ostensoir placé sur la poitrine, se continuait jusqu'à ce qu'à la fin, les novices aparussent à leur tour, reconnaissables au voile blanc qui leur couvrait la tête.

Et quand un vieux prêtre, assisté d'un sacristain, commençait la messe, doucement, au fond du chapitre, un petit orgue donnait l'intonation aux voix.

Alors Durtal avait pu s'étonner car il n'avait pas encore entendu une seule et unique voix faite d'une trentaine peut-être, d'un diapason aussi étrange, une voix supraterrestre qui brûlait sur elle-même en l'air et se tordait en roucoulant.

Cela n'avait plus aucun rapport avec le lamento glacé, têtu des Carmélites, et cela ne ressemblait pas davantage au timbre asexué, à la voix d'enfant, écachée, arrondie du bout, des Franciscaines; c'était autre chose.

A la Glacière, en effet, ces voix écrues, bien qu'adoucies et moirées par les prières, gardaient quand même un peu de l'inflexion traînante presque commune du peuple dont elles étaient issues; elles étaient bien épurées, mais elles n'en restaient pas moins humaines. Ici, c'était une tendresse séraphisée de sons; cette voix, sans origine définie, longuement blutée dans le tamis divin, patiemment modelée pour le chant liturgique, se dépliait en s'embrasant, flambait en des bouquets virginaux de sons blancs, s'éteignait, s'effeuillait en des plaintes pâles, lointaines, vraiment angéliques, à la fin de certains chants.

Ainsi interprétée, la messe accentuait singulièrement le sens de ses proses.

Debout, derrière la grille, le monastère répondait au prêtre.

Durtal avait alors entendu, après un « Kyrie eleison » dolent et sourd, âpre, presque tragique, le cri décidé, si amoureux et si grave du « Gloria in excelsis » du vrai plain-chant; il avait écouté le Credo, lent et nu, solennel et pensif et il avait pu s'affirmer que ces chants différaient absolument de ceux que l'on entonnait partout, dans les églises. Saint-Séverin, Saint-Sulpice lui semblaient maintenant profanes; à la place de ces molles ardeurs, de ces frisures et de ces boucles, de ces angles de mélodies limés, de ces terminaisons toutes modernes, de ces accompagnements incohérents rédigés pour l'orgue, il se trouvait en face d'un chant à la maigreur effilée et nerveuse des Primitifs; il voyait la rigidité ascétique de ses lignes, la résonnance de son coloris, l'éclat de son métal martelé avec l'art barbare et charmant des bijoux Goths; il entendait sous la robe plissée des sons, palpiter l'âme naïve, l'amour ingénu des âges et il observait cette nuance curieuse chez les Bénédictines : elles finissaient les cris d'adoration, les roucoulements de tendresse, en un murmure timide, coupé court, comme reculant par humilité, comme s'effaçant par modestie, comme demandant pardon à Dieu d'oser l'aimer.

Ah! vous avez eu bien raison de m'envoyer là, dit Durtal à l'abbé quand il le vit.

— Je n'avais pas le choix, répondit, en souriant, le prêtre, car l'on ne respecte le plain-chant que dans les abbayes soumises à la règle Bénédictine. Ce grand ordre de saint Benoît l'a restauré. Dom Pothier a fait pour lui ce que dom Guéranger a fait pour la liturgie.

Au reste, en sus de l'authenticité du texte vocal et de la façon de le traduire, il existe encore deux conditions essentielles et qui ne se rencontrent guère que dans les cloîtres, pour restituer la vie spéciale de ces mélodies, c'est d'abord d'avoir la Foi et ensuite de connaître le sens des mots qu'on chante.

— Mais, interrompit Durtal, je ne présume pas que les Bénédictines sachent le latin.

— Pardon, parmi les moniales de saint Benoît, et même parmi les sœurs cloîtrées des autres ordres, il en est un certain nombre qui étudient assez cette langue pour comprendre le bréviaire et les psaumes. C'est un sérieux avantage qu'elles ont sur les maîtrises qui ne sont composées, la plupart, que d'artisans sans instruction et sans piété, que de simples ouvriers de voix.

Maintenant, sans vouloir rabaisser votre enthousiasme pour la probité musicale de ces religieuses, je dois vous dire que, pour bien saisir, dans son altitude, dans son ampleur, ce magnifique chant, il faut l'entendre non pas vanné par des bouches même désexuées de vierges, mais sorti sans apprêts, tout vif, des lèvres d'hommes. Malheureusement, s'il existe à Paris, rue Monsieur et rue Tournefort, deux communautés de Bénédictines, il ne s'y trouve pas, en revanche, un véritable couvent de Bénédictins...

— Et, rue Monsieur, elles suivent la règle intégrale de saint Benoît ?

— Oui, mais en sus des vœux habituels de pauvreté, de chasteté, de stabilité en clôture, d'obéissance, elles prononcent encore le vœu de réparation et d'adoration du Saint Sacrement, tel que le formula sainte Mechtilde. Aussi mènent-elles l'existence la plus austère qui soit parmi les nonnes. Presque jamais de viande ; lever à deux heures du matin pour chanter l'office de Matines et les Laudes, et, jours et nuits, étés et hivers, elles se relaient devant le cierge de la réparation et devant l'autel. Il n'y a pas à dire, reprit l'abbé, après un silence, la femme est plus courageuse et plus forte que l'homme ; aucun ascétère masculin ne pourrait, sans dépérir, supporter, dans l'air débilitant de Paris surtout, une vie pareille.

— Ce qui me stupéfie peut-être plus encore, fit Durtal, c'est lorsque je songe à la qualité d'obéissance qu'on doit exiger d'elles. Comment une créature douée de volonté peut-elle s'anéantir à un tel point ?

— Oh ! dit l'abbé, l'obéissance est la même dans tous

les grands ordres; elle est absolue, sans réticences; la formule en a été excellemment résumée par saint Augustin. Ecoutez cette phrase que je me rappelle avoir lue dans un commentaire de sa règle :

« On doit entrer dans les sentiments d'une bête de charge et se laisser conduire comme un cheval et un mulet qui n'ont point d'entendement ou plutôt, afin que l'obéissance soit encore plus parfaite, parce que ces animaux regimbent sous l'éperon, il faut être, entre les mains du supérieur, comme une bûche et un tronc d'arbre qui n'a ni vie, ni mouvement, ni action, ni volonté, ni jugement. » Est-ce clair ?

— C'est surtout effarant ! — J'admets bien, reprit Durtal, qu'en échange de tant d'abnégation, les religieuses sont là-haut puissamment aidées, mais enfin n'y a-t-il pas des moments de défaillance, des accès de désespoir, des instants où elles regrettent l'existence naturelle au plein air, où elles pleurent cette vie de mortes qu'elles se sont faite; n'y a-t-il pas enfin des jours où les sens réveillés crient ?

— Sans doute; dans la vie en clôture, l'âge de vingt-neuf ans est, pour la plupart, à passer, terrible; car c'est alors que la crise passionnelle surgit; si la femme franchit ce cap — et presque toujours elle le franchit — elle est sauvée.

Mais la sédition charnelle n'est pas encore, à proprement parler, l'assaut le plus douloureux qu'elles supportent. Le véritable supplice qu'elles endurent, dans ces heures de trouble, c'est le regret ardent, fou, de cette maternité qu'elles ignorent; les entrailles délaissées de la femme se révoltent et si plein qu'il soit de

Dieu, son cœur éclate. L'enfant Jésus qu'elles ont tant aimé leur apparaît alors si inaccessible et si loin d'elles! puis sa vue même les consolerait à peine, car elles rêveraient de le tenir dans leurs bras, de l'emmaillotter, de le bercer, de lui donner le sein, de faire en un mot, œuvre de mère.

D'autres nonnes ne subissent, elles, aucune attaque précise, aucun siège que l'on connaisse; seulement, sans cause définie, elles languissent, meurent tout à coup, comme un cierge sur lequel on souffle. C'est l'acedia des cloîtres qui les éteint.

— Mais savez-vous, monsieur l'abbé, que ces détails sont peu encourageants...

Le prêtre haussa les épaules. — C'est le médiocre revers d'un endroit sublime, dit-il; les récompenses qui sont accordées, même sur cette terre, aux âmes conventuelles sont si supérieures!

— Enfin, je ne suppose pas que lorsqu'une religieuse s'abat, frappée dans sa chair, on l'abandonne. Que fait alors une mère abbesse?

— Elle agit, suivant le tempérament corporel et suivant la complexion d'âme de la malade. Remarquez qu'elle a pu la suivre pendant les années de la probation, qu'elle a forcément pris un ascendant sur elle; elle doit donc, dans ces moments, surveiller de très près sa fille, s'efforcer de détourner le cours de ses idées, en la brisant par de pénibles travaux et en lui occupant l'esprit; elle doit ne pas la laisser seule, diminuer au besoin ses prières, restreindre ses heures d'office, supprimer les jeûnes, la nourrir, s'il le faut, mieux. Dans d'autres cas, au contraire, elle peut recourir à de plus fréquentes communier, pratiquer la minution ou la saignée, lui faire ingérer des aliments auxquels sont mêlées des semences froides ; mais elle doit surtout prier, ainsi que toute la communauté, pour elle.

Une vieille abbesse de Bénédictines que j'ai connue à Saint-Omer et qui était une incomparable régisseuse d'âmes, limitait surtout alors la durée des confessions. Aux moindres symptômes qu'elle voyait poindre, elle accordait deux minutes, montre en main, à la pénitente ; et quand ce temps était écoulé, elle la renvoyait du confessionnal et la mêlait à ses compagnes.

— Et pourquoi cela ?

— Parce que, dans les cloîtres, même pour les âmes bien portantes, la confession est l'amollissement le plus dangereux ; c'est, en quelque sorte, un bain trop prolongé et trop chaud. Là, les moniales débordent, se déploient inutilement le cœur, s'appesantissent sur leurs maux, les exaspèrent en s'y complaisant ; elles en sortent plus débilitées, plus malades qu'auparavant. Deux minutes doivent, en effet, suffire à une religieuse, pour énoncer ses peccadilles !

Puis... puis... il faut bien l'avouer, le confesseur est un péril pour le monastère — non que je suspecte son honnêteté, ce n'est point cela que je veux dire — mais comme il est généralement choisi parmi les protégés de l'évêque, il existe de nombreuses chances pour qu'il soit un homme qui ne sache rien et qui, ignorant absolument le maniement de telles âmes, achève de les détraquer, en les consolant. Ajoutez encore que si les attaques démoniaques, très fréquentes dans les cloîtres, se produisent, le malheureux reste, bouche béante, conseille à tort et à travers, entrave l'énergie de l'abbesse qui est autrement forte que lui sur ces matières.

— Et, fit Durtal qui chercha ses mots, voyons, je présume que des histoires dans le genre de celles que Diderot raconte dans ce sot volume qu'est la « Religieuse » sont inexactes ?

— A moins qu'une communauté ne soit pourrie par une supérieure vouée au Satanisme — ce qui, Dieu merci, est rare, — les ordures narrées par cet écrivain sont fausses, et il y a, d'ailleurs, une bonne raison pour qu'il en soit ainsi, c'est qu'il existe un péché qui est l'antidote de celui-là, le péché de zèle.

— Hein ?

— Oui, le péché de zèle qui fait dénoncer sa voisine, qui satisfait les jalousies, qui crée l'espionnage pour contenter ses rancunes ; c'est là le vrai péché du cloître. Eh bien, je vous assure que si deux sœurs s'avisaient de perdre toute vergogne, elles seraient aussitôt dénoncées.

— Mais je croyais, Monsieur l'abbé, que la dénonciation était permise par la plupart des règles d'ordres.

— Oui, mais peut-être serait-on porté à en abuser un peu, surtout dans les couvents de femmes, car vous pensez bien que si les cloîtres renferment de pures mystiques, de véritables saintes, ils tiennent aussi des religieuses moins avancées dans les voies de la Perfection et qui conservent bien encore quelques défauts...

— Voyons, puisque nous sommes sur ce chapitre des détails intimes, oserai-je vous demander si la propreté n'est pas un tant soit peu négligée par ces braves filles ?

Je l'ignore ; tout ce que je sais, c'est que, dans les

abbayes de Bénédictines que j'ai connues, chaque moniale était libre d'agir comme bon lui semblait ; dans certaines constitutions d'Augustines, le cas est au contraire prévu ; défense est faite de se laver, sinon tous les mois, le corps. En revanche, chez les Carmélites, la propreté est exigée. Sainte Térèse haïssait la crasse et aimait le linge blanc ; ses filles ont même, je crois, le droit d'avoir une fiole d'eau de Cologne dans leurs cellules. Vous le voyez, cela dépend des ordres et probablement aussi, quand les règles n'en font pas expressément mention, des idées que la supérieure professe à ce sujet. J'ajouterai que cette question ne doit pas être seulement envisagée au point de vue mondain ; car la saleté corporelle est pour certaines âmes une souffrance, une mortification de plus qu'elles s'imposent. Voyez Benoît Labre !

— Celui qui ramassait sa vermine lorsqu'elle le quittait et la remettait pieusement dans sa manche ! Je préfère des mortifications d'un autre genre.

— Il en est de plus dures, croyez-le, et je doute que celles-là vous conviennent plus. Voudriez-vous imiter Suso qui, pour châtier ses sens, traîna pendant dix-huit ans, sur ses épaules nues une énorme croix plantée de clous dont les pointes lui foraient les chairs ? il s'était de plus emprisonné les mains dans des gantelets de cuir hérissés, eux aussi, de clous, de peur d'être tenté de panser ses plaies. Sainte Rose de Lima ne se traitait pas mieux ; elle s'était ceint le corps d'une chaîne si serrée qu'elle avait fini par entrer sous la peau, par disparaître sous le bourrelet saignant des chairs ; elle portait, en outre, un cilice de crin de cheval garni d'épingles et couchait sur des tessons de verres ; mais toutes ces épreuves ne sont rien en comparaison de celles que s'infligea une Capucine, la vénérable mère Passidée de Sienne.

Celle-là se fustigeait à tour de bras avec des branches de genièvre et de houx, puis elle inondait ses blessures de vinaigre et les saupoudrait de sel ; elle dormait, l'hiver, dans la neige ; l'été sur des touffes d'orties, sur des noyaux, sur des balais; se mettait des dragées de plomb chaud dans ses chaussures, s'agenouillait sur des chardons, sur des épines, sur des râpes. En Janvier, elle rompait la glace d'un tonneau et se plongeait dedans ou bien elle s'asphyxiait à moitié, en se faisant pendre, la tête en bas, au tuyau d'une cheminée, dans laquelle on allumait de la paille humide, et j'en passe ; eh bien, fit l'abbé, en riant, je crois que si vous aviez à choisir, vous aimeriez encore mieux les mortifications que s'imposait Benoît Labre.

— J'aimerais surtout mieux rien du tout, répondit Durtal.

Il y eut un instant de silence.

Durtal repensait aux Bénédictines ; — mais, reprit-il, pourquoi font-elles insérer dans la « Semaine religieuse, » après leur titre de Bénédictines du Saint-Sacrement, cette mention : « Monastère de saint Louis du Temple. »

— Parce que, répliqua l'abbé, leur premier couvent a été fondé sur les ruines mêmes de la prison du Temple qui leur furent concédées par ordonnance royale, lorsque Louis XVIII revint en France.

Leur fondatrice et leur supérieure fut Louise Adélaïde de Bourbon Condé, une malheureuse et nomade princesse dont presque toute la vie s'était écoulée dans l'exil. Chassée de France par la Révolution et par l'Empire, traquée dans presque tous les pays de l'Europe, elle erra au hasard des monastères, cherchant abri, tantôt chez les Annonciades de Turin et chez les Capucines du Piémont, tantôt chez les Trappistines de la Suisse et chez les sœurs de la Visitation de Vienne, tantôt encore chez les Bénédictines de la Lithuanie et de la Pologne. Elle avait fini par échouer chez les Bénédictines du comté de Norfolk, lorsqu'elle put rentrer en France.

C'était une femme singulièrement aguerrie dans la science monastique et très experte à diriger les âmes.

Elle voulut que, dans son abbaye, chaque sœur s'offrît au ciel en réparation des crimes commis et qu'elle acceptât les plus pénibles privations pour racheter ceux qui pourraient se commettre ; elle y installa l'Adoration perpétuelle et y introduisit également dans toute sa pureté et, à l'exclusion de tout autre, le plain-chant.

Il s'y est, vous avez pu l'entendre, conservé intact ; il est vrai que, depuis elle, ses religieuses ont reçu des leçons de Dom Schmitt, l'un des moines les plus doctes en cette matière.

Enfin, après la mort de la princesse, qui eut lieu en 1824, je crois, on reconnut que son cadavre exhalait l'odeur de sainteté et, bien qu'elle n'ait pas été canonisée, son intercession est invoquée par ses filles, dans certains cas. C'est ainsi, par exemple, que les Bénédictines de la rue Monsieur s'adressent à elle lorsqu'elles ont perdu un objet et l'expérience démontre que leur prière n'est jamais vaine, que presque aussitôt l'objet égaré se retrouve.

Mais, continua l'abbé, puisque vous aimez tant ce monastère, allez-y, surtout lorsqu'il resplendit.

Et le prêtre se leva et prit une Semaine religieuse qui traînait sur sa table.

Il la feuilleta. Tenez, dit-il, et il lut : « Dimanche, à trois heures, vêpres chantées ; cérémonie de vêture, présidée par le Révérendissime Père Dom Etienne, abbé de la Grande Trappe, et Salut. »

— Le fait est que voilà une cérémonie qui m'intéresse !

— J'irai probablement aussi.

— Alors, nous pourrions nous rejoindre dans la chapelle.

— Parfaitement.

— Les prises d'habits n'ont plus aujourd'hui la gaieté qu'elles avaient au XVIIIe siècle, dans certains instituts de Bénédictines, entre autres dans l'abbaye de Bourbourg, en Flandre, reprit l'abbé, en souriant, après un silence.

Et comme Durtal l'interrogeait du regard.

— Mais oui, c'était sans tristesse ou c'était du moins d'une tristesse bien spéciale, jugez-en. La veille du jour où la postulante devait prendre l'habit, elle était présentée à l'abbesse de Bourbourg par le gouverneur de la ville. On lui offrait du pain et du vin et elle y goûtait dans l'église même. Le lendemain, elle se rendait, vêtue d'habits magnifiques, dans un bal où se tenait toute la communauté des religieuses et, là, elle dansait, puis elle demandait à ses parents de la bénir et elle était conduite, aux sons des violons, dans la chapelle où l'abbesse prenait possession d'elle. Elle avait, pour la dernière fois, vu, dans ce bal, les joies du monde, car elle était ensuite enfermée, pour le restant de ses jours, dans le cloître.

— C'est d'une allégresse macabre, fit Durtal ; il dut y avoir autrefois des coutumes monacales et des congrégations bizarres, reprit-il.

— Sans doute, mais cela se perd dans la nuit des temps. Il me revient à la mémoire pourtant qu'au XVe siècle, il existait, sous l'obédience de saint Augustin, un ordre en effet étrange qui s'appelait l'ordre des filles de saint Magloire et habitait, dans la rue Saint-Denys, à Paris. Les conditions d'admission étaient au rebours de celles des autres chartres. La postulante devait jurer sur les saints Evangiles qu'elle avait perdu sa virginité et l'on ne s'en rapportait pas à son serment ; on la visitait et si elle était sage, on la déclarait indigne d'être reçue. On s'assurait également qu'elle ne s'était pas fait déflorer exprès pour pénétrer dans le couvent, mais qu'elle s'était bel et bien livrée à la luxure, avant de venir solliciter l'abri du cloître.

C'était, en somme, une troupe de filles repenties et la règle qui les assujettissait était farouche. On y était fouetté, jeté au cachot, soumis aux jeûnes les plus durs ; à l'ordinaire, on pratiquait la coulpe, trois fois par semaine ; on se levait à minuit ; on était surveillé sans relâche, accompagné même aux endroits les plus secrets ; les mortifications y étaient incessantes et la clôture absolue. Je n'ai pas besoin d'ajouter que cette nonnerie est morte.

— Et qu'elle n'est pas près de renaître, s'écria Durtal ; enfin, Monsieur l'abbé, à dimanche, rue Monsieur, n'est-ce pas ?

Et, sur l'affirmation du prêtre, Durtal partit, ruminant, à propos des ordres monastiques, des idées baroques. Il faudrait, se disait-il, fonder une abbaye où l'on pourrait travailler dans une bonne bibliothèque, à l'aise ; on y serait quelques-uns, avec une nourriture possible, du tabac à volonté, la permission d'aller faire un tour sur le quai, de loin en loin. Et il rit ; mais ce ne serait pas un couvent alors ! ou ce serait un couvent de Dominicains, avec les dîners en ville et le flirt de la prédication en moins !

VIII

En se dirigeant, le dimanche matin, vers la rue Monsieur, Durtal se remâchait des bribes de réflexions sur les monastères. Il n'y a pas à dire, ruminait-il, dans l'immondice accumulée des temps, eux seuls sont restés propres et ils sont vraiment en relations avec le ciel et servent de truchement à la terre pour lui parler. Oui, mais encore faut-il s'entendre et spécifier qu'il s'agit seulement ici des ordres en clôture et demeurés autant que possible pauvres...

Et resongeant aux communautés de femmes, il murmura, tout en pressant le pas : voici encore un fait surprenant et qui prouve, une fois de plus, l'inégalable génie dont est douée l'Eglise ; elle est arrivée à faire vivre, côte à côte, sans qu'elles s'assassinent, des ruches de femmes qui obéissent, sans regimber, aux volontés d'une autre femme ; ça c'est inouï !

Enfin m'y voici — et Durtal qui se savait en retard se précipita dans la cour des Bénédictines, gravit, quatre à quatre, le perron de la petite église et poussa la porte. Il demeura hésitant sur le seuil, ébloui par le brasier de cette chapelle en feu. Partout des lampes étaient allumées et, au-dessus des têtes, l'autel flamboyait dans sa futaie incendiée de cierges sur le fond de laquelle se détachait, comme sur l'or d'un iconostase, la face empourprée d'un évêque blanc.

Durtal se glissa dans la foule, joua des coudes, entrevit l'abbé Gévresin qui lui faisait signe ; il le rejoignit, s'installa sur la chaise que le prêtre lui avait réservée et il examina l'abbé de la Grande Trappe, entouré de prêtres en chasubles, d'enfants de chœur habillés, les uns en rouge et les autres en bleu, suivi par un trappiste au crâne ras, cerclé d'une couronne de cheveux, tenant la crosse de bois, dans le tournant de laquelle était sculpté un petit moine.

Vêtu de la coule blanche, à longues manches avec gland d'or au capuchon, la croix abbatiale sur la poitrine, la tête coiffée d'une mitre mérovingienne de forme basse, Dom Etienne, avec sa large carrure, sa barbe grisonnante et la joie de son teint, lui fit tout d'abord l'effet d'un vieux bourguignon, cuit par le soleil dans les travaux des vignes ; il lui parut, de plus, être un brave homme, mal à l'aise sous la mitre, intimidé par ces honneurs.

Un parfum âcre qui brûlait l'odorat ainsi qu'un piment brûle la bouche, le parfum de la myrrhe flottait dans l'air ; il y eut un remous de foule ; derrière la grille dont le rideau noir fut tiré, le couvent, debout, entonna l'hymne de saint Ambroise, le « Jesu corona Virginum », tandis que les cloches de l'abbaye sonnaient à toute volée ; dans la courte allée menant du parvis au chœur et bordée par une haie penchée de femmes, un crucifère et des porte-cierges entrèrent, puis, derrière eux, la novice, en costume de mariée, parut.

Elle était brune et légère, toute petite, et elle s'avançait confuse, les yeux baissés, entre sa mère et sa sœur ; d'un premier coup d'œil, Durtal la jugea insignifiante, à peine jolie, vraiment quelconque ; et instinctivement il chercha l'autre, gêné quand même dans ses habitudes, par cette absence de l'homme dans un mariage.

Se roidissant contre son émotion, la postulante franchit la nef, pénétra dans le chœur, s'agenouilla à gauche, sur un prie-Dieu devant un grand cierge, assistée de sa mère et de sa sœur, lui servant de paranymphes.

Dom Etienne salua l'autel, monta ses degrés, s'assit dans un fauteuil de velours rouge, installé sur la plus haute marche.

Alors, l'un des prêtres vint chercher la jeune fille et elle s'agenouilla, seule, devant le moine.

Dom Etienne gardait l'immobilité d'un Bouddha et il en eut le geste ; il leva un doigt et, doucement, il dit à la novice :

— Que demandez-vous ?

Elle parla si bas qu'on l'entendit à peine :

— Mon père, me sentant pressée d'un ardent désir de me sacrifier à Dieu, en qualité de victime en union avec Notre-Seigneur Jésus-Christ immolé sur nos autels et de consommer ma vie en Adoration perpétuelle de son divin Sacrement, sous l'observance de la règle de notre glorieux Père saint Benoît, je vous demande humblement la grâce du saint habit.

— Je vous l'accorderai volontiers, si vous croyez pouvoir conformer votre vie à celle d'une victime vouée au Saint-Sacrement.

Et elle répondit d'un ton plus assuré :

— Je l'espère, appuyée sur les infinies bontés de mon Sauveur Jésus-Christ.

— Dieu vous donne, ma fille, la persévérance, dit le prélat; il se leva, fit face à l'autel, s'agenouilla, la tête découverte et commença le chant du « Veni creator » que continuèrent, derrière la natte ajourée de fer, toutes les voix des nonnes.

Puis il remit sa mitre, pria, tandis que le chant des psaumes surgissait sous les voûtes. La novice que l'on avait pendant ce temps reconduite à sa place, sur le prie-Dieu, se leva, salua l'autel, vint s'agenouiller, entre ses deux paranymphes, aux pieds de l'abbé de la Trappe qui s'était rassis.

Et ses deux compagnes défirent le voile de la fiancée, ôtèrent la couronne de fleurs d'oranger, déroulèrent les torsades des cheveux, tandis qu'un prêtre étendait une serviette sur les genoux du prélat et que le diacre lui présentait sur un plat de longs ciseaux.

Alors, devant le geste de ce moine s'apprêtant, tel qu'un bourreau, à tondre la condamnée dont l'heure de l'expiation est proche, l'effrayante beauté de l'innocence s'assimilant au crime, se substituant aux conséquences de fautes qu'elle ignorait, qu'elle ne pouvait même comprendre, apparut à ce public venu par curiosité dans la chapelle, et, consterné par l'apparent déni de cette justice plus qu'humaine, il trembla lorsque l'évêque saisit à pleine main, ramena sur le front, tira à lui la chevelure.

Et ce fut comme un éclair d'acier dans une pluie noire.

L'on entendit, dans le silence de mort de l'église, le

cri des ciseaux peinant dans cette toison qui fuyait sous ses lames, puis tout se tut. Dom Etienne ouvrit la main et, sur ses genoux, en de longs fils noirs, cette pluie tomba.

Il y eut un soupir de soulagement lorsque les prêtres et les paranymphes emmenèrent la mariée, étrange dans sa robe à traîne, avec sa tête déparée et sa nuque nue.

Et presque aussitôt le cortège revint. Il n'y avait plus de fiancée en jupe blanche, mais une religieuse en robe noire.

Elle s'inclina devant le trappiste et se remit à genoux, entre sa mère et sa sœur.

Alors, tandis que l'abbé priait le Seigneur de bénir sa servante, le cérémoniaire et le diacre prirent sur une crédence, près de l'autel, une corbeille où, sous des pétales effeuillés de roses, étaient pliés, une ceinture de cuir mort, symbole du terme de cette luxure que les Pères de l'Eglise logeaient dans la région des reins, un scapulaire qui allégorise la vie crucifiée au monde, un voile qui signifie la solitude de la vie cachée en Dieu ; et le prélat énonçait le sens de ces images à la novice, saisissait enfin le cierge allumé dans le flambeau placé devant elle et il le lui tendait, divulguant en un mot l'acception de cet emblême : accipe, charissima soror, lumen Christi...

Puis Dom Etienne reçut le goupillon que lui présentait, en s'inclinant, un prêtre et, ainsi qu'à l'absoute des trépassés, il dessina une croix d'eau bénite sur la jeune fille ; ensuite, il se rassit et, doucement, tranquillement, sans même faire un geste, il parla.

Il s'adressait à la postulante seule et glorifiait devant

elle l'auguste et l'humble vie des cloîtres. Ne regardez pas en arrière, dit-il, et ne regrettez rien, car, par ma voix, Jésus vous répète la promesse qu'il fit autrefois à Madeleine « votre part est la meilleure et elle ne vous sera pas ôtée ». Dites-vous aussi, ma fille, qu'enlevée désormais à l'éternel enfantillage des labeurs vains, vous accomplirez, sur cette terre, une œuvre utile; vous pratiquerez la charité dans ce qu'elle a de plus élevé, vous expierez pour les autres, vous prierez pour ceux qui ne prient point, vous aiderez, dans la mesure de vos forces, à compenser la haine que le monde porte au Sauveur.

Souffrez et vous serez heureuse ; aimez votre Epoux et vous verrez combien il est faible pour ses élues ! croyez-moi, son amour est tel qu'il n'attendra même pas que vous soyez purifiée par la mort, pour vous récompenser de vos misérables mortifications, de vos pauvres peines. Il vous comblera, avant l'heure, de ses grâces et vous le supplierez de vous laisser mourir, tant l'excès de ces joies dépassera vos forces !

Et, peu à peu, le vieux moine s'échauffait, revenait sur les paroles du Christ à la Madeleine, montrait qu'à propos d'elle, Jésus avait promulgué la préexcellence des ordres contemplatifs sur les autres ordres, et il donnait brièvement des conseils, appuyait sur la nécessité de l'humilité, de la pauvreté qui sont, ainsi que l'énonce sainte Claire, les deux grands murs de la vie claustrée. Il bénit enfin la novice qui vint lui baiser la main et lorsqu'elle fut retournée à sa place, il pria, les yeux au ciel, le Seigneur d'accepter cette vierge qui s'offrait, comme hostie, pour les péchés du monde, puis il entonna debout le « Te Deum ».

Tout le monde se leva et, précédé par la croix et les cierges, le cortège sortit de l'église et se tassa dans la cour.

Alors Durtal put se croire transporté, loin de Paris, rejeté tout à coup dans le fond des âges.

La cour entourée de bâtiments était barrée, en face de la porte cochère, par une haute muraille au milieu de laquelle rentrait une porte à deux vantaux; de chaque côté, six pins maigres balayaient l'air; des chants s'entendaient derrière le mur.

La postulante, en avant, seule, près de la porte close, tenait, tête baissée, son cierge. L'abbé de la Trappe, appuyé sur sa crosse, se tenait immobile à quelques pas d'elle.

Durtal examinait les visages; la petite si banale en costume de mariée était devenue charmante; maintenant le corps s'effilait en une grâce timide; les lignes trop loquaces sous la robe mondaine s'étaient tues; sous le suaire religieux, les contours n'étaient plus qu'une naïve ébauche; il y avait eu comme un recul d'années, comme un retour aux formes devinées de l'enfance.

Durtal s'approcha pour la mieux observer; il tenta de scruter cette figure, mais, dans le linceul glacé de sa coiffe, elle restait muette, semblait absente de la vie, avec ses yeux fermés, ne vivait plus que par le sourire des lèvres heureuses.

Et, vu de près, le moine, massif et rougeaud, dans la chapelle, était, lui aussi, changé; la charpente demeurait robuste et le teint brûlait; mais les yeux d'un bleu d'eau, jaillie de la craie, d'eau sans reflets et sans rides, les yeux incroyablement purs, changeaient la vulgaire expression des traits, lui enlevaient cette allure vigneronne qu'il avait au loin.

Il n'y a pas à dire, pensa Durtal, l'âme est tout dans ces gens-là et leurs physionomies sont modelées par elle. Il y a des clartés saintes dans ces prunelles, dans ces bouches, dans ces seules ouvertures au bord desquelles l'âme s'avance, regarde hors du corps, se montre presque.

Subitement, derrière le mur, les chants cessèrent; la petite fit un pas, frappa avec ses doigts repliés la porte et, d'une voix qui défaillait, elle chanta:

« Aperite mihi portas Justitiæ : * Ingressa in eas, confitebor Domino. »

Et la porte s'ouvrit. Une autre grande cour, sablée de cailloux de rivière apparut, limitée au fond par une bâtisse, et toute la communauté, formant une sorte de demi-cercle, des livres noirs à la main, clama :

« Hæc porta Domini : * Justi intrabunt in eam. »

La novice fit un pas encore jusqu'au seuil et elle reprit de sa voix lointaine :

« Ingrediar in locum tabernaculi admirabilis * usque ad domum Dei. »

Et le chœur impassible des moniales répondit :

« Hæc est domus Domini, firmiter ædificata : * Bene fundata est supra firmam petram. »

Durtal contemplait à la hâte ces figures qui ne pouvaient être vues que pendant quelques minutes et à l'occasion d'une cérémonie pareille. C'était une rangée de cadavres, debout, dans des suaires noirs. Toutes étaient exsangues, avaient des joues blanches, des paupières lilas et des bouches grises ; toutes avaient des voix épuisées et tréfilées par les privations et les prières, et, la plupart, se voûtaient, même les jeunes. Ah ! l'austère fatigue de ces pauvres corps ! se cria Durtal.

Mais il dut interrompre ses réflexions ; la mariée, maintenant agenouillée sur le seuil, se tournait vers Dom Etienne et chantait tout bas :

« Hæc requies mea in sæculum sæculi : * Hic habitabo quoniam elegi eam. »

Le moine déposa sa mitre et sa crosse et dit :

« Confirma hoc, Deus, quod operatus es in nobis. »

Et la postulante murmura :

« A templo sancto tuo quod est in Jerusalem. »

Alors, avant de se recoiffer et de reprendre sa crosse, le prélat pria le Dieu tout-puissant d'infondre la rosée de sa bénédiction sur sa servante, puis désignant la jeune fille à une moniale qui se détacha du groupe des sœurs et s'avança, elle aussi, jusqu'au seuil, il lui dit :

« Nous remettons entre vos mains, Madame, cette nouvelle fiancée du Seigneur ; maintenez-la dans la sainte résolution qu'elle vient de témoigner solennellement, en demandant à se sacrifier à Dieu, en qualité de victime et à consommer sa vie en l'honneur de Notre-Seigneur Jésus-Christ, immolé sur nos autels. Conduisez-la dans la voie des divins commandements, dans la pratique des conseils du saint Evangile et dans les observances de la règle monastique. Préparez-la pour l'union éternelle à laquelle le céleste Epoux la convie et, dans cet heureux accroissement du troupeau confié à vos soins, puisez un nouveau motif de sollicitude maternelle. Que la paix du Seigneur demeure avec vous ! »

Et ce fut tout ; les religieuses, une à une, se retournèrent et disparurent derrière le mur, tandis que la petite les suivait comme un pauvre chien qui accompagne, tête basse, à distance, un nouveau maître.

La porte replia ses battants.

Durtal restait abasourdi, regardait la silhouette de l'évêque blanc, le dos des prêtres qui remontaient pour célébrer le Salut dans l'église ; et derrière eux venaient, pleurant, la figure dans leur mouchoir, la mère et la sœur de la novice.

— Eh bien ? lui dit l'abbé, en glissant son bras sous le sien.

— Eh bien, cette scène est, à coup sûr, le plus émouvant alibi de la mort qui se puisse voir ; cette vivante qui s'enfouit elle-même dans la plus effrayante des tombes — car dans celle-là la chair souffre encore — est admirable !

Je me rappelle ce que vous m'avez vous-même raconté sur l'étreinte de cette observance et je frémis, en songeant à l'Adoration perpétuelle, aux nuits d'hiver où une enfant, telle que celle-ci, est réveillée, au milieu de son premier sommeil, et jetée dans les ténèbres d'une chapelle où elle doit, sans s'évanouir de faiblesse et de peur, prier seule, pendant des heures glacées, à genoux sur une dalle.

Qu'est-ce qui se passe dans cet entretien avec l'inconnu, dans ce tête à tête avec l'ombre ? Parvient-elle à se quitter, à s'évader de la terre, à atteindre, sur le seuil de l'Eternité, l'inconcevable Epoux, ou bien, impuissante à prendre son élan, demeure-t-elle l'âme rivée au sol ?

Evidemment, on se la figure, la face tendue, les mains jointes, s'appelant, se concentrant au fond d'elle-même, se réunissant pour mieux s'effuser et on se l'imagine aussi malade, à bout de forces, tentant dans un corps qui grelotte de s'allumer l'âme. Mais qui sait si, certaines nuits, elle y arrive ?

Ah ! ces pauvres veilleuses aux huiles épuisées, aux flammes presque mortes qui tremblent dans l'obscurité du sanctuaire, qu'est-ce que le bon Dieu en fait ?

Enfin il y a la famille qui assistait à cette prise d'habit et si l'enfant m'enthousiasme je ne puis m'empêcher de plaindre la mère. Songez donc, si sa fille mourait, elle l'embrasserait, elle lui parlerait peut-être ; ou bien alors, si elle ne la reconnaissait plus, ce ne serait pas de son plein gré du moins ; et, ici, ce n'est plus le corps, c'est l'âme même de sa fille qui meurt devant elle. Exprès, son enfant ne la reconnaît plus ; c'est la fin méprisante d'une affection. Avouez que pour une mère c'est tout de même dur !

— Oui, mais cette soi-disant ingratitude acquise au prix de Dieu sait quelles luttes, n'est — la vocation divine mise à part — qu'une plus équitable répartition de l'amour humain. Pensez que cette élue devient le bouc émissaire des péchés commis ; ainsi qu'une lamentable Danaïde, intarissablement, elle versera l'offrande de ses mortifications et de ses prières, de ses veilles et de ses jeûnes, dans la tonne sans fond des offenses et des fautes ! Ah ! réparer les péchés du monde, si vous saviez ce que c'est ! — Tenez, je me rappelle, à ce propos, qu'un jour l'abbesse des Bénédictines de la rue Tournefort me disait : comme nos larmes ne sont pas assez saintes, comme nos âmes ne sont pas encore assez pures, Dieu nous éprouve dans notre corps. Il y a, ici, des maladies longues et dont on ne guérit pas, des maladies que les médecins renoncent à comprendre ; nous expions pour les autres, beaucoup ainsi.

Mais si vous recensez la cérémonie de tout à l'heure, il ne sied pas de vous attendrir devant elle outre mesure et de la comparer au spectacle connu des funérailles ; la postulante que vous avez vue n'a pas encore prononcé les vœux de sa profession ; elle peut donc, si elle le désire, se retirer du couvent et rentrer chez elle. A l'heure présente, pour la mère, elle est une fille exilée, une fille en pension, mais elle n'est pas une fille morte !

— Vous direz ce qui vous plaira, mais cette porte qui se referme sur elle est tragique !

— Aussi, chez les Bénédictines de la rue Tournefort, la scène a-t-elle lieu dans l'intérieur du couvent et sans que la famille y assiste ; la mère est épargnée, mais ainsi mitigée, cette cérémonie n'est plus qu'une étiquette banale, qu'une formule presque penaude dans ce huis-clos où la Foi se cache.

— Et elles sont également des Bénédictines de l'Adoration perpétuelle, ces nonnes-là ?

— Oui, connaissez-vous leur monastère ?

Et Durtal faisant signe que non, l'abbé reprit :

— Il est plus ancien, mais moins intéressant que celui de la rue Monsieur ; la chapelle y est mesquine, pleine de statuettes de plâtre, de fleurs en taffetas, de grappes de raisins, d'épis en papier d'or ; mais l'antique bâtisse qui abrite le cloître est curieuse. Elle tient, comment dirai-je, d'un réfectoire de pension et aussi d'un salon de maison de retraite ; elle sent en même temps la vieillesse et l'enfance...

— Je connais ce genre de couvents, fit Durtal ; j'en ai autrefois fréquenté un, alors que j'allais visiter, à Versailles, une vieille tante. Pour moi, il évoquait surtout l'idée d'une maison Vauquer tombée dans la dévotion, il fleurait tout à la fois la table d'hôte de la rue de la Clef et la sacristie de province.

— C'est bien cela, et l'abbé reprit, en souriant :

— J'ai eu, rue Tournefort, plusieurs entrevues avec l'abbesse ; on la devine plutôt qu'on ne la voit, car on est séparé d'elle par une herse de bois noir derrière laquelle s'étend un rideau qu'elle ouvre.

Je la vois très bien, moi, pensa Durtal qui, se rappelant le costume des Bénédictines, aperçut, en une seconde, une petite face brouillée dans un jour neutre, puis, plus bas, sur le haut de la robe, l'éclat d'un Saint-Sacrement de vermeil, émaillé de blanc.

Il se mit à rire et dit à l'abbé :

— Je ris, parce qu'ayant eu des affaires à régler avec cette tante religieuse dont je vous ai parlé et que je ne discernais, ainsi que votre abbesse, qu'au travers de la treille, j'avais découvert la façon de lire un peu dans ses pensées.

— Ah ! et comment ?

— Voici. Ne pouvant observer sa physionomie qui se reculait derrière le lattis de la cage et disparaissait sous son voile, ne pouvant non plus, si elle me répondait, me guider sur les inflexions de sa voix toujours circonspecte et toujours calme, j'avais fini par ne me fier qu'à ces grandes lunettes, rondes et cerclées de buffle, que presque toutes les nonnes portent ; eh bien, la vivacité réfrénée de la femme éclatait là ; subitement, dans un coin des verres, une flammèche s'allumait ; je comprenais alors que l'œil avait pris feu et qu'il démentait l'indifférence de la voix, la quiétude voulue du ton.

L'abbé se mit, à son tour, à rire.

— Et la supérieure qui dirige les Bénédictines de la rue Monsieur, vous la connaissez ? reprit Durtal.

— J'ai causé avec elle, une fois ou deux ; là, le parloir est monastique ; il n'a point le côté provincial et bourgeois de la rue Tournefort ; il se compose d'une loge sombre occupée dans toute sa largeur, au fond, par une grille enchevêtrée de fer ; derrière cette grille se dressent encore des barreaux de bois et un volet peint en noir. L'on est en pleine nuit et l'abbesse, à peine éclairée, vous apparaît, telle qu'un fantôme...

— L'abbesse est cette religieuse, âgée, toute frêle, toute petite, à laquelle Dom Etienne a remis la novice ?

— Oui, elle est une remarquable bergère d'âmes et, qui plus est, une femme fort instruite et d'une distinction de manières rare.

— Oh ! pensa Durtal, je me figure bien qu'elles sont d'exquises mais aussi de terribles femmes, les abbesses ! sainte Térèse était la bonté même, mais lorsque, dans son « Chemin de la Perfection », elle parle des nonnes qui se liguent pour discuter les volontés de leur Mère, elle se décèle inexorable, car elle déclare qu'il faut leur infliger la prison perpétuelle et le plus tôt qu'il se peut et sans faiblir : et, au fond, elle a raison, car toute sœur discole pourrirait le troupeau, donnerait la clavelée aux âmes!

Ils étaient arrivés, en causant, au bout de la rue de Sèvres ; l'abbé s'arrêta pour reposer ses jambes.

— Ah! fit-il, comme se parlant à lui-même, si je n'avais pas eu, pendant toute mon existence, de si lourdes charges, d'abord un frère puis des neveux à soutenir, j'eusse fait, depuis bien des années, partie de la famille de saint Benoît. J'ai toujours eu l'attirance de ce grand ordre qui est l'ordre intellectuel de l'Eglise, en somme. Aussi, quand j'étais plus valide et plus jeune, était-ce dans l'un de ses monastères que j'allais faire mes retraites, tantôt chez les moines noirs de Solesmes ou de Ligugé qui ont conservé les savantes traditions de saint Maur, tantôt chez les Cisterciens, chez les moines blancs de la Trappe.

— C'est vrai, fit Durtal, la Trappe est une des grandes branches de l'arbre de saint Benoît ; mais pourtant est-ce que ses ordonnances ne diffèrent pas de celles que laissa le Patriarche ?

— C'est-à-dire que les Trappistes interprètent la règle de saint Benoît qui est très souple et très large, moins dans son esprit que dans sa lettre, tandis que les Bénédictins font le contraire.

En somme la Trappe est un rejeton de Cîteaux et elle est bien plus la fille de saint Bernard qui fut pendant quarante ans la sève même de cette tige, que la descendante de saint Benoît.

— Mais, autant que je puis me le rappeler, les Trappes sont elles-mêmes divisées et ne vivent point sous une discipline uniforme.

— Si maintenant ; depuis qu'un bref pontifical daté du 17 mars 1893 a sanctionné les décisions du chapitre général des Trappistes réunis à Rome et édicté la fusion en un seul ordre et sous la direction d'un seul supérieur, des trois observances de Trappes qui étaient, en effet, régies par des constitutions en désaccord.

Et voyant que Durtal l'écoutait, attentif, l'abbé poursuivit :

— Parmi ces trois observances, une seule, celle des Trappistes Cisterciens, à laquelle appartenait l'abbaye dont j'étais l'hôte, suivait intégralement les prescriptions du XIIe siècle, menait l'existence monastique du temps de saint Bernard. Celle-là ne reconnaissait que la règle de saint Benoît, prise dans son acception la plus stricte et complétée par la Charte de Charité et les us et coutumes de Cîteaux ; les deux autres avaient adopté la même règle, mais révisée et modifiée au XVIIe siècle, par l'abbé de Rancé ; et encore, l'une d'elles, la congrégation de Belgique, avait-elle dénaturé les statuts imposés par cet abbé.

Aujourd'hui, toutes les Trappes ne forment plus, je viens de vous le dire, qu'un seul et même institut placé sous le vocable « d'ordre des Cisterciens réformés de la Bienheureuse Vierge Marie de la Trappe », et toutes reprennent les règlements de Cîteaux et revivent la vie des cénobites au Moyen Age.

— Mais si vous avez fréquenté ces ascétères, dit Durtal, vous devez alors connaître Dom Etienne ?

— Non, je n'ai jamais séjourné à la Grande Trappe ; j'ai préféré les pauvres et les petits couvents où l'on est mêlé avec les moines, aux imposants monastères qui vous isolent dans une hôtellerie et vous tiennent à l'écart, en somme.

Tenez, il en est une, celle où je m'enfermais, Notre-Dame de l'Atre, une petite Trappe à quelques lieues de Paris, qui est bien le plus séduisant des refuges. Outre que vraiment le Seigneur y réside, car elle a parmi ses enfants de véritables saints, elle est encore charmante avec ses étangs, ses arbres séculaires, sa lointaine solitude, au fond des bois.

— Oui mais, fit observer Durtal, l'existence doit y être quand même implacable, car la Trappe est l'ordre le plus rigide qui ait été imposé aux hommes.

Pour toute réponse l'abbé lâcha le bras de Durtal et lui prit les mains.

— Savez-vous, lui dit-il, en le regardant bien en face, savez-vous, c'est là que vous devriez aller pour vous convertir.

— Parlez-vous sérieusement, monsieur l'abbé ?

Et comme le prêtre lui serrait les mains plus fort, Durtal s'écria :

— Ah ! non, par exemple ; d'abord, je n'ai pas la robustesse d'âme et j'ai encore moins, s'il est possible, la santé corporelle qu'exigerait un tel régime ; je tomberais malade en arrivant et puis..... et puis.....

— Et puis quoi ? je ne vous propose pas de vous interner à jamais dans un cloître....

— J'aime à le croire, fit Durtal, d'un ton presque piqué.

— Mais bien d'y rester une huitaine, juste le temps nécessaire pour vous y curer. Or huit jours sont bien vite passés ; ensuite, croyez-vous donc que si vous preniez une semblable résolution, Dieu ne vous soutiendrait point

— C'est joli à dire, mais....

— Parlons hygiène, alors... — Et l'abbé eut un sourire de pitié un peu méprisante. — Je puis vous attester tout d'abord que vous ne serez pas tenu, en votre qualité de retraitant, de mener la vie du trappiste, dans ce qu'elle a de plus austère. Vous pourrez ne pas vous lever à deux heures du matin pour suivre l'office de Matines, mais bien à trois ou même à quatre heures, selon les jours.

Et souriant devant la grimace de Durtal, l'abbé poursuivit : — quant à votre nourriture, elle sera meilleure que celle des moines ; vous n'aurez naturellement ni poisson, ni viande, mais l'on vous accordera certainement un œuf par repas si les légumes ne vous suffisent point.

— Et les légumes sont cuits à l'eau et au sel, sans assaisonnement...

— Mais non, ils ne sont accommodés au sel et à l'eau que dans les temps de jeûne ; les autres jours vous les aurez cuits dans du lait coupé d'eau ou d'huile.

— Merci bien, s'écria Durtal.

— Mais tout cela est excellent pour la santé, continua le prêtre ; vous vous plaignez de gastralgies, de migraines, de maux d'entrailles ! eh bien, ce régime-là, à la campagne, au plein air, vous guérira mieux que les drogues qu'on vous fait prendre.

Puis laissons, si vous le voulez bien, de côté, votre

corps, car, en pareil cas, c'est à Dieu qu'il appartient de réagir contre ses défaillances ; je vous le dis, vous ne serez pas malade à la Trappe, car ce serait absurde ; ce serait le renvoi du pécheur pénitent et Jésus ne serait plus le Christ alors ! — mais parlons de votre âme — Ayez donc le courage de la toiser, de la regarder bien en face ; la voyez-vous ? reprit l'abbé, après un silence.

Durtal ne répondit pas.

— Avouez donc, s'écria le prêtre, qu'elle vous fait horreur !

Ils firent quelques pas dans la rue et l'abbé reprit :

— Vous affirmiez être soutenu par les foules de Notre-Dame des Victoires et les effluves de Saint-Séverin. Que sera-ce donc alors, dans l'humble chapelle où vous serez pêle-mêle, par terre, avec des saints ? je vous garantis, au nom du Seigneur, une aide telle que jamais vous n'en eûtes et — poursuivit-il, en riant — j'ajoute que l'Eglise se fera belle pour vous recevoir ; elle sortira ses parures maintenant omises : les authentiques liturgies du Moyen Age, le véritable plain-chant, sans solos, ni orgues.

— Écoutez, vos propositions m'ahurissent, fit péniblement Durtal. Non, je vous assure, je ne suis pas du tout disposé à m'emprisonner dans un lieu pareil. Je sais bien qu'à Paris, je n'arriverai à rien ; je ne suis ni fier de ma vie, ni content de mon âme, je vous le jure, mais de là... à... ou alors, je ne sais pas, moi ; il me faudrait au moins un asile mitigé, un couvent doux. Il doit pourtant y avoir, dans ces conditions, des lazarets d'âmes ?

— Je ne pourrais que vous envoyer chez les Jésuites

qui ont la spécialité des retraites d'hommes ; mais, vous connaissant comme je crois vous connaître, je suis sûr que vous n'y resteriez pas deux jours. Vous vous trouveriez avec d'aimables et de très habiles prêtres, mais on vous assommerait de sermons, on voudrait se mêler à votre vie, s'immiscer dans votre art ; on surveillerait vos pensées à la loupe ; et puis, vous seriez là en traitement avec de bons jeunes gens dont l'inintelligente piété vous ferait horreur : vous fuiriez, exaspéré, de là !

A la Trappe, c'est le contraire. Vous y serez sans nul doute le seul retraitant et il ne viendra à l'idée de personne de s'occuper de vous ; vous serez libre ; vous pourrez, si vous le voulez, partir de ce monastère tel que vous y serez entré, sans vous être confessé, sans vous être approché des Sacrements ; votre volonté y sera respectée et aucun moine ne tentera, sans votre autorisation, de la sonder. C'est à vous seul qu'il appartiendra de décider si, oui ou non, vous voulez vous convertir...

Et je serai franc jusqu'au bout n'est-ce pas ? vous êtes, je vous l'ai déjà déclaré du reste, un homme sensitif et méfiant ; eh bien, le prêtre, tel qu'il se présente à Paris, le religieux même non cloîtré vous semblent... comment m'exprimerai-je ? des âmes subalternes... pour ne pas dire plus.....

Durtal protesta vaguement, d'un geste.

— Permettez-moi de poursuivre. Une arrière-pensée vous viendrait sur l'ecclésiastique auquel écherrait le soin de vous laver ; vous seriez trop sûr qu'il n'est pas un saint — 'est peu théologique, car fût-il le dernier des prêtres que son absolution n'en serait pas moins valable, si vous la méritiez — mais enfin, il y a là une question de sentiment que je respecte — vous penseriez de lui, en somme : il vit ainsi que moi, il ne se prive pas plus que moi, rien ne me prouve que sa conscience soit bien supérieure à la mienne ; et, de là, à perdre toute confiance et à tout quitter, il n'y a qu'un pas. A la Trappe, je vous défie bien de raisonner ainsi, de ne point devenir humble. Quand vous verrez des hommes qui, après avoir tout abandonné, pour servir Dieu, mènent une vie de privations et de pénitence telle qu'aucun gouvernement n'oserait l'infliger à ses forçats, vous serez bien obligé de vous avouer que vous n'êtes pas grand'chose à côté d'eux !

Durtal se taisait. Après la stupeur qu'il avait éprouvée à s'entendre proposer une issue pareille, il s'était sourdement irrité contre cet ami qui, si discret jusqu'alors, s'était subitement rué sur son être et l'avait violemment ouvert. Il en avait sorti la dégoûtante vision d'une existence dépareillée, usée, réduite à l'état de poussier, à l'état de loque ! — Et Durtal se reculait de lui-même, convenait que l'abbé avait raison, qu'il fallait pourtant bien étancher le pus de ses sens et expier leurs appétits inexigibles, leurs convoitises abominables, leurs goûts cariés ; et il était pris alors d'une peur irraisonnée, intense. Il avait le vertige du cloître, la transe attirante de cet abîme sur lequel Gévresin le faisait pencher.

Enervé par cette cérémonie d'une prise de vêture, étourdi par le coup que lui avait, en sortant, asséné le prêtre, il ressentait maintenant une angoisse presque physique dans laquelle tout finissait par se confondre.

Il ne savait plus à quelles réflexions entendre, ne voyait surnager, dans ce remous d'idées troubles, qu'une pensée nette : que le moment tant redouté de prendre une résolution était venu.

L'abbé le regarda, s'aperçut qu'il souffrait réellement et sa pitié s'accrut pour cette âme si malhabile à supporter les luttes.

Il saisit le bras de Durtal et doucement dit :

— Mon enfant, croyez-moi, le jour où vous irez de vous-même chez Dieu, le jour où vous frapperez à sa porte, elle s'ouvrira à deux battants et les anges s'effaceront pour vous laisser passer. L'Evangile ne ment pas, allez, lorsqu'il affirme qu'il y a plus de joie dans le ciel pour un seul pécheur qui se repent que pour quatre-vingt-dix-neuf justes qui n'ont que faire de pénitence. Vous serez d'autant mieux accueilli qu'on vous attend ; enfin, soyez assez mon ami pour penser que le vieux prêtre que vous laisserez ici ne demeurera pas inactif et que lui et que les couvents dont il dispose prieront de leur mieux pour vous.

— Je verrai, répondit Durtal, vraiment ému par l'accent attendri de l'abbé, je verrai... je ne puis me décider ainsi, à l'improviste, je réfléchirai... Ah! ce n'est pas simple !

— Priez surtout, fit le prêtre qui était arrivé devant sa porte. J'ai, de mon côté, beaucoup supplié le Seigneur pour qu'il m'éclaire et je vous atteste que cette solution de la Trappe est la seule qu'il m'ait donnée. Implorez-le humblement, à votre tour et vous serez guidé. A bientôt, n'est-ce pas ?

Et il serra la main de Durtal qui, demeuré seul, **finit**

par se reprendre. Alors, il se rappela les sourires stratégiques, les phrases ambiguës, les silences songeurs de l'abbé Gévresin; il comprit la mansuétude de ses conseils, la patience de ses ménagements et, un peu dépité quand même d'avoir été, sans le vouloir, si savamment géré, il s'exclama, tout en maugréant : voilà donc le dessein que mûrissait, avec son air de n'y pas toucher, ce prêtre !

IX

IL éprouvait ce réveil douloureux du malade qu'un médecin berne pendant des mois et qui apprend, un beau matin, qu'il n'a plus qu'à se faire transporter dans une maison de santé pour y subir une opération de chirurgie devenue pressante. — Mais on n'agit pas ainsi, se cria Durtal ; on prévient, peu à peu, les gens, on les accoutume, par des précautions oratoires, à l'idée qu'il faudra se laisser découper sur l'étal, on ne les frappe pas de la sorte à l'improviste !

Oui, mais qu'importe, puisque je sens très bien, au fond de moi, que cet ecclésiastique a raison ; je dois, si je veux m'amender, quitter Paris ; c'est égal, le traitement qu'il m'inflige est vraiment dur à suivre, comment faire ?

Et il vécut, depuis ce moment, des jours hantés par les Trappes. Il rumina la pensée d'un départ, la retourna sur toutes ses faces ; il se remâcha le pour et le contre, finit par se dire : classons nos réflexions et ouvrons un compte ; établissons, pour nous y reconnaître, un Doit et Avoir.

Le Doit est terrible. — Ramasser sa vie et la jeter dans l'étuve d'un cloître ! mais encore faudrait-il savoir si le corps est en état de supporter un remède pareil ; le mien est fragile et douillet, habitué à se lever tard ; il tombe en faiblesse quand il n'est pas réconforté par le sang des viandes et des névralgies surviennent, aussitôt que les heures des repas changent. Jamais, je n'arriverai à tenir là-bas avec des légumes cuits dans de l'huile chaude ou dans du lait ; d'abord, je déteste la cuisine à l'huile et j'exècre d'autant plus le lait que je le digère mal.

Ensuite, je me vois à genoux, par terre, pendant des heures, moi qui ai tant souffert à la Glacière pour être resté dans cette posture, pendant un quart d'heure à peine sur une marche.

Enfin, j'ai une telle habitude de la cigarette qu'il me serait absolument impossible d'y renoncer ; or, il est à peu près certain qu'on ne me laissera pas fumer dans un couvent.

Non, véritablement, au point de vue corporel, ce départ est insane ; dans l'état de santé où je suis, il n'y a pas un médecin qui ne me dissuaderait de tenter un semblable risque.

Si je me place maintenant au point de vue spirituel, je dois bien reconnaître aussi qu'une entrée à la Trappe est effrayante.

Il est à craindre, en effet, que ma sécheresse d'âme que mon défaut d'amour ne persistent ; alors que deviendrai-je dans un tel milieu ? puis il est également probable que, dans cette solitude, dans ce silence absolu, je m'ennuierai à mourir et, s'il en est ainsi, quelle existence que celle qui consistera à arpenter une cellule, en compтant les heures ! non, il faudrait pour cela être certain d'être affermé par Dieu, d'être habité tout entier par lui.

Enfin, il existe deux redoutables questions sur lesquelles je ne me suis jamais appesanti, parce qu'il m'était pénible d'y songer, mais maintenant qu'elles se dressent devant moi, qu'elles me barrent la route, il sied que je les envisage ; ce sont les questions de la confession et de la sainte Table.

Se confesser? oui, j'y consens ; je suis si las de moi, si dégoûté de ma misérable vie que cette expiation m'apparaît comme méritée, comme nécessaire ; je désire m'humilier, je veux bien demander sincèrement pardon, mais encore faudrait-il que cette pénitence me fût assignée dans des conditions possibles ! — A la Trappe, si j'en crois l'abbé, personne ne s'occupera de moi ; autrement dit, personne ne m'encouragera, ne m'aidera à subir la douloureuse extraction des hontes ; je serai un peu ainsi qu'un malade qu'on opère à l'hôpital, loin de ses amis, loin des siens !

La confession, reprit-il, elle est une trouvaille admirable, car elle est la pierre de touche la plus sensible qui soit des âmes, l'acte le plus intolérable que l'Eglise ait imposé à la vanité de l'homme.

Est-ce étrange ! — On parle aisément de ses fredaines, de ses turpitudes à des amis, voire même, dans la conversation, à un prêtre ; cela ne paraît pas tirer à conséquence et peut-être qu'un peu de vantardise se mêle aux aveux des péchés faciles, mais raconter la même chose à genoux, en s'accusant, après avoir prié, cela diffère ; ce qui n'était qu'une amusette devient une humiliation vraiment pénible, car l'âme n'est pas dupe de ces faux semblants; elle sait si bien, dans son for intérieur, que tout est changé, elle sent si bien la puissance terrible du Sacrement, qu'elle, qui tout à l'heure souriait, tremble maintenant, dès qu'elle y pense.

Eh bien, si je me tiens en face d'un vieux moine qui sortira d'une éternité de silence pour m'écouter, d'un moine qui ne m'adjuvera, qui ne me comprendra peut-être point, ce sera affreux! Jamais je n'arriverai au bout de mes peines, s'il ne me tend pas la perche, s'il me laisse étouffer sans me donner de l'air à l'âme, sans me porter secours!

Quant à l'Eucharistie, elle me semble, elle aussi, terrible. Oser s'avancer, oser Lui offrir comme un tabernacle son égout à peine clarifié par le repentir, son égout drainé par l'absolution mais encore à peine sec, c'est monstrueux! Je n'ai pas du tout le courage d'imposer au Christ cette dernière insulte; alors à quoi bon s'enfuir dans un monastère?

Non, plus j'y réfléchis, plus je suis forcé de conclure que je serais fou si je m'aventurais dans une Trappe!

L'Avoir, maintenant. La seule œuvre propre de ma vie serait justement de faire un paquet de mon passé et de l'apporter, pour le désinfecter, dans un cloître; et si cela ne me coûtait pas d'ailleurs, où serait le mérite?

Rien ne me démontre, d'autre part, que mon corps, si débilité qu'il soit, ne supportera pas le régime des Trappes. Sans croire, ou feindre de croire, avec l'abbé Gévresin, que ce genre de nourriture puisse m'être propice, je dois compter sur une allégeance surhumaine, admettre, en principe, que si je suis envoyé là, ce n'est point pour m'y aliter ou pour être obligé, dès mon arrivée, d'en partir. — A moins pourtant que ce ne soit le châtiment préparé, l'expiation voulue; et encore non, car se serait prêter à Dieu d'impitoyables ruses et c'est absurde!

Quant à la cuisine, peu importe qu'elle soit inhumaine si mon estomac la digère; mal manger, se lever dans la nuit, ce n'est rien, pourvu que le corps l'endure; je trouverai bien moyen aussi de fumer des cigarettes, en contrebande, au fond des bois.

Enfin huit jours sont bien vite écoulés et je ne suis même pas forcé, si je me sens défaillir, d'y résider huit jours !

Au point de vue spirituel, je dois bien encore tabler sur la miséricorde divine, croire qu'elle ne m'abandonnera pas, qu'elle me débridera les plaies, qu'elle me modifiera le fond de l'âme. Oui, je sais bien, ce sont des arguments qui ne reposent sur aucune certitude terrestre; mais pourtant si j'ai des preuves que déjà la Providence s'est immiscée dans mes affaires, je n'ai pas de raisons pour juger que ces arguments sont plus débiles que les motifs purement physiques qui servent à étayer mon autre thèse. Or, il faut se rappeler cette conversion si en dehors de ma volonté, il faut enfin tenir compte d'un fait qui devrait m'encourager, de la faiblesse des tentations que maintenant j'éprouve.

Il est difficile d'avoir été plus rapidement et plus complètement exaucé. Que je doive cette grâce à mes propres prières ou à celles des couvents qui m'ont défendu, sans me connaître, toujours est-il que, depuis quelque temps déjà, ma cervelle se tait et que ma chair est calme. Ce monstre de Florence m'apparaît bien encore, à certaines heures, mais elle ne s'approche plus, elle demeure dans la pénombre et la fin du Pater, le « Ne nos inducas in tentationem » la met en fuite.

Voilà un fait insolite et précis pourtant; pourquoi douter alors que je puisse être mieux soutenu à la Trappe, que je ne le suis à Paris même ?

Restent la confession et la communion.

La confession ? — Elle sera ce que le Seigneur voudra qu'elle soit; c'est lui qui me choisira le moine; moi, je ne peux que me laisser servir; et puis, plus ce sera rêche et mieux ça vaudra; si je souffre bien, je me croirai moins indigne de communier.

Le point le plus douloureux, reprenait-il, c'est celui-là : communier ! — Raisonnons pourtant; il est certain que je serai turpide, en proposant au Christ de descendre ainsi qu'un puisatier dans ma fosse; mais si j'attends qu'elle soit vide, jamais je ne serai en état de le recevoir, car mes cloisons ne sont pas étanches et toujours des péchés s'y infiltrent par des fissures !

Tout bien considéré, l'abbé était dans le vrai lorsqu'il me répondit un jour : mais, moi non plus, je ne suis pas digne de L'approcher; Dieu merci, je n'ai pas ces cloaques dont vous me parlez, mais, le matin, quand je vais dire ma messe et que je songe aux poussières de la veille, pensez-vous donc que je n'aie point de honte ? Il convient, voyez-vous, de toujours se reporter aux Evangiles, de se répéter qu'Il est venu pour les infirmes et les malades, qu'Il veut visiter les péagers et les lépreux; enfin, il faut se convaincre que l'Eucharistie est une vigie, est un secours, qu'elle est accordée comme il est écrit dans l'ordinaire de la Messe « ad tutamentum mentis et corporis et ad medelam percipiendam »; elle est, lâchons le mot, un médicament spirituel; on va au Sauveur de même qu'on se rend chez un médecin; on lui apporte son âme à soigner et il la soigne!

Je suis en face de l'inconnu, poursuivait Durtal; je me plains d'être sec, d'être extravagué, mais qui m'affirme que si je me déterminais à communier, je resterais ainsi? car enfin si j'ai la Foi, je dois croire à l'occulte travail du Christ dans le Sacrement! Enfin, j'appréhende de m'ennuyer dans la solitude; avec cela que je m'amuse ici! je n'aurai toujours plus, à la Trappe, ces tergiversations de toutes les minutes, ces continuelles transes; j'aurai le bénéfice d'être assis en moi-même, au moins; et puis... et puis... la solitude, mais je la connais! est-ce que depuis la mort de des Hermies et de Carhaix, je ne vis pas à l'écart; car enfin je fréquente qui? quelques éditeurs, quelques hommes de lettres et les relations avec ces gens-là n'ont rien qui me plaisent; quant au silence, c'est un bienfait; je n'entendrai pas débiter de sottises dans une Trappe, je n'écouterai pas de minables homélies, d'indigents sermons; mais je devrais exulter d'être enfin isolé loin de Paris, loin des hommes!

Il se tut et il se fit encore une sorte de revirement en lui; et mélancoliquement, il se dit : ce que ces litiges sont inutiles, ce que ces réflexions sont vaines! Il n'y a pas à tenter de se faire le comptable de son âme, d'établir des doit et avoir, à tâcher de balancer ses comptes; je sais, sans savoir comment, qu'il faut partir; je suis poussé en dehors de moi par une impulsion qui me monte du fond de l'être et à laquelle je suis parfaitement certain qu'il faudra céder.

A ce moment-là, Durtal était décidé, mais, dix minutes après, cet essai de résolution s'effondrait ; il se sentait repris par sa lâcheté, il se remâchait, une fois de plus, des arguments pour ne pas bouger, concluait que ses preuves, pour demeurer à Paris, étaient palpables, humaines, sûres, tandis que les autres étaient intangibles, extranaturelles, par conséquent sujettes à des illusions, peut-être fausses.

Et il s'inventait la peur de ne pas obtenir une chose dont il avait peur, se disait que la Trappe ne l'accueillerait pas ou bien qu'elle lui refuserait la communion et alors il se proposait un moyen terme : se confesser à Paris et communier à la Trappe.

Mais alors il se passait en lui un fait incompréhensible ; toute son âme s'insurgeait à cette idée et l'ordre formel lui était vraiment insufflé de ne pas ruser ; et il se disait : non, le chicotin doit être bu jusqu'à la dernière goutte, c'est tout ou rien ; si je me confessais à l'abbé, ce serait une désobéissance à des prescriptions absolues et secrètes ; je serais capable de ne plus aller à Notre Dame de l'Atre après !

Que faire ? — Et, il s'accusait de défiance, appelait à son aide, une fois de plus, le souvenir des bienfaits reçus, ce dessillement des yeux, cette marche insensible vers la Foi, la rencontre de ce prêtre unique, du seul peut-être qui pouvait le comprendre et le traiter d'une façon si bénigne et si souple ; mais il essayait vainement de se réconforter ; alors, il se suscitait le rêve de la vie monacale, la souveraine beauté du cloître ; il s'imaginait l'allégresse du renoncement, la paix des folles oraisons, l'ivresse intérieure de l'esprit, la joie de n'être plus chez soi dans son propre corps ! Quelques mots de l'abbé sur la Trappe servaient de tremplin à ses songeries et il apercevait une vieille abbaye, grise et tiède, d'immenses allées d'arbres, des ciels filant confus sous le chant des eaux, des promenades muettes dans les bois, à la tombée du jour ; il évoquait les solennelles liturgies du temps de saint Benoît, il voyait la moelle blanche des chants monastiques monter sous l'écorce à peine taillée des sons ! Il parvenait à s'emballer, se criait : tu as rêvé, pendant des années, sur les cloîtres, réjouis-toi car tu vas enfin les connaître ! et il eût voulu partir aussitôt, y habiter et, brusquement, d'un coup, il dégringolait dans la réalité et se disait : c'est facile de désirer vivre dans un monastère, de raconter à Dieu qu'on voudrait bien s'y abriter, quand l'existence de Paris vous pèse, mais lorsqu'il s'agit d'y émigrer pour tout de bon, c'est autre chose !

Il se ruminait ces pensées, partout, dans la rue, chez lui, dans les chapelles. Il faisait la navette d'une église à l'autre, espérant soulager ses transes, en les changeant de place, mais elles persistaient, lui rendaient tous les endroits insupportables.

Puis c'était toujours, dans les lieux consacrés, cette siccité d'âme, ce ressort cassé des élans, ce silence qui se faisait soudain en lui, alors qu'il eût voulu se consoler en Lui parlant. Ses meilleurs moments, ses haltes dans ce boulevari, c'étaient certaines minutes de torpeur absolue ; il avait alors comme de la neige dans l'âme ; il n'y entendait plus rien.

Mais cet assoupissement de pensées ne durait guères et la bourrasque soufflait à nouveau et les prières qui eussent pu l'apaiser se refusaient encore à sortir; il sollicitait la musique religieuse, les proses désolées des psaumes, les crucifixions des Primitifs pour s'exciter, mais les oraisons couraient, en se brouillant sur ses lèvres; elles se dépouillaient de tout sens, devenaient des mots désemplis, des coques vides.

A Notre-Dame des Victoires où il se traînait dans l'espérance qu'il se dégèlerait au feu des prières voisines, il se dégourdissait, en effet, un peu; il lui semblait alors qu'il se lézardait, fuyait goutte à goutte en des douleurs informulées qui se résumaient dans une plainte d'enfant malade où il disait tout bas à la Vierge : ce que j'ai mal à l'âme!

Puis, de là, il retournait à Saint-Séverin, s'installait sous cette voûte tannée par la patine des prières, et, hanté par son idée fixe, il se plaidait les circonstances atténuantes, s'exagérait les austérités de la Trappe, tâchait presque d'exaspérer sa peur pour excuser, dans un vague appel à la Madone, ses défaillances.

Il faut pourtant que j'aille voir l'abbé Gévresin, murmurait-il, mais le courage lui manquait pour aller prononcer ce « oui » que lui demanderait sûrement le prêtre. Il finit par découvrir un joint pour le visiter, sans se croire obligé à s'engager encore.

Après tout, pensa-t-il, je ne possède aucun renseignement précis sur cette Trappe; je ne sais même pas s'il ne serait point nécessaire, pour s'y rendre, de faire un voyage coûteux et long; l'abbé raconte bien qu'elle n'est pas éloignée de Paris, mais enfin je ne puis, sur cette simple affirmation, me décider; il serait bien utile

aussi de connaître les mœurs de ces cénobites, avant
que d'aller séjourner chez eux.

L'abbé sourit quand Durtal lui soumit ces objections.

— Le voyage est bref, répondit-il; vous prenez à la
gare du Nord, à 8 heures du matin, un billet pour Saint-
Landry; le train vous y dépose à 11 heures trois quarts;
vous déjeunez dans une auberge près de la gare; là,
tandis que vous buvez votre café, on vous prépare une
voiture et, après quatre heures de galop, vous arrivez à
Notre Dame de l'Atre pour dîner; est-ce difficile?

Quant au prix, il est modique. Autant que je puis
me le rappeler, le chemin de fer coûte une quinzaine
de francs; ajoutez deux ou trois francs pour le repas et
six ou sept francs pour la voiture...

Et Durtal se taisant, l'abbé reprit : — eh bien?

— Ah! tout ça, tout ça,... si vous saviez... — je
suis dans un état à faire pitié; je veux et je ne veux
pas; je sais bien que je dois m'y réfugier, mais, malgré
moi, je voudrais gagner du temps, retarder l'heure du
départ.

Et il continua : — J'ai l'âme détraquée; dès que je
veux prier, mes sens s'épandent au dehors, je ne puis
me recueillir et, du reste, si je parviens à me rassembler, cinq minutes ne s'écoulent point que je me désa-
grège; non, je n'ai, ni ferveur, ni contrition véritables; je ne L'aime pas assez, là, s'il faut vous le dire.

Enfin, depuis deux jours, une affreuse certitude s'est
implantée en moi; je suis sûr que, malgré ma bonace
charnelle, si je me trouvais en face de certaine femme
dont la vue m'affole, je céderais; j'enverrais la religion
au diable; je reboirais mon vomis à pleine bouche; je

ne tiens que parce que je ne suis pas tenté; je ne vaux pas mieux que lorsque je péchais. Avouez que je suis dans un bien misérable état pour me retirer dans une Trappe.

— Vos raisons sont pour le moins fragiles, répondit l'abbé :

Vous me dites d'abord que vous êtes distrait dans vos prières, inapte à ne point disperser vos sens; mais vous êtes comme tout le monde, en somme! Sainte Térèse, elle-même, déclare que bien souvent elle ne pouvait réciter le « Credo » sans s'évaguer : c'est là une faiblesse dont il sied de prendre humblement son parti; il convient surtout de ne pas s'appesantir sur ces maux, car la crainte de les voir revenir en assure l'assiduité; on se distrait de ses oraisons par la peur même de ces distractions et par le regret de les avoir eues; allez plus de l'avant, cherchez le large, priez du mieux que vous pourrez et ne vous inquiétez pas!

Vous m'affirmez, d'autre part, que si vous rencontriez une personne dont les attraits vous troublent, vous succomberiez; qu'en savez-vous? pourquoi prendre souci de séductions que Dieu ne vous inflige pas encore et qu'il vous épargnera peut-être? pourquoi douter de sa miséricorde? pourquoi ne pas croire, au contraire, que s'il jugeait la tentation utile, il vous aiderait assez pour vous empêcher de sombrer?

Dans tous les cas, vous n'avez pas à appréhender par anticipation le dégoût de votre faiblesse; l'Imitation l'atteste : « quoi de plus insensé et de plus vain que de s'affliger de choses futures qui n'arriveront peut-être jamais ». Non, c'est assez de s'occuper du présent, car, à chaque jour suffit sa peine, « sufficit diei malitia sua ».

Vous prétendez enfin que vous n'avez pas l'amour de Dieu, je vous répondrai encore qu'en savez-vous ? — Vous l'avez cet amour, par cela seul que vous désirez l'avoir, que vous regrettez de ne pas l'avoir; vous aimez Notre Seigneur par ce seul fait que vous voulez l'aimer !

Oh ! c'est spécieux, murmura Durtal. — Enfin, reprit-il, et si, à la Trappe, le moine, révolté par l'outrage prolongé de mes fautes, me refuse l'absolution et m'empêche de communier ?

Du coup, l'abbé se mit à rire.

— Vous êtes fou ! ah ça mais quelle idée vous faites-vous du Christ ?

— Du Christ, non, mais de son médiateur, de l'être humain qui le remplace...

— Vous ne pouvez échoir qu'à l'homme désigné d'avance, là-haut, pour vous juger; vous avez d'ailleurs, à Notre-Dame de l'Atre, toutes les chances pour vous agenouiller aux pieds d'un saint; dès lors, Dieu l'inspirera, sera là; vous n'avez rien à craindre.

Quant à la communion, la perspective d'en être écarté vous effraie; mais n'est-ce pas encore une preuve de plus que, contrairement à votre opinion, Dieu ne vous laisse pas insensible ?

— Oui, mais l'idée de communier ne m'effraie pas moins !

— Je vous répéterai encore : si Jésus vous était indifférent, il vous serait bien égal de consommer ou de ne pas consommer les Espèces Saintes !

— Tout cela ne me convainc guère, soupira Durtal;

je ne sais plus où j'en suis; j'ai peur du confesseur, des autres, de moi-même; c'est insensé, mais c'est plus fort que moi; je ne parviens pas à prendre le dessus!

— L'eau vous épouvante; imitez Gribouille, jetez-vous bravement dedans; voyons, si j'écrivais à la Trappe aujourd'hui même que vous y arrivez; quand?

— Oh! s'écria Durtal, attendez encore.

— Le temps d'avoir une réponse, comptons deux fois vingt-quatre heures; voulez-vous vous y rendre dans cinq jours?

Et comme Durtal abasourdi, se taisait.

— Est-ce entendu?

Alors Durtal éprouva, dans ce moment, une chose étrange; ce fut, ainsi que plusieurs fois à Saint-Séverin, une sorte de touche caressante, de poussée douce; il sentit une volonté s'insinuer dans la sienne, et il recula, inquiet de se voir ainsi géminé, de ne plus se trouver seul dans ses propres aîtres; puis il fut inexplicablement rassuré, s'abandonna, et dès qu'il eut prononcé ce « oui », un immense allègement lui vint; et, sautant alors d'un excès à un être, il s'ébroua à l'idée que ce départ n'aurait pas lieu tout de suite et il regretta de passer encore à Paris cinq jours.

L'abbé se mit à rire. — Mais encore faut-il que les trappistes soient prévenus; c'est une simple formalité car avec un mot de moi, vous serez aussitôt reçu, mais attendez au moins que je l'envoie, ce mot! je le mettrai à la poste ce soir, n'ayez donc aucune inquiétude et dormez en paix.

Durtal rit, à son tour, de son impatience. — Avouez, dit-il, que je deviens bien ridicule!

Le prêtre haussa les épaules. — Voyons, vous m'avez questionné sur ma petite Trappe; je vais m'efforcer de vous satisfaire. Elle est minuscule si on la compare à la grande Trappe de Soligny ou aux établissements de Sept-Fonds, de Meilleray ou d'Aiguebelle, car elle ne se compose que d'une dizaine de pères de chœur et d'une trentaine de frères-lais ou convers. Il y a aussi avec eux un certain nombre de paysans qui travaillent à leurs côtés et les aident à cultiver la terre ou à fabriquer leur chocolat.

— Ils font du chocolat!

— Cela vous étonne? et avec quoi, voulez-vous qu'ils vivent? Ah dame! je vous préviens, ce n'est pas dans un somptueux monastère que vous irez!

— J'aime mieux cela. — Mais, à propos des légendes sur les Trappes, je suppose que les moines ne se saluent pas d'un « frère, il faut mourir » et qu'ils ne creusent pas, chaque matin, leur tombe?

— Ce sont des histoires à dormir debout. Ils ne s'occupent nullement de leur tombe et ils se saluent silencieusement, puisqu'il leur est interdit de parler.

— Mais alors, comment ferai-je, moi, si j'ai besoin de quelque chose?

— L'abbé, le confesseur, le père hôtelier ont le droit de converser avec les hôtes; vous n'aurez affaire qu'à eux seuls; les autres s'inclineront devant vous lorsqu'ils vous rencontreront, mais si vous les interrogez, ils ne vous répondront pas!

— C'est toujours bon à savoir. — Et comment sont-ils habillés?

— Avant la fondation de Cîteaux, les Bénédictins portaient, on le croit du moins, le costume noir de saint Benoît; les Bénédictins proprement dits s'en revêtent encore; mais à Cîteaux la couleur fut changée et les Trappes, qui sont un rejeton de cette branche, ont adopté la robe blanche de saint Bernard.

— Vous me pardonnez, n'est-ce pas, toutes ces questions qui doivent vous paraître puériles? mais puisque je suis sur le point de fréquenter ces religieux, encore faut-il que je sois un peu renseigné sur les coutumes de leur ordre.

— Je suis à votre entière disposition, répliqua l'abbé.

Et Durtal le questionnant sur la situation de l'abbaye même, il reprit :

— Le monastère actuel date du XVIIIe siècle, mais vous verrez dans ses jardins les débris de l'ancien cloître qui fut érigé du temps de saint Bernard. Il y eut, au Moyen Age, une succession de Bienheureux dans ce couvent; c'est une terre vraiment bénie, apte aux méditations et aux regrets.

L'abbaye est située dans le fond d'une vallée, suivant les prescriptions de saint Bernard, car vous savez que si saint Benoît aimait les collines, saint Bernard recherchait les plaines basses et humides pour y fonder ses cénobies. Un vieux vers latin nous a conservé les goûts différents de ces deux saints :

« Benedictus colles, valles Bernardus amabat. »

— Était-ce par attrait personnel ou dans un but pieux que saint Bernard bâtissait ses ermitages dans des lieux malsains et plats?

— C'était pour que ses moines, dont la santé se débilitait dans les brumes, eussent constamment sous les yeux la salutaire image de la mort.

— Diantre !

— J'ajoute tout de suite que le val où s'élève Notre-Dame de l'Atre est maintenant sans marécage et que l'air est y très pur; vous y longerez de délicieux étangs et je vous recommande, à la lisière de la clôture, une allée de noyers séculaires où vous pourrez faire d'émollientes promenades, au point du jour.

Et, après un silence, l'abbé Gévresin reprit :

— Marchez beaucoup là-bas, parcourez les bois dans tous les sens ; les forêts vous instruiront mieux sur votre âme que les livres « aliquid amplius invenies in sylvis quam in libris », a écrit saint Bernard ; priez et les journées seront courtes.

Durtal partit, réconforté, presque joyeux, de chez ce prêtre ; il se sentait au moins l'allègement d'une situation tranchée, d'une résolution enfin prise. Il ne s'agit plus maintenant que de se préparer de son mieux à cette retraite, se dit-il ; et il pria, se coucha, pour la première fois depuis des mois, l'esprit tranquille.

Mais, le lendemain, dès son réveil, il déchanta ; toutes ses préoccupations, toutes ses transes revinrent; il se demanda si sa conversion était assez mûre pour la brancher et la porter dans une Trappe ; la peur du confesseur, l'appréhension de l'inconnu l'assaillirent à nouveau. J'ai eu tort de répondre si vite, et il s'arrêta :

Pourquoi ai-je dit oui ? Le souvenir de ce mot prononcé par sa bouche, pensé par une volonté qui était encore la sienne et qui était cependant autre, se rappelait à sa mémoire Ce n'est pas la première fois que pareil fait m'arrive, rumina-t-il, j'ai déjà subi, seul, dans les églises, des conseils inattendus, des ordres muets, et il faut avouer que c'est vraiment atterrant de sentir cette infusion d'un être invisible en soi, et de savoir qu'il peut presque vous exproprier, s'il lui plaît, du domaine de votre personne.

Eh non, ce n'est pas cela; il n'y a point substitution d'une volonté extérieure à la sienne, car l'on conserve absolument intact son franc-arbitre; ce n'est pas davantage une de ces impulsions irrésistibles qu'endurent certains malades, puisque rien n'est plus facile que d'y résister et c'est moins encore une suggestion puisqu'il ne s'agit, dans ce cas, ni de passes magnétiques, ni de somnambulisme provoqué, ni d'hypnose; non, c'est l'irrésistible entrée d'une velléité étrangère en soi; c'est la soudaine intrusion d'un désir net et discret, et c'est une poussée d'âme tout à la fois ferme et douce. Ah! je suis encore inexact, je bafouille, mais rien ne peut rendre cette attentive pression qu'un mouvement d'impatience ferait évanouir; on le sent et c'est inexprimable!

Toujours est-il que l'on écoute avec surprise, presque avec angoisse cette induction, qui n'emprunte pour se faire entendre aucune voix même intérieure, qui se formule sans l'assistance des mots — et tout s'efface, le souffle qui vous pénétra disparaît. L'on voudrait que cette incitation vous fût confirmée, que le phénomène se renouvelât pour l'observer de plus près, pour tenter de l'analyser, de le comprendre et c'est fini; vous restez seul avec vous-même, vous êtes libre de ne pas obéir, votre volonté est sauve, vous le savez, mais vous savez aussi que si vous repoussez ces invites, vous assumez pour l'avenir d'indiscutables risques.

En somme, poursuivit Durtal, il y a là influx angélique, touche divine; il y a là quelque chose d'analogue à la voix interne si connue des mystiques, mais c'est moins complet, moins précis, et pourtant c'est aussi sûr.

Et, songeur, il conclut: ce que je me serais rongé, ce que je me serais colleté avec moi-même, avant de pouvoir répondre à ce prêtre dont les arguments ne me persuadaient guère, si je n'avais eu ce secours imprévu, cette aide!

Mais alors, puisque je suis mené par la main, qu'ai-je à craindre?

Et il craignait quand même, ne parvenait pas à se pacifier; puis, s'il avait profité du bien-être d'une décision, il était miné pour l'instant par l'attente d'un départ.

Il essayait de tuer les journées dans des lectures, mais il devait constater, une fois de plus, qu'il n'y avait de consolations à attendre d'aucun livre. Nul ne se rapprochait, même de loin, de son état d'âme. La haute Mystique était si peu humaine, planait à de telles altitudes, loin de nos fanges, qu'on ne pouvait espérer d'elle un souverain appui. Il finissait par se rejeter sur l'« Imitation » dont la Mystique mise à la portée des foules était une tremblante et plaintive amie qui vous pansait dans les cellules de ses chapitres, priait et pleurait avec vous, compatissait, en tout cas, au veuvage éploré des âmes.

Malheureusement, Durtal l'avait tant lue et il était si saturé des Evangiles qu'il en avait temporairement épuisé les vertus parégoriques et les calmants. Las de lectures, il recommença ses courses dans les églises. Et si les trappistes ne veulent pas de moi ? se disait-il, que deviendrai-je ?

— Mais puisque je vous affirme qu'ils vous accueilleront, répliquait l'abbé qu'il allait voir. Il ne fut tranquille que le jour où le prêtre lui tendit la réponse de la Trappe.

Il lut :

« Nous recevrons très volontiers, pour huit jours, à notre hôtellerie, le retraitant que vous voulez bien nous recommander ; je ne vois pour le moment aucun empêchement à ce que cette retraite commence mardi prochain. »

« Dans l'espoir, Monsieur l'abbé, que nous aurons également bientôt le plaisir de vous revoir dans notre solitude, je vous prie d'agréer l'assurance de mes sentiments les plus respectueux. »

« F. M. Etienne,
« hôtelier. »

Il la lut et la relut, enchanté et terrifié, à la fois. Il n'y a plus à douter, c'est irrévocable, fit-il, et il s'en fut en hâte à Saint-Séverin ayant moins peut-être le besoin de prier que de se rendre près de la Vierge, de se montrer à elle, de lui faire une sorte de visite de remerciement, de lui exprimer, rien que par sa présence, sa gratitude.

Et il fut pris par le charme de cette église, par son silence, par l'ombre qui tombait dans l'abside, du haut de ses palmiers de pierre, et il finit par s'anonchalir, par s'acagnarder sur une chaise, par n'avoir plus qu'un désir, celui de ne pas rentrer dans la vie de la rue, de ne pas sortir de son refuge, de ne plus bouger.

Et le lendemain, qui était un dimanche, il s'arrêta chez les Bénédictines pour entendre la grand'messe. Un moine noir la célébrait ; il reconnut un Bénédictin quand ce prêtre chanta : « Dominous vobiscoum », car l'abbé Gévresin lui avait appris que les Bénédictins prononçaient le latin à l'italienne.

Bien qu'il n'aimât guère cette prononciation qui enlevait au latin la sonorité de ses mots et faisait, en quelque sorte, des phrases de cette langue, des attelages de cloches dont on aurait cotonné les battants ou étoupé les vases, il se laissait aller, poigné par l'onction, par l'humble piété de ce moine qui tremblait presque de respect et de joie, alors qu'il baisait l'autel ; et il avait une voix foncée à laquelle répondaient, derrière la grille, les claires envolées des nonnes.

Durtal haletait, écoutant ces tableaux fluides de Primitifs se dessiner, se former, se peindre dans l'air ; il était saisi aux moelles ainsi qu'il l'avait été jadis, pendant la grand'messe de Saint-Séverin. Perdue dans cette église où la fleur des mélodies se fanait pour lui depuis qu'il connaissait le plain-chant des Bénédictines, il la retrouvait cette émotion ou plutôt il la rapportait avec lui, de Saint-Séverin dans cette chapelle.

Et, pour la première fois, il eut un désir fou, un désir si violent qu'il lui fondit le cœur.

Ce fut au moment de la Communion. Le moine, levant l'hostie, proférait, le « Domine, non sum dignus ». Pâle et les traits tirés, les yeux dolents, la bouche grave, il semblait échappé d'un moûtier du Moyen Age, découpé dans un de ces tableaux flamands où les religieux se tiennent debout au fond, alors que, devant eux, des moniales agenouillées prient, les mains jointes, près des donateurs, l'enfant Jésus auquel la Vierge sourit, en baissant, sous un front bombé, de longs cils.

Et lorsqu'il descendit les marches et communia deux femmes, Durtal frémit, jaillit en un élan vers le ciboire.

Il lui parut que s'il s'était alimenté avec ce Pain, tout serait fini, ses sécheresses et ses peurs; il lui sembla que ce mur de péchés qui avait monté, d'années en années et lui barrait la vue, s'écroulerait et qu'enfin il verrait! Et il eut hâte de partir pour la Trappe, de recevoir, lui aussi, le Corps sacré des mains d'un moine.

Cette messe le renforça comme un tonique; il sortit de cette chapelle, joyeux et plus ferme, et quand l'impression s'affaiblit, un peu, avec les heures, il demeura moins attendri peut-être mais aussi résolu, plaisantant avec une douce mélancolie, le soir, sur sa situation; se disant: il y a bien des gens qui vont à Barèges ou à Vichy faire des cures de corps, pourquoi n'irai-je pas, moi, faire une cure d'âme, dans une Trappe?

X

Je me constituerai prisonnier, dans deux jours, soupira Durtal ; il serait temps de songer aux préparatifs du départ. Quels livres emporterai-je, pour m'aider, là-bas, à vivre ?

Et il fouillait sa bibliothèque, feuilletait les ouvrages mystiques qui avaient, peu à peu, remplacé les œuvres profanes, sur ses rayons.

Sainte Térèse, je n'en parle pas, se dit-il ; ni elle, ni saint Jean de la Croix ne me seraient assez indulgents dans la solitude ; j'ai vraiment besoin de plus de pardon et de réconfort.

Saint Denys l'Aréopagite ou l'apocryphe désigné sous ce nom ? il est le premier des Mystiques, celui qui, dans ses délinéations théologiques s'est peut-être avancé le plus loin Il vit dans l'air irrespirable des cîmes, au-dessus des gouffres, au seuil de l'autre monde qu'il entrevoit dans les éclairs de la grâce ; et il reste lucide, inébloui, dans ces coups de lumière qui l'environnent.

Il semble que, dans ses « Hiérarchies Célestes » où il fait

défiler les armées du ciel et démontre le sens des attributs angéliques et des symboles, il ait déjà dépassé la frontière où s'arrête l'homme et pourtant dans son opuscule des « Noms Divins », il hasarde un pas de plus en avant et alors il s'élève dans la superessence d'une métaphysique tout à la fois calme et hagarde !

Il surchauffe le verbe humain à le faire éclater, mais lorsqu'à bout d'efforts, il veut définir l'Infigurable, préciser les immiscibles personnes de la Trinité qui se pluralise et ne sort point de son unité, les mots défaillent sur ses lèvres et la langue se paralyse sous sa plume ; alors, tranquillement, sans s'étonner, il se refait enfant, redescend de ses sommets parmi nous et, pour tâcher de nous élucider ce qu'il comprit, il recourt aux comparaisons de la vie intime ; il en vient, afin d'expliquer cette Triade unique, à citer plusieurs flambeaux allumés dans une même salle et dont les lueurs, bien que distinctes, se fondent en une seule, ne sont plus qu'une.

Saint Denys, rêvassait Durtal, il est un des plus hardis explorateurs des régions éternelles… oui mais quelle lecture aride, il me fournirait à la Trappe !

Ruysbroeck ? reprit-il — peut-être et encore cela dépend ; je puis serrer dans ma trousse, ainsi qu'un cordial, le petit recueil qu'a distillé Hello ; quant aux « Noces Spirituelles », si bien traduites par Maeterlinck, elles sont décousues et sans clarté ; l'on y étouffe ; ce Ruysbroeck-là m'emballe moins. Il est curieux tout de même, cet ermite, car il ne s'enferme pas au dedans de nous, mais il parcourt plutôt les dehors ; il s'efforce, comme saint Denys, d'atteindre Dieu, plus dans le ciel, que dans l'âme ; mais à vouloir voler si haut, il se fausse les ailes et balbutie on ne sait quoi, quand il descend.

Laissons-le donc. — Voyons maintenant. — Sainte Catherine de Gênes ? Ses débats entre l'âme, le corps et l'amour-propre sont anodins et confus et lorsque, dans ses « Dialogues », elle traite des opérations de la vie interne elle est si au-dessous de sainte Térèse et de sainte Angèle ! En revanche, son « Traité du Purgatoire » est décisif. Il avère que seule elle a pénétré dans les espaces des douleurs inconnues et qu'elle en a dégagé et saisi les joies ; elle parvient, en effet, à accorder ces deux contraires qui paraissent à jamais inalliables : la souffrance de l'âme se purifiant de ses péchés et l'allégresse de cette même âme qui, au moment où elle endure d'affreuses peines, éprouve un immense bonheur, car elle se rapproche petit à petit de Dieu et elle sent ses rayons l'attirer de plus en plus et son amour l'inonder avec de tels excès qu'il semble que le Sauveur ne veuille plus que s'occuper d'elle.

Sainte Catherine expose aussi que Jésus n'interdit le Ciel à personne, que c'est l'âme même qui, s'estimant indigne d'y pénétrer, se précipite, de son propre mouvement, dans le Purgatoire, pour s'y mondifier, car elle n'a plus qu'un but, se rétablir dans sa pureté primitive ; qu'un désir, atteindre à ses fins dernières, en s'anéantissant, en s'annihilant, en s'écoulant en Dieu.

C'est une lecture probante, grogna Durtal, mais ce n'est pas celle-là qui me referait à la Trappe, passons.

Et il atteignit d'autres livres dans ses casiers.

En voici un, par exemple, dont l'usage est tout indiqué, poursuivit-il, en prenant la « Théologie Séraphique » de saint Bonaventure, car il condense en une sorte d'of meat, des modes d'études pour se scruter, pour méditer sur la communion, pour sonder la mort; puis il y a, dans ce selectæ, un traité sur le « Mépris du monde » dont les phrases comprimées sont admirables ; c'est de la véritable essence de Saint-Esprit et c'est aussi une gelée d'onction vraiment ferme. Mettons-le à part, celui-là.

Je ne trouverai pas, pour remédier aux probables détresses des solitudes, de meilleur adjuvant, murmurait Durtal, tout en bousculant de nouvelles rangées de volumes. Il regardait des titres : « La vie de la Sainte Vierge, » par M. Olier.

Il hésitait, se disant : il y a pourtant sous l'eau à peine dégourdie du style d'intéressantes observations, de savoureuses gloses ; M. Olier a, en quelque sorte, traversé les mystérieux territoires des desseins cachés et il y a relevé ces inimaginables vérités que parfois le Seigneur se plaît à révéler aux Saints. Il s'est constitué l'homme-lige de la Vierge, et, vivant près d'elle, il s'est fait aussi le héraut de ses attributs, le légat de ses grâces. Sa vie de Marie est, à coup sûr, la seule qui paraisse réellement inspirée, qui se puisse lire. Là où l'abbesse d'Agréda divague, lui demeure rigoureux et reste clair. Il nous montre la Vierge existant de toute éternité en Dieu, engendrant sans cesser d'être immaculée « comme le cristal qui reçoit et renvoie hors de lui les rayons du soleil, sans rien perdre de son lustre et qui n'en brille, au contraire, qu'avec plus d'éclat », accouchant sans douleurs, mais souffrant, à la mort de son Fils, la peine qu'elle eût dû supporter à sa naissance. Il s'étend enfin en de doctes analyses sur Celle qu'il nomme la Trésorière de tout bien, la Médiatrice d'amour et d'impétration. — Oui, mais pour s'entretenir avec Elle, rien ne vaut « l'Officium parvum beatæ Virginis » que je déposerai avec mon paroissien dans ma valise, conclut Durtal; ne dérangeons donc point le livre de M. Olier.

Mon fonds commence à s'épuiser, reprit-il. Angèle de Foligno? certes, car elle est un brasier autour duquel on peut se chauffer l'âme. Je l'emmène avec moi; — puis quoi encore? les Sermons de Tauler? c'est tentant — car jamais on n'a mieux que ce moine traité les sujets les plus abstrus avec un esprit plus lucide. A l'aide d'images familières, d'humbles rapprochements, il parvient à rendre accessibles les plus hautes spéculations de la Mystique. Il est et bonhomme et profond; puis il verse un peu dans le quiétisme et ce ne serait peut-être pas mauvais d'absorber, là-bas, quelques gouttes de ce looch. Au fait, non, j'aurai surtout besoin de tétaniques. Quant à Suso, c'est un succédané bien inférieur à un saint Bonaventure ou à une sainte Angèle, — je l'écarte ainsi que sainte Brigitte de Suède, car celle-là me semble, dans ses entretiens avec le ciel, assistée par un Dieu morose et fatigué qui ne lui décèle rien d'imprévu, rien de neuf.

Il y a bien encore sainte Madeleine de Pazzi, cette Carmélite volubile qui procède dans toute son œuvre par apostrophes. C'est une exclamative, habile aux analogies, experte en concordances, une sainte affolée de métaphores et d'hyperboles. Elle converse directement avec le Père et bégaie, dans l'extase, les explications des mystères que lui divulgua l'Ancien des jours. Ses livres contiennent une page souveraine sur la Circoncision, une autre magnifique, construite toute en antithèses, sur le Saint-Esprit, d'autres étranges sur la déification de l'âme humaine, sur son union avec le ciel, sur le rôle assigné, dans cette opération, aux plaies du Verbe.

Elles sont des nids habités ; l'aigle qui représente la Foi gîte dans l'aire du pied gauche ; dans le trou du pied droit, réside la gémissante douceur des tourterelles ; dans la blessure de la main gauche, niche la colombe, symbole de l'abandon ; dans la cavité de la main droite, repose l'emblème de l'amour, le pélican.

Et ces oiseaux sortent de leurs nids, viennent chercher l'âme pour la conduire dans la chambre nuptiale de la plaie qui saigne au côté du Christ.

N'est-ce pas aussi cette Carmélite qui, ravie par la puissance de la grâce, méprise assez la certitude acquise par la voie des sens, pour dire au Seigneur : « Si je vous voyais avec mes yeux, je n'aurais plus la Foi, parce que la Foi cesse là où se trouve l'évidence ».

— Tout bien considéré, fit-il, avec ses dialogues et ses contemplations, Madeleine de Pazzi ouvre d'éloquents horizons, mais l'âme, lutée par la cire des péchés, ne peut la suivre. Non, ce ne serait pas cette sainte-là qui me rassurerait dans un cloître !

Tiens, poursuivit-il, en secouant la poussière qui couvrait un volume à couverture grise, tiens, c'est vrai, je possède le « Précieux Sang » du P. Faber ; et il rêva, en feuilletant, debout, les pages.

Il se remémorait l'impression oubliée de cette lecture.

L'œuvre de cet oratorien était pour le moins bizarre. Les pages bouillonnaient, coulaient en tumulte, charriant de grandioses visions telles qu'en conçut Hugo, développant des perspectives d'époques, telles que Michelet en voulut peindre. Dans ce volume, s'avançait la solennelle procession du précieux Sang, partie des confins de l'humanité, de l'origine même des âges, et elle franchissait les mondes, débordait sur les peuples, submergeait l'histoire.

Le P. Faber était moins un mystique, proprement dit, qu'un visionnaire et qu'un poète ; malgré l'abus des procédés oratoires transférés de la chaire dans le livre, il déracinait les âmes, les emportait au fil de ses eaux, mais lorsqu'on reprenait pied, lorsqu'on cherchait à se souvenir de ce qu'on avait entendu et vu, l'on ne se rappelait plus rien ; l'on finissait, en réfléchissant, par se rendre compte que l'idée mélodique de l'œuvre était bien filiforme, bien mince pour être exécutée par un aussi fracassant orchestre ; puis il restait de cette lecture quelque chose d'intempérant et de fiévreux qui vous mettait mal à l'aise et faisait songer que ce genre d'ouvrages n'avait que de bien lointains rapports avec la céleste plénitude des grands mystiques !

Non pas celui-là, fit Durtal. Voyons, rentrons notre récolte : je retiens le petit recueil de Ruysbroeck, la « Vie d'Angèle de Foligno » et « saint Bonaventure », et le meilleur de tous pour mon état d'âme, reprit-il, en se frappant le front. Il retourna à sa bibliothèque et saisit un petit livre qui gisait seul, en un coin.

Il s'assit et le parcourut, disant : voilà le tonique, le stimulant des faiblesses, la strychnine des défaillances de la Foi, le coup d'aiguillon qui vous jetterait en larmes aux pieds du Christ. Ah ! la « Douloureuse Passion » de la sœur Emmerich !

Celle-là n'était point une chimiste de l'être spirituel, comme sainte Térèse ; elle ne s'occupait pas de notre vie intérieure ; dans son livre, elle s'oubliait et nous omettait, car elle ne voyait que Jésus crucifié et voulait seulement montrer les étapes de son agonie, laisser, ainsi que sur le voile de Véronique, l'empreinte marquée sur ses pages, de la Sainte Face.

Bien qu'il fût moderne — car Catherine Emmerich était morte en 1824 — ce chef-d'œuvre datait du Moyen Age. C'était une peinture qui semblait appartenir aux écoles primitives de la Franconie et de la Souabe. Cette femme était la sœur des Zeitblom et des Grünewald ; elle avait leurs âpres visions, leurs couleurs emportées, leur odeur fauve ; mais elle paraissait relever aussi, par son souci du détail exact, par sa notation précise des milieux, des vieux maîtres flamands, des Roger Van der Weyden et des Bouts ; elle avait réuni en elle les deux courants issus, l'un de l'Allemagne, l'autre des Flandres ; et cette peinture, brossée avec du sang et vernie par des larmes, elle la transposait en une prose qui n'avait aucun rapport avec la littérature connue, une prose dont on ne pouvait, par analogie, retrouver les antécédents que dans les panneaux du xve siècle.

Elle était d'ailleurs complètement illettrée, n'avait lu aucun livre, n'avait vu aucune toile ; elle racontait tout bonnement ce qu'elle distinguait dans ses extases.

Les tableaux de la Passion se déroulaient devant elle, tandis que, couchée sur un lit, broyée par les souffrances, saignant par les trous de ses stigmates, elle gémissait et pleurait, anéantie d'amour et de pitié, devant les tortures du Christ.

A sa parole qu'un scribe consignait, le Calvaire se dressait et toute une fripouille de corps de garde se ruait sur le Sauveur et crachait dessus; d'effrayants épisodes surgissaient de Jésus, enchaîné à une colonne, se tordant tel qu'un ver, sous les coups de fouets, puis tombant, regardant, de ses yeux défaits, des prostituées qui se tenaient par la main et reculaient, dégoûtées, de son corps meurtri, de sa face couverte, ainsi que d'une résille rouge, par des filets de sang.

Et, lentement, patiemment, ne s'arrêtant que pour sangloter, que pour crier grâce, elle peignait les soldats arrachant l'étoffe collée aux plaies, la Vierge pleurant, la figure livide et la bouche bleue; elle relatait l'agonie du portement de croix, les chutes sur les genoux, s'affaissait, exténuée lorsqu'arrivait la mort.

C'était un épouvantable spectacle, narré par le menu et formant un ensemble sublime, affreux. Le Rédempteur était étendu sur la croix couchée par terre; l'un des bourreaux lui enfonçait un genou dans les côtes, tandis qu'un autre lui écartait les doigts, qu'un troisième frappait sur un clou, à tête plate, de la largeur d'un écu et si long que la pointe ressortait derrière le bois. Et quand la main droite était rivée, les tortionnaires s'apercevaient que la gauche ne parvenait pas jusqu'au trou qu'ils voulaient percer; alors, ils attachaient une corde au bras, tiraient dessus de toutes leurs forces, disloquaient l'épaule, et l'on entendait, à travers les coups de marteaux, les plaintes du Seigneur, l'on apercevait sa poitrine qui se soulevait et remontait un ventre traversé par des remous, sillonné par de grands frissons.

Et la même scène se reproduisait pour arrêter les pieds. Eux aussi n'atteignaient pas la place que les exécuteurs avaient marquée. Il fallut lier le torse, ligotter les bras pour ne pas arracher les mains du bois, se pendre après les jambes, les allonger jusqu'au tasseau sur lequel ils devaient porter ; du coup, le corps entier craqua ; les côtes coururent sous la peau, la secousse fut si atroce que les bourreaux craignirent que les os n'éclatassent, en crevant les chairs et ils se hâtèrent de maintenir le pied gauche sur le pied droit ; mais les difficultés recommencèrent, les pieds se révulsaient ; on dut les forer avec une tarière pour les fixer.

Et cela continuait ainsi jusqu'à ce que Jésus mourût et alors la sœur Emmerich, terrifiée, perdait connaissance ; ses stigmates ruisselaient, sa tête crucifiée pleuvait du sang.

Dans ce livre, l'on regardait grouiller la meute des Juifs, l'on écoutait les imprécations et les huées de la foule, l'on contemplait une Vierge qui tremblait la fièvre, une Madeleine, hors d'elle-même, devenue effrayante avec ses cris et, dominant le lamentable groupe, un Christ hâve et enflé, s'empêtrant les jambes dans sa robe, alors qu'il monte au Golgotha, crispant ses ongles cassés sur la croix qui glisse.

Voyante extraordinaire, Catherine Emmerich avait également décrit les alentours de ces scènes, des paysages de Judée qu'elle n'avait jamais visités et qui avaient été reconnus exacts ; sans le savoir, sans le vouloir, cette illettrée était devenue une solitaire, une puissante artiste !

Ah ! l'admirable visionnaire et l'admirable peintre ! s'écria

Durtal et aussi quelle admirable sainte ! ajouta-t-il, en parcourant la vie de cette religieuse qui figurait en tête du livre.

Elle était née en 1774, dans l'Evêché de Munster, de paysans pauvres. Dès son enfance, elle s'entretient avec la Vierge et elle possède le don qu'eurent également sainte Sibylline de Pavie, Ida de Louvain, et plus récemment Louise Lateau, de discerner, en les considérant, en les touchant, les objets bénits de ceux qui ne le furent point. Elle entre, comme novice, chez les Augustines de Dulmen, prononce, à vingt-neuf ans, ses vœux ; sa santé est ruinée, d'incessantes douleurs la torturent ; elle les aggrave, car de même que la Bienheureuse Lidwine, elle obtient du Ciel la permission de souffrir pour les autres, d'alléger les malades en prenant leurs maux. En 1811, sous le gouvernement de Jérôme Bonaparte, roi de Westphalie, le couvent est supprimé et les nonnes dispersées. Infirme, sans le sou, elle est transportée dans une chambre d'auberge où elle endure toutes les curiosités, toutes les insultes. Le Christ ajoute à son martyre, en lui accordant les stigmates qu'elle implore ; elle ne peut plus, ni se lever, ni marcher, ni s'asseoir, ne se nourrit plus que du jus d'une cerise, mais elle est ravie dans de longues extases. Elle voyage ainsi en Palestine, suit, pas à pas, le Sauveur, dicte, en gémissant, cette œuvre affolante puis râle : « laissez-moi mourir dans l'ignominie avec Jésus sur la croix » et meurt, éperdue d'allégresse, remerciant le ciel de cette vie de supplices qu'elle a subie !

Ah oui, j'emporte « la Douloureuse Passion » ! s'écria Durtal.

— Emportez aussi les Evangiles, fit l'abbé qui arriva, sur ces entrefaites; ce seront les célestes ampoules où vous puiserez l'huile nécessaire pour panser vos plaies.

— Ce qui serait également bien utile et vraiment en accord avec l'atmosphère d'une Trappe, ce serait de pouvoir lire, dans l'abbaye même, les œuvres de saint Bernard, mais elles se composent d'immaniables in-folios et les réductions et les extraits que l'on inséra dans des tomes de format commode, sont si mal choisis que jamais je n'eus le courage de les acquérir.

— Ils ont saint Bernard à la Trappe; on vous prêtera ses volumes, si vous les demandez; mais où en êtes-vous au point de vue âme, comment allez-vous ?

— Je suis mélancolique, mal attendri et résigné. J'ignore si la lassitude m'est venue de tourner toujours, ainsi qu'un cheval de manège, sur la même piste, mais enfin, à l'heure actuelle, je ne souffre pas; je suis persuadé que ce déplacement est nécessaire et qu'il serait inutile de ronchonner. — C'est égal, reprit-il, après un silence, c'est tout de même drôle, quand je pense que je vais m'incarcérer dans un cloître, non, vrai, j'ai beau faire, cela m'étonne !

— Je vous avouerai, moi aussi, fit l'abbé, en riant, que je ne me doutais guère, la première fois que je vous rencontrai chez Tocane, que j'étais indiqué pour vous diriger sur un couvent; — ah! voilà, je devais évidemment appartenir à cette catégorie de gens que j'appellerais volontiers les gens-passerelles; ce sont, en quelque sorte, des courtiers involontaires d'âmes que vous sont imposés dans un but que l'on ne soupçonne pas et qu'eux-mêmes ignorent.

— Permettez, si quelqu'un servit de passerelle en cette circonstance, ce fut Tocane, répondit Durtal, car c'est lui qui nous abouta et que nous repoussâmes du pied quand il eut accompli son inconsciente tâche; nous étions évidemment désignés pour nous connaître.

— C'est juste, fit l'abbé qui sourit; allons, je ne sais si je vous reverrai avant votre départ, car je serai demain, à Mâcon où je resterai cinq jours, le temps de revoir mes neveux et de donner des signatures exigées par un notaire; en tout cas, bon courage, ne négligez point de m'envoyer de vos nouvelles, n'est-ce pas? écrivez-moi, sans trop tarder, pour que je reçoive, en rentrant à Paris, votre lettre.

Et comme Durtal le remerciait de sa diligente affection, il prit sa main et la retint dans les siennes.

— Laissons cela, fit-il; vous ne devez remercier que Celui dont la paternelle impatience a interrompu le sommeil têtu de votre Foi; vous ne devez de reconnaissance qu'à Dieu seul.

Rendez-lui grâce, en déguerpissant le plus tôt possible de votre nature, en Lui laissant le logis de votre conscience vide. Plus vous mourrez à vous-même et mieux Il vivra en vous. La prière est le moyen ascétique le plus puissant pour vous renoncer, pour vous évacuer, pour vous rendre à ce point humble; priez donc sans relâche à la Trappe. Implorez la Madone surtout car, semblable à la myrrhe qui consume la pourriture des plaies, elle guérit les ulcères d'âme; de mon côté, je la prierai de mon mieux pour vous; vous pourrez ainsi, dans votre faiblesse, vous appuyer pour ne point tomber sur cette ferme, sur cette tutélaire colonne de l'oraison dont sainte Térèse parle. Allons, encore une fois, bon voyage et à bientôt, mon enfant, adieu.

Durtal demeura inquiet. C'est embêtant, se dit-il, que ce prêtre s'en aille de Paris, avant moi, car enfin si j'avais besoin d'un subside spirituel, d'une assistance, à qui m'adresserai-je? — Il est décidément écrit que je finirai, tel que j'ai commencé, seul; mais... mais... la solitude, dans ces conditions, c'est consternant! Ah! je ne suis pas gâté! bien que l'abbé en dise.

Le lendemain matin, Durtal se réveilla malade; une névralgie furieuse lui vrillait les tempes; il tenta de la réduire avec de l'antipyrine, mais ce médicament pris à haute dose lui détraqua l'estomac, sans amortir les coups de villebrequin qui lui térébraient le crâne. Il erra chez lui, déambulant d'une chaise à l'autre, s'affalant dans un fauteuil, se relevant pour se recoucher, sautant du lit dans des hauts de cœur, chavirant par moments le long des meubles.

Il ne pouvait assigner aucune cause précise à cette attaque; il avait dormi son saoul, ne s'était livré, la veille, à aucun excès.

La tête dans les mains, il se dit : encore deux jours, en comptant aujourd'hui, avant de quitter Paris; eh bien, je suis propre! jamais, je ne serai en état de prendre un train; et si je le prends, avec la nourriture de la Trappe, je suis sûr de mon affaire !

Il eut presque une minute de soulagement, à l'idée que, sans qu'il y eût de sa faute, il allait peut-être éviter la pénible oblation et rester chez lui; mais la réaction fut immédiate; il comprit que, s'il ne bougeait pas, il était perdu; c'était, à l'état permanent, le tangage d'âme, la crise du dégoût de soi-même, le regret lancinant d'un effort péniblement consenti et soudain raté; c'était enfin la certitude que ce ne serait que partie remise, qu'il faudrait repasser par ces alternances de révolte et d'effroi, recommencer à se battre pour se convaincre!

En admettant que je ne sois pas en état de voyager, j'aurai toujours la ressource de me confesser à l'abbé quand il reviendra et de communier à Paris, pensa-t-il, mais il hochait la tête, s'affirmait encore et toujours qu'il sentait, qu'il savait que ce n'était point cela qu'il devait faire. — Mais alors, disait-il à Dieu, puisque vous m'enfoncez cette idée si violemment que je ne puis même la discuter, malgré son parfait bon sens, — car après tout, il n'est pas indispensable pour se réconcilier avec vous de se claquemurer dans une Trappe! — alors laissez-moi partir!

Et doucement il Lui parlait :

Mon âme est un mauvais lieu; elle est sordide et mal famée; elle n'a aimé jusqu'ici que les perversions; elle a exigé de mon malheureux corps la dîme des délices illicites et des joies indues; elle ne vaut pas cher, elle ne vaut rien; et, cependant, près de vous, là-bas, si vous me secouriez, je crois bien que je la mâterais; mais, mon corps, s'il est malade, je ne puis le forcer à m'obéir! c'est pis que tout, cela! je suis désarmé si vous ne me venez en aide.

Tenez compte de ceci, Seigneur, je sais par expérience que dès que je suis mal nourri, je névralgise; humainement, logiquement, je suis assuré d'être horriblement souffrant à Notre-Dame de l'Atre et néanmoins, si je suis à peu près sur pieds, après-demain, j'irai quand même.

A défaut d'amour, c'est la seule preuve que je puisse vous fournir que vraiment je vous désire, que vraiment j'espère et que je crois en vous : mais alors, Seigneur, assistez-moi !

Et, mélancoliquement, il ajouta: ah ! dame, je ne suis pas Lidwine ou Catherine Emmerich qui, lorsque vous les frappiez, criaient : encore ! — vous me touchez à peine et je réclame; mais que voulez-vous, vous le savez mieux que moi, la douleur physique m'abat, me désespère !

Il finit par s'endormir, par tuer la journée dans son lit, sommeillant, se réveillant en sursaut d'affreux cauchemars.

Le lendemain, il avait la tête vague, le cœur chancelant, mais les névralgies étaient moins fortes. Il se leva, se dit que, bien qu'il n'eût pas faim, il fallait à tout prix manger, de peur de voir se raviver ses maux. Il sortit, erra dans le Luxembourg se disant : il s'agit de régler l'emploi de notre temps ; je visiterai après le déjeuner Saint-Séverin, je rentrerai ensuite chez moi pour préparer mes malles ; après quoi je finirai la journée à Notre-Dame des Victoires.

La promenade le remit ; la tête était plus dégagée et le cœur libre. Il entra dans un restaurant où, à cause de l'heure matinale, rien n'était prêt ; il s'usa devant un journal, sur une banquette. Ce qu'il en avait tenu des journaux ainsi, sans jamais les lire ! que de soirs il s'était attardé dans des cafés, en pensant à autre chose, le nez sur un article ! c'était au temps surtout où il se colletait avec ses vices ; Florence apparaissait et il hennissait car, malgré l'émeute ininterrompue de sa vie, elle gardait le clair sourire d'une gamine qui s'en va, les yeux baissés, les mains dans les poches de son tablier, à l'école.

Et soudain l'enfant se changeait en une goule qui tournait furieusement autour de lui, le mordait, lui faisait silencieusement comprendre, en se tordant, l'horreur de ses souhaits.....

Elles lui coulaient dans tout le corps, cette langueur affreuse de la tentation, cette dissolution de la volonté qui se traduisaient par une sorte de malaise au bout des doigts ; et il cédait, suivait l'image de Florence, allait la rejoindre chez elle.

Que tout cela était loin ! presque du jour au lendemain le charme s'était rompu ; sans luttes réelles, sans efforts véritables, sans rixes intérieures, il s'était abstenu de la revoir et maintenant, quand elle relançait sa mémoire, elle n'était plus en somme qu'un souvenir odieux et doux.

C'est égal, murmura Durtal, en découpant son bifteck, je me demande ce que celle-là doit penser de moi ; elle me croit évidemment mort ou perdu ; heureusement que je ne l'ai jamais croisée et qu'elle ignore mon adresse !

Allons, reprit-il, il est inutile de remuer ma boue ; il sera temps de la touiller quand je serai dans une Trappe ; — et il frémit, car l'idée du confesseur s'implantait à nouveau en lui ; il avait beau se répéter, pour la vingtième fois, que rien n'arrive comme on le pense, s'affirmer, qu'il trouverait un brave homme de moine pour l'écouter, il s'effara, mettant les choses au pire, se voyant, de même qu'un chien lépreux, jeté dehors.

Il expédia son déjeuner et s'en fut à Saint-Séverin ; là, la crise se décida ; ce fut la fin de tout ; l'âme surmenée s'éboula, frappée par une congestion de tristesse.

Il gisait, sur une chaise, dans un tel état d'accablement, qu'il ne songeait plus ; il restait inerte, sans force pour souffrir ; puis, peu à peu, l'âme, anesthésiée, revint à elle et les larmes coulèrent.

Ces larmes le soulagèrent ; il pleura sur son sort, l'estima si malheureux, si digne de pitié qu'il espéra davantage en une aide ; et il n'osait cependant s'adresser au Christ qu'il jugeait moins accessible, mais il parlait, tout bas, à la Vierge, la priant d'intercéder pour lui, murmurant cette oraison où saint Bernard rappelle à la Mère du Christ, que, de mémoire humaine, l'on n'a jamais ouï dire qu'elle abandonne aucun de ceux qui implorent son assistance.

Il quitta Saint-Séverin, consolé, plus résolu et, rentré chez lui, il fut distrait par les préparatifs du départ. Appréhendant de manquer de tout, là-bas, il se déterminait à bourrer sa valise ; il tassait dans les coins, du sucre, des paquets de chocolat, pour essayer de tromper, s'il était besoin, les angoisses de l'estomac à jeun ; emportait des serviettes, pensant qu'à la Trappe elles seraient rares ; préparait des provisions de tabac, d'allumettes ; et c'était, en sus des livres, du papier, des crayons, de l'encre, des paquets d'antipyrine, une fiole de laudanum qu'il glissait sous les mouchoirs, qu'il calait dans des chaussettes.

Quand il eut bouclé sa malle, il se dit, regardant la pendule : a cette heure-ci, demain, je cahoterai dans une voiture et mon internement sera proche ; c'est égal, je ferai bien, en prévision d'une défaillance corporelle, d'appeler, dès mon arrivée, le confesseur ; en supposant que ça s'annonce mal, j'aurai ainsi le temps de parer au nécessaire et je reprendrai aussitôt le train.

N'empêche qu'il y aura tout de même un fichu moment à passer, murmurait-il, en entrant à Notre-Dame des Victoires, le soir ; mais ses soucis, ses émois s'effacèrent, quand l'heure du Salut vint. Il fut pris par le vertige de cette église et il se roula, s'immergea, se perdit dans la prière qui montait de toutes les âmes, dans le chant qui s'élevait de toutes les bouches et, lorsque l'ostensoir s'avança, en signant l'air, il sentit un immense apaisement descendre en lui.

Et le soir, en se déshabillant, il soupira : demain, je coucherai dans une cellule ; c'est quand même étonnant, lorsqu'on y songe ! ce que j'aurais traité de fou celui qui m'aurait prédit, il y a quelques années, que je me réfugierais dans une Trappe ! si encore, je m'y rendais, de mon plein gré, mais non, j'y vais, poussé par une force inconnue, j'y vais ainsi qu'un chien qu'on fouette !

Au fond, quel symptôme d'un temps ! reprit-il. Il faut que décidément la société soit bien immonde, pour que Dieu n'ait plus le droit de se montrer difficile, pour qu'il en soit réduit à ramasser ce qu'il rencontre, à se contenter, pour les ramener à lui, de gens comme moi !

DEUXIÈME PARTIE

DEUXIÈME PARTIE

1

DURTAL se réveilla, gai, alerte, s'étonna de ne point s'entendre gémir, alors que le moment de partir pour la Trappe était venu ; il était incroyablement rassuré. Il tenta de se recueillir et de prier, mais il se sentit plus dispersé, plus nomade encore que d'habitude ; il demeurait indifférent et inému. Surpris de ce résultat, il voulut s'ausculter et palpa le vide ; tout ce qu'il put constater, c'est qu'il se détendait ce matin-là, dans une de ces subites dispositions où l'homme redevient enfant, incapable d'attention, dans un de ces moments où l'envers des choses disparaît, où tout amuse.

Il s'habilla à la hâte, monta dans une voiture, descendit en avance à la gare ; là, il fut pris d'un accès de vanité vraiment puérile. En regardant ces gens qui parcouraient les salles, qui piétinaient devant des guichets ou accompagnaient, résignés, des bagages, il ne fut pas éloigné de s'admirer. Si ces voyageurs qui ne s'intéressent qu'à leurs plaisirs ou à leurs affaires se doutaient où, moi, je vais ! pensa-t-il.

Puis il se reprocha la stupidité de ces réflexions et, une fois installé dans son compartiment où il eut la chance d'être seul, il alluma une cigarette, se disant : profitons du temps qui nous reste pour en fumer ; et il se mit à vagabonder, à rêvasser dans les parages des cloîtres, à rôder dans les alentours de la Trappe.

Il se rappelait qu'une revue avait jadis évalué à deux cent mille, pour la France, le nombre des religieuses et des moines.

Deux cent mille personnes qui, dans une semblable époque, ont compris la scélératesse de la lutte pour la vie, l'immondice des accouplements, l'horreur des gésines, c'est, en somme, l'honneur du pays sauf, se dit-il.

Puis, sautant des âmes conventuelles aux bouquins qu'il avait rangés dans sa malle, il reprit : c'est tout de même curieux de voir combien le tempérament de l'art français est rebelle à la Mystique !

Tous les écrivains surélevés sont étrangers. Saint Denys l'Aréopagite est un grec ; Eckhart, Tauler, Suso, la sœur Emmerich sont des allemands ; Ruysbroeck est originaire des Flandres ; sainte Térèse, saint Jean de la Croix, Marie d'Agréda sont espagnols ; le P. Faber est anglais ; saint Bonaventure, Angèle de Foligno, Madeleine de Pazzi, Catherine de Gênes, Jacques de Voragine, sont italiens...

Tiens, fit-il, surpris par ce dernier nom qu'il venait de citer, j'aurais dû emporter sa « Légende Dorée », dans ma valise ; comment n'y ai-je pas pensé, car enfin cette œuvre était le livre de chevet du Moyen Age, le stimulant des heures alanguies par le malaise prolongé des jeûnes, l'aide naïve des vigiles pieuses. Pour les âmes plus méfiantes de notre époque, la Légende Dorée apparaît au moins encore, telle que l'un de ces purs vélins où de candides enlumineurs peignirent des figures de saintes. à l'eau de gomme ou au blanc d'œuf, sur des fonds d'or. Jacques de Voragine est le Jehan Fouquet, l'André Beauneveu de la miniature littéraire, de la prose mystique !

C'est décidément absurde d'avoir oublié ce volume, car il m'eût fait passer d'anciennes et de précieuses journées à la Trappe !

Oui, c'est bizarre, poursuivit-il, retournant sur ses pas, revenant à sa première idée ; la France compte des auteurs religieux plus ou moins célèbres, mais très peu d'écrivains mystiques, proprement dits et il en est de même aussi pour la peinture. Les vrais Primitifs sont Flamands, Allemands ou Italiens, aucun n'est Français, car notre école Bourguignonne est issue des Flandres.

Non, il n'y a pas à le nier, la complexion de notre race n'est évidemment point ductile à suivre, à expliquer les agissements de Dieu travaillant au centre profond de l'âme, là, où est l'ovaire des pensées, la source même des conceptions ; elle est réfractaire à rendre, par la force expressive des mots, le fracas ou le silence de la grâce éclatant dans le domaine ruiné des fautes, inapte à extraire de ce monde secret des œuvres de psychologie, comme celles de sainte Térèse et de saint Jean de la Croix, d'art, comme celles de Voragine ou de la sœur Emmerich.

Outre que notre champ est peu arable et que le sol

est ingrat, où trouver maintenant le laboureur qui l'ensemence, qui le herse, qui prépare, non pas même une moisson mystique, mais seulement une récolte spirituelle, capable d'alimenter la faim des quelques-uns qui errent, égarés, et tombent d'inanition dans le désert glacé de ces temps?

Celui qui devrait être le cultivateur de l'au-delà, le fermier des âmes, le prêtre, est sans force pour défricher ces landes.

Le séminaire l'avait fait autoritaire et puéril, la vie au dehors l'a rendu tiède. Aussi, semble-t-il que Dieu se soit écarté de lui et la preuve est qu'il a retiré tout talent au sacerdoce. Il n'existe plus de prêtre qui ait du talent, soit dans la chaire, soit dans le livre; ce sont les laïques qui ont hérité de cette grâce si répandue dans l'Eglise au Moyen Age; un autre exemple est probant encore; les ecclésiastiques n'opèrent plus que très rarement les conversions. Aujourd'hui, l'être qui plaît au Ciel se passe d'eux et c'est le Sauveur qui le percute, qui le manipule, qui manœuvre directement en lui.

L'ignorance du clergé, son manque d'éducation, son inintelligence des milieux, son mépris de la Mystique, son incompréhension de l'art, lui ont enlevé toute influence sur le patriciat des âmes. Il n'agit plus que sur les cervelles infantiles des bigotes et des mômiers; et c'est sans doute providentiel, c'est sans doute mieux ainsi, car s'il devenait le maître, s'il parvenait à hisser, à vivifier la désolante tribu qu'il gère, ce serait la trombe de la bêtise cléricale s'abattant sur un pays, ce serait la fin de toute littérature, de tout art en France!

Pour sauver l'Eglise, il reste le moine que le prêtre

abomine, car la vie du cloître est pour son existence à lui un constant reproche, continua Durtal; pourvu que je ne perde pas encore des illusions, en voyant de près un monastère! — mais non, je suis protégé, j'ai de la chance; j'ai découvert, à Paris, l'un des seuls abbés qui ne fût ni un indifférent, ni un cuistre; pourquoi ne serai-je pas en contact, dans une abbaye, avec d'authentiques moines?

Il alluma une cigarette, inspecta le site par la portière du wagon; le train dévalait dans des campagnes au-devant desquelles dansaient, dans des bouffées de fumée, des fils de télégraphes; le paysage était plat, sans intérêt. Durtal se renfrogna dans son coin.

L'arrivée dans le couvent m'inquiète, murmura-t-il; puisqu'il n'y a pas à proférer d'inutiles paroles, je me bornerai à présenter au père hôtelier sa lettre; ah! et puis ça s'arrangera tout seul!

Il se sentait, en somme, une placidité parfaite, s'étonnait de n'éprouver aucune soûleur, aucune crainte, d'être même presque rempli d'entrain ; — allons, mon brave prêtre avait raison de me soutenir que je me forgeais des monstres d'avance... et il resongea à l'abbé Gévresin, fut surpris, depuis qu'il le fréquentait, de ne rien savoir sur ses antécédents, de n'être pas plus entré dans son intimité qu'au premier jour; au fait, il n'aurait tenu qu'à moi de l'interroger discrètement, mais l'idée ne m'en est jamais venue; il est vrai que notre liaison s'est exclusivement confinée dans des questions de religion et d'art; cette perpétuelle réserve ne crée pas des amitiés bien vibrantes, mais elle institue une sorte de jansénisme de l'affection qui n'est pas sans charme.

Dans tous les cas, cet ecclésiastique est un saint homme; il n'a même rien de l'allure tout à la fois pateline et réservée des autres prêtres. Sauf certains de ses gestes, sa façon de se couler le bras dans la ceinture, de se fourrer les mains dans les manches, de marcher volontiers à reculons quand on cause, sauf son innocente manie d'entrelarder de latin ses phrases, il ne rappelle, ni l'attitude, ni le parler démodé de ses confrères. Il adore la mystique et le plain-chant; il est exceptionnel; aussi, comme il me fut, là-haut, soigneusement choisi!

— Ah çà! mais, voyons, nous devons aborder, soupira-t-il, en consultant sa montre, je commence à avoir faim; allons, cela va bien, dans un quart d'heure nous serons à Saint-Landry.

Il tapota les vitres du wagon, regarda courir les champs et s'envoler les bois, fuma des cigarettes, ôta sa valise des filets, atteignit enfin la station et descendit.

Sur la place même où s'élevait la minuscule gare, il reconnut l'auberge que lui avait indiquée l'abbé. Il aborda dans une cuisine une bonne femme qui lui dit : c'est bien, Monsieur, asseyez-vous, on attellera pendant le repas.

Et il se reput d'incomestibles choses, se vit apporter une tête de veau oubliée dans un baquet, des côtelettes mortifiées, des légumes noircis par le jus des poêles. Dans les dispositions où il était, il s'amusa de ce déjeuner infâme, se rabattit sur un petit vin qui limait la gorge, but, résigné, un café qui déposait de la terre de bruyère, au fond des tasses.

Puis, il escalada un tape-cul que conduisait un jeune

homme et, **ventre** à terre, le cheval fila à travers le village et s'engagea dans la campagne.

Chemin faisant, il demanda au conducteur quelques renseignements sur la Trappe; mais ce paysan ne savait rien; — j'y vais souvent, fit-il, mais je n'entre pas; la carriole reste à la porte; alors, vous comprenez, je ne saurais pas vous raconter...

Ils galopèrent, pendant une heure, sur les routes; puis le paysan salua du fouet un cantonnier et s'adressant à Durtal :

— On dit que les fourmis leur mangent le ventre.

Et comme Durtal réclamait des explications.

— Bé oui, c'est des faignants; ils sont toujours couchés, l'été, le ventre à l'ombre.

Et il se tut.

Durtal ne pensait plus à rien; il digérait, en fumant, abasourdi par le roulis de la voiture.

Au bout d'une autre heure, ils débouchèrent en plein bois.

— Nous approchons?

— Oh, pas encore !

— On l'aperçoit de loin la Trappe?

— Que non ! — il faut avoir le nez dessus pour qu'on la voie; elle est dans un bas-fond, au sortir d'une allée, tenez, on dirait celle-là, fit le paysan, en montrant un chemin touffu qu'ils allaient prendre.

Et, en v'là un qui en vient, fit-il, en désignant une espèce de vagabond qui coupait, à travers les taillis, à grands pas.

Et il exposa à Durtal que tout mendiant avait le droit de manger et même de coucher à la Trappe; on lui servait l'ordinaire de la communauté dans une pièce à côté de la loge du frère concierge, mais il ne pénétrait pas dans le couvent.

Et Durtal le questionnant sur l'opinion des villages environnants au sujet des moines, le paysan eut sans doute peur de se compromettre car il répondit :

— Il y en a qui n'en disent rien.

Durtal commençait à s'ennuyer, quand, enfin, au détour d'une allée, il aperçut une immense bâtisse, au-dessous de lui.

— La v'là, la Trappe ! fit le paysan qui prépara ses freins pour la descente.

De la hauteur où il était, Durtal plongeait par dessus les toits, considérait un grand jardin, des bois et devant eux une formidable croix sur laquelle se tordait un Christ.

Puis la vision disparut, la voiture reprenait à travers les taillis, descendait par des chemins en lacets dont les feuillages interceptaient la vue.

Ils aboutirent enfin, après de lents circuits, à un carrefour au bout duquel se dressait une muraille percée d'une large porte. La carriole s'arrêta.

— Vous n'avez qu'à sonner, dit le paysan qui indiqua à Durtal une chaîne de fer pendant le long du mur ; et il ajouta :

— Faudra-t-il que je revienne vous chercher demain ?
— Non.
— Alors vous restez ? — et le paysan le regarda stupéfié et il tourna bride et remonta la côte.

Durtal demeurait anéanti, la valise à ses pieds, devant cette porte ; le cœur lui battait à grands coups ; toute son assurance, tout son entrain s'effondraient ; il balbutiait : qu'est-ce qui va m'arriver là-dedans ?

En un galop de panique, passait devant lui la terrible vie des Trappes : le corps mal nourri, exténué de sommeil, prosterné pendant des heures sur les dalles ; l'âme, tremblante, pressée à pleines mains, menée militairement, sondée, fouillée jusque dans ses moindres replis ; et, planant sur cette déroute de son existence échouée, ainsi qu'une épave, le long de cette farouche berge, le mutisme de la prison, le silence affreux des tombes !

Mon Dieu, mon Dieu, ayez pitié de moi, dit-il en s'essuyant le front.

Machinalement, il jetait un coup d'œil autour de lui, comme s'il attendait une assistance ; les routes étaient désertes et les bois vides ; l'on n'entendait aucun bruit, ni dans la campagne, ni dans la Trappe.

Il faut pourtant que je me décide à sonner ; — et, les jambes cassées, il tira la chaîne.

Un son de cloche, lourd, rouillé, presque bougon, retentit de l'autre côté du mur.

Tenons-nous, ne soyons pas ridicule, murmurait-il, en écoutant la claquette d'une paire de sabots derrière la porte.

Celle-ci s'ouvrit et un très vieux moine, vêtu de la bure brune des capucins, l'interrogea du regard.

— Je viens pour une retraite et je voudrais voir le Père Étienne.

Le moine s'inclina, empoigna la valise et fit signe à Durtal de le suivre.

Il allait, courbé, à petits pas, au travers d'un verger. Ils atteignirent une grille, se dirigèrent sur la droite d'un vaste bâtiment, d'une espèce de château délabré, flanqué de deux ailes en avance sur une cour.

Le frère entra dans l'aile qui touchait à la grille. Durtal enfila après lui un corridor percé de portes peintes en gris; sur l'une d'elles, il lut ce mot : « Auditoire ».

Le trappiste s'arrêta devant, souleva un loquet de bois, installa Durtal dans une pièce et l'on entendit, au bout de quelques minutes, des appels répétés de cloche.

Durtal s'assit, inspecta ce cabinet très sombre, car la fenêtre était à moitié bouchée par des volets. Il y avait pour tout mobilier : au milieu, une table de salle à manger couverte d'un vieux tapis; dans un coin un prie-Dieu au-dessus duquel était clouée une image de saint Antoine de Padoue, berçant l'enfant Jésus dans ses bras; un grand Christ pendait sur un autre mur; çà et là, étaient rangés deux fauteuils voltaire et quatre chaises.

Durtal ôta de son portefeuille la lettre d'introduction destinée au père. Quel accueil va-t-il me faire? se demandait-il; celui-là peut parler, au moins; enfin, nous allons voir, reprit-il, en écoutant des pas.

Et un moine blanc, avec un scapulaire noir dont les pans tombaient, l'un sur les épaules, l'autre sur la poitrine, parut; il était jeune et souriait.

Il lut la lettre, puis il prit la main de Durtal, étonné, l'emmena silencieux au travers de la cour jusqu'à l'autre aile du bâtiment, poussa une porte, trempa son doigt dans un bénitier et le lui présenta.

Ils étaient dans une chapelle. Le moine invita d'un signe Durtal à s'agenouiller, sur une marche, devant l'autel et il pria à voix basse; puis il se releva, retourna lentement jusqu'au seuil, offrit encore à Durtal l'eau bénite et, toujours sans desserrer les lèvres et le tenant par la main, il le ramena d'où ils étaient venus, à l'auditoire.

Là, il s'enquit de la santé de l'abbé Gévresin, saisit la valise et ils montèrent dans un immense escalier menaçant ruine. En haut de cet escalier qui n'avait qu'un étage, s'étendait, troué d'une large fenêtre au centre, un vaste palier, borné, à chacune de ses extrémités, par une porte.

Le P. Étienne pénétra dans celle de droite, franchit un spacieux vestibule, introduisit Durtal dans une chambre qu'une étiquette, imprimée en gros caractères, plaçait sous le vocable de saint Benoît, et dit :

— Je suis confus, Monsieur, de ne pouvoir mettre à votre disposition que ce logement peu confortable.

— Mais il est très bien, s'écria Durtal. — Et la vue est charmante, reprit-il, en s'approchant de la fenêtre.

— Vous serez au moins en bon air, dit le moine, qui ouvrit la croisée.

Au-dessous s'étalait ce verger que Durtal avait traversé, sous la conduite du frère concierge, un clos plein de pommiers rabougris et perclus, argentés par des lichens et dorés par des mousses ; puis au dehors du monastère, par dessus les murs, grimpaient des champs de luzerne coupés par une grande route blanche qui disparaissait à l'horizon dentelé par des feuillages d'arbres.

— Voyez, Monsieur, reprit le P. Étienne, ce qui vous manque dans cette cellule et dites-le-moi bien simplement, n'est-ce pas ? car autrement, vous nous réserveriez à tous deux des regrets, à vous qui n'auriez pas osé réclamer ce qui vous était utile, à moi qui m'en apercevrais plus tard et serais peiné de mon oubli.

Durtal le regardait, rassuré par ces allures franches ; c'était un jeune père, d'une trentaine d'années environ. La figure, vive, fine, était striée de fibrilles roses sur les joues ; ce moine portait toute sa barbe et autour de la tête rasée courait un cercle de cheveux bruns. Il parlait un peu vite, souriait, les mains passées dans la large ceinture de cuir qui lui ceignait les reins.

— Je reviendrai tout à l'heure, car j'ai un travail pressé à finir, dit-il ; d'ici là, tâchez de vous installer le mieux possible ; si vous en avez le temps, jetez aussi un coup d'œil sur la règle que vous aurez à suivre dans ce monastère... elle est inscrite sur l'une de ces pancartes... là, sur la table ; nous en causerons, après que vous en aurez pris connaissance, si vous le voulez bien.

Et il laissa Durtal seul.

Celui-ci fit aussitôt l'inventaire de la pièce. Elle était très haute de plafond, très peu large, avait la forme d'un canon de fusil, et l'entrée était à l'un de ses bouts et la fenêtre à l'autre.

Au fond, dans un coin, près de la croisée, était un petit lit de fer et une table de nuit ronde, en noyer. Au pied du lit couché le long de la muraille, il y avait un prie-Dieu en reps fané, surmonté d'une croix et d'une branche de sapin sec ; en descendant, toujours le long de la même paroi, il trouva une table de bois blanc recouverte d'une serviette, sur laquelle étaient placés un pot à l'eau, une cuvette et un verre.

La cloison opposée à ce mur était occupée par une armoire, puis par une cheminée sur le panneau de laquelle était plaqué un crucifix, enfin par une table plantée vis-à-vis du lit alors, près de la fenêtre; trois chaises de paille complétaient l'ameublement de cette chambre.

— Jamais je n'aurai assez d'eau pour me laver, se dit Durtal, en jaugeant le minuscule pot à l'eau qui mesurait bien la valeur d'une chopine; puisque le P. Etienne se montre si obligeant, je vais lui demander une ration plus lourde.

Il vida sa valise, se déshabilla, substitua à sa chemise empesée une chemise de flanelle, aligna ses outils de toilette sur le lavabo, plia son linge dans l'armoire; puis il s'assit, embrassa la cellule d'un regard et la jugea suffisamment confortable et surtout très propre.

Il alla ensuite vers la table sur laquelle étaient distribués une rame de papier écolier, un encrier et des plumes, fut reconnaissant de cette attention au moine qui savait sans doute, par la lettre de l'abbé Gévresin, qu'il faisait métier d'écrire, ouvrit deux volumes reliés en basane et les referma ; l'un était « l'Introduction à la vie dévote » de saint François de Sales, l'autre était intitulé « Manrèse » ou « les Exercices spirituels » d'Ignace de Loyola et il rangea ses livres à lui, sur la table.

Puis il prit, au hasard, une des pancartes imprimées qui traînait sur cette table et il lut :

EXERCICES DE LA COMMUNAUTÉ POUR LES JOURS ORDINAIRES — DE PAQUES A LA CROIX DE SEPTEMBRE.

Lever à 2 heures,
Prime et messe à 5 heures 1/4,
Travail après le chapitre,
Fin du travail à 9 heures et intervalle,

Sexte à 11 heures,
Angelus et le dîner à 11 heures 1/2,
Méridienne après le dîner,
Fin de la Méridienne à 1 heure 1/2,
None et travail, 5 minutes après le réveil,
Fin du travail à 4 heures 1/2 et intervalle,
Vêpres suivies de l'oraison à 5 heures 1/4,
Souper à 6 heures et intervalle,
Complies à 7 heures 25 minutes,
Retraite à 8 heures.

Il retourna cette pancarte; elle contenait, sur une autre face, un nouvel horaire, intitulé :

EXERCICES D'HIVER — DE LA CROIX DE SEPTEMBRE A PAQUES.

Le lever était le même, mais le coucher était avancé d'une heure ; le dîner était reporté de 11 heures 1/2 vers 2 heures; la méridienne et le souper de 6 heures supprimés ; les heures canoniales reculées, sauf les Vêpres et les Complies qui passaient de 5 heures 1/4 et de 7 heures 25 à 4 heures 1/2 et à 6 heures 1/4.

Ce n'est pas réjouissant de se tirer du lit en pleine nuit, soupira Durtal, mais j'aime à croire que les retraitants ne sont pas soumis à ce régime d'alerte et il saisit une autre pancarte. Celle-ci doit m'être destinée, fit-il, en parcourant l'en tête de ce carton :

RÈGLEMENT DES RETRAITES DE PAQUES A LA CROIX DE SEPTEMBRE.

Voyons-la de près cette ordonnance.

Et il examina ses deux tableaux réunis, celui du matin et celui du soir :

MATIN		SOIR	
heures		heures	
4	Lever au son de l'Angelus.	1 1/2	Fin du repos, chapelet.
4 1/2	Prière et méditation.	2	Vêpres et Complies.
5 1/4	Prime, messe.	3	3ᵉ méditation.
6 à 7	Examen.	3 1/4	Lecture spirituelle.
7	Déjeuner (on ne s'attend pas).	4 1/4	Matines et Laudes.
		5 1/4	Réflexions, Vêpres du chœur.
7 1/2	Chemin de la Croix.		
8	Sexte et none.	5 1/2	Examen et oraison.
8 1/2	2ᵉ méditation.	6	Souper et récréation.
9	Lecture spirituelle.	7	Litanies, grand silence.
11	Adoration et examen, tierce.	7 1/4	Assister à Complies.
		7 1/2	Chant du Salve Regina, Angelus.
11 1/2	Angelus, dîner, récréation.		
12 1/4	Méridienne, grand silence.	7 3/4	Examen particulier, retraite.

C'est au moins plus pratique — 4 heures du matin, c'est une heure presque possible ! — mais je n'y comprends rien — les heures canoniales ne concordent pas sur ce tableau avec celles des moines et puis pourquoi ces Vêpres et ces Complies doublées ? — Enfin, ces petites cases où l'on vous incite à méditer pendant tant de minutes, à lire pendant tant d'autres, ne me vont guère ! Je n'ai pas l'esprit suffisamment malléable pour le couler dans ces gaufriers ! — Il est vrai qu'après tout, je suis libre de faire ce que je veux, car personne ne peut vérifier ce qui se manigance en moi, savoir, par exemple, si je médite.....

Tiens, il y a encore un règlement derrière, poursuivit-il, en renversant le carton : c'est le règlement de Septembre, je n'ai pas à m'en inquiéter; il diffère, du reste, peu de l'autre ; mais voici un post-scriptum qui concerne les deux horaires.

NOTA :

1° Ceux qui ne sont pas tenus au Bréviaire diront le Petit Office de la Sainte Vierge.

2° MM. les Retraitants sont invités à faire leur confession dès les premiers jours, afin d'avoir l'esprit plus libre dans les méditations.

3° Après chaque méditation, il faut lire un chapitre de l'Imitation analogue.

4° Le temps propice pour les confessions et le chemin de croix est de 6 heures à 9 heures du matin, — 2 heures à 5 heures du soir, en été, et de 9 heures du matin à 2 heures du soir ;

5° Lire le tableau des avertissements ;

6° Il est bon d'être exact aux heures des repas, pour ne pas faire attendre ;

7° Le P. hôtelier est seul chargé de pourvoir aux besoins de MM. les hôtes ;

8° On peut demander des livres de retraite, si l'on n'en a pas.

La confession ! il ne voyait plus que ce mot dans cette série d'articles. Il allait pourtant falloir y recourir ! et il se sentit froid dans le dos ; je vais en parler au P. Etienne quand il viendra, se dit-il.

Il n'eut pas longtemps à se débattre avec lui-même, car presque aussitôt le moine entra et lui dit :

— Avez-vous remarqué quelque chose qui vous manque et dont la présence vous serait utile ?

— Non, mon père; pourtant si vous pouviez m'obtenir un peu plus d'eau...

— Rien n'est plus simple; je vous en ferai monter, tous les matins, une grande cruche.

— Je vous remercie... voyons, je viens d'étudier le règlement...

— Je vais vous mettre tout de suite à votre aise, fit le moine. Vous n'êtes astreint qu'à la plus stricte exactitude; vous devez pratiquer les offices canoniaux, à la lettre. Quant aux exercices marqués sur la pancarte, ils ne sont pas obligatoires; tels qu'ils sont organisés, ils peuvent être utiles à des gens très jeunes ou dénués de toute initiative, mais ils gêneraient, à mon sens du moins, plutôt les autres; d'ailleurs, en thèse générale, nous ne nous occupons pas, ici, des retraitants — nous laissons agir la solitude — c'est à vous qu'il appartient de vous discerner et de distinguer le meilleur mode pour employer saintement votre temps. Donc, je ne vous imposerai aucune des lectures désignées sur ce tableau; je me permettrai seulement de vous engager à dire le Petit Office de la Sainte Vierge; l'avez-vous?

— Le voici, dit Durtal, qui lui tendit une plaquette.

— Il est charmant, votre volume, dit le P. Etienne qui feuilleta les pages luxueusement imprimées en rouge et noir. Il s'arrêta à l'une d'elles et lut tout haut la troisième leçon des Matines.

— Est-ce beau! s'écria-t-il. — La joie jaillissait soudain de cette figure; les yeux s'illuminaient, les doigts tremblaient sur la plaquette. — Oui, fit-il, en la refermant, lisez cet office, ici surtout, car, vous le savez, la vraie patronne, la véritable abbé des Trappes, c'est la Sainte Vierge!

Après un silence, il reprit : J'ai fixé à huit jours la durée de votre retraite, dans la lettre que j'ai envoyée à l'abbé Gévresin, mais il va de soi que si vous ne vous ne vous ennuyez pas trop ici, vous pourrez y demeurer autant que vous le croirez bon.

— Je souhaite de pouvoir prolonger mon séjour parmi vous, mais cela dépendra de la façon dont mon corps supportera la lutte ; j'ai l'estomac assez malade et je ne suis pas sans crainte ; aussi, pour parer à tout événement, vous serai-je obligé si vous pouviez me faire venir, le plus tôt possible, le confesseur.

— Bien, vous le verrez demain ; je vous indiquerai l'heure, ce soir, après Complies. Quant à la nourriture, si vous l'estimez insuffisante, je vous ferai allouer un supplément d'un œuf ; mais, là, s'arrête la discrétion dont je puis user, car la règle est formelle, ni poisson, ni viande — des légumes, et, je dois vous l'avouer, ils ne sont pas fameux !

Vous allez en juger, d'ailleurs, car l'heure du souper est proche ; si vous le voulez bien, je vais vous montrer la salle où vous mangerez en compagnie de M. Bruno.

Et, tout en descendant l'escalier, le moine poursuivit : M. Bruno est une personne qui a renoncé au monde et qui, sans avoir prononcé de vœux, vit en clôture. Il est ce que notre règle nomme un oblat ; c'est un saint et un savant homme qui vous plaira certainement ; vous pourrez causer avec lui, pendant le repas.

— Ah ! fit Durtal, et avant et après, je dois garder le silence ?

— Oui, à moins que vous n'ayez quelque chose à

demander, auquel cas, je serai toujours à votre disposition, prêt à vous répondre.

Pour cette question du silence, comme pour celle des heures du lever, du coucher, des offices, la règle ne tolère aucun allègement; elle doit être observée à la lettre.

— Bien, fit Durtal, un peu interloqué par le ton ferme du père; mais, voyons, j'ai vu sur ma pancarte un article qui m'invite à consulter un tableau d'avertissement et je ne l'ai pas ce tableau !

— Il est pendu sur le palier de l'escalier, près de votre chambre; vous le lirez, à tête reposée, demain; prenez la peine d'entrer, fit-il, en poussant une porte située dans le corridor en bas, juste en face de celle de l'auditoire.

Durtal se salua avec un vieux Monsieur qui vint au-devant de lui; le moine les présenta et disparut.

Tous les mets étaient sur la table : deux œufs sur le plat, puis une jatte de riz, une autre de haricots et un pot de miel.

M. Bruno récita le Benedicite et voulut servir lui-même Durtal.

Il lui donna un œuf.

— C'est un triste souper pour un Parisien, dit-il, en souriant.

— Oh, du moment qu'il y a un œuf et du vin, c'est soutenable; je craignais, je vous l'avoue, de n'avoir pour toute boisson que de l'eau claire !

Et ils causèrent amicalement.

L'homme était aimable et distingué, de figure ascétique, mais avec un joli sourire qui éclairait la face jaune et grave, creusée de rides.

Il se prêta avec une parfaite bonne grâce à l'enquête de Durtal et raconta qu'après une existence de tempêtes, il s'était senti touché par la grâce et s'était retiré de la vie pour expier, par des années d'austérités et de silence, ses propres fautes et celles des autres.

— Et vous ne vous êtes jamais lassé d'être ici?

— Jamais depuis cinq années que j'habite ce cloître ; le temps, découpé tel qu'il est à la Trappe, semble court.

— Et vous assistez à tous les exercices de la communauté ?

— Oui ; je remplace seulement le travail manuel par la méditation en cellule ; ma qualité d'oblat me dispenserait cependant, si je le désirais, de me lever à deux heures pour suivre l'office de la nuit, mais c'est une grande joie pour moi que de réciter le magnifique psautier Bénédictin, avant le jour ; mais vous m'écoutez et ne mangez pas. Voulez-vous me permettre de vous offrir encore un peu de riz ?

— Non, merci ; j'accepterai, si vous le voulez bien, une cuillerée de miel.

Cette nourriture n'est pas mauvaise, reprit-il, mais ce qui me déconcerte un peu, c'est ce goût identique et bizarre qu'ont tous les plats ; ça sent, comment dirai-je..., le graillon ou le suif.

— Ça sent l'huile chaude avec laquelle sont accommodés ces légumes ; oh! vous vous y accoutumerez très vite ; dans deux jours, vous ne vous en apercevrez plus.

— Mais en quoi consiste, au juste, le rôle de l'oblat?

— Il vit d'une existence moins austère et plus contemplative que celle du moine, il peut voyager, s'il le veut, et, quoiqu'il ne soit pas lié par des serments, il participe aux biens spirituels de l'ordre.

Autrefois, la règle admettait ce qu'elle appelait des « familiers ».

C'étaient des oblats qui recevaient la tonsure, portaient un costume distinct et prononçaient les trois grands vœux; ils menaient en somme une vie mitigée, mi-laïque, mi-moine. Ce régime, qui subsiste encore chez les purs Bénédictins, a disparu des Trappes depuis l'année 1293, époque à laquelle le Chapitre général le supprima.

Il ne reste plus aujourd'hui dans les abbayes Cisterciennes que les pères, les frères lais ou convers, les oblats quand il y en a, et les paysans employés aux travaux des champs.

— Les convers, ce sont ceux qui ont la tête complètement rasée et qui sont vêtus, ainsi que le moine qui m'a ouvert la porte, d'une robe brune?

— Oui, ils ne chantent pas aux offices, et se livrent seulement à des besognes manuelles.

— A propos, le règlement des retraites que j'ai lu dans ma chambre ne me semble pas clair. Autant que je puis me le rappeler, il double certains offices, met des Matines à quatre heures de l'après-midi, des Vêpres à deux heures; en tout cas, son horaire n'est pas le même que celui des trappistes; comment dois-je m'y prendre pour les concilier?

— Vous n'avez pas à tenir compte des exercices détaillés sur votre pancarte; le P. Etienne a dû vous le dire, d'ailleurs ; ce moule n'a été fabriqué que pour les gens qui sont incapables de s'occuper et de se guider eux-mêmes. Cela vous explique comment, pour les empêcher de demeurer oisifs, on a en quelque sorte décalqué le bréviaire du prêtre et imaginé de leur distribuer le temps en petites tranches, de leur faire débiter, par exemple, les psaumes des Matines à des heures qui ne comportent aucun psaume.

Le dîner était terminé ; M. Bruno récita les grâces et dit à Durtal :

— Vous avez, d'ici à Complies, une vingtaine de minutes libres ; profitez-en pour faire connaissance avec le jardin et les bois. — Et il salua poliment et il sortit.

Ce que je fumerais bien une cigarette, pensa Durtal, lorsqu'il fut seul. Il prit son chapeau et quitta, lui aussi, la pièce. La nuit tombait. Il traversa la grande cour, tourna à droite, longea une maisonnette surmontée d'un long tuyau, devina à l'odeur qu'elle exhalait une fabrique de chocolat et il s'engagea dans une allée d'arbres.

Le ciel était si peu clair qu'il ne pouvait discerner l'ensemble du bois où il entrait ; n'apercevant personne, il roula des cigarettes, les fuma lentement, délicieusement, consultant, à la lueur de ses allumettes, de temps en temps, sa montre.

Il restait étonné du silence qui se levait de cette Trappe ; pas une rumeur, même effacée, même lointaine, sinon, à certains moments, un bruit très doux de rames ; il se dirigea du côté d'où venait ce bruit et reconnut une pièce d'eau sur laquelle voguait un cygne qui vint aussitôt à lui.

Il le regardait osciller dans sa blancheur sur les ténèbres qu'il déplaçait en clapotant, quand une cloche sonna des volées lentes ; voyons, dit-il, en interrogeant à nouveau sa montre, l'heure des Complies approche.

Il se rendit à la chapelle ; elle était encore déserte ; il profita de cette solitude pour l'examiner à son aise.

Elle avait la forme d'une croix amputée, d'une croix sans pied, arrondie à son sommet et tendant deux bras carrés, percés d'une porte à chaque bout.

La partie supérieure de la croix figurait, au-dessous d'une coupole peinte en azur, une petite rotonde autour de laquelle se tenait un cercle de stalles adossées aux murs ; au milieu, se dressait un grand autel de marbre blanc, surmonté de chandeliers de bois, flanqué, à gauche et à droite, de candélabres également en bois, placés sur des fûts de marbre.

Le dessous de l'autel était creux et fermé sur le devant par une vitre derrière laquelle apparaissait une châsse de style gothique qui reflétait, dans le miroir doré de ses cuivres, des feux de lampes.

Cette rotonde s'ouvrait en un large porche, précédé de trois marches, sur les bras de la croix qui s'allongeaient en une sorte de vestibule servant tout à la fois de nef et de bas-côtés à ce tronçon d'église.

Ces bras évidés, à leurs extrémités, près des portes, recélaient deux minuscules chapelles enfoncées dans des niches teintes, ainsi que la coupole, en bleu ; elles contenaient au-dessus d'autels en pierre, sans ornements, deux statues médiocres, l'une, de saint Joseph, l'autre du Christ.

Enfin, un quatrième autel dédié à la Vierge était situé dans ce vestibule, vis-à-vis des marches accédant à la rotonde, en face par conséquent du grand autel. Il se découpait sur une fenêtre dont les vitraux représentaient, l'un, saint Bernard en blanc et l'autre, saint Benoît, en noir et il paraissait se reculer dans l'église, à cause des deux rangées de bancs qui s'avançaient, à sa gauche et à sa droite, au-devant des deux autres petites chapelles, ne laissant que la place nécessaire pour cheminer le long du vestibule ou pour aller, en ligne droite, de cet autel de la Vierge dans la rotonde, au maître-autel.

Ce sanctuaire est d'une laideur alarmante, se dit Durtal, qui s'en fut s'asseoir sur un banc, devant la statue de saint Joseph; à en juger par les quelques sujets sculptés le long des murs, ce monument date du temps de Louis XVI ; fichue époque pour une église !

Il fut distrait de ses réflexions par des sons de cloches et en même temps toutes les portes s'ouvrirent; l'une, sise dans la rotonde même, à gauche de l'autel, donna passage à une dizaine de moines, enveloppés dans de grandes coules blanches; ils se répandirent dans le chœur et occupèrent, de chaque côté, les stalles.

Par les deux portes du vestibule, pénétra, à son tour, une foule de moines bruns qui s'agenouilla devant les bancs, des deux côtés de l'autel de la Vierge.

Durtal en avait quelques-uns près de lui; mais ils baissaient la tête, les mains jointes, et il n'osa les observer ; le vestibule était, d'ailleurs, devenu presque noir ; la lumière se concentrait dans le chœur où étaient allumées les lampes.

Il dévisagea les moines blancs installés dans la partie de la rotonde qu'il pouvait voir et il reconnut parmi eux le P. Etienne à genoux près d'un moine court; mais un autre, placé au bout des stalles près du porche, presque en face de l'autel et en pleine clarté, le retint.

Celui-là était svelte et nerveux et il ressemblait dans son burnous blanc à un arabe. Durtal ne l'apercevait que de profil et il distinguait une longue barbe grise, un crâne ras, ceint de la couronne monastique, un front haut et un nez en bec d'aigle. Il avait grand air avec son visage impérieux et son corps élégant qui ondulait sous la coule.

C'est probablement l'abbé de la Trappe, se dit Durtal, et il ne douta plus lorsque ce moine tira une cliquette dissimulée devant lui sous son pupitre et dirigea l'office.

Tous les moines saluèrent l'autel; l'abbé récita les prières du prélude, puis il y eut une pause — et, de l'autre côté de la rotonde, là où Durtal ne pouvait regarder, une voix frêle de vieillard, une voix revenue au cristal de l'enfance, mais avec en plus quelque chose de doucement fêlé, s'éleva, montant à mesure que se déroulait l'antienne :

« Deus in adjutorium meum intende. »

Et l'autre côté du chœur, là où se tenaient le P. Etienne et l'abbé, répondit, scandant très lentement les syllabes, avec des voix de basse taille.

« Domine ad adjuvandum me festina. »

Et tous courbèrent la tête sur les in-folios posés devant eux et reprirent :

« Gloria Patri et Filio et Spiritui sancto. »

Et ils se redressèrent tandis que l'autre partie des pères prononçait le répons : « Sicut erat in principio, etc. »

L'office commença.

Il n'était pas chanté mais psalmodié, tantôt rapide et tantôt lent. Le côté du chœur, visible pour Durtal, faisait de toutes les voyelles des lettres aiguës et brèves ; l'autre, au contraire, les muait en des longues, semblait coiffer d'un accent circonflexe tous les O. On eût dit, d'une part, la prononciation du Midi, et, de l'autre, celle du Nord ; ainsi psalmodié, l'office devenait étrange ; il finissait par bercer tel qu'une incantation, par dorloter l'âme qui s'assoupissait dans ce roulement de versets interrompu par la doxologie revenant, en ritournelle, après la dernière strophe de chacun des psaumes.

Ah ça mais, je n'y comprends rien, se dit Durtal qui connaissait ses Complies sur le bout du doigt ; ce n'est plus du tout l'office romain qu'ils chantent.

Le fait est que l'un des psaumes manquait. Il retrouva bien, à un moment, l'hymne de saint Ambroise, le « Te lucis ante terminum », clamé alors sur un air ample et rugueux de vieux plain-chant et encore la dernière strophe n'était-elle plus la même ! mais il se perdait à nouveau, attendait les « Leçons brèves », le « Nunc dimittis » qui ne vinrent pas.

Les Complies ne sont pourtant point variables, comme les Vêpres, se dit-il ; il faudra que je demande, demain, des explications au P. Etienne.

Puis il fut troublé dans ses réflexions par un jeune moine blanc qui passa, en s'agenouillant devant l'autel, et alluma deux cierges.

Et subitement tous se levèrent et, dans un immense cri le « Salve Regina » ébranla les voûtes.

Durtal écoutait, saisi, cet admirable chant qui n'avait rien de commun avec celui que l'on beugle, à Paris, dans les églises. Celui-ci était tout à la fois flébile et ardent, soulevé par de si suppliantes adorations, qu'il semblait concentrer, en lui seul, l'immémorial espoir de l'humanité et son éternelle plainte.

Chanté sans accompagnement, sans soutien d'orgue, par des voix indifférentes à elles-mêmes et fondues en une seule, mâle et profonde, il montait en une tranquille audace, s'exhaussait en un irrésistible essor vers la Vierge, puis il faisait comme un retour sur lui-même et son assurance diminuait ; il avançait plus tremblant, mais si déférent, si humble, qu'il se sentait pardonné et osait alors, dans des appels éperdus, réclamer les délices imméritées d'un ciel.

Il était le triomphe avéré des neumes, de ces répétitions de notes sur la même syllabe, sur le même mot, que l'Eglise inventa pour peindre l'excès de cette joie intérieure ou de cette détresse interne que les paroles ne peuvent rendre ; et c'était une poussée, une sortie d'âme s'échappant dans les voix passionnées qu'exhalaient ces corps debout et frémissants de moines.

Durtal suivait sur son paroissien cette œuvre au texte si court et au chant si long ; à l'écouter, à la lire avec recueillement, cette magnifique exoration paraissait se décomposer en son ensemble, représenter trois états différents d'âme, signifier la triple phase de l'humanité, pendant sa jeunesse, sa maturité et son déclin ; elle était, en un mot, l'essentiel résumé de la prière à tous les âges.

C'était d'abord le cantique d'exultation, le salut joyeux de l'être encore petit, balbutiant des caresses respectueuses, choyant avec des mots de douceur, avec des cajoleries d'enfant qui cherche à amadouer sa mère ; c'était le — « Salve Regina, Mater misericordiæ, vita, dulcedo et spes nostra, salve. » — Puis cette âme, si candide, si simplement heureuse, avait grandi et connaissant déjà les défaites volontaires de la pensée, les déchets répétés des fautes, elle joignait les mains et demandait, en sanglotant, une aide. Elle n'adorait plus en souriant, mais en pleurant ; c'était le — « Ad te clamamus exsules filii Hevæ ; ad te suspiramus gementes et flentes in hac lacrymarum valle. » — Enfin la vieillesse était venue ; l'âme gisait, tourmentée par le souvenir des avis négligés, par le regret des grâces perdues ; et, devenue plus craintive, plus faible, elle s'épouvantait devant sa délivrance, devant la destruction de sa prison charnelle qu'elle sentait proche ; et alors elle songeait à l'éternelle inanition de ceux que le Juge damne et elle implorait, à genoux, l'Avocate de la terre, la Consule du ciel ; c'était le — « Eia ergo Advocata nostra, illos tuos misericordes oculos ad nos converte et Jesum benedictum fructum ventris tui nobis post hoc exsilium ostende ».

Et, à cette essence de prière que prépara Pierre de Compostelle ou Hermann Contract, saint Bernard, dans un accès d'hyperdulie, ajoutait les trois invocations de la fin : « O clemens, o pia, o dulcis Virgo Maria », scellait l'inimitable prose comme avec un triple sceau, par ces trois cris d'amour qui ramenaient l'hymne à l'adoration câline de son début.

Cela devient inouï, se dit Durtal, lorsque les trappistes chantèrent ces doux et pressants appels ; les neumes se prolongeaient sur les O qui passaient par toutes les couleurs de l'âme, par tout le registre des sons ; et ces interjections résumaient encore, dans cette série de notes qui les enrobait, le recensement de l'âme humaine que récapitulait déjà le corps entier de l'hymne.

Et brusquement, sur le mot Maria, sur le cri glorieux du nom, le chant tomba, les cierges s'éteignirent, les moines s'affaissèrent sur leurs genoux ; un silence de mort plana sur la chapelle. Et, lentement les cloches tintèrent et l'Angelus effeuilla, sous les voûtes, les pétales espacés de ses sons blancs.

Tous, maintenant prosternés, le visage dans les mains, priaient et cela dura longtemps ; enfin le bruit de la cliquette retentit ; tout le monde se leva, salua l'autel et, en une muette théorie, les moines disparurent par la porte percée dans la rotonde.

— Ah ! le véritable créateur de la musique plane, l'auteur inconnu qui a jeté dans le cerveau de l'homme la semence du plain-chant, c'est le Saint-Esprit, se dit Durtal, malade, ébloui, les yeux en larmes.

M. Bruno qu'il n'avait pas aperçu dans la chapelle vint le rejoindre. Ils traversèrent, sans parler, la cour, et quand ils furent rentrés dans l'hôtellerie, M. Bruno alluma deux bougeoirs, en remit un à Durtal et gravement lui dit :

— Je vous souhaite une bonne nuit, Monsieur.

Durtal grimpa l'escalier derrière lui. Ils se resaluèrent sur le palier et Durtal pénétra dans sa cellule.

Le vent soufflait sous la porte et la pièce, à peine éclairée par la flamme couchée de la bougie, lui parut sinistre ; le plafond très haut disparaissait dans l'ombre et pleuvait de la nuit.

Durtal s'assit, découragé, près de sa couche.

Et cependant, il était projeté par l'une de ces impulsions qu'on ne peut traduire, par une de ces jaculations où il semble que le cœur enfle et va s'ouvrir ; et, devant son impuissance à se déliter et à se fuir, Durtal finit par redevenir enfant, par pleurer sans cause définie, simplement par besoin de s'alléger de larmes.

Il s'affala sur le prie-Dieu, attendant il ne savait quoi qui ne vint pas ; puis devant le crucifix qui écartelait au-dessus de lui ses bras, il se mit à Lui parler, à Lui dire tout bas :

Père, j'ai chassé les pourceaux de mon être, mais ils m'ont piétiné et couvert de purin et l'étable même est en ruine. Ayez pitié, je reviens de si loin ! faites miséricorde, Seigneur, au porcher sans place ! je suis entré chez vous, ne me chassez pas, soyez bon hôte, lavez-moi !

Ah ! fit-il soudain, cela me fait penser que je n'ai pas vu le P. Étienne qui devait m'indiquer l'heure à laquelle le confesseur me recevrait demain ; il aura sans doute oublié de le consulter ; tant mieux, au fond cela me reculera d'un jour ; j'ai l'âme si courbaturée que j'ai vraiment besoin qu'elle repose.

Il se déshabilla, soupirant : il faut que je sois debout à trois heures et demie, pour être dans la chapelle à quatre : je n'ai pas de temps à perdre, si je veux dormir. Pourvu que je n'aie pas de névralgies, demain, et que je m'éveille avant l'aube !

II

IL vécut la plus épouvantable des nuits; ce fut si spécial, si affreux, qu'il ne se rappelait pas, pendant toute son existence, avoir enduré de pareilles angoisses, subi de semblables transes.

Ce fut une succession ininterrompue de réveils en sursaut et de cauchemars.

Et ces cauchemars dépassèrent les limites des abominations que les démences le plus périlleuses rêvent. Ils se déroulaient sur les territoires de la Luxure et ils étaient si particuliers, si nouveaux pour lui, qu'en se réveillant, Durtal restait tremblant, retenait un cri.

Ce n'était plus du tout l'acte involontaire et connu, la vision qui cesse juste au moment où l'homme endormi étreint la forme amoureuse et va se fondre en elle; c'était ainsi et mieux que dans la nature, long, complet, accompagné de tous les préludes, de tous les détails, de toutes les sensations; et le déclic avait lieu, avec une acuité douloureuse extraordinaire, dans un spasme de détente inouï.

Et, fait bizarre et qui semblait marquer la différence entre cet état et le stupre inconscient des nuits, c'était, en outre de certains épisodes où des caresses qui ne pourraient que se succéder dans la réalité étaient réunies, au même instant, dans le rêve, la sensation nette, précise, d'un être, d'une forme fluidique disparaissant avec le bruit sec d'une capsule ou d'un coup de fouet, d'auprès de vous, dès le réveil. Cet être, on le sentait distinctement près de soi, si près, que le linge, dérangé par le souffle de sa fuite, ondulait et que l'on regardait, effaré, la place vide.

Ah ça mais, se dit Durtal, quand il eut allumé la bougie ; cela me reporte au temps où je fréquentais Mme Chantelouve ; cela me réfère aux histoires du Succubat.

Il restait, ahuri, sur son séant, scrutait avec un véritable malaise cette cellule noyée d'ombre. Il consulta sa montre ; il n'était que onze heures du soir. — Mon Dieu, fit-il, si les nuits sont ainsi que celles-là dans les cloîtres !

Il recourut, pour se remettre, à des affusions d'eau froide, ouvrit la fenêtre pour renouveler l'air et, glacé, se recoucha.

Il hésitait à souffler la bougie, inquiet de ces ténèbres qui lui paraissaient habitées, pleines d'embûches et de menaces. Il se décida enfin à éteindre et répéta la strophe des Complies que l'on avait chantée, le soir même, à la chapelle :

> Procul recedant somnia
> Et noctium phantasmata,
> Hostemque nostrum comprime,
> Ne polluantur corpora.

Il finit par s'assoupir, rêva encore d'immondices, mais il se reprit à temps pour rompre le charme, éprouva encore cette impression d'une ombre s'évaporant à temps pour qu'on ne puisse la saisir dans les draps et il interrogea sa montre. Il était deux heures.

Si cela continue, je serai brisé demain, se dit-il ; il parvint tant bien que mal, en somnolant et en se détirant toutes les dix minutes, à atteindre trois heures.

Si je me rendors, je ne me réveillerai pas au moment voulu, pensa-t-il ; si je me levais ?

Et il sauta en bas du lit, s'habilla, pria, mit de l'ordre dans ses affaires.

D'authentiques excès l'eussent moins abattu que cette fausse équipée, mais ce qui lui semblait surtout odieux, c'était l'inassouvissement que laissait le viol terminé de ces larves. Comparées à leurs avides manigances, les caresses de la femme n'épandaient qu'une volupté tempérée, n'aboutissaient qu'à un faible choc ; seulement dans le Succubat l'on restait enragé de n'avoir étreint que le vide, d'avoir été la dupe d'un mensonge, le jouet d'une apparence dont on ne se rappelait même plus les contours et les traits. On en arrivait forcément à désirer de la chair, à souhaiter de presser contre soi un véritable corps et Durtal se mit à songer à Florence ; elle vous désaltérait au moins, ne vous quittait pas ainsi, pantelant et fiévreux, en quête d'on ne savait quoi, dans une atmosphère où l'on était environné, épié, par un inconnu qu'on ne pouvait discerner, par un simulacre que l'on ne pouvait fuir.

Puis Durtal se secoua, voulut repousser l'assaut de ces souvenirs. Je vais toujours, se dit-il, aller respirer de l'air frais et fumer une cigarette, nous verrons après.

Il descendit l'escalier dont les murs paraissaient ne

pouvoir tenir en place et dansaient avec la lueur de la bougie, enfila les corridors, souffla et déposa son lumignon près de l'auditoire et s'élança dehors.

Il faisait nuit noire ; à la hauteur d'un premier étage, un œil de bœuf ouvert dans le mur de l'église trouait les ténèbres d'une lune rouge.

Durtal tira quelques bouffées d'une cigarette, puis il s'achemina vers la chapelle. Il tourna doucement le loquet de la porte ; le vestibule où il pénétrait était sombre, mais la rotonde, bien qu'elle fût vide, était illuminée par de nombreuses lampes.

Il fit un pas, se signa et recula, car il venait de heurter un corps ; il regarda à ses pieds.

Il entrait sur un champ de bataille.

Par terre, des formes humaines étaient couchées dans des attitudes de combattants fauchés par la mitraille ; les unes à plat ventre, les autres à genoux ; celles-ci, affaissées les mains par terre, comme frappées dans le dos, celles-là étendues les doigts crispés sur la poitrine, celles-là encore se tenant la tête ou tendant les bras.

Et, de ce groupe d'agonisants, ne s'élevaient aucun gémissement, aucune plainte.

Durtal contemplait, stupéfié, ce massacre de moines ; et il resta soudain bouche béante. Une écharpe de lumière tombait d'une lampe que le père sacristain venait de déplacer dans la rotonde et, traversant le porche, elle éclairait un moine à genoux devant l'autel voué à la Vierge.

C'était un vieillard de plus de quatre-vingts ans ; il était immobile ainsi qu'une statue, les yeux fixes, penché dans un tel élan d'adoration que toutes les figures extasiées des Primitifs paraissaient, près de la sienne, efforcées et froides.

Le masque était pourtant vulgaire ; le crâne ras, sans couronne, hâlé par tous les soleils et par toutes les pluies, avait le ton des briques ; l'œil était voilé, couvert d'une taie par l'âge ; le visage plissé, ratatiné, culotté tel qu'un vieux buis, s'enfonçait dans un taillis de poils blancs et le nez un peu camus achevait de rendre singulièrement commun l'ensemble de cette face.

Et il sortait, non des yeux, non de la bouche, mais de partout et de nulle part, une sorte d'angélité qui se diffusait sur cette tête, qui enveloppait tout ce pauvre corps courbé dans un tas de loques.

Chez ce vieillard, l'âme ne se donnait même pas la peine de réformer la physionomie, de l'anoblir ; elle se contentait de l'annihiler, en rayonnant ; c'était, en quelque sorte, le nimbe des anciens saints ne demeurant plus autour du chef mais s'étendant sur tous ses traits, baignant, apâli, presque invisible, tout son être.

Et il ne voyait et n'entendait rien ; des moines se traînaient sur les genoux, venaient pour se réchauffer, pour s'abriter auprès de lui et il ne bougeait, muet et sourd, assez rigide pour qu'on pût le croire mort, si, par instant, la lèvre inférieure n'eût remué, soulevant dans ce mouvement sa grande barbe.

L'aube blanchit les vitres et, dans l'obscurité qui commençait à se dissiper, les autres frères apparurent à leur tour, à Durtal ; tous ces blessés de l'amour divin priaient ardemment, jaillissaient hors d'eux-mêmes, sans bruit, devant l'autel. Il y en avait de tout jeunes à genoux et le buste droit, d'autres, les prunelles en extase repliés en arrière et assis sur leurs talons, d'autres encore faisaient le chemin de croix et souvent ils étaient posés, les uns devant les autres, face à face et ils se regardaient sans se voir, avec des yeux d'aveugles.

Et parmi ces convers, quelques pères, ensevelis dans leurs grandes coules blanches, gisaient, prosternés, baisaient la terre.

Oh prier, prier comme ces moines! s'écria Durtal.

Il sentait son malheureux être se détendre; dans cette atmosphère de sainteté, il se dénoua et il s'affaissa sur les dalles, demandant humblement pardon au Christ de souiller par sa présence la pureté de ce lieu.

Et il pria longtemps, se descellant pour la première fois, se reconnaissant si indigne, si vil, qu'il ne pouvait comprendre comment, malgré sa miséricorde, le Seigneur le tolérait dans le petit cercle de ses élus; il s'examina, vit clair, s'avoua qu'il était inférieur au dernier de ces convers qui ne savait peut-être même pas épeler un livre, comprit que la culture de l'esprit n'était rien et que la culture de l'âme était tout et, peu à peu, sans s'en apercevoir, ne pensant plus qu'à balbutier des actes de gratitude, il disparut de la chapelle, l'âme emmenée par celles des autres, hors du monde, loin de son charnier, loin de son corps.

Dans cette chapelle, l'élan était enfin consenti, la projection jusqu'alors refusée était enfin permise; il ne se débattait plus de même qu'au temps où il parvenait si difficilement à s'évader de sa geôle, à Notre-Dame-des-Victoires et à Saint-Séverin.

Puis il réintégra cette chapelle où son animalité était

demeurée seule et il regarda, étonné, autour de lui ; la plupart des frères étaient partis ; un père restait prostré devant l'autel de la Vierge ; il le quitta à son tour et regagna la rotonde où les autres pères entraient.

Durtal les observa ; il y en avait de toutes les tailles, de toutes les sortes, un gros, chauve, à longue barbe noire et à besicles, des petits blonds et bouffis, de très vieux, hérissés de poils de sanglier, de très jeunes ayant de vagues airs de rêveurs allemands, avec leurs yeux bleus, sous des lunettes ; et presque tous, sauf les très jeunes, avaient ce trait commun : le ventre gonflé et les joues sillonnées de vermicelles roses.

Et soudain par la porte ouverte, dans la rotonde même, le grand moine qui conduisait, la veille, l'office, parut. Il renversa sur sa chasuble un capuchon de toile qui lui couvrait la tête et, assisté de deux moines blancs, il monta au maître-autel pour célébrer la messe.

Et ce ne fut pas une de ces messes gargotées comme l'on en cuisine tant à Paris, mais une messe lente et méditée, profonde, une messe où le prêtre consacre longuement, abîmé devant l'autel et quand il éleva l'hostie, aucune sonnette ne tinta, mais les cloches du monastère épandirent des volées espacées, des coups brefs, sourds, presque plaintifs, tandis que les trappistes disparaissaient, tapis à quatre pattes, la tête cachée sous leurs pupitres.

Quand la messe prit fin, il était près de six heures ; Durtal refit le chemin de la veille au soir, passa devant la petite fabrique de chocolat qu'il avait longée, avisa au travers des vitres des pères qui enveloppaient des tablettes dans du papier de plomb, puis, dans une autre pièce, une minuscule machine à vapeur que modérait un convers.

Il gagna cette allée où il avait fumé des cigarettes dans l'ombre. Si triste, la nuit, elle était maintenant charmante avec ses deux rangées de très vieux tilleuls qui bruissaient doucement et le vent rabattait sur Durtal leur languissante odeur.

Assis sur un banc, il embrassait, d'un coup d'œil, la façade de l'abbaye.

Précédé d'un long potager où, çà et là, des rosiers s'épanouissaient au-dessus des vasques bleuâtres et des boules veinées des choux, cet ancien château, bâti dans le goût monumental du XVIIe siècle, s'étendait, solennel et immense, avec ses dix-huit fenêtres d'affilée et son fronton dans le tympan duquel était logée une puissante horloge.

Il était coiffé d'ardoises, surmonté d'un jeu de petites cloches et l'on y accédait par un perron de plusieurs marches. Il arborait une altitude d'au moins cinq étages, bien qu'il n'eût en réalité qu'un rez-de-chaussée et un premier, mais à en juger par l'élévation inattendue des fenêtres, les pièces devaient se plafonner à des hauteurs démesurées d'église ; somme toute, cet édifice était emphatique et froid, plus apte, puisqu'on l'avait converti en un couvent, à abriter des adeptes de Jansénius que des disciples de saint Bernard.

Le temps était tiède, ce matin-là ; le soleil se tamisait dans le crible remué des feuilles ; et le jour, ainsi bluté, se muait au contact du blanc, en rose. Durtal, qui s'apprêtait à lire son paroissien, vit les pages rosir et, par la loi des complémentaires, toutes les lettres, imprimées à l'encre noire, se teindre en vert.

Il s'amusait de ces détails, s'épanouissait, le dos au chaud, dans cette brise chargée d'aromes, se reposait, dans ce bain de lumière, des fatigues de la nuit, quand, au bout de l'allée, il aperçut quelques frères. Ils marchaient, silencieux, les uns, portant sous un bras de grands pains ronds, les autres, tenant des boîtes au lait ou des mannes pleines de foin et d'œufs; ils défilèrent devant lui et le saluèrent respectueusement.

Tous avaient la mine joyeuse et grave. Ah! les braves gens, se dit-il, ce qu'ils m'ont, ce matin, aidé, car c'est à eux que je dois d'avoir pu ne pas me taire, d'avoir pu prier, d'avoir enfin connu la joie de l'oraison qui n'était pour moi à Paris qu'un leurre! à eux, et surtout à Notre-Dame de l'Atre qui a eu pitié de mon pauvre être!

Il bondit de son banc, dans un élan d'allégresse, s'engagea dans des allées latérales, atteignit la pièce d'eau qu'il avait entrevue, la veille; devant elle, se dressait la formidable croix qu'il avait distinguée de loin du haut de la voiture, dans les bois, avant que d'arriver à la Trappe.

Elle était plantée en face du monastère même et tournait le dos à l'étang; elle supportait un Christ du XVIII° siècle, grandeur nature, en marbre blanc; et l'étang affectait, lui aussi, la forme d'une croix, telle qu'elle figure sur la plupart des plans des basiliques.

Et cette croix brune et liquide était granulée de pistache par des lentilles d'eau que déplaçait, en nageant, le cygne.

Il vint au-devant de Durtal, et il tendit le bec, attendant sans doute un bout de pain.

Et pas un bruit ne surgissait de ce lieu désert, sinon le craquement des feuilles sèches que Durtal froissait en marchant. L'horloge sonna sept heures.

Il se rappela que le déjeuner allait être servi et il se dirigea à grands pas vers l'abbaye. Le P. Étienne l'attendait ; il lui serra la main, lui demanda s'il avait bien dormi, puis :

— Qu'allez-vous manger ? je n'ai que du lait et du miel à vous offrir ; j'enverrai aujourd'hui même au village le plus proche pour tâcher de vous procurer un peu de fromage ; mais, vous allez subir une triste collation, ce matin.

Durtal proposa de substituer du vin au lait et déclara que ce serait pour le mieux ainsi ; j'aurais, dans tous les cas, mauvaise grâce à me plaindre, fit-il, car enfin, vous, maintenant, vous êtes à jeun.

Le moine sourit. — Pour l'instant, dit-il, nous faisons, à cause de certaines fêtes de notre ordre, pénitence. Et il expliqua qu'il ne prenait de nourriture qu'une fois par jour, à deux heures de l'après-midi, après None.

— Et vous n'avez même pas pour vous soutenir du vin et des œufs !

Le P. Étienne souriait toujours. — On s'y habitue, dit-il. Qu'est-ce que ce régime, en comparaison de celui qu'adoptèrent saint Bernard et ses compagnons, lorsqu'ils vinrent défricher la vallée de Clairvaux ? leur repas consistait en des feuilles de chêne, salées, cuites dans de l'eau trouble.

Et, après un silence, le père reprit : Sans doute la règle des Trappes est dure, mais combien elle est douce si nous nous reportons à ce que fut jadis, en Orient, la règle de saint Pacôme. Songez donc, celui qui voulait accéder à cet ordre restait dix jours et dix nuits à la porte du couvent et il y essuyait tous les crachats, tous les affronts ; s'il persistait à vouloir entrer, il accomplissait trois années de noviciat, habitait une hutte où il ne pouvait se tenir debout et se coucher de son long ; il ne se repaissait que d'olives et de choux, priait douze fois, le jour, douze fois, le soir et douze fois, la nuit ; le silence était perpétuel et les mortifications ne cessaient pas. Pour se préparer à ce noviciat et s'apprendre à dompter la faim, saint Macaire avait imaginé d'enfoncer du pain dans un vase au col très rétréci et il ne s'alimentait qu'à l'aide des miettes qu'il pouvait retirer avec ses doigts ; quand il fut admis dans le monastère, il se contenta de grignoter des feuilles de choux crus, le dimanche. Hein, ils étaient plus résistants que nous, ceux-là ! nous n'avons plus, hélas ! ni l'âme, ni le corps assez solides pour supporter de tels jeûnes. — mais que cela ne vous empêche pas de goûter ; allons, bon appétit ; — ah ! pendant que j'y pense, reprit le moine, soyez à dix heures précises à l'auditoire, c'est là que le père prieur vous confessera.

Et il sortit.

Durtal aurait reçu un coup de maillet sur la tête qu'il n'eût pas été mieux assommé. Tout l'échafaudage si rapidement exhaussé de ses joies croula. Ce fait étrange avait lieu ; dans cet élan d'allégresse qui le portait depuis l'aube, il avait complètement oublié qu'il fallait se confesser. Et il eut un moment d'aberration. Mais je suis pardonné ! se dit-il ; la preuve est cet état de bonheur que je n'ai jamais connu, cette dilatation vraiment merveilleuse d'âme que j'ai ressentie dans la chapelle et dans les bois !

L'idée que rien n'était commencé, que tout était à effectuer, l'effara ; il n'eut pas le courage d'avaler son pain ; il but une goutte de vin et, dans un vent de panique, il se rua dehors.

Il allait, affolé, à grands pas. — Se confesser ! le prieur ? qui était le prieur ? il cherchait vainement parmi les pères dont il se rappelait le visage celui qui allait l'entendre.

Mon Dieu, fit-il, tout à coup, mais je ne sais même pas comment l'on se confesse !

Il chercha un coin désert où il pût se recueillir. Il arpentait alors, sans même savoir comment il y était venu, une allée de noyers que bordait un mur. Il y avait là des arbres énormes ; il se dissimula derrière le tronc de l'un d'eux et, assis sur la mousse, il feuilleta son paroissien, lut : « En arrivant au confessionnal, mettez-vous à genoux, faites le signe de la croix, demandez la bénédiction du prêtre en disant : Bénissez-moi, mon père, parce que j'ai péché ; récitez ensuite le Confiteor jusqu'à mea culpa.... et....

Il s'arrêta et sans même qu'il eût besoin de la sonder, sa vie bondit en des jets d'ordures.

Il recula, il y en avait tant, de toutes sortes, qu'il s'abîma dans le désespoir.

Puis il eut un effort de volonté, se reprit, voulut canaliser ces sources, les endiguer, les répartir pour s'y reconnaître, mais un affluent refoulait les autres, finissait par tout absorber, devenait le fleuve même.

Et ce péché se montrait d'abord simiesque et sournois, au collège où chacun s'attentait et cariait les autres ; puis c'était toute une jeunesse avide, traînée dans les estaminets, roulée dans les auges, vautrée sur les éviers des filles et c'était un âge mûr ignoble. Aux besognes régulières avaient succédé les avaries des sens et de honteux souvenirs l'assaillaient en foule ; il se rappelait la recherche de monstrueuses fraudes, la poursuite d'artifices aggravant la malice de l'acte ; et les complices, les agentes de ses déchéances défilaient devant lui.

C'était, entre toutes, à un moment, une Mme Chantelouve, une adultère démoniaque qui l'avait précipité dans d'affreux transports, qui l'avait lié aux crimes sans nom des méfaits divins, aux sacrilèges.

Comment raconter cela à ce moine ? se dit Durtal, terrifié par ce souvenir ; comment même s'exprimer pour se faire comprendre, sans devenir immonde ?

Les pleurs lui jaillirent des yeux. Mon Dieu, mon Dieu, soupira-t-il, c'est vraiment trop.

Et, à son tour, Florence parut, avec son sourire de petit voyou et ses hanches de garçonne. Je ne peux pourtant pas narrer au confesseur ce qui se brassait dans l'ombre parfumée de ses vices, s'écria Durtal ; je ne peux pourtant pas lui faire gigler à la face ces filets de pus !

Et dire qu'il va falloir faire cela pourtant ! et il s'appesantissait sur les turpitudes de cette fille trempée, dès l'enfance dans les incestes, barattée dès sa puberté, par des passions de vieillard, sur les canapés désossés des marchands de vins.

Quelle honte que d'avoir été rivé à celle-là, quelle dégoûtation que d'avoir satisfait aux abominables exigences de ses vœux !

Et derrière cette sentine, d'autres s'étendaient. Tous les districts des péchés qu'énumérait patiemment le paroissien, il les avait traversés! il ne s'était jamais confessé depuis sa première communion et c'était, avec l'entassement des années, de successives alluvions de fautes; et il pâlissait à l'idée qu'il allait détailler à un autre homme toutes ses saletés, lui avouer ses pensées les plus secrètes, lui dire ce qu'on n'ose se répéter à soi-même, de peur de se mépriser trop.

Il en sua d'angoisse; puis une nausée de son être, un remords de sa vie le souleva et il se rendit; le regret d'avoir si longtemps vécu dans ce cloaque le crucifia; il pleura longtemps, doutant du pardon, n'osant même plus le solliciter, tant il se sentait vil.

Enfin il eut un sursaut; l'heure de l'expiation devait être proche; sa montre marquait, en effet, dix heures moins le quart. A se laminer ainsi, il avait agonisé pendant plus de deux heures.

Il rejoignit précipitamment la grande allée qui conduisait au monastère. Il marchait, la tête basse, en refoulant ses larmes.

Il ralentit un peu le pas, lorsqu'il atteignit le petit étang; il leva des yeux suppliants vers la croix et, les baissant, il rencontra un regard si ému, si pitoyable, si doux qu'il s'arrêta; et le regard disparut avec le salut du convers qui continua son chemin.

Il a lu en moi, se dit Durtal — Oh! il a raison de me plaindre, le charitable moine, car vraiment ce que je souffre! ah! Seigneur, être comme cet humble frère! cria-t-il, se rappelant avoir remarqué, le matin même, ce jeune et grand garçon, priant, dans la chapelle, avec une telle ferveur qu'il semblait s'effuser du sol, devant la Vierge.

Il arriva dans un état affreux à l'auditoire, et s'effondra sur une chaise; puis, ainsi qu'une bête traquée qui se croit découverte, il se dressa et, perturbé par la peur, emporté par un vent de déroute, il songea à fuir, à aller chercher sa valise, à s'élancer dans un train.

Et il se retenait, indécis, tremblant, l'oreille aux aguets, le cœur lui battant à grands coups; il écoutait des bruits lointains de pas. — Mon Dieu! fit-il, épiant ces pas qui se rapprochaient, quel est le moine qui va entrer?

Le pas se tut et la porte s'ouvrit; Durtal terrifié n'osa fixer le confesseur, en lequel il reconnut le grand trappiste, au profil impérieux, celui qu'il croyait être l'abbé du monastère.

Suffoqué, il recula sans proférer un mot.

Surpris de ce silence, le prieur dit:

— Vous avez demandé à vous confesser, Monsieur?

Et, sur un geste de Durtal, il lui désigna le prie-Dieu posé contre le mur et lui-même s'agenouilla, en lui tournant le dos.

Durtal se roidit, s'éboula sur ce prie-Dieu et perdit complètement la tête. Il avait vaguement préparé son entrée en matière, noté des points de repère, classé à peu près ses fautes; il ne se rappelait plus rien.

Le moine se releva, s'assit sur une chaise de paille, se pencha sur le pénitent, l'oreille ramenée par la main en cornet, pour mieux entendre.

Et il attendit.

Durtal souhaitait de mourir pour ne pas parler; il parvint cependant à prendre le dessus, à refréner sa honte; il desserra les lèvres et rien ne sortit; il resta accablé, la tête dans ses mains, retenant les larmes qu'il sentait monter.

Le moine ne bougeait pas.

Enfin, il fit un effort désespéré, bredouilla le commencement du Confiteor et dit :

— Je ne me suis pas confessé depuis mon enfance; j'ai mené depuis ce temps-là, une vie ignoble, j'ai.......

Les mots ne vinrent pas.

Le trappiste demeurait silencieux, ne l'assistait point.

— J'ai commis toutes les débauches..., j'ai fait tout..., tout...

Il s'étrangla et les larmes contenues partirent; il pleura, le corps secoué, la figure cachée dans ses mains.

Et comme le prieur, toujours penché sur lui, ne bronchait point.

— Mais je ne peux pas, cria-t-il, je ne peux pas!

Toute cette vie qu'il ne pouvait rejeter l'étouffait; il sanglotait, désespéré par la vue de ses fautes et atterré aussi de se trouver ainsi abandonné, sans un mot de tendresse, sans un secours. Il lui sembla que tout croulait, qu'il était perdu, repoussé par Celui-là même qui l'avait pourtant envoyé dans cette abbaye!

Et une main lui toucha l'épaule, en même temps qu'une voix douce et basse disait :

— Vous avez l'âme trop lasse pour que je veuille la fatiguer par des questions; revenez à neuf heures, demain, nous aurons du temps devant nous, car nous ne serons pressés, à cette heure, par aucun office; d'ici là, pensez à cet épisode du Calvaire : la croix qui était faite de tous les péchés du monde pesait sur l'épaule du Sauveur d'un tel poids que ses genoux fléchirent et qu'il tomba. Un homme de Cyrène passait là, qui aida le Seigneur à la porter. Vous, en détestant, en pleurant vos péchés, vous avez allégé, vous avez délesté, si l'on peut dire, cette croix du fardeau de vos fautes et, l'ayant rendue moins pesante, vous avez ainsi permis à Notre-Seigneur de la soulever.

Il vous en a récompensé par le plus surprenant des miracles, par le miracle de vous avoir attiré de si loin ici. Remerciez-le donc de tout votre cœur et ne vous désolez plus. Vous réciterez aujourd'hui pour pénitence les Psaumes de la Pénitence et les Litanies des Saints. Je vais vous donner ma bénédiction.

Et le prieur le bénit et disparut. Durtal se releva à bout de larmes ; ce qu'il craignait tant était arrivé, le moine qui devait l'opérer était impassible, presque muet ! hélas ! se dit-il, mes abcès étaient mûrs, mais il fallait un coup de lancette pour les percer !

— Après tout, reprit-il, en grimpant l'escalier pour aller se rafraîchir les yeux dans sa cellule, ce trappiste a été compatissant à la fin, moins dans ses observations que dans le ton dont il les a prononcées ; puis, il convient d'être juste, il a peut-être été ahuri par mes larmes ; l'abbé Gévresin n'avait sans doute pas écrit au P. Étienne que je me réfugiais à la Trappe, pour me convertir ; mettons-nous alors à la place d'un homme vivant en Dieu, hors le monde, et auquel on décharge tout à coup une tinette sur la tête !

Enfin nous verrons demain ; et Durtal se hâta de se

tamponner le visage, car il était près de onze heures et l'office de Sexte devait commencer.

Il se rendit à la chapelle ; elle était à peu près vide, car les frères travaillaient, à ce moment, dans la fabrique de chocolat et dans les champs.

Les pères étaient, à leur place, dans la rotonde. Le prieur tira la cliquette, tous s'enveloppèrent d'un grand signe de croix et à gauche, là où il ne pouvait voir, — car Durtal s'était installé à la même place que le matin, devant l'autel de saint Joseph, — une voix monta :

— « Ave, Maria, gratia plena, Dominus tecum. »

Et l'autre partie du chœur répondit :

— « Et benedictus fructus ventris tui, Jesus. »

Il y eut une seconde d'intervalle et la voix pure et faible, du vieux trappiste, chanta comme avant l'office des Complies, la veille :

— « Deus, in adjutorium meum intende. »

Et la liturgie se déroula, avec ses « Gloria Patri », etc. pendant lesquels les moines courbaient le front sur leurs livres et sa série de psaumes articulés sur un ton bref, d'un côté et long, de l'autre.

Durtal agenouillé se laissait aller au bercement de la psalmodie, si las qu'il ne pouvait parvenir à prier lui-même.

Puis quand Sexte se termina, tous les pères se recueillirent et Durtal surprit un regard de pitié chez le prieur qui se tourna un peu vers son banc. Il comprit que le moine implorait le Sauveur pour lui, suppliait peut-être Dieu de lui indiquer la manière dont il pourrait, demain, s'y prendre.

Durtal rejoignit M. Bruno dans la cour ; ils se serrèrent la main, puis l'oblat lui annonça la présence d'un nouveau convive.

— Un retraitant ?

— Non, un vicaire des environs de Lyon ; il reste un jour seulement ; il est venu visiter l'abbé qui est malade.

— Je croyais d'abord que l'abbé de Notre-Dame de l'Atre était ce grand moine qui conduit l'office...

— Mais non, c'est le prieur, le P. Maximin ; quant à l'abbé, vous ne l'avez pas vu et je doute que vous puissiez le voir, car il ne sortira sans doute pas de son lit avant votre départ.

Ils arrivèrent à l'hôtellerie, trouvèrent le P. Étienne s'excusant, auprès d'un prêtre gros et court, de l'indigent régal qu'il apportait.

Ce prêtre aux traits forts, modelés dans de la graisse jaune, était hilare.

Il plaisanta M. Bruno qu'il semblait connaître de longue date, sur le péché de gourmandise qui devait se commettre si fréquemment dans les Trappes, puis il huma, en simulant des gloussements d'allégresse, l'inodore bouquet du pauvre vin qu'il se versa ; enfin lorsqu'il divisa avec une cuiller l'omelette qui composait le plat de résistance du dîner, il feignit de découper un poulet, s'extasiant sur la belle apparence de la chair, disant à Durtal : je vous affirme, Monsieur, que c'est un poulet de grain ; oserai-je vous offrir une aile ?

Ce genre de plaisanterie exaspérait Durtal qui n'avait avec cela aucune envie de rire, ce jour-là ; aussi se borna-t-il à répondre par un vague salut, tout en souhaitant à part lui que la fin du repas fût proche.

La conversation continua entre ce prêtre et M. Bruno.

Après s'être disséminée sur divers lieux-communs, elle finit par se concentrer sur une invisible loutre qui dévastait les étangs de l'abbaye.

— Mais enfin, disait le vicaire, avez-vous au moins découvert le lieu où elle gîte?

— Jamais; l'on distingue aisément dans les herbes froissées les chemins qu'elle parcourt pour se jeter dans l'eau, mais toujours à un endroit, on perd ses traces. Nous l'avons guettée avec le P. Étienne, pendant des journées; et jamais elle ne s'est montrée.

L'abbé expliqua divers pièges qu'il convenait de tendre. Durtal rêvait à cette chasse à la loutre si plaisamment racontée par Balzac en tête de ses Paysans, quand le dîner s'acheva.

Le vicaire récita les grâces et dit à M. Bruno:

— Si nous allions faire un tour; le bon air remplacera le café que l'on omet de nous servir.

Durtal regagna sa cellule.

Il se sentait vidé, détrité, fourbu, réduit à l'état de filaments, à l'état de pulpe. Le corps concassé par les cauchemars de la nuit, énervé par la scène du matin demandait à s'asseoir, à ne pas bouger et si l'âme n'avait plus cet affolement qui l'avait brisée dans des sanglots aux pieds du moine, elle restait dolente et inquiète; elle aussi, demandait à se taire, à se reposer, à dormir.

Voyons, dit Durtal, il ne s'agit pas de se déserter, secouons-nous.

Il lut les Psaumes de la Pénitence et les Litanies des Saints; puis il hésita entre deux de ses volumes entre saint Bonaventure et sainte Angèle.

Il se décida pour la Bienheureuse. Elle avait péché, s'était convertie, elle lui semblait moins loin de lui, plus compréhensive, plus secourable que le Docteur Séraphique, que le Saint toujours demeuré pur, à l'abri des chutes.

N'avait-elle pas été, elle aussi, une scélérate charnelle, n'était-elle pas également arrivée de bien loin vers le Sauveur ?.

Mariée, elle pratique l'adultère et elle se dévergonde ; les amants se succèdent et, quand ils sont taris, elle les rejette comme des écales. Soudain la grâce fermente en elle et lui fait éclater l'âme ; elle va se confesser, n'ose avouer les plus véhéments de ses péchés au prêtre, et elle communie, greffant ainsi le sacrilège sur ses autres fautes.

Elle vit, jours et nuits, torturée par le remords, finit par supplier saint François d'Assise de la sauver ; et, la nuit suivante, le saint lui apparaît : — Ma sœur, dit-il, si vous m'aviez appelé plus tôt, je vous aurais exaucée déjà. — Le lendemain, elle se rend à l'église, écoute un prêtre qui parle en chaire, comprend que c'est à celui-là qu'elle doit s'adresser et elle s'ouvre pleinement, se confesse entièrement à lui.

Alors commencent les épreuves d'une vie purgative atroce. Elle perd, coup sur coup, sa mère, son mari, ses enfants ; elle subit des tentations charnelles si violentes qu'elle en est réduite à saisir des charbons allumés et à cautériser par le feu la plaie même de ses sens.

Pendant deux années, le démon la tisonne. Elle distribue ses biens aux pauvres, revêt l'habit du tiers-ordre de saint François, recueille les malades et les infirmes, mendie dans la rue pour eux.

Un jour un haut de cœur lui vient devant un lépreux dont les croûtes soulevées infectent ; pour se punir de son dégoût, elle boit l'eau dans laquelle elle a lavé ces croûtes ; des nausées la reprennent ; elle se châtie encore en se forçant à avaler une écaille que cette eau n'a pu entraîner et qui lui est restée dans le gosier, à sec.

Pendant des années elle panse des ulcères et médite sur la Passion du Christ. Puis son noviciat de douleurs prend fin et le jour radieux des visions l'éclaire. Jésus la traite en enfant gâtée, la cajole, la nomme ma très douce, ma très aimée fille ; il la dispense du besoin de manger, ne la nourrit qu'avec les Espèces Saintes ; il l'appelle, l'attire, l'absorbe dans la lumière incréée, lui permet, par une avance d'hoirie, de connaître, vivante, les joies du ciel.

Et elle est si simple, si timide, que, malgré tout, elle a peur, car le souvenir de ses péchés l'alarme. Elle ne peut se croire pardonnée et elle dit au Christ : — « ah ! je voudrais me mettre un collier de fer et me traîner sur la place publique pour crier mes hontes ! »

Et Il la console et lui répète : rassure-toi, ma fille, j'ai compensé tes péchés par mes souffrances ; et comme elle s'accuse encore d'avoir vécu dans l'opulence, qu'elle se reproche d'avoir raffolé de toilettes et de bijoux, Il lui dit en souriant : pour racheter tes richesses, j'ai manqué de tout ; il te fallait un grand nombre de robes et, moi, je n'eus qu'un vêtement et les soldats m'en dépouillèrent et le tirèrent au sort ; ma nudité fut l'expiation de ta vanité dans les parures...

Et tous les entretiens du Christ sont sur ce ton ; il

passe son temps à réconforter cette humble que ses bienfaits accablent; et elle est pourtant avec cela la plus amoureuse des saintes ! son œuvre est une série de libations spirituelles et de caresses ; il semble qu'à côté d'elle, les volumes des autres mystiques charbonnent, tant le foyer de ce livre est vif!

Ah ! se disait Durtal, en feuilletant ces pages, c'est bien le Christ de saint François, le Dieu de miséricorde qui parle à cette franciscaine ! — et il reprenait: cela devrait me donner du courage, car enfin Angèle de Foligno a péché autant que moi et toutes ses fautes lui furent cependant remises ! oui, mais aussi, quelle âme elle avait, tandis que la mienne n'est bonne à rien ; au lieu d'aimer, elle raisonne ! Il est juste de noter pourtant que la Bienheureuse était dans de meilleures conditions que moi pour se rédimer. Elle vivait au XIIIe siècle, avait moins de chemin à faire pour aborder Dieu, car depuis le Moyen Age, chaque siècle nous éloigne de Lui davantage ! elle vivait dans un temps plein de miracles et qui regorgeait de Saints et, moi, je vis à Paris, à une époque où les miracles sont rares, où les Saints ne foisonnent guère. — Puis, une fois parti d'ici, je vais m'amollir, me diluer encore dans l'... âme étuvée, dans le bain de péchés des villes, quelle perspective !

A propos... il regarda sa montre et tressauta; il était deux heures — j'ai manqué l'office de None, se dit-il ; décidément, il faut que je simplifie l'horaire compliqué de ma pancarte, sans cela je ne m'y reconnaîtrai jamais : et il le traça en effet, en quelques lignes:

Matin — Lever à 4 heures ou plutôt à 3 heures 1/2 —

Déjeuner à 7 heures — Sexte à 11 heures, dîner à 11 heures 1/2 — None à 1 heure 1/2 — Vêpres à 5 heures 1/4 — Souper à 6 et Complies à 7 heures 25 minutes.

Là, c'est clair au moins et facile à retenir. — Pourvu maintenant que le P. Etienne n'ait pas remarqué mon absence à la chapelle !

Il quitta sa chambre — Ah voici le fameux règlement, se dit-il, en considérant un tableau encadré, pendu sur le palier.

Il s'approcha et lut :

« Règlement de Messieurs les Hôtes. »

Il se composait de nombreux articles et débutait par ces mots :

« On prie humblement ceux que la Divine Providence conduira dans ce monastère d'agréer qu'on les avertisse des choses suivantes : »

« On évite, en tout temps, la rencontre des religieux et des frères convers ; on n'approche pas du lieu où ils travaillent. »

« Il est interdit de sortir de la clôture pour aller à la ferme ou aux environs du Monastère. »

Puis venait une série de recommandations qui figuraient déjà dans le nota des Horaires imprimé sur les pancartes.

Durtal sauta plusieurs paragraphes et lut encore :

« MM. les hôtes sont priés de ne rien écrire sur les portes, de ne pas frotter d'allumettes au mur, de ne pas jeter d'eau sur le plancher. »

« On ne peut aller d'une chambre à l'autre pour visiter son voisin ou lui parler. »

« On ne peut fumer dans la maison. »

Et dehors non plus, pensa Durtal. J'ai pourtant bien besoin d'allumer une cigarette. Et il descendit.

Il se heurta dans le couloir au P. Etienne qui lui fit aussitôt observer qu'il ne l'avait pas vu à sa place pendant l'office. Durtal s'excusa de son mieux. Le moine n'insista pas, mais Durtal comprit qu'il était surveillé et se rendit compte que, sous ses allures bon enfant, l'hôtelier devait, dès qu'il s'agissait de discipline, vous serrer la gorge dans un garrot de fer.

Il n'en douta plus lorsqu'à l'heure des Vêpres, il s'aperçut que le premier regard du moine en entrant dans la chapelle, était pour lui, mais il était si veule, si endolori, ce jour-là, qu'il ne s'en occupa guère.

Ce changement brusque d'existence, ces heures de sa vie habituelle si complètement transformées l'ahurissaient et, de sa crise du matin, il avait conservé une sorte de torpeur qui lui brisait tout ressort. Il vécut cette fin de journée à la dérive, ne pensant plus à rien, dormant debout; et quand le soir fut venu il s'écroula sur son lit comme une masse.

III

Il se réveilla en sursaut à onze heures, avec cette impression de quelqu'un qui se sent regardé pendant qu'il dort. Il fit craquer une allumette, ne vit personne, vérifia l'heure et, retombant sur sa couche, dormit d'un trait jusqu'à près de quatre heures. Il s'habilla en hâte et courut à l'église.

Le vestibule, obscur, la veille, était éclairé, ce matin-là, car un vieux moine célébrait une messe à l'autel de saint Joseph, un moine, chauve et cassé, avec une barbe blanche fuyant de toutes parts, en coup de vent, volant en de très longs fils.

Un convers l'assistait, un petit homme au poil noir et au crâne rasé, pareil à une boule peinte en bleu; il ressemblait à un bandit, avec sa barbe en désordre et son sac usé de bure.

Et ce bandit avait l'œil doux et étonné des gosses. Il servait le prêtre avec un respect presque craintif, avec une joie contenue vraiment touchante.

Les autres, à genoux sur les dalles, priaient, concentrés, ou lisaient leur messe. Durtal distingua le très-vieux de quatre-vingts ans, immobile, la face tendue en avant et les yeux clos ; et le jeune, celui dont le regard miséricordieux l'avait secouru près de l'étang, méditait attentivement sur son paroissien l'office. Il devait être âgé de vingt ans, était grand et robuste ; la figure un peu fatiguée était tout à la fois mâle et tendre, avec ses traits émaciés et sa barbe blonde qui rebroussait sur la robe, en pointe.

Durtal s'abandonna dans cette chapelle où chacun mettait un peu du sien pour l'adjuver et, songeant à la confession qu'il allait faire, il supplia le Seigneur de le soutenir, il l'implora pour que le moine voulût bien le déplier.

Et il se sentit moins apeuré, plus maître de soi, plus ferme. Il se collationnait et se groupait, éprouvait une douloureuse confusion, mais il n'avait plus ce découragement qui l'avait abattu, la veille. Il se remontait avec cette idée qu'il ne se délaissait pas, qu'il s'aidait de toutes ses forces, qu'il ne pouvait, dans tous les cas, se rassembler mieux.

Il fut distrait de ces réflexions par le départ du vieux trappiste qui avait fini d'offrir le sacrifice, et par l'entrée du prieur qui monta entre deux pères blancs dans la rotonde, au maître-autel, pour dire la messe.

Durtal s'absorba dans son eucologe, mais après que le prêtre eut consommé les Espèces, il cessa de lire car tous se levaient et il béa, confondu, devant un spectacle dont il ne se doutait même pas, une communion de moines.

Ils s'avançaient, un à un, muets et les yeux bas, puis arrivé devant l'autel, celui qui marchait le premier se retournait et embrassait le camarade qui venait après lui ; celui-ci, à son tour, serrait dans ses bras le religieux qui le suivait et il en était ainsi jusqu'au dernier. Tous, avant que d'aller recevoir l'Eucharistie, échangeaient le baiser de paix, puis ils s'agenouillaient, communiaient et ils revenaient encore, un à un, en tournant dans la rotonde derrière l'autel.

Et le retour de ces gens était inouï ; les pères blancs en tête, ils s'acheminaient très lentement, les yeux fermés et les mains jointes. Les figures avaient quelque chose de modifié ; elles étaient éclairées autrement, en dedans ; il semblait que, refoulée par la puissance du Sacrement contre les parois du corps, l'âme filtrât, au travers des pores, éclairât l'épiderme de cette lumière spéciale de la joie, de cette sorte de clarté qui s'épand des âmes blanches, file ainsi qu'une fumée presque rose le long des joues et rayonne, en se concentrant, au front.

A considérer l'allure mécanique et hésitante de ces moines, l'on devinait que les corps n'étaient plus que des automates, exécutant par habitude leur mouvement de marche, que les âmes ne se souciaient plus d'eux, étaient ailleurs.

Durtal reconnaissait le vieux convers maintenant si courbé que son visage disparaissait dans sa barbe relevée par la poitrine et ses deux grosses mains noueuses tremblaient, en s'étreignant ; il apercevait aussi le jeune et grand frère, les traits tirés dans une face dissoute, glissant à petits pas, sans yeux.

Fatalement, il délibéra sur lui-même. Il était le seul qui ne communiait pas, car il voyait, sortant le dernier derrière l'autel, M. Bruno qui rejoignait, les bras croisés, sa place.

Cette exclusion lui faisait si clairement comprendre combien il était différent, combien il était éloigné de ce monde-là ! tous étaient admis et, lui seul, restait. Son indignité s'attestait davantage et il s'attristait d'être mis à l'écart, traité, ainsi qu'il le méritait, en étranger, séparé de même que le bouc des Ecritures, parqué, loin des brebis, à la gauche du Christ.

Ces remarques lui furent saines, car elles dissipèrent la terreur de la confession qui s'affirmait encore. Cet acte lui parut si naturel, si juste, dans sa nécessaire humiliation, dans son indispensable souffrance, qu'il eût voulu l'accomplir tout de suite et pouvoir se représenter dans cette chapelle, émondé, lavé, devenu au moins un peu plus semblable aux autres.

Quand la messe prit fin, il se dirigea vers sa cellule pour y chercher une tablette de chocolat.

En haut de l'escalier M. Bruno, enveloppé d'un grand tablier, s'apprêtait à nettoyer les marches.

Durtal l'examinait, surpris. L'oblat sourit et lui serra la main.

— C'est une excellente besogne pour l'âme, fit-il, en montrant son balai ; cela vous rappelle aux sentiments de modestie que l'on est trop enclin à oublier, lorsqu'on a vécu dans le monde

Et il se mit à frotter vigoureusement et à recueillir sur une pelle la poussière qui remplissait, comme une poudre de poivre, les salières creusées dans les carreaux du sol.

Durtal emporta sa tablette dans le jardin. Réfléchissons, se dit-il, en la grignotant ; si je longeais une autre route, si j'allais me promener dans la partie du bois que j'ignore. Et il n'en eut aucun désir. — Non, dans l'état où je suis, j'aime mieux hanter le même endroit, ne point quitter les lieux où j'ai fixé mes habitudes ; je suis déjà si peu coordonné, si facilement épars, que je ne veux pas risquer de me désunir dans la curiosité de nouveaux sites. Et il s'en fut près de l'étang en croix.

Il remonta le long de ses rives et quand il eut atteint le sommet, il s'étonna de rencontrer, à quelques minutes de là, un ruisseau moucheté de pellicules vertes, creusé entre deux haies qui servaient de clôture au monastère. Plus loin, s'étendaient des champs, une vaste ferme dont on entrevoyait les toits dans des arbres, et, partout, à l'horizon, sur des collines, des forêts qui semblaient arrêter la marche en avant du ciel.

— Je me figurais ce territoire plus grand, se dit-il, en revenant sur ses pas et lorsqu'il eut regagné le haut de l'étang en croix, il contempla l'immense crucifix de bois, dressé en l'air et qui se réverbérait dans cette glace noire. Il s'y enfonçait, vu de dos, tremblait dans les petites ondes que plissait le vent, paraissait descendre en tournoyant dans cette étendue d'encre. Et l'on n'apercevait de ce Christ de marbre dont le corps était caché par son bois, que deux bras blancs qui dépassaient l'instrument de supplice et se tordaient dans la suie des eaux.

Assis sur l'herbe, Durtal regardait l'obscur miroir de cette croix couchée et, songeant à son âme qui était, ainsi que cet étang, tannée, salie, par un lit de feuilles mortes, par un fumier de fautes, il plaignait le Sauveur qu'il allait convier à s'y baigner, car ce ne serait même plus le martyre du Golgotha, consommé, sur une éminence, la tête haute, au jour, en plein air, au moins ! mais ce serait, par un surcroît d'outrages, l'abominable plongeon du corps crucifié, la tête en bas, la nuit, dans un fond de boue !

— Ah ! il serait temps de l'épargner, en me filtrant, en me clarifiant, se cria-t-il. — Et le cygne, demeuré jusqu'alors immobile dans un bras de l'étang, balaya, en s'avançant, la lamentable image, blanchit de son reflet tranquille le deuil remué des eaux.

Et Durtal songea à l'absolution qu'il obtiendrait peut-être et il rouvrit son eucologe et dénombra ses fautes ; et, lentement, ainsi que la veille, il se tarauda, parvint, en se sondant, à faire sortir du sol de son être un jet de larmes.

Il s'agit de se contenir, se dit-il, tremblant à l'idée qu'il suffoquerait encore, qu'il ne pourrait parler ; et il résolut de commencer à rebours sa confession, d'énumérer d'abord les petits péchés, de garder les gros pour la fin, de terminer par l'aveu des méfaits charnels ; si alors je succombe, j'arriverai quand même à m'expliquer en deux mots. — Mon Dieu ! pourvu néanmoins que le prieur ne se taise pas comme hier, pourvu qu'il me délie !

Il secoua sa tristesse, quitta l'étang, rejoignit son allée de tilleuls et il se plut à inspecter de près ces arbres. Ils érigeaient des troncs énormes, frottés d'orpin roux, gouachés d'argent gris par des mousses ; et plusieurs, ce matin-là, étaient enveloppés ainsi que d'une mantille couturée de perles, par des fils de la Vierge que la rosée attachait avec les nœuds clairs de ses gouttes.

Il s'assit sur un banc, puis craignant une ondée, car le temps tournait à la pluie, il se retira dans sa cellule.

Il ne se sentait aucune envie de lire; il n'avait plus qu'une hâte, atteindre, tout en la redoutant, la neuvième heure, en finir avec le lest de son âme et s'en décharger, et il priait mécaniquement, sans savoir ce qu'il marmottait, pensant toujours à cette confession, repris d'alarmes, retraversé de transes.

Il descendit un peu avant l'heure — et le cœur lui manqua, lorsqu'il pénétra dans l'auditoire.

Malgré lui, ses yeux se braquaient sur ce prie-Dieu où il avait si cruellement souffert.

Dire qu'il allait falloir se remettre sur cette claie, s'étendre encore sur ce chevalet de torture ! Il essaya de se colliger, de se résumer — et il se cabra brusquement ; il entendait les pas du moine.

La porte s'ouvrit et, pour la première fois, Durtal osa dévisager le prieur; ce n'était plus du tout le même homme, plus du tout la figure qu'il discernait de loin ; autant le profil était hautain, autant la face était douce ; et c'était l'œil qui émoussait l'altière énergie des traits, un œil familier et profond où il y avait, à la fois, de la joie placide et de la pitié triste.

— Allons, dit-il, ne vous troublez pas, car c'est à Notre Seigneur seul qui connaît vos fautes que vous allez parler.

Et il s'agenouilla, pria longuement et vint, ainsi que la veille, s'asseoir près du prie-Dieu ; il se pencha sur Durtal et tendit l'oreille.

Un peu rassuré, le pénitent commença sans trop d'angoisses. Il s'accusait de toutes les fautes communes aux hommes, manque de charité envers le prochain, médisance, haine, jugements téméraires, injures, mensonges, vanité, colère, etc.

Le moine l'interrompit, un moment.

— Vous avez déclaré, je crois, tout à l'heure, que, dans votre jeunesse, vous aviez contracté des dettes ; les avez-vous payées ?

Et sur un signe affirmatif de Durtal, il fit : Bien — et poursuivit :

— Avez-vous fait partie d'une société secrète ? vous êtes-vous battu en duel ? — je suis obligé de poser ces questions, car ce sont des péchés réservés.

Non ? — Bien — et il se tut.

— Envers Dieu, je m'accuse de tout, reprit Durtal ; comme je vous l'ai avoué, hier, depuis ma première communion, j'ai tout quitté, prières, messe, enfin tout ; j'ai nié Dieu, je l'ai blasphémé, j'avais entièrement perdu la Foi.

Et Durtal s'arrêta.

Il arrivait aux forfaits des chairs. Sa voix faiblit.

— Ici, je ne sais plus comment m'expliquer, fit-il, en refoulant ses larmes.

— Voyons, dit doucement le moine, vous m'avez affirmé, hier, que vous aviez commis tous les actes que comporte la malice spéciale de la Luxure.

— Oui, mon père. — Et, tremblant, il ajouta : — Dois-je entrer dans des détails ?

— Non, c'est inutile. Je me bornerai à vous demander, parce que cela change la nature du péché, s'il y a eu, dans votre cas, des fautes personnelles et des fautes commises entre personnes du même sexe ?

— Depuis le collège, non.

— S'il y a eu adultère ?

— Oui.

— Dois-je comprendre que, dans vos relations avec les femmes, aucun des excès possibles ne fut omis ?

Durtal eut un signe affirmatif.

— Bien, cela suffit.

Et le moine se tut.

Durtal étouffait de dégoût ; l'aveu de ces turpitudes lui coûtait affreusement ; et cependant, bien qu'il fût encore accablé de honte, il commençait déjà à respirer quand, tout à coup, il se replongea la tête dans ses mains.

Le souvenir du sacrilège, auquel Mme Chantelouve l'avait fait participer, lui revenait.

Il raconta, en balbutiant, qu'il avait assisté, par curiosité, à une messe noire et qu'après, sans le vouloir, il avait souillé une hostie que cette femme, saturée de Satanisme, cachait en elle.

Le prieur écoutait sans broncher.

— Avez-vous continué à fréquenter cette femme après ?

— Non, cela m'avait fait horreur.

Le trappiste réfléchit et :

— C'est tout ?

— Je crois avoir tout avoué, répondit Durtal.

Le confesseur garda le silence, pendant quelques minutes, puis d'une voix pensive, il murmura :

— Je suis plus qu'hier encore frappé par l'étonnant miracle que le ciel a opéré en vous.

Vous étiez malade, si malade que vraiment l'on pouvait dire de votre âme ce que Marthe disait du corps de Lazare : « Jam fœtet ! » — Et le Christ vous a, en quelque sorte, ressuscité. Seulement, ne vous y trompez pas, la conversion du pécheur n'est pas sa guérison, mais seulement sa convalescence ; et cette convalescence dure quelquefois plusieurs années, est souvent longue.

Il convient donc que vous vous déterminiez, dès à présent, à vous prémunir contre les rechutes, à tenter ce qui dépendra de vous pour vous rétablir. Ce traitement préventif se compose de la prière, du Sacrement de Pénitence, de la sainte communion.

La prière ? — vous la connaissez, car, après une vie agitée telle que fut la vôtre, vous n'avez pu vous décider à émigrer ici, sans avoir auparavant beaucoup prié.

— Ah ! si mal !

— Peu importe, puisque votre désir était de prier bien ! — La confession ? — Elle vous fut pénible ; elle le sera moins maintenant que vous n'aurez plus à avouer des années accumulées de fautes. La communion m'inquiète davantage ; l'on pourrait en effet craindre que dans le cas où vous triompheriez de la chair, le Démon ne vous attendît là et qu'il ne s'efforçât de vous en éloigner, car il sait fort bien que, sans ce divin Magistère, aucune guérison n'est possible. Vous aurez donc à porter sur ce point toute votre attention.

Le moine réfléchit une minute, puis il reprit :

— La sainte Eucharistie... vous en aurez plus qu'un autre besoin, car vous serez plus malheureux que les êtres moins cultivés, que les êtres plus simples. Vous serez torturé par l'imagination. Elle vous a fait beaucoup pécher et, par un juste retour, elle vous fera beaucoup souffrir ; elle sera la porte mal fermée de votre personne et c'est par là que le Démon s'introduira et s'épandra en vous. — Veillez donc de ce côté et priez ardemment pour que le Seigneur vous vienne en aide. Dites-moi, avez-vous un chapelet ?

— Non, mon père.

— Je sens, reprit le moine, dans le ton dont vous avez prononcé ce non, percer une certaine hostilité contre le chapelet.

— Je vous avouerai que ce moyen mécanique pour réciter des oraisons me gêne un peu ; je ne sais pas, mais il me semble qu'au bout de quelques secondes, je ne pourrais plus penser à ce que je répète ; je bafouillerais, je finirais certainement par balbutier des bêtises...

— Vous avez connu, fit tranquillement le prieur, des pères de famille. Leurs enfants leur bredouillaient des caresses, leur racontaient n'importe quoi et ils étaient cependant ravis de les entendre ! Pourquoi voulez-vous que Notre Seigneur, qui est un bon père, n'aime pas à écouter ses enfants même lorsqu'ils ânonnent, même lorsqu'ils lui débitent des bêtises ?

Et, après une pause, il poursuivit :

— Je flaire un peu de ruse diabolique dans votre avis, car de grandes grâces sont attachées à cette couronne d'oraisons. La Très Sainte Vierge a elle-même révélé ce moyen de prier aux Saints ; Elle a déclaré s'y complaire ; cela doit suffire pour nous le faire aimer.

Faites-le donc pour Elle qui a puissamment aidé à votre conversion, qui a intercédé auprès de son

Fils pour vous sauver. Rappelez-vous aussi que Dieu a voulu que toutes les grâces nous vinssent par Elle. Saint Bernard le déclare expressément : « Totum nos habere voluit per Mariam. »

Le moine fit une nouvelle pause et il ajouta :

— Le chapelet met, du reste, les sots en fureur et c'est là un signe sûr. Vous voudrez bien, comme pénitence, réciter une dizaine, pendant un mois, chaque jour.

Il se tut, puis lentement, il reprit :

— Nous gardons tous, hélas ! cette cicatrice du péché originel qu'est le penchant au mal ; chacun la ménage plus ou moins ; vous, depuis l'âge de discrétion, vous l'avez constamment ouverte, mais il suffit que vous exécriez votre plaie pour que Dieu la ferme. Je ne vous parlerai donc pas de votre passé, puisque votre repentir et votre ferme propos de ne plus pécher l'effacent. Demain, vous recevrez le gage de la réconciliation, vous communierez ; après tant d'années, le Seigneur s'engagera dans la route de votre âme et s'y arrêtera ; abordez-le avec grande humilité et préparez-vous d'ici là, par la prière, à ce mystérieux cœur à cœur que sa bonté désire. Dites maintenant votre acte de contrition, je vais vous donner la sainte absolution.

Le moine leva les bras et les manches de sa coule blanche volèrent ainsi que deux ailes au-dessus de lui. Il proférait, les yeux au ciel, l'impérieuse formule qui rompt les liens ; et trois mots prononcés, d'une voix plus haute et plus lente : « Ego te absolvo » tombèrent sur Durtal qui frémit de la tête aux pieds.

Il s'affaissa presque sur le sol, incapable de se réunir, de se comprendre, sentant seulement et cela d'une façon très nette, — que le Christ était en personne présent, était là, près de lui dans cette pièce, — et, ne trouvant aucune parole pour le remercier, il pleura, ravi, courbé sous le grand signe de croix dont le couvrait le moine.

Il lui sembla sortir d'un rêve, alors que le prieur lui dit : « Réjouissez-vous, votre vie est morte ; elle est enterrée dans un cloître et c'est aussi dans un cloître qu'elle va renaître ; c'est un bon présage ; ayez confiance en Notre Seigneur et allez en paix.

Et le père ajouta, en lui serrant la main : n'ayez aucune crainte de me déranger, je suis à votre entière disposition, non seulement pour la confession, mais encore pour tous les entretiens, pour tous les conseils qui pourraient vous être utiles ; c'est bien entendu, n'est-ce pas ?

Ils quittèrent ensemble l'auditoire ; le moine le salua dans le corridor et disparut. Durtal hésitait entre aller méditer dans sa cellule ou dans l'église, quand M. Bruno survint.

Il s'approcha de Durtal et lui dit :

— Hein ? c'est un fameux poids de moins sur l'estomac !

Et Durtal le regardant, étonné, il rit.

— Pensez-vous donc qu'un vieux pécheur tel que moi n'ait pas découvert à mille riens, ne fût-ce qu'à vos pauvres yeux qui maintenant s'éclairent, que vous n'étiez pas encore réconcilié lorsque vous êtes débarqué ici. Or, je viens de surprendre le révérend père qui retourne dans le cloître et, vous, je vous rencontre sortant de l'auditoire; il n'est pas dès lors nécessaire d'être bien malin pour deviner que le grand lavage vient d'avoir lieu !

— Mais, fit Durtal, le prieur que vous n'avez pu voir avec moi, puisqu'il était parti quand vous êtes entré, aurait pu accomplir une autre tâche.

— Non, car il n'était pas en scapulaire; il avait la coule. Et comme il n'endosse cette robe que pour se rendre à l'église ou à confesse, j'étais bien certain, étant donnée cette heure-ci qui ne comporte aucun office, qu'il venait de l'auditoire. J'avancerai encore que les trappistes n'étant pas confessés dans cette pièce, deux personnes seulement pouvaient s'y entretenir avec lui, vous ou moi.

— Vous m'en direz tant, répliqua Durtal, en riant.

Le Père Etienne les accosta sur ces entrefaites et Durtal lui réclama un chapelet.

— Mais je n'en ai pas, s'écria le moine.

— J'en possède plusieurs, fit M. Bruno et je serai très heureux de vous en offrir un. Vous permettez, mon père.....

Le moine acquiesça d'un signe.

— Alors si vous voulez bien m'accompagner, reprit l'oblat, en s'adressant à Durtal, je vous le remettrai, sans plus tarder.

Ils montèrent ensemble l'escalier et Durtal connut alors que M. Bruno demeurait dans une pièce située au fond d'un petit corridor, pas bien loin de la sienne.

Cette cellule était très simplement meublée d'un ancien mobilier bourgeois, d'un lit, d'un bureau d'acajou, d'une large bibliothèque pleine de livres ascétiques d'un poêle de faïence et de fauteuils.

Ces meubles appartenaient évidemment à l'oblat, car ils ne ressemblaient en rien au mobilier des Trappes.

— Asseyez-vous, je vous prie, dit M. Bruno, en montrant un fauteuil ; et ils causèrent.

Après s'être d'abord engagée sur le Sacrement de Pénitence, la conversation se fixa sur le P. Maximin et Durtal avoua que la haute mine du prieur l'avait terrifié tout d'abord.

M. Bruno se mit à rire. — Oui, fit-il, il produit cet effet sur ceux qui ne l'approchent point, mais quand on le fréquente, on discerne qu'il n'est rigide que pour lui-même, car nul n'est, pour les autres, plus indulgent ; c'est un vrai et un saint moine, dans toute l'acception du terme ; aussi a-t-il de grandes lumières....

Et comme Durtal lui parlait des autres cénobites et s'étonnait qu'il y eût, parmi eux, de très jeunes gens, M. Bruno répondit :

— S'imaginer que la plupart des trappistes ont vécu dans le monde est une erreur. Cette idée, si répandue, que les gens se réfugient dans les Trappes, après de longs chagrins, après des existences désordonnées, est absolument fausse ; d'ailleurs, pour pouvoir endurer le régime débilitant du cloître, il faut commencer jeune et surtout ne pas apporter un corps usé par des abus de toute sorte.

Il convient aussi de ne pas confondre la misanthropie et la vocation monastique ; — ce n'est pas l'hypocondrie mais l'appel divin, qui conduit dans les Trappes.

Il y a là une grâce spéciale qui fait que de tout jeunes gens, qui n'ont jamais vécu, aspirent à pouvoir s'interner dans le silence et à y souffrir les privations les plus dures; et ils sont heureux ainsi que je vous souhaiterais de l'être; et cependant leur existence est encore plus rigoureuse que vous ne la supposez; prenons les convers, par exemple.

Songez qu'ils se livrent aux labeurs les plus pénibles et qu'ils n'ont même pas comme les pères la consolation d'assister à tous les offices et de les chanter; songez que leur récompense qui est la communion ne leur est même pas très souvent concédée.

Représentez-vous maintenant l'hiver ici. Le froid y est terrible; dans ces bâtiments délabrés, rien ne ferme et le vent balaie la maison du haut en bas; ils y gèlent sans feu, couchent sur des grabats; et ils ne peuvent se soutenir, s'encourager entre eux, car ils se connaissent à peine, puisque toute conversation est interdite.

Pensez aussi que ces pauvres gens n'ont jamais un mot aimable, un mot qui les soulage ou qui les réconforte. Ils travaillent de l'aube à la nuit et jamais le maître ne les remercie de leur zèle, jamais il ne dit au bon ouvrier qu'il est content.

Considérez encore que, l'été, lorsque pour faucher la moisson, l'on embauche, dans les villages voisins, des hommes, ceux-là se reposent quand le soleil torréfie les champs; ils s'asseoient à l'ombre des meules, en manches de chemise et ils boivent s'ils ont soif et ils mangent; et le convers les regarde dans ses lourds vêtements, et il continue sa besogne et il ne mange pas et il ne boit point. Allez, il faut des âmes fortement trempées pour résister à une vie pareille !

— Mais enfin, dit Durtal, il doit y avoir des jours de détente, des moments où la règle se relâche.

— Jamais ; il n'y a même pas, ainsi que dans des ordres bien austères pourtant — chez les Carmélites, pour en citer un — une heure de récréation où le religieux peut parler et rire. Ici, le silence est éternel.

— Même lorsqu'ils sont ensemble au réfectoire ?

— On lit alors les conférences de Cassien, l'Échelle sainte de Climaque, les vies des Pères du Désert, ou quelque autre volume pieux.

— Et le dimanche ?

— Le dimanche, on se lève une heure plus tôt ; mais c'est, en effet leur bon jour, car ils peuvent suivre tous les offices, passer tout leur temps dans l'église !

— L'humilité, l'abnégation, exacerbées jusqu'à ce point sont surhumaines ! s'écria Durtal. — Mais, pour qu'ils puissent se livrer, du matin au soir, aux travaux éreintants des champs, encore faut-il qu'on leur accorde, en quantité suffisante, une nourriture assez forte.

M. Bruno sourit.

— Ils consomment tout bonnement des légumes qui ne valent même pas ceux qu'on nous sert et, en guise de vin, ils se désaltèrent avec une boisson aigre et douceâtre qui dépose une moitié de lie par verre. Ils en ont la valeur d'une hémine ou d'une pinte, mais ils peuvent l'allonger avec de l'eau, s'ils ont soif.

— Et ils font combien de repas ?

— Cela dépend — Du 14 Septembre au Carême, ils ne mangent qu'une fois par jour, à 2 heures 1/2 — et, durant le Carême, ce repas est reculé jusqu'à 4 heures. De Pâques au 14 Septembre où le jeûne Cistercien est moins rigide, le dîner a lieu vers 11 heures 1/2 et l'on peut y ajouter le mixte, c'est-à-dire une légère collation, le soir.

— C'est effrayant ! travailler et, pendant des mois, ne s'alimenter qu'à deux heures de l'après-midi, alors qu'on est debout depuis deux heures du matin et que l'on n'a pas dîné la veille !

— Aussi est-on, parfois, obligé d'élargir un peu la règle et lorsqu'un moine tombe en faiblesse, on ne lui refuse pas un morceau de pain.

Il faudra bien, du reste, continua M. Bruno d'un ton pensif, que l'on desserre davantage encore l'étreinte de ces observances, car cette question de la table devient une véritable pierre d'achoppement pour le recrutement des Trappes ; des âmes qui se plairaient dans ces cloîtres sont forcées de les fuir, parce que le corps qu'elles traînent après elles ne peut s'accoutumer à ce régime (1).

— Et les Pères mènent la même existence que les convers ?

---

(1) L'opinion de M. Bruno a été récemment adoptée par tous les abbés de l'ordre. Dans un chapitre général des Trappes tenu, du 12 au 18 septembre 1894, en Hollande, à Tilburg, il a été décidé qu'en dehors des temps de jeûne, les moines goûteraient le matin, dîneraient à onze heures et souperaient le soir.

L'article CXVI des nouvelles constitutions, votées par cette assemblée capitulaire et approuvées par le Saint Siège, est, en effet, ainsi conçu :

« Diebus quibus non jejunatur a Sancto Pascha usque ad Idus Septembris, Dominicis per totum annum et omnibus festis Sermonis aut feriatis extra Quadragesimam, omnes monachi mane accipiant mixtum, hora undecima prandeant et ad seram cœnent.»

— Absolument — ils donnent l'exemple ; tous avalent la même pitance et couchent dans le même dortoir, sur des lits pareils ; c'est l'égalité absolue. Seulement, les pères ont l'avantage de chanter l'office et d'obtenir des communions plus fréquentes.

— Parmi les convers, il en est deux qui m'ont particulièrement intéressé, l'un, tout jeune, un grand blond qui a une barbe allongée en pointe, l'autre un très vieux, tout courbé.

— Le jeune est le frère Anaclet ; c'est une véritable colonne de prières que ce jeune homme et l'une des plus précieuses recrues dont le ciel ait doté notre abbaye. Quant au vieux Siméon, il est un enfant des Trappes, car il a été élevé dans un orphelinat de l'ordre. Celui-là est une âme extraordinaire, un véritable saint, qui vit déjà fondu en Dieu. Nous en causerons plus longuement, un autre jour, car il est temps que nous descendions ; l'heure de Sexte est proche.

Tenez, voici le chapelet que je me suis permis de vous offrir. Laissez-moi y joindre une médaille de saint Benoît. — Et il remit à Durtal un petit chapelet de bois et l'étrange rondelle, gravée de lettres cabalistiques, qu'est l'amulette de saint Benoît.

— Vous connaissez le sens de ces signes ?

— Oui, je l'ai lu autrefois dans une brochure de Dom Guéranger.

— Bon — Et, à propos, quand communiez-vous ?

— Demain.

— Demain, c'est impossible !

— Pourquoi est-ce impossible ?

— Mais parce que, demain, l'on ne célébrera qu'une

seule messe, celle de cinq heures et que la règle empêche d'y communier isolément. Le P. Benoît, qui en dit d'habitude une autre avant, est parti, ce matin, et il ne reviendra que dans deux jours. Il y a donc erreur.

— Enfin le prieur m'a positivement déclaré que je communierais demain ! s'écria Durtal. — Tous les pères ne sont donc pas prêtres, ici ?

— Non, en fait de prêtres, il y a l'abbé qui est malade, le prieur qui offrira, demain, le sacrifice à cinq heures, le P. Benoît dont je vous ai parlé, un autre que vous n'avez pas vu et qui voyage. Au reste, si cela avait été possible, je me serais approché, moi aussi, de la Sainte Table.

— Alors, s'ils ne sont pas tous consacrés, quelle différence existe-t-il entre les pères qui n'ont pas obtenu le sacerdoce et les simples convers ?

— L'éducation. — Pour être père, il faut avoir fait ses études, savoir le latin, n'être pas, en un mot, ce que sont les frères lais, des paysans ou des ouvriers. — Dans tous les cas, je verrai le prieur et je vous rendrai, pour la communion de demain, réponse après l'office. Mais c'est ennuyeux; il aurait fallu que vous pussiez vous mêler ce matin, à nous !

Durtal eut un geste de regret. Il s'en fut à la chapelle, ruminant sur ce contre-temps, priant Dieu de ne pas retarder plus longtemps sa rentrée en grâce.

Après Sexte, l'oblat vint le rejoindre. — C'est bien comme je pensais, fit-il, mais vous serez néanmoins admis à la consomption du Sacrement. — Le père prieur s'est entendu avec le vicaire qui dîne auprès de nous. Il dira, demain matin, avant son départ, une messe et vous y communierez.

— Oh ! gémit Durtal.

Cette nouvelle lui crevait le cœur. Être venu à la Trappe pour recevoir l'Eucharistie des mains d'un prêtre de passage, d'un prêtre jovial tel qu'était celui-là ! — Ah non, j'ai été confessé par un moine et je voudrais être communié par un moine ! se cria-t-il. — Il vaudrait mieux attendre que le P. Benoît fût rentré — mais comment faire ? Je ne puis cependant exposer au prieur que ce soutanier inconnu me déplaît et qu'il me serait vraiment pénible, après avoir tant fait, de finir par être réconcilié, dans un cloître, ainsi !

Et il se plaignit à Dieu, lui dit que tout le bonheur qu'il pouvait avoir, d'être décanté, d'être enfin clair, était maintenant gâté par ce mécompte.

Il arriva au réfectoire, la tête basse.

Le vicaire était déjà là. Voyant la mine contrite de Durtal, il tenta charitablement de l'égayer, mais les plaisanteries qu'il essaya produisirent l'effet contraire. Pour être poli, Durtal souriait, mais d'un air si gêné, que M. Bruno, qui l'observait, détourna la conversation et accapara le prêtre.

Durtal avait hâte que le dîner prît fin. Il avait mangé son œuf et il absorbait péniblement une purée de pommes de terre à l'huile chaude qui ressemblait à s'y méprendre, comme aspect, à de la vaseline ; mais la nourriture, il s'en souciait peu maintenant !

Il se disait : c'est terrible d'emporter d'une première communion un souvenir irritant, une impression pénible — et je me connais, ce sera pour moi une hantise.

Parbleu, je sais bien qu'au point de vue théologique, il importe peu que j'aie affaire à un prêtre ou à un trappiste ; l'un et l'autre ne sont que des truchements entre Dieu et moi, mais enfin, je sens très bien aussi que ce n'est pas du tout la même chose. Pour une fois au moins, j'ai besoin d'une garantie, d'une certitude de sainteté et comment l'avoir avec un ecclésiastique qui colporte les plaisanteries d'un placier en vins ? — Il s'arrêta, songeant que l'abbé Gévresin l'avait précisément, par crainte de ces méfiances, envoyé dans une Trappe. — Quelle déveine ! se dit-il.

Il n'écoutait même point l'entretien qui se traînait, à côté de lui, entre le vicaire et l'oblat.

Il se battait, tout seul, en mâchant, le nez dans son assiette.

— Je n'ai pas envie de communier demain, reprit-il ; et il se révolta. Il était lâche et il devenait imbécile à la fin. Est-ce que le Sauveur ne se donnerait pas à lui, quand même ?

Il sortit de table, agité par une angoisse sourde et il erra dans le parc et dévala au hasard des allées.

Une autre idée s'implantait maintenant, l'idée d'une épreuve que lui infligeait le Ciel. Je manque d'humilité, se répétait-il ; eh bien, c'est pour me punir que la joie d'être sanctifié par un moine m'est refusée. — Le Christ m'a pardonné, c'est déjà beaucoup. — Pourquoi m'accorderait-il davantage, en tenant compte de mes préférences, en exauçant mes vœux ?

Cette pensée l'apaisa, pendant quelques minutes ; et il se reprocha ses révoltes, s'accusa d'être injuste envers un prêtre qui pouvait être, après tout, un saint.

— Ah ! laissons cela, se dit-il ; acceptons le fait accompli ; tâchons pour une fois d'être un peu humble ; en attendant j'ai mon chapelet à réciter ; il s'assit sur l'herbe et commença.

Il n'en était pas au deuxième grain, qu'il était à nouveau poursuivi par son mécompte. Il recommença son Pater et son Ave, continua, ne songeant même plus au sens de ses prières, ruminant : — Quelle malechance, il faut que justement un moine, qui célèbre la messe tous les jours, s'absente pour que, demain, je subisse une déception pareille !

Il se tut, eut une minute d'accalmie et soudain un nouvel élément de trouble fondit sur lui.

Il regardait son chapelet dont il avait égrené dix grains.

Mais, voyons, le prieur m'a commandé d'en débiter une dizaine, tous les jours, une dizaine de grains ou une dizaine de chapelets ?

De grains, se répondit-il — et presque aussitôt il se répliqua : de chapelets.

Il demeura perplexe.

— Mais c'est idiot, il n'a pu m'ordonner de défiler dix chapelets par jour ; cela ferait quelque chose comme cinq cents oraisons, à la suite ; personne ne pourrait, sans dérailler, parfaire une semblable tâche ; il n'y a donc pas à hésiter, il s'agit de dix grains, c'est clair !

— Eh non ! car enfin si le confesseur vous impose une pénitence, on doit admettre qu'il la proportionne à la grandeur des fautes qu'elle répare. Puis, j'avais une répugnance pour ces gouttes de dévotion mises en globules, il est donc naturel qu'il m'ingurgite le rosaire, à haute dose !

Pourtant... pourtant... cela ne se peut ! je n'aurais même pas à Paris le temps matériel de l'ânonner ; c'est absurde !

Et l'idée qu'il se trompait revint, lancinante, à la charge.

Il n'y a pas à barguigner, cependant ; dans le langage ecclésiastique, une dizaine désigne dix grains ; sans doute... mais je me rappelle fort bien qu'après avoir prononcé le mot chapelet, le père s'est exprimé ainsi : vous direz une dizaine, ce qui signifie une dizaine de chapelets, car autrement il eût spécifié une dizaine... d'un chapelet.

Et il se riposta aussitôt : — le père n'avait pas à mettre les points sur les i, puisqu'il employait un terme convenu, connu de tous. Cet ergotage sur la valeur d'un mot est ridicule !

Il essaya de chasser cette tourmente en faisant vainement appel à sa raison ; et subitement, il se sortit un argument qui acheva de le détraquer.

Il s'inventa que c'était par lâcheté, par paresse, par désir de contradiction, par besoin de révolte, qu'il ne voulait pas dévider ses dix bobines. Entre les deux interprétations, j'ai choisi celle qui me dispensait de tout effort, de toute peine, c'est vraiment trop facile ! — Cela seul prouve que je me leurre lorsque j'essaie de me persuader que le prieur ne m'a pas prescrit d'égrapper plus de dix grains !

Puis un Pater, dix Ave et un Gloria, mais alors ce n'est rien ; ce n'est pas sérieux comme pénitence !

Et il dut se répondre : c'est pourtant beaucoup pour

toi, puisque tu ne peux parvenir à les proférer, sans t'évaguer !

Il pivotait sur lui-même, sans avancer d'un pas.

— Je n'ai jamais éprouvé une pareille hésitation, se dit-il, en tâchant de se reprendre ; je ne suis pas fou et pourtant je me bats contre mon bon sens, car il n'y a pas à en douter, je le sais, je dois égoutter une dizaine d'Ave et pas un de plus !

Il demeura interloqué, presque effrayé de cet état qui était nouveau pour lui.

Et, pour se débarrasser, pour se faire taire, il s'imagina une nouvelle réflexion qui conciliait vaguement les deux parties, qui parait au plus pressé, qui présentait au moins une solution provisoire.

Dans tous les cas, reprit-il, je ne puis communier demain si je n'ai pas accompli aujourd'hui ma pénitence ; dans le doute, le plus sage est de s'atteler aux dix chapelets ; plus tard nous verrons ; je pourrais, au besoin, consulter le prieur. Il est vrai qu'il va me croire imbécile, si je lui parle de ces chapelets ! je ne puis cependant lui demander cela !

— Mais alors, tu vois bien, tu l'avoues toi-même, il ne saurait être question que de dix grains !

Il s'exaspéra, se rua, pour obtenir son propre silence, sur le rosaire.

Il avait beau fermer les yeux, tenter de se ramasser, de se grouper, il lui fut impossible, au bout de deux dizaines, de suivre ses oraisons ; il bafouillait, oubliait les bols du Pater, s'égarait dans les granules des Avé, piétinait sur place.

Il s'avisa, pour se réprimer, de se transporter en imagination, à chaque dose, dans une des chapelles de la Vierge qu'il aimait à fréquenter à Paris, à Notre-Dame des Victoires, à Saint-Sulpice, à Saint-Séverin ; mais ces Vierges n'étant pas assez nombreuses pour qu'il pût leur dédier chaque dizain, il évoqua les Madones des tableaux des Primitifs et, recueilli devant leur image, il tourna le treuil de ses exorations, ne comprenant pas ce qu'il marmottait, mais priant la Mère du Sauveur d'accepter ses patenôtres, comme elle recevrait la fumée perdue d'un encensoir, oublié devant l'autel.

Je ne puis me forcer davantage, se dit-il ; il sortit de ce labeur, harassé, moulu, voulut souffler ; il lui restait encore trois chapelets à épuiser.

Et aussitôt qu'il se fut arrêté, la question de l'Eucharistie, qui s'était tue, reprit.

— Mieux valait ne pas communier que de communier mal ; et il était impossible qu'après de tels débats, qu'avec de pareilles préventions, il pût aborder proprement la Sainte Table.

Oui, mais alors comment faire ? — au fond, n'était-ce pas déjà monstrueux que de discuter les ordres du moine, que de vouloir opérer à sa guise, que de réclamer ses aises ! — Je vais, si cela continue, si bien pécher aujourd'hui que je serai obligé de me reconfesser, se dit-il.

Pour rompre cette obsession, il s'élança encore sur son rouet, mais alors, il s'assotit complètement ; l'artifice dont il s'était servi pour se tenir au moins devant la Vierge était usé. Quand il voulut s'abstraire, puis se susciter un souvenir de Memling, il ne put y parvenir et ses oraisons purement labiales, en l'excédant, le désolèrent.

J'ai l'âme exténuée, pensa-t-il, j'agirai sagement en la laissant reposer, en demeurant tranquille.

Il erra autour de l'étang, ne sachant plus que devenir. Si j'allais dans ma cellule? — Il s'y rendit, essaya de s'absorber dans le Petit Office de la Vierge et il ne saisit pas un seul mot des phrases qu'il lisait. Il redescendit et recommença à rôder dans le parc.

— Il y a de quoi devenir fou! se cria-t-il — et, mélancoliquement, il se répéta : je devrais être heureux, prier en paix, me préparer à l'acte de demain et jamais je n'ai été si inquiet, si bouleversé, si loin de Dieu !

— Il faut pourtant que j'achève cette pénitence ! Le désespoir l'abattit, il fut sur le point de tout lâcher ; il se mâta encore, s'astreignit à épeler ses grains.

Il finit par les expédier ; il était à bout de forces.

Et aussitôt il trouva un nouveau moyen de se torturer.

Il se reprocha d'avoir geint ces prières, négligemment, sans même avoir sérieusement tenté d'agréger ses sens.

Et il fut sur le point de recommencer tout le chapelet; mais devant l'évidente folie de cette suggestion, il se cabra, se refusa de s'écouter, puis il se harcela encore.

— Il n'en est pas moins vrai que tu n'as pas exactement rempli la tâche assignée par le confesseur, puisque ta conscience te reproche ton manque de recueillement, tes diversions.

Mais je suis crevé ! se cria-t-il, je ne puis, dans cet état, réitérer ces exercices ! — et, cette fois encore, il aboutit, pour se départager, à s'inventer un nouveau joint.

Il pourrait compenser par une dizaine, réfléchie, prononcée avec soin, toutes les boules du rosaire qu'il avait marmonnées, sans les comprendre.

Et il essaya de remettre la manivelle en marche, mais dès qu'il eut extrait le Pater, il divagua ; il s'entêta quand même à vouloir moudre les Ave, mais alors son esprit se dispersa, s'enfuit de toutes parts.

Il s'arrêta, songeant : à quoi bon ? du reste, une dizaine, même bien dite, équivaudrait-elle à cinq cents oraisons ratées ? et puis, pourquoi une dizaine et pas deux, pas trois ; c'est absurde !

La colère le gagnait ; à la fin du compte, conclut-il, ces récidives sont ineptes ; le Christ a positivement déclaré qu'il ne fallait pas user de vaines redites dans les prières. Alors quel est le but de ce moulinet d'Ave ?

— Si je m'appesantis sur cet ordre d'idées, si j'ergote sur les injonctions du moine, je suis perdu, se dit-il, tout à coup ; et, d'un effort de volonté, il étouffa les révoltes qui grondaient en lui.

Il se réfugia dans sa cellule ; les heures s'allongeaient interminables ; il les tuait à se ressasser toujours les mêmes objections, toujours les mêmes réponses. Cela devenait un rabâchage dont il avait, lui-même, honte.

Ce qui est certain, c'est que je suis victime d'une aberration, reprit-il ; je ne parle pas de l'Eucharistie ; là, mes pensées peuvent n'être point justes, mais elles ne sont pas démentielles au moins, tandis que pour cette question des patenôtres !

Il s'ahurit si bien, à se sentir, martelé tel qu'une enclume, entre ces deux hantises, qu'il finit par s'assoupir sur une chaise.

Il atteignit ainsi l'heure des Vêpres et le souper. Après ce repas, il retourna dans le parc.

Et alors les litiges en léthargie se ranimèrent et tout revint. Ce fut une mêlée furieuse dans tout son être. Il restait là, immobile, s'écoutait, atterré, quand un pas rapide s'approcha et M. Bruno, lui dit :

— Prenez garde, vous êtes sous le coup d'une attaque démoniaque !

Et comme Durtal, stupéfait, ne répondait pas.

— Oui, fit-il ; le bon Dieu m'accorde parfois des intuitions, et je suis certain, à l'heure qu'il est, que le Diable vous travaille les côtes. Voyons, qu'avez-vous ?

— J'ai… que je n'y comprends rien, moi-même ; et Durtal narra l'étonnante bataille qu'il se livrait depuis le matin, à propos du chapelet.

— Mais c'est fou, s'écria l'oblat ; c'est dix grains que le prieur vous a commandé de dire ; dix chapelets sont impossibles à réciter !

— Je le sais… et cependant je doute encore.

— C'est toujours la même tactique, fit M. Bruno ; arriver à vous dégoûter de la chose qu'on doit pratiquer ; oui, le Diable a voulu vous rendre le chapelet odieux, en vous en accablant. Puis qu'y a-t-il encore ? vous n'avez pas envie de communier demain ?

— C'est vrai, répondit Durtal.

— Je m'en doutais, lorsque je vous observai pendant le repas. Ah ! dame, après les conversions, le Malin s'agite ; et ce n'est rien, il m'en a fait voir à moi de plus dures que cela, je vous prie de le croire.

Il glissa son bras sous celui de Durtal, le ramena à l'auditoire, le pria d'attendre et disparut.

Quelques minutes après, le prieur entrait.

— Eh bien, dit-il, M. Bruno me raconte que vous souffrez. Qu'y a-t-il, au juste ?

— C'est si bête que j'ai honte de m'expliquer.

— Vous n'étonnerez jamais un moine, fit le prieur, en souriant.

— Eh bien, je sais pertinemment, je suis sûr que vous m'avez donné dix grains de chapelets à débiter, pendant un mois, chaque jour, et, depuis ce matin, je me dispute, contre toute évidence, contre tout bon sens, pour me convaincre que c'est de dix chapelets quotidiens que se compose ma pénitence.

— Prêtez-moi votre chapelet, dit le moine et regardez ces dix grains ; eh bien, c'est tout ce que je vous avais prescrit et c'est tout ce que vous aurez à réciter. Alors, vous avez égrené dix chapelets entiers, aujourd'hui ?

Durtal, fit signe que oui.

— Et, naturellement, vous vous êtes embrouillé, vous vous êtes impatienté et vous avez fini par battre la campagne.

Et voyant que Durtal souriait piteusement.

— Eh bien, entendez-moi, déclara le père, d'un ton énergique, je vous défends absolument, à l'avenir, de jamais recommencer une prière ; elle est mal dite, tant pis, passez, ne la répétez pas.

Je ne vous demande même point si l'idée de repousser la communion vous est venue, car cela va de soi ; c'est là où l'ennemi porte tous ses efforts N'écoutez donc pas la voix diabolique qui vous la déconseille ; vous communierez demain, quoi qu'il arrive. Vous ne devez avoir aucun scrupule, car c'est moi qui vous enjoins de recevoir le Sacrement ; d'ailleurs je prends tout sur moi.

Autre question maintenant, comment sont les nuits ?

Durtal lui relata l'abominable nuit de son arrivée à la Trappe et cette sensation d'être épié qui l'avait réveillé, la veille.

— Ce sont des manifestations que nous connaissons de longue date, elles sont sans danger imminent ; ne vous en inquiétez donc point. Toutefois, si elles persistaient, vous voudriez bien m'en aviser car nous ne négligerions pas alors d'y mettre ordre.

Et le trappiste sortit tranquillement, tandis que Durtal restait songeur.

Que les phénomènes du Succubat soient sataniques, je n'en ai jamais douté, pensa-t-il, mais ce que j'ignorais, ce sont ces attaques de l'âme, cette charge à fond de train contre la raison qui demeure intacte et qui est vaincue néanmoins ; ça c'est fort ; il sied seulement que cette leçon me serve et que je ne sois plus ainsi désarçonné à la première alerte !

Il remonta dans sa cellule ; une grande paix était descendue en lui. A la voix du moine tout s'était tu ; il n'éprouvait plus que la surprise d'avoir déraillé pendant des heures ; il comprenait maintenant qu'il avait été assailli à l'improviste et que ce n'était pas avec lui-même qu'il avait lutté.

Il pria, se coucha. Et, soudain, par une nouvelle tactique qu'il ne devina point, l'assaut reprit.

Sans doute, se dit-il, je communierai, demain, mais... mais... suis-je bien préparé à un pareil acte ? j'aurais dû me recueillir, dans la journée, j'aurais dû remercier le Seigneur de m'avoir absous, et j'ai perdu mon temps à des sottises !

Pourquoi n'ai-je pas avoué cela, tout à l'heure au P. Maximin ? comment n'y ai-je pas songé ? — Puis j'aurais dû me reconfesser. — Et ce prêtre qui doit me communier, ce prêtre !

L'horreur qu'il ressentit pour cet homme s'accrut subitement, devint si véhémente qu'il finit par s'étonner. Ah ça mais, voilà que je suis encore roulé par l'ennemi, se dit-il et il s'affirma :

— Tout cela ne m'empêchera pas de consommer, demain, les célestes Apparences, car j'y suis bien décidé ; seulement, n'est-ce pas affreux de se laisser ainsi éprendre et harceler sans répit par l'Esprit de Malice, de n'avoir aucun indice du ciel qui n'intervient pas, de ne rien savoir ?

Ah ! Seigneur, si j'étais seulement certain que cette communion vous plaise ! — donnez-moi un signe, montrez-moi que je puis sans remords m'allier à Vous ; faites que, par impossible, demain, ce ne soit pas ce prêtre, mais bien un moine...

Et il s'arrêta, confondu lui-même de son audace, se demandant comment il osait solliciter, en le précisant, un signe.

C'est imbécile ! se cria-t-il ; d'abord, on n'a pas le droit de réclamer de Dieu de semblables faveurs ; puis comme il n'exaucera pas ce vœu, j'y aurai gagné quoi ? d'aggraver encore mes angoisses, car j'augurerai quand même de ce refus que ma communion ne vaut rien !

Et il supplia le Seigneur d'oublier son souhait, s'excusa de l'avoir formulé, voulut se convaincre, lui-même, qu'il devait n'en tenir aucun compte, et, abêti par les transes de cette journée, il finit, en priant, par s'endormir.

IV

Il se répétait, quand il descendit de sa cellule : c'est ce matin, que je communie et ce mot, qui eût dû le percuter et le faire vibrer, n'éveillait en lui aucun zèle. Il restait assoupi, n'ayant de goût à rien, las de tout, se sentant froid dans le fond de l'être.

Une crainte le dégourdit pourtant, lorsqu'il fut dehors. J'ignore, se dit-il, le moment où il faudra quitter mon banc et aller m'agenouiller devant le prêtre ; je sais que la communion des fidèles a lieu après celle de l'officiant ; oui mais à quel instant au juste dois-je bouger ? c'est vraiment une déveine de plus que d'être obligé de se diriger, seul, vers l'inquiétante Table ; autrement, je n'aurais qu'à suivre les autres et je ne risquerais pas au moins d'être inconvenant.

Il scruta, en y pénétrant, la chapelle ; il cherchait M. Bruno qui eût peut-être pu, en se plaçant à son côté, lui éviter ces soucis, mais l'oblat ne s'y trouvait point.

Durtal s'assit, désemparé, songeant à ce signe qu'il

avait imploré, la veille, s'efforçant de rejeter ce souvenir, y pensant quand même,

Il voulut se compulser et se réunir et il priait le Ciel de lui pardonner ces allées et venues d'esprit, quand M. Bruno entra, et s'en fut s'agenouiller devant la statue de la Vierge.

Presque à la même minute, un frère, qui avait une barbe en varech plantée au bas d'une figure en poire, apporta près de l'autel de saint Joseph une petite table de jardin, sur laquelle il posa un bassin, un manuterge, deux burettes et une serviette.

Devant ces préparatifs qui lui rappelaient l'imminence du Sacrifice, Durtal se roidit et parvint, d'un effort, à renverser ses anxiétés, à culbuter ses troubles et, s'échappant de lui-même, il supplia ardemment Notre-Dame d'intervenir pour qu'il pût, pendant cette heure au moins, sans s'extravaguer, prier en paix.

Et quand il eut terminé son oraison, il leva les yeux, eut un sursaut, examina, béant, le prêtre qui s'avançait, précédé du convers, pour célébrer la messe.

Ce n'était plus le vicaire qu'il connaissait, mais un autre, plus jeune, d'allure majestueuse, très grand, les joues pâles et rasées, la tête chauve.

Durtal le considérait, marchant, solennel et les yeux baissés, vers l'autel et il vit, tout à coup, une flamme violette brûler ses doigts.

Il a l'anneau épiscopal, c'est un évêque, se dit Durtal qui se pencha pour discerner, sous la chasuble et sous l'aube, la couleur de la robe. Elle était blanche.

Alors, c'est un moine, reprit-il, ahuri ; — et, machinalement, il se tourna vers la statue de la Vierge, appela d'un regard précipité l'oblat qui vint s'asseoir auprès de lui.

— Qui est-ce ?
— C'est Dom Anselme, l'abbé du monastère.
— Celui qui était malade ?
— Oui, c'est lui qui va nous communier.

Durtal tomba à genoux, suffoqué, presque tremblant : il ne rêvait pas ! le Ciel lui répondait par le signe qu'il avait fixé !

Il eût dû s'abîmer devant Dieu, s'écraser à ses pieds, s'épandre en une fougue de gratitude ; il le savait et il le voulait ; et, sans qu'il sût comment, il s'ingéniait à chercher des causes naturelles qui pussent justifier cette substitution d'un moine au prêtre.

C'est, sans doute, très simple ; car enfin, avant d'admettre une sorte de miracle..... au reste, j'en aurai le cœur net, car je veux, après la cérémonie, tirer cette aventure au clair.

Et il se révolta contre les insinuations qui se glissaient en lui. Eh ! quel intérêt pouvait présenter le motif de ce changement ; il en fallait évidemment un ; mais celui-là n'était qu'une conséquence, qu'un accessoire ; l'important c'était la volonté surnaturelle qui l'avait fait naître. Dans tous les cas, tu as obtenu plus que tu n'avais demandé ; tu as même mieux que le simple moine que tu désirais, tu as l'abbé même de la Trappe !

Et il se cria : O croire, croire comme ces pauvres convers, ne pas être nanti d'une âme qui vole ainsi à tous les vents ; avoir la Foi enfantine, la Foi immobile, l'indéracinable Foi ! ah ! Père, Père, enfoncez-la, rivez-la en moi !

Et il eut un tel élan qu'il se projeta ; tout disparut autour de lui et il dit, en balbutiant, au Christ : « Seigneur, ne vous éloignez point. Que votre miséricorde réfrène votre équité ; soyez injuste, pardonnez-moi ; accueillez le mendiant de communion, le pauvre d'âme ! »

M. Bruno lui toucha le bras et l'invita, d'un coup d'œil, à l'accompagner. Ils marchèrent jusqu'à l'autel et s'agenouillèrent sur les dalles, puis quand le prêtre les eut bénis, ils s'agenouillèrent plus près, sur la seule marche, et le convers leur tendit une serviette, car il n'y avait ni barre, ni nappe.

Et l'abbé de la Trappe les communia.

Ils rejoignirent leur place. Durtal était dans un état de torpeur absolue ; le Sacrement lui avait, en quelque sorte, anesthésié l'esprit ; il gisait, à genoux, sur son banc, incapable même de démêler ce qui pouvait se mouvoir au fond de lui, inapte à se rallier et à se ressaisir.

Et il eut, tout à coup, l'impression qu'il étouffait, qu'il manquait d'air ; la messe était finie ; il s'élança dehors, courut à son allée ; là, il voulut s'expertiser et il trouva le vide.

Et devant l'étang en croix dans l'eau duquel se noyait le Christ, il éprouva une mélancolie infinie, une tristesse immense.

Ce fut une véritable syncope d'âme ; elle perdit connaissance ; et quand elle revint à elle, il s'étonna de n'avoir pas ressenti un transport inconnu de joie ; puis il s'attarda sur un souvenir gênant, sur tout le côté trop humain de la déglutition d'un Dieu ; il avait eu l'hostie, collée au palais, et il avait dû la chercher et la rouler, ainsi qu'une crêpe, avec la langue, pour l'avaler.

Ah ! c'était encore trop matériel ! il n'eût fallu qu'un fluide, qu'un feu, qu'un parfum, qu'un souffle !

Et il chercha à s'expliquer le traitement que le Sauveur lui faisait suivre.

Toutes ses prévisions étaient retournées ; c'était l'absolution et non la communion qui avait agi. Près du confesseur, il avait très nettement perçu la présence du Rédempteur ; tout son être avait été, en quelque sorte, injecté d'effluves divins et l'Eucharistie lui avait seulement apporté un tribut d'étouffement et de peine.

Il semblait que les deux Sacrements eussent substitué leurs effets, l'un à l'autre ; ils avaient manœuvré à rebours sur lui ; le Christ s'était rendu sensible à l'âme, avant et non après.

Mais, c'est assez compréhensible, se dit-il, la grande question pour moi, c'était d'avoir la certitude absolue du pardon ; par une faveur spéciale, Jésus m'a ratifié ma foi dans le dictame de Pénitence. Pourquoi eût-il fait davantage ?

Et puis, quels seraient alors les largesses qu'Il réserverait à ses Saints ? non mais, je suis, tout de même, étonnant. Je voudrais être traité comme il traite certainement le frère Anaclet et le frère Siméon, c'est un comble !

J'ai obtenu plus que je ne méritais. Et cette réponse que j'eus, ce matin même ? bien oui, mais pourquoi tant d'avances pour aboutir subitement à ce recul ?

Et, en s'acheminant vers l'abbaye pour y manger son fromage et son pain, il se dit : mon tort envers Dieu, c'est de toujours raisonner, alors que je devrais tout bêtement l'adorer ainsi que le font, ici, les moines. Ah ! pouvoir se taire, se taire à soi-même, en voilà une grâce !

Il arriva au réfectoire ; il y était, d'habitude, seul, M. Bruno n'assistant jamais, le matin, au repas de sept heures. Il commençait à se tailler une miche, quand le P. hôtelier parut.

Il tenait un pavé de grès et des couteaux. Il sourit à Durtal et lui dit : je vais faire reluire les lames du monastère, car elles en ont vraiment besoin ; — et il les déposa, sur une table, dans une petite pièce qui attenait au réfectoire.

— Eh bien, êtes-vous content ? fit-il, en revenant.

— Certainement — mais, que s'est-il passé, ce matin, comment ai-je été communié par l'abbé de la Trappe, alors que je devais l'être par ce vicaire qui dîne avec moi ?

— Ah ! s'écria le moine, j'ai été aussi surpris que vous. Le père abbé a subitement, en se réveillant, déclaré qu'il lui fallait, ce matin, célébrer sa messe. Il s'est levé, malgré les observations du prieur qui, en tant que médecin, lui défendait de quitter son lit. Je ne sais pas et personne ne sait ce qui l'a pris. Toujours est-il qu'on lui a alors annoncé qu'il y aurait un retraitant à communier et il a répondu : parfaitement, c'est moi qui le communierai. M. Bruno en a, du reste, profité pour s'approcher, lui aussi, du Sacrement, car il aime à recevoir Notre-Seigneur des mains de Dom Anselme.

Et cette combinaison a aussi satisfait le vicaire, poursuivit, en souriant, le moine ; car il est parti de la Trappe de meilleure heure, ce matin, et il a pu dire sa messe dans une commune où il était attendu... A propos, il m'a chargé de l'excuser auprès de vous de n'avoir pu vous présenter ses adieux.

Durtal s'inclina. — Il n'y a plus à douter, pensait-il, Dieu a voulu me répondre d'une façon nette.

— Et votre estomac ?

— Mais il va bien, mon père ; je suis stupéfié ; je n'ai jamais si bien digéré qu'ici ; sans compter que les névralgies, que je craignais tant, m'épargnent.

— Cela prouve que, Là-Haut, on vous protège.

— Oui, certes, je vous assure. Tiens, pendant que j'y pense, il y a longtemps, du reste, que je voulais vous demander cela — comment sont donc organisés vos offices ? ils ne s'adaptent pas avec ceux que détaille mon eucologe.

— Mais, en effet, ils diffèrent des vôtres qui appartiennent au rituel romain. Les Vêpres sont pourtant presque semblables, sauf parfois les capitules et puis ce qui vous déroute peut-être, c'est que les nôtres sont très souvent précédées des Vêpres de la Sainte Vierge. En règle générale, nous avons un psaume de moins, par office, et presque partout des leçons brèves.

Excepté, reprit, en souriant, le P. Etienne, dans les Complies, là où justement vous en récitez. Ainsi, vous avez pu le remarquer, nous ignorons l' « In manus tuas, Domine », qui est une des rares leçons brèves que les paroisses chantent.

Maintenant, nous possédons aussi un Propre des Saints spécial ; nous célébrons la commémoration de Bienheureux de notre ordre qui ne figurent pas dans vos livres. En somme, nous suivons à la lettre le bréviaire monastique de saint Benoît.

Durtal avait terminé son déjeuner. Il se leva, craignant d'importuner le père, par ses questions.

Un mot du moine lui trottait quand même dans la cervelle, ce mot que le prieur tenait l'emploi de médecin; et, avant de sortir, il interrogea encore le P. Etienne.

— Non — le R. P. Maximin n'est pas médecin, mais il connaît très bien les simples et il a une petite pharmacie qui suffit, en somme, tant qu'on ne tombe pas gravement malade.

— Et, dans ce cas-là?

— Dans ce cas-là, on peut appeler le praticien d'une des villes les plus proches, mais on n'est jamais malade à ce point ici; ou alors on approche de sa fin et la visite d'un docteur serait inutile...

— En somme le prieur soigne l'âme et le corps, à la Trappe.

Le moine approuva d'un signe de tête.

Durtal s'en fut se promener. Il espéra dissiper son étouffement par une longue marche.

Il s'engagea dans un chemin qu'il n'avait pas encore parcouru et il déboucha dans une clairière où se dressaient les ruines de l'ancien couvent, quelques pans de murs, des colonnes tronquées, des chapiteaux de style roman; malheureusement, ces débris étaient dans un déplorable état, couverts de mousse, granités, rêches et troués, pareils à des pierres ponces.

Il continua sa route, aboutit à une longue allée, au-dessous de laquelle s'étendait un étang; celui-là était cinq ou six fois grand comme le petit étang en forme de croix qu'il fréquentait.

Cette allée qui le surmontait était bordée de vieux chênes et, au milieu, s'érigeait, près d'un banc de bois, une statue de la Vierge, en fonte.

Il gémit, en la regardant. Le crime de l'Eglise le poursuivait, une fois de plus; là, et même dans cette petite chapelle si pleine d'un relent divin, toutes les statues provenaient des bazars religieux de Paris ou de Lyon !

Il s'installa, en bas, près de l'étang dont les bords étaient ceinturés par des roseaux qu'entouraient des touffes d'osiers; et il s'amusait à contempler les couleurs de ces arbustes, leurs feuilles d'un vert lisse, leurs tiges d'un jaune citron ou d'un rouge sang, à observer l'eau qui frisait, qui se mettait à bouillir sous un coup de vent. Et des martinets la rasaient, l'effleuraient du bout de leur aile, en détachaient des gouttes qui sautaient ainsi que des perles de vif-argent. Et ces oiseaux remontaient, tournoyaient au-dessus, poussant les huit, huit, huit, de leurs cris, tandis que des libellules s'allumaient dans l'air qu'elles sabraient de flammes bleues.

Le pacifiant refuge ! pensait Durtal; j'aurais dû m'y reposer plus tôt; il s'assit sur un lit de mousse, et il s'intéressa à la vie sourde et active des eaux. C'était, par instants, le clapotis et l'éclair d'une carpe qui se retournait, en bondissant; par d'autres, c'étaient de grands faucheux qui patinaient, à la surface, traçant de petits cercles, se cognant les uns sur les autres, s'arrêtant, puis refilant, en dessinant de nouveaux ronds; et, par terre, alors, auprès de lui, Durtal voyait jaillir les sauterelles vertes au ventre vermillon, ou, grimpant à l'assaut des chênes, des colonies de ces bizarres insectes qui ont sur le dos une tête de diable peinte au minium sur un fond noir.

Et, au-dessus de tout cela, s'il levait les yeux, c'était la mer silencieuse et renversée du ciel, une mer bleue, crêtée de nuages blancs qui s'escaladaient comme des vagues ; et ce firmament courait en même temps dans l'eau où il moutonnait sous une vitre glauque.

Durtal se dilatait, en fumant des cigarettes ; la mélancolie qui le comprimait depuis l'aube commençait à se fondre et la joie s'insinuait en lui de se sentir une âme lavée dans la piscine des Sacrements et essorée dans l'aire d'un cloître. Et il était, à la fois, heureux et inquiet ; heureux car l'entretien qu'il venait d'avoir avec le père hôtelier lui ôtait les doutes qu'il pouvait conserver sur le côté surnaturel que présentait le soudain échange d'un prêtre et d'un moine, pour le communier ; heureux aussi de savoir que, non seulement, malgré les désordres de sa vie, le Christ ne l'avait pas repoussé, mais encore qu'il lui accordait des encouragements et lui donnait des gages, qu'il entérinait par des actes sensibles l'annonce de ses grâces. Et il était néanmoins inquiet car il se jugeait encore aride et il se disait qu'il allait falloir reconnaître ces bontés par une lutte contre soi-même, par une nouvelle existence complètement différente de celle qu'il avait jusqu'ici menée.

Enfin, nous verrons ! et il s'en fut, presque rasséréné, à l'office de Sexte et de là au dîner où il retrouva M. Bruno.

— Nous irons nous promener aujourd'hui, fit l'oblat, en se frottant les mains.

Et Durtal le considérant, étonné.

— Mais oui, j'ai pensé qu'après une communion un

peu d'air hors les murs vous ferait du bien et j'ai proposé au R. P. abbé de vous libérer aujourd'hui de la règle, au cas où cette offre ne vous déplairait pas.

— J'accepte volontiers et je vous remercie, et vraiment, de votre charitable attention, s'écria Durtal.

Ils dînèrent d'un potage à l'huile dans lequel nageaient une côte de choux et des pois ; ce n'était pas mauvais, mais le pain fabriqué à la Trappe rappelait, lorsqu'il était rassis, le pain du siège de Paris et faisait tourner les soupes.

Puis ils goûtèrent d'un œuf à l'oseille et d'un riz salé au lait.

Nous rendrons d'abord, si vous le voulez bien, dit l'oblat, une visite à Dom Anselme qui m'a exprimé le désir de vous connaître.

Et à travers un dédale de couloirs et d'escaliers, M. Bruno conduisit Durtal dans une petite cellule où se tenait l'abbé. Il était vêtu de même que tous les pères de la robe blanche et du scapulaire noir; seulement, il portait, pendue au bout d'un cordon violet, sur la poitrine, une croix abbatiale d'ivoire, au centre de laquelle des reliques étaient insérées, sous un rond de verre.

Il tendit la main à Durtal et le pria de s'asseoir.

Puis, il lui demanda si la nourriture lui paraissait suffisante. Et, sur la réponse affirmative de Durtal, il s'enquit de savoir si le silence prolongé ne lui pesait pas trop.

— Mais du tout, cette solitude me convient parfaitement.

— Eh bien, fit l'abbé, en riant, vous êtes un des seuls

laïques qui supportiez aussi facilement notre régime. Généralement tous ceux qui ont tenté de faire une retraite parmi nous étaient rongés par la nostalgie et par le spleen et ils n'avaient plus qu'un désir, prendre la fuite.

Voyons, reprit-il, après une pause ; il n'est tout de même pas possible qu'un changement si brusque d'habitudes n'amène point des privations pénibles ; il en est une, au moins, que vous devez ressentir plus vivement que les autres ?

— C'est vrai, la cigarette, allumée à volonté, me manque.

— Mais, fit l'abbé qui sourit, je présume que vous n'êtes pas resté sans fumer, depuis que vous êtes ici ?

— Je mentirais si je vous racontais que je n'ai pas fumé en cachette.

— Mon Dieu, le tabac n'avait pas été prévu par saint Benoît ; sa règle n'en fait donc pas mention et je suis dès lors libre d'en permettre l'usage ; fumez donc, Monsieur, autant de cigarettes qu'il vous plaira et sans vous gêner.

Et Dom Anselme ajouta :

— J'espère avoir un peu plus de temps à moi, prochainement, — si toutefois je ne suis pas encore obligé de garder la chambre, — auquel cas, je serais heureux de causer longuement avec vous.

Et le moine, qui paraissait exténué, leur serra la main. En redescendant avec l'oblat dans la cour, Durtal s'écria :

— Il est charmant le père abbé, et il est tout jeune.

— Il a quarante ans à peine.

— Il a l'air vraiment souffrant.

— Oui, il ne va pas et il lui a fallu, ce matin, une

énergie peu commune pour dire sa messe ; mais voyons, nous allons tout d'abord visiter le domaine même de la Trappe que vous ne devez pas avoir exploré en son entier, puis nous sortirons de la clôture et nous pousserons jusqu'à la ferme.

Ils partirent, côtoyèrent les restes de l'ancienne abbaye et, chemin faisant, en contournant la pièce d'eau près de laquelle Durtal s'était, le matin, assis, M. Bruno entra dans des explications, à propos des ruines.

— Ce monastère avait été fondé en 1127 par saint Bernard qui y avait installé, comme abbé, le Bienheureux Humbert, un Cistercien épileptique qu'il avait, par miracle, guéri. Il y eut à cette époque des apparitions dans le couvent ; une légende raconte que deux anges venaient couper un des lys plantés dans le cimetière et l'emportaient au ciel, chaque fois qu'un des moines mourait.

Le second abbé fut le Bienheureux Guerric qui se rendit fameux par sa science, son humilité et sa patience à endurer les maux. Nous possédons ses reliques ; ce sont elles qui sont enfermées dans la châsse placée sous le maître-autel.

Mais le plus curieux des supérieurs qui se succédèrent ici, au Moyen Age, fut Pierre Monoculus dont l'histoire a été écrite par son ami, le synodite Thomas de Reuil.

Pierre dit Monoculus ou le borgne fut un saint affamé d'austérités et de souffrances. Il était assailli par d'horribles tentations dont il se riait. Exaspéré, le Diable s'attaqua au corps et lui brisa, à coups de névralgies, le crâne, mais le ciel lui vint en aide et le guérit. A force de verser des larmes, par esprit de pénitence, Pierre s'éteignit un œil et il remercia Notre-Seigneur de ce bienfait. « J'avais, disait-il, deux ennemis ; j'ai échappé au premier mais celui que je garde m'inquiète plus que celui que j'ai perdu. »

Il a opéré des guérisons miraculeuses ; le roi de France Louis VII le vénérait à un tel point qu'il voulait baiser, lorsqu'il le voyait, sa paupière vide. Monoculus mourut en 1186 ; l'on trempa des linges dans son sang, on lava ses entrailles dans du vin qui fut distribué, car cette mixture constituait un puissant remède.

Cet ascétère était alors immense ; il comprenait tout le pays qui nous entoure, entretenait plusieurs léproseries dans ses environs et il était habité par plus de trois cents moines ; malheureusement, il en fut de l'abbaye de Notre-Dame de l'Atre, ainsi que de toutes les autres. Sous le régime des abbés commendataires, elle déclina ; elle se mourait, n'ayant plus que six religieux pour la soigner, lorsque la Révolution la supprima. L'église fut alors rasée et remplacée, depuis, par la chapelle en rotonde.

Ce n'est qu'en 1875 que la maison actuelle, qui date de 1733, je crois, fut réconciliée et redevint un cloître. On y appela des Trappistes de Sainte-Marie de la Mer, au diocèse de Toulouse, et cette petite colonie a fait de Notre-Dame de l'Atre la pépinière Cistercienne que vous voyez.

Telle est, en quelques mots, l'histoire de ce couvent, dit l'oblat. Quant aux ruines, elles sont enfouies sous terre et l'on découvrirait, sans doute, de précieux fragments, si, faute d'argent et de bras, l'on ne devait renoncer à exécuter des fouilles.

Il survit de l'ancienne église pourtant, en sus de ces colonnes brisées et de ces chapiteaux que nous avons longés, une grande statue de Vierge qui a été dressée dans l'un des corridors de l'abbaye ; puis, il subsiste encore deux anges assez bien conservés et qui sont, tenez, là-bas, au bout de la clôture, dans une petite chapelle cachée derrière un rideau d'arbres.

— On aurait bien dû mettre la Vierge devant laquelle s'est peut-être agenouillé saint Bernard, dans l'église, sur l'autel même voué à Marie, car la statue coloriée qui le surmonte est d'une laideur importune, — ainsi que celle-là, d'ailleurs, dit Durtal, en désignant, au loin, la Madone de fonte qui s'élevait devant l'étang.

L'oblat baissa la tête et ne répondit pas.

— Savez-vous, s'écria Durtal qui, devant ce silence, n'insista pas et changea de conversation, savez-vous que je vous envie de vivre ici !

— Il est certain que je ne méritais nullement cette faveur, car, en somme, le cloître est bien moins une expiation qu'une récompense ; c'est le seul endroit où l'on soit, loin de la terre et près du ciel, le seul où l'on puisse s'adonner à cette vie mystique qui ne se développe que dans la solitude et le silence.

— Oui, et s'il est possible, je vous envie plus encore d'avoir eu ce courage de vous aventurer dans des régions qui, je vous l'avouerai, m'effraient. Je sens si bien, du reste, que, malgré le tremplin des prières et des jeûnes, malgré la température même de la serre claustrale où l'orchidée du Mysticisme pousse, je me dessécherais, dans ces parages, sans jamais m'épanouir.

L'oblat sourit. — Qu'en savez-vous ? reprit-il ; cela ne

se fait pas en une heure ; l'orchidée dont vous parlez ne fleurit pas, en un jour ; l'on avance si lentement, que les mortifications s'espacent, que les fatigues se répartissent sur des années et qu'on les tolère aisément, en somme.

En règle générale, il faut, pour franchir la distance qui nous sépare du Créateur, passer par les trois degrés de cette science de la Perfection chrétienne qu'est la Mystique ; il faut successivement vivre la vie Purgative, la vie Illuminative, la vie Unitive, pour joindre le Bien incréé et se verser en lui.

Que ces trois grandes phases de l'existence ascétique se subdivisent, elles-mêmes, en une infinité d'étapes, que ces étapes soient des degrés pour saint Bonaventure, des demeures pour sainte Térèse, des pas pour sainte Angèle, peu importe ; ils peuvent varier de longueur et de nombre, suivant la volonté du Seigneur et le tempérament de ceux qui les parcourent. Il n'en reste pas moins acquis que l'itinéraire de l'âme vers Dieu comprend, d'abord, des chemins à pic et des casse-cou — ce sont les chemins de la vie purgative — puis, des sentiers encore étroits, mais déjà taillés en lacets et accessibles — ce sont les sentiers de la vie illuminative — enfin, une route large, presque plane, la route de la vie unitive, au bout de laquelle l'âme se jette dans la fournaise de l'Amour, tombe dans l'abîme de la suradorable Infinité !

En somme, ces trois voies sont successivement réservées à ceux qui débutent dans l'ascèse chrétienne, à ceux qui la pratiquent, à ceux enfin qui touchent le but suprême, la mort de leur Moi et la vie en Dieu.

Il y a longtemps déjà, poursuivit l'oblat, que j'ai placé mes désirs au delà de l'horizon, et pourtant je ne progresse guères ; je suis à peine dégagé de la vie purgative, à peine....

— Et vous n'appréhendez pas, comment dirai-je, des infirmités matérielles, car enfin si vous parvenez à franchir les limites de la contemplation, vous risquez de vous ruiner à jamais le corps. L'expérience paraît démontrer, en effet, que l'âme divinisée agit sur le physique et y détermine d'incurables troubles.

L'oblat sourit. D'abord je n'atteindrai sans doute pas au dernier degré de l'initiation, au point extrême de la Mystique ; puis, en supposant que je les atteigne, que seraient des accidents corporels, en face des résultats acquis ?

Permettez-moi aussi de vous affirmer que ces accidents ne sont, ni aussi fréquents, ni aussi certains que vous semblez le croire.

On peut être un grand mystique, un admirable saint et ne pas être le sujet de phénomènes visibles pour ceux qui vous entourent. Pensez-vous donc, par exemple, que la lévitation, que l'envolée dans les airs du corps, qui paraît constituer la période excessive du ravissement, ne soit pas des plus rares ?

Vous me citerez qui ? sainte Térèse, sainte Christine l'Admirable, saint Pierre d'Alcantara, Dominique de Marie Jésus, Agnès de Bohême, Marguerite du Saint-Sacrement, la Bienheureuse Gorardesca de Pise et surtout saint Joseph de Cupertino qui s'enlevait, lorsqu'il le voulait, du sol. Mais ils sont dix, vingt, sur des milliers d'élus !

Et remarquez bien que ces dons ne prouvent pas leur supériorité sur les autres Saints. Sainte Térèse le déclare expressément : il ne faut pas s'imaginer qu'une personne, par cela même qu'elle est favorisée de grâces, soit meilleure que celles qui n'en ont point, car Notre Seigneur dirige chacun, suivant son besoin particulier.

Et c'est bien là la doctrine de l'Eglise dont l'infatigable prudence s'affirme lorsqu'il s'agit de canoniser les morts. Ce sont les qualités et non les actes extraordinaires qui la déterminent ; les miracles mêmes ne sont pour elle que des preuves secondaires, car elle sait que l'Esprit du Mal les imite.

Aussi trouverez-vous dans les vies des Bienheureux des faits plus rares, des phénomènes plus confondants encore que dans les biographies des Saints. Ces phénomènes les ont plutôt desservis qu'ils ne les ont aidés. Après les avoir béatifiés, pour leurs vertus, l'Eglise a sursis — et pour longtemps sans doute — à les promouvoir à la souveraine dignité de Saints.

Il est, en somme, difficile de formuler une théorie précise à ce sujet, car si la cause, si l'action intérieure est la même pour tous les contemplatifs, elle n'en diffère pas moins, je le répète, suivant les desseins du Seigneur et la complexion de ceux qui les subissent ; la différence des sexes change souvent la forme de l'influx mystique, mais elle n'en modifie nullement l'essence ; l'irruption de l'Esprit d'en Haut peut produire des effets divers, mais elle n'en reste pas moins identique.

La seule observation que l'on puisse oser, en ces matières, c'est que la femme se montre, d'habitude, plus passive, moins réservée, tandis que l'homme réagit plus violemment contre les volontés du Ciel.

— Cela me fait songer, dit Durtal, que, même en religion, il existe des âmes qui semblent s'être trompées de sexe. Saint François d'Assise, qui était tout amour, avait plutôt l'âme féminine d'une moniale et sainte Térèse, qui fut la plus attentive des psychologues, avait l'âme virile d'un moine. Il serait plus exact de les appeler sainte François et saint Térèse.

L'oblat sourit. — Pour en revenir à votre question, reprit-il, je ne crois pas du tout que la maladie soit la conséquence forcée des phénomènes que peut susciter le rapt impétueux de la Mystique.

— Voyez cependant sainte Colette, Lidwine, sainte Aldegonde, Jeanne-Marie de la Croix, la sœur Emmerich, combien d'autres qui passèrent leur existence, à moitié paralysées, sur un lit !

— Elles sont une minorité infime. D'ailleurs les Saintes ou les Bienheureuses dont vous me citez les noms étaient des victimes de la substitution, des expiatrices des péchés d'autrui, Dieu leur avait réservé ce rôle : il n'est pas étonnant dès lors qu'elles soient demeurées alitées et percluses, qu'elles aient été constamment à peu près mortes.

Non, la vérité est que la Mystique peut modifier les besoins du corps, sans, pour cela, par trop altérer la santé ou la détruire. Je sais bien, vous me répondrez par le mot effrayant de sainte Hildegarde, par ce mot tout à la fois équitable et sinistre : « le Seigneur n'habite pas dans les corps sains et vigoureux » et vous ajouterez, avec sainte Térèse, que les maux sont fré-

19

quents dans le dernier des châteaux de l'âme. Oui, mais ces Saintes se hissèrent sur les cimes de la vie et retinrent d'une façon permanente, dans leur coque charnelle, un Dieu. Parvenue à ce point culminant, la nature, trop faible pour supporter l'état parfait, se brise, mais, je l'affirme encore, ces cas sont une exception et non une règle. Ce sont du reste des maladies qui ne sont point contagieuses, hélas !

Je n'ignore pas, reprit l'oblat, après une pause, que des gens nient résolument l'existence même de la Mystique et par conséquent n'admettent point qu'elle puisse influer sur les conditions de l'organisme, mais l'expérience de cette réalité surnaturelle est séculaire et les preuves abondent.

Prenons, par exemple, l'estomac ; eh bien, sous l'épreinte céleste, il se transforme, supprime toute nourriture terrestre, consomme seulement les Espèces Saintes.

Sainte Catherine de Sienne, Angèle de Foligno ont exclusivement vécu, pendant des années, du Sacrement ; et ce don fut également dévolu à sainte Colette, à sainte Lidwine, à Dominique de Paradis, à sainte Colombe de Riéti, à Marie Bagnesi, à Rose de Lima, à saint Pierre d'Alcantara, à la mère Agnès de Langeac, à beaucoup d'autres.

Sous l'emprise divine, l'odorat, le goût ne présentent pas des métamorphoses moins étranges. Saint Philippe de Néri, sainte Angèle, sainte Marguerite de Cortone, reconnaissaient un goût spécial au pain azyme, alors qu'après la consécration, il n'était plus du froment mais la chair même du Christ. Saint Pacôme distinguait les hérétiques à leur puanteur ; sainte Catherine de Sienne, saint Joseph de Cupertino, la mère Agnès de Jésus, découvraient les péchés, à leurs mauvaises odeurs ; saint Hilarion, sainte Lutgarde, Gentille de Ravenne, pouvaient dire à ceux qu'ils rencontraient, rien qu'en les flairant, les fautes qu'ils avaient commises.

Et les Saints épandent, eux-mêmes, de leur vivant et après leur mort, de puissants parfums.

Quand saint François de Paule et Venturini de Bergame offrent le Sacrifice, ils embaument. — Saint Joseph de Cupertino secrète de telles fragrances qu'on peut le suivre à la piste ; et, quelquefois, c'est, pendant la maladie, que ces aromes se dégagent.

Le pus de saint Jean de la Croix et du Bienheureux Didée fleurait les essences candides et décidées des lys ; Barthole, le tertiaire, rongé jusqu'aux os par la lèpre, exhalait de naïves émanations et il en était de même de Lidwine, d'Ida de Louvain, de sainte Colette, de sainte Humiliane, de Marie-Victoire de Gênes, de Dominique de Paradis, dont les plaies étaient des cassolettes d'où s'échappaient de fraîches senteurs.

Et nous pourrions ainsi énumérer les organes, les sens, les uns après les autres, nous y constaterions d'exorbitants effets. Sans parler de ces fidèles stigmates qui s'ouvrent ou se ferment suivant le Propre de l'année liturgique, quoi de plus stupéfiant que le don de bilocation, le pouvoir de se dédoubler, d'être en même temps, au même moment, dans deux endroits ? Et pourtant de nombreux exemples de ce fait incroyable s'imposent ; plusieurs même sont célèbres, entre autres ceux de saint Antoine de Padoue, de saint François Xavier, de Marie d'Agreda qui était à la fois, dans son monastère en Espagne et au Mexique où elle prêchait les mécréants, de la mère Agnès de Jésus, qui, sans sortir de son couvent de Langeac, venait visiter à Paris M. Olier. — Et l'action d'en Haut semble singulièrement énergique aussi, lorsqu'elle s'empare de l'organe central de la circulation, du moteur qui refoule le sang dans toutes les parties du corps.

Nombre d'élus avaient le cœur si brûlant que les linges roussissaient sur eux; le feu qui consumait Ursule Benincasa, la fondatrice des Théatines, était si vif, que cette sainte soufflait des colonnes de fumée dès qu'elle ouvrait la bouche ; sainte Catherine de Gênes trempait ses pieds ou ses mains dans de l'eau glacée et l'eau bouillait; la neige fondait autour de saint Pierre d'Alcantara et, un jour que le Bienheureux Gerlach traversait une forêt, en plein hiver, il conseilla au compagnon qui marchait derrière lui et qui ne pouvait plus avancer, car ses jambes se gelaient, de mettre ses pieds sur la marque de ses pas et celui-ci ne sentit plus aussitôt le froid.

J'ajouterai que certains de ces phénomènes, qui font sourire les libres-penseurs, se sont renouvelés et ont été vérifiés tout récemment.

Les linges roussis par les feux du cœur ont été observés par le Dr Imbert-Gourbeyre sur la stigmatisée Palma d'Oria et des phénomènes de haute Mystique, qu'aucune science ne peut expliquer, ont été épiés, minutes par minutes, notés, contrôlés, sur Louise Lateau, par le professeur Rohling, par le Dr Lefebvre, par le Dr Imbert-Gourbeyre, par le Dr de Noüe, par des délégations médicales issues de tous les pays...

Mais, nous voici arrivés, reprit l'oblat ; pardon, je passe devant vous pour vous guider.

Ils avaient quitté, tout en causant, la clôture et, coupant à travers champs, ils atteignaient une immense ferme ; des trappistes les saluèrent respectueusement quand ils entrèrent dans la cour. M. Bruno, s'adressant à l'un d'eux, le pria de vouloir bien leur faire visiter le domaine.

Le convers les conduisit dans des étables, puis dans des écuries, puis dans des poulaillers ; Durtal, que ce spectacle n'intéressait pas, se bornait à admirer la bonne grâce de ces braves gens. Aucun ne parlait, mais ils répondaient aux questions par des mimiques et des clins d'yeux.

— Mais comment font-ils pour communiquer entre eux, demanda Durtal, lorsqu'il fut hors de la ferme ?

— Vous venez de le voir ; ils correspondent avec des signes ; ils emploient un alphabet plus simple que celui des sourds-muets, car chacune des idées qu'ils peuvent avoir besoin d'exprimer pour leurs travaux en commun, est prévue.

Ainsi, le mot « lessive » est traduit par une main qui en tape une autre; le mot « légume » par l'index gauche qu'on ratisse ; le sommeil est simulé par la tête penchée sur le poing ; la boisson par une main close portée aux lèvres. — Et pour les termes dont le sens est plus spirituel, ils usent d'un moyen analogue. La confession se rend par un doigt que l'on pose, après l'avoir baisé, sur le cœur ; l'eau bénite est signifiée par les cinq doigts serrés de la main gauche, sur lesquels on trace une croix avec le pouce de la droite ; le jeûne par les doigts qui étreignent la bouche ; le mot « hier » par le bras retourné vers l'épaule ; la honte par les yeux couverts avec la main.

— Bien, mais supposons qu'ils aient envie de me désigner, moi qui ne suis pas un des leurs, comment s'y prendraient-ils ?

— Ils se serviraient du signe « hôte » qu'ils figurent, en éloignant le poing et en le rapprochant du corps.

— Ce qui veut dire que je viens de loin chez eux ; le fait est que c'est ingénu et même transparent, si l'on veut.

Ils marchèrent, silencieusement, le long d'une allée qui dévalait dans des champs de labour.

— Je n'ai pas aperçu, parmi ces moines, le frère Anaclet et le vieux Siméon, s'écria, tout à coup, Durtal.

— Ils ne sont pas occupés à la ferme ; le frère Anaclet est employé à la chocolaterie et le frère Siméon garde les porcs ; tous les deux travaillent dans l'enceinte même du monastère. Si vous le voulez, nous irons souhaiter le bonjour à Siméon.

Et l'oblat ajouta : — Vous pourrez attester, en rentrant à Paris, que vous avez vu un véritable saint, tel qu'il en exista au XIe siècle ; celui-là nous reporte au temps de saint François d'Assise ; il est, en quelque sorte, la réincarnation de cet étonnant Junipère dont les Fioretti nous célèbrent les innocents exploits. Vous connaissez cet ouvrage ?

— Oui, il est, après la Légende dorée, le livre où s'est le plus candidement empreinte l'âme du Moyen Age.

— Eh bien, pour en revenir à Siméon, ce vieillard est un saint d'une simplicité peu commune. — En voici une preuve entre mille. Il y a de cela quelques mois, j'étais dans la cellule du prieur, quand le frère Siméon se présente. Il dit au père la formule usitée pour demander la parole : « Benedicite » ; — le P. Maximin lui répond

« Dominus » et sur ce mot, qui l'autorise à converser, le frère montre ses lunettes et raconte qu'il ne voit plus clair.

Ce n'est pas bien surprenant, dit le prieur, voilà bientôt dix ans que vous portez les mêmes lunettes ; vos yeux ont pu s'affaiblir depuis ce temps ; ne vous inquiétez pas, nous trouverons le numéro qui convient maintenant à votre vue.

Tout en discourant, le P. Maximin remuait le verre des lunettes, machinalement, entre ses mains et soudain il rit, en me montrant ses doigts qui étaient devenus noirs. Il se détourne, prend un linge, achève de nettoyer les lunettes, et, les replaçant sur le nez du frère, il lui dit : voyez-vous, frère Siméon ?

Et le vieux, stupéfait, s'écrie : oui... j'y vois !

Mais ceci n'est qu'une des faces de ce brave homme. Une autre c'est l'amour de ses bêtes. Quand une truie va mettre bas, il sollicite la permission de passer la nuit auprès d'elle, il l'accouche, la soigne comme son enfant, pleure lorsqu'on vend les gorets ou qu'on expédie ses cochons à l'abattoir. Aussi ce que tous ces animaux l'adorent !

Vraiment, reprit l'oblat, après un silence, Dieu aime par-dessus tout les âmes simples, car il comble le frère Siméon de grâces. Seul, ici, il possède le don de commandement sur les Esprits et peut résorber et même prévenir les accidents démoniaques qui surgissent dans les cloîtres. — L'on assiste alors à des actes étranges : un beau matin, tous les porcs tombent sur le flanc ; ils sont malades et sur le point de crever.

Siméon, qui connaît l'origine de ces maux, crie au

Diable : attends, attends un peu, toi, et tu vas voir ! Il court chercher de l'eau bénite, en asperge, en priant, son troupeau et toutes les bêtes qui agonisaient se relèvent et gambadent, en remuant la queue.

Quant aux incursions diaboliques dans le couvent même, elles ne sont que trop réelles et, parfois, on ne les refoule qu'après de persistantes obsécrations et d'énergiques jeûnes ; à certains moments, dans la plupart des abbayes, le Démon répand des semis de larves dont on ne sait comment se défaire. Ici, le père abbé, le prieur, tous ceux qui sont prêtres, ont échoué ; il a fallu, pour que les exorcismes fussent efficaces, que l'humble convers intervînt ; aussi, en prévision de nouvelles attaques, a-t-il obtenu le droit de laver, quand bon lui semble, avec de l'eau bénite et des oraisons, le monastère.

Il a le pouvoir de sentir le Malin là où il se cache et il le poursuit, le traque, finit par le jeter dehors.

Voici la porcherie, continua M. Bruno, en désignant en face de l'aile gauche du cloître une masure entourée de palissades et il ajouta :

— Je vous préviens, le vieux grunnit tel qu'un pourceau, mais il ne répondra, lui aussi, que par des signes à nos questions.

— Mais il peut parler à ses animaux.

— Oui, à eux seuls.

L'oblat poussa une petite porte et le convers, tout courbé, leva péniblement la tête.

— Bonjour, mon frère, dit M. Bruno ; voici Monsieur qui voudrait visiter vos élèves.

Il y eut un grognement de joie sur les lèvres du

vieillard. Il sourit et les invita d'un signe à le suivre.

Il les introduisit dans une étable et Durtal recula, assourdi par des cris affreux, suffoqué par l'ardeur pestilentielle des purins. Tous les porcs se dressaient debout, derrière leur barrière, hurlaient d'allégresse, à la vue du frère.

— Paix, paix, fit le vieillard, d'une voix douce, et, haussant le bras au-dessus des palis, il cajola les groins qui s'étouffaient à grogner, en le flairant.

Il tira Durtal par la manche, et le faisant pencher au-dessus du treillage, il lui montra une énorme truie au nez retroussé, de race anglaise, un animal monstrueux, entouré d'une bande de gorets qui se ruaient, ainsi que des enragés, sur ses tétines.

— Oui, ma belle, va, ma belle, murmura le vieux, en lui lissant les soies avec la main.

Et la truie le regardait avec des petits yeux languissants et lui léchait les doigts ; elle finit par pousser des clameurs abominables lorsqu'il partit.

Et le frère Siméon exhiba d'autres élèves, des cochons avec des oreilles en pavillon de trompe et des queues en tire-bouchons, des truies dont les ventres traînaient et dont les pattes semblaient à peine sorties du corps, des nouveaux-nés qui pillaient goulument la calebasse des pis et d'autres plus grands qui jouaient à se poursuivre et se roulaient dans la boue, en reniflant.

Durtal lui fit compliment de ses bêtes et le vieillard jubila s'essuya, avec sa grosse main, le front ; puis, sur une question de l'oblat s'informant de la portée de telle truie, il tétait ses doigts à la file ; répondait à cette réflexion que ces animaux étaient vraiment voraces, en tendant les bras au ciel, en indiquant les baquets vides, en enlevant des bouts de bois, en arrachant des touffes d'herbes qu'il portait à ses lèvres, en grouinant comme s'il avait le museau plein.

Puis il les conduisit dans la cour, les rangea contre le mur, ouvrit, plus loin, une porte et s'effaça.

Un formidable verrat passa tel une trombe, culbuta une brouette, fit jaillir tout autour de lui, ainsi qu'un obus, des éclats de terre; puis il courut au galop, en rond, tout autour de la cour et finit par aller piquer une tête dans une mare de purin. Il s'y ventrouilla, s'y retourna, gigota, les quatre pattes en l'air, s'échappa de là, noir, sale de même qu'un fond de cheminée, ignoble.

Après quoi, il se mit en arrêt, sonna joyeusement du groin et voulut aller caresser le moine qui le contint, d'un geste.

— Il est magnifique votre verrat! dit Durtal.

Et le convers regarda Durtal avec des yeux humides; et il se frotta le cou avec la main, en soupirant.

— Cela signifie qu'on le tuera prochainement, dit l'oblat.

Et le vieux acquiesça d'un hochement douloureux de tête.

Ils le quittèrent, en le remerciant de sa complaisance.

— Quand je songe à la façon dont cet être, qui s'est voué aux plus basses besognes, prie dans l'église, ça me donne envie de me mettre à genoux et de faire, ainsi que ses pourceaux, de lui baiser les mains! s'écria Durtal, après un silence.

— Le frère Siméon est un être angélique, répliqua

l'oblat. Il vit de la vie Unitive, l'âme ensevelie, noyée dans l'océan de la divine Essence. Sous cette grossière enveloppe, dans ce pauvre corps réside une âme absolument blanche, une âme sans péchés ; aussi, est-il bien juste que Dieu le gâte ! Il lui a, ainsi que je vous l'ai dit, délégué tout pouvoir sur le Démon ; et, dans certains cas, il lui concède également la puissance de guérir, par l'imposition des mains, les maladies. Il a renouvelé ici les guérisons miraculeuses des anciens Saints.

Ils se turent, puis, prévenus par les cloches qui sonnaient les Vêpres, ils se dirigèrent vers l'église.

Et, revenant alors sur lui-même, tentant de se récupérer, Durtal demeura stupéfait. La vie monastique reculait le temps. Il était à la Trappe, depuis combien de semaines et il y avait déjà combien de jours qu'il s'était approché des Sacrements ? cela se perdait dans le lointain ; ah ! l'on vivait double, dans les cloîtres ! — Et, pourtant, il ne s'y ennuyait pas ; il s'était aisément plié au dur régime et, malgré la concision des repas, il n'avait aucune migraine, aucune défaillance ; il ne s'était même jamais si bien porté ! — mais ce qui persistait, c'était cette sensation d'étouffement, de soupirs contenus, cette ardente mélancolie des heures et, plus que tout, cette vague inquiétude d'entendre enfin en soi, d'y écouter les voix de cette Trinité, Dieu, le Démon et l'homme, réunie en sa propre personne.

Ce n'est pas la paix rêvée de l'âme — et c'est même pis qu'à Paris, se disait-il, en se rappelant l'épreuve démentielle du chapelet — et, cependant — expliquez cela, l'on est, quand même, heureux, ici !

V

Levé de meilleure heure que de coutume, Durtal descendit à la chapelle. L'office de Matines était terminé, mais quelques convers, parmi lesquels se trouvait le frère Siméon, priaient, à genoux, sur le sol.

La vue de ce divin porcher jeta Durtal dans de longues rêveries. Il essayait vainement de pénétrer dans le sanctuaire de cette âme cachée comme une invisible chapelle derrière le rempart en fumier d'un corps, il ne parvenait même pas à se figurer les aîtres si adhésifs et si dociles de cet homme qui avait atteint l'état le plus élevé auquel, ici-bas, la créature humaine puisse prétendre.

Quelle force de prières, il possède ! se disait-il, en regardant ce vieillard.

Et il se remémorait les détails de son entrevue, la veille. C'est pourtant vrai, pensait-il, il y a chez ce moine un peu de l'allure de ce frère Junipère dont la surprenante simplicité a franchi les âges.

Et il se recordait des aventures de ce Franciscain que ses

compagnons laissèrent, un jour, seul, dans le couvent, en lui recommandant de s'occuper du repas, afin qu'il fût prêt, dès leur retour.

Et Junipère réfléchit : — que de temps dépensé à préparer des mets ! les frères qui se relaient dans cet emploi n'ont plus le moyen de vaquer aux oraisons ! — et désirant alléger ceux qui lui succèderont à la cuisine, il se résout à conditionner de si copieux plats que la communauté puisse s'alimenter avec eux pendant quinze jours.

Il allume tous les fourneaux, se procure, on ne sait comment, d'énormes chaudrons, les remplit d'eau, y précipite, pêle-mêle, des œufs avec leurs écailles, des poulets avec leurs plumes, des légumes qu'il omet d'éplucher et il s'évertue devant un feu à rôtir des bœufs, à piler, à remuer avec un bâton la pâtée saugrenue de ses bassines.

Quand les frères rentrent et s'installent au réfectoire, il accourt, la figure rissolée et les mains cuites, et sert, joyeux, sa ratatouille. Le supérieur lui demande s'il n'est pas fol et il demeure stupéfié que l'on ne s'empiffre pas cet étonnant salmis. Il avoue, en toute humilité, qu'il a cru rendre service à ses frères et ce n'est que, sur l'observation que tant de nourriture sera perdue, qu'il pleure à chaudes larmes et se déclare un misérable ; il crie qu'il n'est propre qu'à gâter les biens du bon Dieu tandis que les moines sourient, admirant la débauche de charité et l'excès de simplicité de Junipère.

Le frère Siméon serait assez humble et assez naïf pour renouveler d'aussi splendides gaffes, se disait Durtal ; mais mieux encore que le brave Franciscain, il m'évoque le souvenir de cet exorbitant saint Joseph de Cupertino dont l'oblat parlait hier.

Celui-là, qui s'appelait lui-même frère Ane, était un délicieux et pauvre être, si modeste, si borné qu'on le chassait de partout. Il passe dans la vie, la bouche ouverte, se cognant, ahuri, contre tous les cloîtres qui le repoussent. Il vagabonde, inapte à remplir même les besognes les plus viles. Il a, comme dit le peuple, des mains en beurre, il casse tout ce qu'il touche. On lui commande d'aller chercher de l'eau, et, il erre, sans comprendre, absorbé en Dieu, finit, quand personne n'y pense plus, par en apporter au bout d'un mois.

Un monastère de Capucins, qui l'avait recueilli, s'en débarrasse. Il repart, vague, désorbité, dans les villes, échoue dans un autre couvent où il s'emploie à soigner les animaux qu'il adore ; et il surgit dans une perpétuelle extase, se révèle le plus singulier des thaumaturges, chasse les démons et guérit les maux. Il est tout à la fois idiot et sublime ; dans l'hagiographie, il reste unique et semble y figurer pour fournir la preuve que l'âme s'identifie avec l'Eternelle Sagesse, plus par le non-savoir que par la science.

Et, lui aussi, il aime les bêtes, se disait Durtal, en contemplant le vieux Siméon ; et, lui aussi, il poursuit le Malin et opère par sa sainteté des guérisons.

Dans une époque où tous les hommes sont exclusivement hantés par des pensées de luxure et de lucre, elle paraît extraordinaire l'âme décortiquée, l'âme candide et toute nue, de ce bon moine. Il a quatre-vingts ans sonnés, et il mène, depuis sa jeunesse, l'existence sommaire des Trappes ; il ne sait problablement pas dans quel temps il vit, sous quelles latitudes il habite, s'il est en Amérique ou en France, car il n'a jamais lu un journal et les bruits du dehors ne parviennent pas jusqu'à lui.

Il ne se doute même pas du goût de la viande et du vin ; il n'a aucune notion de l'argent dont il ne soupçonne ni la valeur, ni l'aspect ; il ne s'imagine point comment une femme est faite ; ce n'est que par la saillie de ses verrats et la gésine de ses truies qu'il devine peut-être l'essence et les suites du péché de chair.

Il vit seul, concentré dans le silence et terré dans l'ombre ; il médite sur les mortifications des Pères du Désert qu'on lui détaille pendant qu'il mange ; et la frénésie de leurs jeûnes le rend honteux de son misérable repas et il s'accuse de son bien-être !

Ah ! ce père Siméon, il est innocent ; il ne sait rien de ce que nous connaissons et il sait ce que tout le monde ignore ; son éducation est faite par le Seigneur même qui l'instruit de ses vérités incompréhensibles pour nous, qui lui modèle l'âme avec du ciel, qui s'infond en lui et le possède et le déifie dans l'union de Béatitude !

Cela nous met un peu loin des cagots et des dévotes, aussi loin, du reste, qu'est le Catholicisme moderne de la Mystique, car décidément cette religion est aussi terre à terre que la Mystique est haute !

Et c'est vrai cela. — Au lieu de tendre de toutes ses forces à ce but inouï, de prendre son âme, de la façonner en cette forme de colombe que le Moyen Age donnait à ses pyxides, au lieu d'en faire la custode où l'hostie repose dans l'image même du Saint-Esprit, le catholique se borne à tâcher de cacher sa conscience, s'efforce de ruser avec le Juge, par crainte d'un salutaire enfer ; il agit non par dilection mais par peur. c'est lui qui, avec l'aide de son clergé et le secours de sa littérature imbécile et de sa presse inepte, a fait de la religion un fétichisme de Canaque attendri, un culte ridicule, composé de statuettes et de troncs, de chandelles et de chromos ; c'est lui qui a matérialisé l'idéal de l'Amour, en inventant une dévotion toute physique au Sacré-Cœur !

Quelle bassesse de conception ! continuait Durtal qui était sorti de la chapelle et errait sur les bords du grand étang. Il regarda les roseaux qui se courbaient comme une moisson encore verte, sous un coup de vent ; puis il entrevit, en se penchant, un vieux bateau qui portait, sur sa coque bleuâtre, le nom presque effacé de « l'Alleluia » ; cette barque disparaissait sous des touffes de feuilles autour desquelles s'enroulaient les clochettes du volubilis, une fleur symbolique, car elle s'évase, telle qu'un calice et elle a la blancheur mate d'une oublie.

La senteur tout à la fois câline et amère des eaux le grisait. Ah ! se dit-il, le bonheur consiste certainement à être interné dans un lieu très fermé, dans une prison bien close, où une chapelle est toujours ouverte ; et il reprit : tiens, voici le frère Anaclet ; le convers s'avançait, courbé sous une banne.

Il passa devant Durtal, en lui souriant des yeux ; et, tandis qu'il continuait sa route, Durtal pensa : cet homme est pour moi un sincère ami ; quand je souffrais tant, avant de me confesser, il m'a tout exprimé dans un regard. Aujourd'hui qu'il me croit plus rasséréné, plus joyeux, il est content et il me le déclare dans un sourire; et jamais je ne lui parlerai, jamais je ne le remercierai, jamais même je ne saurai qui il est — jamais je ne le reverrai peut-être !

En partant d'ici, je conserverai un ami pour lequel je sens, moi aussi, de l'affection ; et aucun de nous n'aura même échangé avec l'autre un geste !

Au fond, ruminait-il, cette réserve absolue ne rend-elle pas notre amitié plus parfaite ; elle s'estompe dans un éternel lointain, reste mystérieuse et inassouvie, plus sûre.

Tout en se ratiocinant ces réflexions, Durtal se dirigea vers la chapelle où l'appelait l'office et, de là, il se rendit au réfectoire.

Il fut surpris de ne trouver qu'un seul couvert sur la nappe. Qu'est-il arrivé à M. Bruno ? — voyons, je vais quand même un peu l'attendre, songea-t-il ; et, pour tuer le temps, il s'amusa à lire un tableau imprimé qui était pendu au mur.

C'était une sorte d'avertissement qui débutait ainsi :

Eternité !

« Hommes pécheurs, vous mourrez. — Soyez toujours prêts. »

« Veillez donc, priez sans cesse, n'oubliez jamais les quatre fins que vous voyez, ici, tracées : »

« La Mort qui est la porte de l'Eternité, »

« Le Jugement qui décide de l'Eternité, »

« L'Enfer qui est le séjour de la malheureuse Eternité, »

« Le Paradis qui est le séjour de la bienheureuse Eternité. »

Le P. Etienne interrompit Durtal, en lui annonçant

que M. Bruno était allé à Saint-Landry, afin d'y effectuer quelques achats et qu'il ne reviendrait que pour le coucher, à huit heures; dînez donc sans plus tarder et dépêchez-vous, car tous les plats vont être froids.

— Et comment se porte le père abbé ?

— Doucement; il garde encore la chambre, mais il espère pouvoir, après-demain, descendre un peu pour assister au moins à quelques-uns des offices.

Et le moine salua et disparut.

Durtal se mit à table, mangea d'une soupe à l'eau de fèves, avala un œuf mollet, une cuillerée de fèves tièdes et comme, une fois dehors, il longeait la chapelle, il y entra et s'agenouilla devant l'autel de la Vierge; mais aussitôt l'esprit de blasphème l'emplit; il voulut à tout prix insulter la Vierge; il lui sembla qu'il éprouverait une joie âcre, une volupté aiguë, à la salir et il se retint, se crispa la face pour ne pas laisser échapper les injures de roulier qui se pressaient sur ses lèvres, qui se disposaient à sortir.

Et il détestait ces abominations, il se révoltait contre elles, il les refoulait avec horreur et l'impulsion devenait si irrésistible qu'il dut, pour se taire, se mordre, se saigner, à coups de dents, la bouche.

C'est un peu fort d'entendre gronder en soi le contraire de ce que l'on pense, se dit-il; mais il avait beau appeler toute sa volonté à l'aide, il sentait qu'il allait céder, cracher quand même ces impuretés, et il s'enfuit, songeant que mieux valait, s'il n'y avait plus moyen de résister, vomir ces ordures dans la cour plutôt que dans l'église.

Et dès qu'il eut quitté la chapelle, cette folie de

blasphèmes cessa; surpris par l'étrange violence de cette attaque, il déambula le long de l'étang.

Et, peu à peu, une intuition inexpliquée d'un péril qui le menaçait lui vint. Ainsi qu'une bête qui flaire un ennemi caché, il regarda avec précaution en lui, finit par apercevoir un point noir à l'horizon de son âme et, brusquement, sans qu'il eût le temps de se reconnaître, de se rendre compte du danger qu'il voyait surgir, ce point s'étendit, le couvrit d'ombre; il ne fit plus jour en lui.

Il eut cette minute de malaise qui précède l'orage, et, dans le silence anxieux de son être, tels que des gouttes de pluie, des arguments tombèrent.

Les pénibles effets du Sacrement, mais ils se justifiaient! n'avait-il pas procédé de telle sorte que sa communion ne pouvait qu'être infidèle ? Evidemment. — Au lieu de se tasser et de s'étreindre, il avait passé une après-midi de révolte et de colère; le soir même, il avait indignement jugé un ecclésiastique dont le seul tort était de se complaire dans la vanité des plaisanteries faciles. S'était-il confessé de cette iniquité et de ces séditions ? pas le moins du monde; et, après la communion, s'était-il, comme il l'eût fallu, enfermé en tête à tête avec son Hôte ? encore moins. Il l'avait abandonné, sans plus s'occuper de Lui; il avait déguerpi de son logis interne, s'était promené dans les bois, n'avait même pas assisté aux offices!

Mais, voyons, voyons, ces réprimandes sont ineptes! j'ai communié, tel que j'étais, sur l'ordre formel du confesseur; quant à cette promenade, je ne l'ai ni demandée, ni souhaitée! c'est M. Bruno qui, d'accord avec l'abbé de la Trappe, a décidé qu'elle me serait propice ; je n'ai donc rien à me reprocher, je suis indemne.

— Cela prouve-t-il que tu n'aurais pas mieux agi, en vivant cette journée en prières, dans l'église ?

— Mais, se cria-t-il, avec ce système-là, on ne marcherait plus, on ne mangerait plus, on ne dormirait plus, car on ne devrait jamais s'éloigner de l'église. Il y a temps pour tout, que diantre !

— Sans doute, mais une âme plus diligente eût refusé cette excursion, justement parce qu'elle lui plaisait ; elle l'eût écartée, par mortification, par esprit de pénitence.

— Evidemment mais... ces scrupules le torturèrent ; le fait est, se dit-il, que j'aurais pu employer mon après-midi plus saintement ; — de là, à croire qu'il s'était mal conduit, il n'y avait qu'un pas et il le fit. Il se lapida, pendant une heure, suant d'angoisse, s'accusant de méfaits imaginaires, s'engageant dans cette voie si loin qu'il finit par s'ébrouer, par comprendre qu'il déraillait.

L'histoire du chapelet lui revint en mémoire et alors il se blâma de se laisser encore acculer par le Démon. Il commençait à souffler, à reprendre son assiette, quand des attaques autrement redoutables se présentèrent.

Ce ne fut plus une instillation d'arguments qui coulaient goutte à goutte, mais une pluie furieuse qui se précipita sur son âme, en avalanche. L'orage, dont l'ondée de scrupules n'était que le prélude, éclata en plein ; et, dans la panique du premier moment, dans l'assourdissement de la tempête, l'ennemi démasqua ses batteries, le frappa au cœur.

— Il n'avait retiré aucun bien de cette communion,

mais il était vraiment par trop jeune aussi ! ah ça, est-ce qu'il croyait que, parce qu'un prêtre avait proféré cinq mots latins sur un pain azyme, ce pain s'était transsubstantié en la chair du Christ ? qu'un enfant accueille de pareilles sornettes, passe encore ! mais avoir franchi la quarantaine et écouter d'aussi formidables bourdes, c'était excessif, presque inquiétant !

Et les insinuations le cinglèrent, comme des paquets de grêle : qu'est-ce qu'un pain qui est du blé avant et qui n'est plus après qu'une apparence ? qu'est-ce qu'une chair qu'on ne voit ni ne sent ? qu'est-ce qu'un corps dont l'ubiquité est telle qu'il paraît en même temps sur les autels de pays divers ? qu'est-ce qu'une puissance qui se trouve annihilée lorsque l'hostie n'est pas fabriquée avec du pur froment ?

Et cela devint une véritable inondation qui l'ensevelit ; et cependant, de même qu'un imperméable pieu, cette Foi qu'il avait acquise, sans avoir jamais su comment, restait immobile, disparaissait sous des torrents d'interrogations, mais ne bougeait point.

Et il se révolta et se dit : qu'est-ce que cela prouve sinon que la ténèbre sacramentelle de l'Eucharistie est insondable. D'ailleurs, si c'était intelligible, ce ne serait pas divin. Si le Dieu que nous servons pouvait être compris par la raison, il ne vaudrait pas la peine d'être servi, a dit Tauler ; et l'Imitation déclare nettement aussi à la fin de son IVe livre que si les œuvres de Dieu étaient telles que l'intelligence de l'homme pût aisément les saisir, elles cesseraient d'être merveilleuses et ne pourraient être qualifiées d'ineffables.

Et une voix railleuse reprit :

— Voilà qui s'appelle répondre, en avouant que l'on n'a rien à répondre.

— Enfin, fit Durtal qui réfléchissait, j'ai assisté à des expériences de spiritisme où nulle tricherie n'était possible. Il était bien évident que ce n'étaient, ni le fluide des spectateurs, ni la suggestion des personnes entourant la table qui dictaient les réponses, puisque en frappant ses coups, cette table s'exprima subitement en anglais, alors que personne ne parlait cette langue et que, quelques minutes plus tard, s'adressant à moi qui étais éloigné d'elle et qui, par conséquent, ne la touchais pas, elle me raconta, en français, cette fois, des faits que j'avais oubliés et que, seul, je pouvais savoir. Je suis donc bien obligé de supposer un élément de surnaturel se servant, en guise de truchement, d'un guéridon, d'accepter, sinon l'évocation des morts, au moins ce qui semble plus probable, l'existence constatée de larves.

Alors, il n'est pas plus surprenant, plus impossible que le Christ se substitue à la pâte d'un pain, qu'une larve furète et bavarde dans un pied de table. Ces phénomènes déroutent également les sens; mais si l'un d'eux est indéniable — et la manifestation spirite l'est, à coup sûr — quels motifs invoquer pour nier la vraisemblance de l'autre qui a été attestée d'ailleurs par des milliers de Saints ?

Au fond, poursuivit-il, en souriant, il y avait déjà la démonstration par l'absurde, mais celle-ci pourrait s'intituler la démonstration par l'abject, car si le mystère Eucharistique est sublime, il n'en est pas de même du Spiritisme qui n'est, en fin de compte, que la latrine du surnaturel, que le goguenot de l'au-delà!

— S'il n'y avait encore que cette énigme, reprit la voix, mais toutes les doctrines catholiques sont d'un gabarit pareil ! examine la religion dès sa naissance et dis si elle ne débute pas par un dogme absurde ?

Voici un Dieu, infiniment parfait, infiniment bon, un Dieu qui n'ignore ni le passé, ni le présent, ni l'avenir, il savait donc qu'Eve pécherait ; alors, de deux choses l'une : ou il n'est pas bon puisqu'il l'a soumise à cette épreuve, en connaissant qu'elle n'était pas de force à la subir ; ou bien alors, il n'était pas certain de sa défaite ; auquel cas, il n'est pas omniscient, il n'est pas parfait.

Durtal ne répondait pas à ce dilemme qu'il est, en effet, mal aisé de résoudre.

— Pourtant, se dit-il, l'on peut tout d'abord écarter l'une de ces deux propositions, la dernière ; car il est enfantin de s'occuper du futur lorsqu'il s'agit de Dieu ; nous le jugeons avec notre misérable entendement et il n'y a pour lui, ni présent, ni passé, ni avenir ; il les voit tous, dans la lumière incréée, au même instant. Pour lui, la distance ne se figure pas et l'espace est nul. Les jadis, les maintenant et les demain ne sont qu'un. Il ne pouvait par conséquent douter que le Serpent vaincrait. Ce dilemme amputé se détraque donc...

— Soit, mais l'autre alternative reste, que fais-tu de sa bonté ?

— Sa bonté... Et Durtal avait beau se ressasser les arguments tirés du libre-arbitre ou de la venue promise du Sauveur, il était bien forcé de s'avouer que ces réponses étaient débiles.

Et la voix se fit plus pressante :

— Tu admets aussi le péché originel ?

— Je suis bien obligé de l'admettre, puisqu'il existe. Qu'est-ce que l'hérédité, l'atavisme, sinon, sous un autre vocable, le terrible péché des origines ?

— Et cela te paraît juste que des générations innocentes réparent encore et toujours la faute du premier homme ?

Et comme Durtal ne répliquait pas, la voix insinua doucement :

— Cette loi est tellement inique qu'il semble que le Créateur en ait eu honte et que, pour se punir de sa férocité et ne pas se faire à jamais exécrer par sa créature, il ait voulu souffrir sur la croix, expier son crime, en la personne de son propre Fils !

— Mais, s'écria Durtal exaspéré, Dieu n'a pu commettre un crime et se châtier ; si cela était, Jésus serait le Rédempteur de son Père et non le nôtre ; c'est fou !

Il retrouvait peu à peu, son équilibre ; lentement il récita le Symbole des Apôtres, tandis que les objections qui le démolissaient se pressaient, les unes à la suite des autres, en lui.

Il y a un fait certain, se dit-il, car il était, dans cette bagarre, très lucide : c'est que nous sommes deux pour l'instant en moi. Je puis suivre mes raisonnements et j'entends, de l'autre côté, les sophismes que mon double me souffle. Jamais cette dualité ne m'était apparue aussi nette.

Et l'attaque faiblit sur cette réflexion ; on eût cru que l'ennemi découvert battait en retraite.

Mais, il n'en fut rien ; après une courte trêve, l'assaut recommença sur un autre point.

— Es-tu bien sûr de ne t'être pas suggestionné, de ne t'être pas monté le coup à toi-même ? A force d'avoir voulu croire, tu as fini par enfanter et, par t'implanter, en la déguisant sous le nom de grâce, une idée fixe autour de laquelle maintenant tout festonne. Tu te plains de n'avoir pas éprouvé des joies sensibles après ta communion, cela démontre simplement que tu ne t'étais pas assez tendu, ou que, lassée de ses excès de la veille, ton imagination s'est révélée inapte à te jouer l'affolante féerie que tu te réclamais, après la messe.

Au reste, tu devrais le savoir, tout dépend, dans ces questions-là, de l'activité plus ou moins fébrile de la cervelle et des sens ; vois ce qui a lieu pour les femmes ; elles se leurrent plus facilement que l'homme ; car là encore se décèle la différence des conformations, la variété des sexes ; le Christ se donne charnellement sous les apparences d'un pain ; c'est le mariage mystique, l'union divine consommée par la voie des lèvres ; il est bien l'Epoux des femmes, tandis que, nous autres, sans le vouloir, par l'aimant même de notre nature, nous sommes plus attirés par la Vierge. Mais elle ne se livre pas, ainsi que son Fils, à nous ; elle ne réside pas dans le Sacrement ; la possession est avec elle impossible ; elle est notre Mère mais elle n'est pas notre Epouse, comme lui est l'Epoux des Vierges.

On conçoit dès lors que les femmes s'emballent plus violemment et qu'elles adorent mieux et qu'elles se figurent plus aisément qu'elles sont choyées. D'ailleurs,

M. Bruno te le disait, hier : la femme est plus passive, moins rebelle à l'action céleste...

— Eh! qu'est-ce que cela me fait! qu'est-ce que cela prouve? que plus on aime et mieux on est aimé? mais si cet axiome est faux, au point de vue terrestre, il est certainement exact au point de vue divin ; ce qui serait monstrueux, ce serait que le Seigneur ne traitât pas mieux l'âme d'une Clarisse, que la mienne!

Il y eut encore un temps de repos ; et l'attaque tourna et se rua sur un nouvel endroit.

— Alors tu crois à l'éternel enfer? tu supposes un Dieu plus cruel que tu ne serais, un Dieu qui a créé les gens, sans qu'ils aient été consultés, sans qu'ils aient demandé à naître ; et, après avoir pâti pendant leur existence, ils seraient encore suppliciés sans merci, après leur mort; mais, voyons, toi-même, tu verrais torturer ton plus fervent ennemi, que tu serais pris de pitié, que tu solliciterais sa grâce. Tu pardonnerais et le Tout-Puissant serait implacable? tu m'avoueras que c'est se faire de Lui une singulière idée.

Durtal se taisait ; l'enfer se perpétuant à l'infini demeurait, en effet, gênant. La réplique qu'il est légitime que les peines soient éternelles puisque les récompenses le sont, n'était pas décisive, car enfin le propre de la Bonté parfaite serait justement d'abréger les châtiments et de prolonger les joies.

Mais enfin, se dit-il, sainte Catherine de Gênes a élucidé cette question. Elle expose très bien que Dieu envoie un rayon de miséricorde, un courant de pitié dans les enfers, qu'aucun damné ne souffre autant qu'il mériterait de souffrir, que si l'expiation ne doit pas cesser, elle peut se modifier, s'atténuer, devenir, à la longue, moins rigoureuse, moins intense.

Elle remarque aussi qu'au moment de se séparer du corps, l'âme s'entête ou cède ; si elle reste endurcie, si elle ne manifeste aucune contrition de ses fautes, la coulpe ne saurait lui être remise, car après la mort le franc-arbitre ne subsiste plus, la volonté que l'on possède, à l'instant où l'on sort de ce monde, reste invariable.

Si, au contraire, elle ne persévère pas dans ses sentiments d'impénitence, une partie de la répression lui sera sans nul doute ôtée ; par conséquent, n'est voué à la gehenne continuelle, que celui qui, délibérément, ne veut pas, quand il en est temps encore, revenir à résipiscence, que celui qui se refuse à renier ses fautes.

Ajoutons que, d'après la Sainte, Dieu n'a même pas à faire évacuer l'âme pour jamais polluée sur les enfers, car elle y va d'elle-même, elle y est conduite par la nature même de ses péchés ; elle s'y précipite, comme en son propre bien, elle s'y engouffre naturellement, si l'on peut dire.

En somme, on peut se figurer un enfer très petit et un purgatoire très grand ; on peut s'imaginer que l'enfer est peu peuplé, qu'il n'est réservé qu'aux cas de scélératesse rares, qu'en réalité la foule des âmes désincarnées se presse dans le Purgatoire et y endure des corrections proportionnées aux méfaits qu'elles ont, ici-bas, voulus. Ces idées n'ont rien d'insoutenable et elles ont l'avantage d'accorder les idées de miséricorde et de justice.

— Parfait ! répliqua railleusement la voix. Alors l'homme serait bien bon de se contraindre ; il peut voler, piller, tuer son père et violer sa fille, c'est le même prix ;

pourvu qu'à la dernière minute il se repente, il est sauvé !

— Mais non ! la contrition n'enlève que l'éternité de la peine et non la peine même ! chacun doit être puni ou récompensé, selon ses œuvres. Celui qui se sera souillé d'un parricide ou d'un inceste supportera un châtiment autrement pénible, autrement long que celui qui ne les aura point commis ; l'égalité dans la souffrance piaculaire, dans la douleur réparatrice, n'existe pas.

Au reste, cette idée d'une vie purgative après la mort est si naturelle, si certaine, que toutes les religions l'assument. Pour toutes, l'âme est une sorte d'aérostat qui ne peut monter, atteindre ses fins dernières dans l'espace, qu'en jetant son lest. Dans les cultes de l'Orient, l'âme, pour se dépurer, se réincarne ; elle se frotte dans de nouveaux corps, ainsi qu'une lame dans des couches de grès qui l'éclaircissent. Pour nous autres catholiques, elle ne subit aucun avatar terrestre, mais elle s'allège, se dérouille, s'éclaire dans le Purgatoire où Dieu la transforme, l'attire, l'extrait peu à peu de sa gangue de péchés jusqu'à ce qu'elle puisse s'élever et se perdre en lui.

Pour en finir avec cette irritante question d'un perpétuel enfer, comment ne point concevoir que la justice divine hésite, la plupart du temps, à prononcer d'inexorables arrêts. L'humanité est, en majeure partie, composée de scélérats inconscients et d'imbéciles qui ne se rendent même pas compte de la portée de leurs fautes. Ceux-là, leur parfaite incompréhension les sauve. Quant aux autres qui se putréfient, en sachant ce qu'ils font, ils sont évidemment plus coupables, mais la Société qui hait les gens supérieurs se charge, elle-même, de les châtier; elle les humilie, les persécute et il est dès lors permis d'espérer que Notre-Seigneur prendra en pitié ces pauvres âmes si misérablement piétinées, pendant leur séjour sur la terre, par la cohue des mufles.

— Alors il y a tout avantage à être un imbécile, car l'on est épargné sur la terre et au ciel.

— Ah certes! Et puis... et puis... à quoi sert de discuter, puisque nous ne pouvons nous faire la moindre idée de ce qu'est la justice infinie d'un Dieu!

En voilà assez, d'ailleurs, ces débats m'assomment! Il essaya de distraire sa pensée de ces sujets, il voulut, pour rompre l'obsession, se reporter à Paris, mais cinq minutes ne s'étaient pas écoulées que le double revenait à la charge.

Il s'emparait, une fois de plus, du dilemme boiteux de tout à l'heure, assaillait encore la bonté du Créateur, à propos des péchés de l'homme, Le Purgatoire est déjà exorbitant, car enfin, disait-il, Dieu savait que l'homme céderait aux tentations; alors pourquoi les tolérer et surtout pourquoi le condamner? c'est de la bonté, c'est de la justice, cela?

— Mais c'est un sophisme! s'écria Durtal qui s'agaçait. Dieu laisse à chacun sa liberté; personne n'est tenté au delà de ses forces. S'il permet, en certains cas, que la séduction dépasse nos moyens de résistance, c'est pour nous rappeler à l'humilité, pour nous ramener à lui par le remords, c'est pour d'autres causes que nous ignorons et qu'il n'a pas à nous montrer. Il est probable qu'alors ces transgressions sont autrement appréciées que celles que nous avons pratiquées de notre plein gré...

— La liberté de l'homme! elle est jolie, oui, parlons-en ! et l'atavisme ! et le milieu ? et les maladies du cerveau et des moelles ? est-ce qu'un homme agité d'impulsions maladives, envahi par des troubles génésiques, est responsable de ses actes ?

— Mais qu'est-ce qui dit que, dans ces conditionslà, on les lui impute là-haut ces actes ? — c'est idiot, à la fin, de toujours comparer la justice divine aux tribunaux des hommes ! mais c'est tout le contraire ; les jugements humains sont souvent si infâmes qu'ils avèrent qu'une autre équité existe. Mieux que les preuves de la théodicée, la magistrature prouve Dieu, car, sans lui, comment serait-il assouvi cet instinct de justice si inné en chacun de nous que même les plus humbles des bêtes l'ont ?

— Tout cela n'empêche, reprit la voix, que le caractère change suivant que l'estomac fonctionne bien ou mal ; la médisance, la colère, l'envie, c'est de la bile accumulée ou de la digestion ratée ; la bonhomie, la joie, c'est le sang qui circule librement, le corps qui s'épanouit à l'aise ; les mystiques sont des anémo-nerveux ; tes extatiques sont des hystériques mal nourris, les maisons d'aliénés en regorgent ; ils dépendent de la science quand les visions commencent.

Du coup, Durtal se remit ; les arguments matérialistes étaient peu inquiétants, car aucun ne tenait debout ; tous confondaient la fonction et l'organe, l'habitant et le logis, l'horloge et l'heure. Leurs assertions ne reposaient sur aucune base. Assimiler la bienheureuse lucidité et l'inégalable génie d'une sainte Térèse aux extravagances des nymphomanes et des folles, c'était si obtus, si niais, qu'on ne pouvait vraiment qu'en rire !

— Le mystère demeurait entier ; aucun médecin n'avait pu et ne pouvait découvrir la psyché dans les cellules rondes ou fusiformes, dans les matières blanches ou les substances grises du cerveau. Ils reconnaissaient plus ou moins justement les organes dont l'âme se servait pour tirer les fils du pantin qu'elle était condamnée à mouvoir, mais, elle, restait invisible ; elle était partie, alors qu'ils forçaient les pièces de son logis, après la mort.

Non, ces racontars-là n'agissent pas sur moi, se confirma Durtal.

— Et celui-ci, agit-il mieux ? crois-tu à l'utilité de la vie, à la nécessité de cette chaîne sans fin, de ce touage de souffrances qui se prolongera, pour la plupart, même après la mort ? la vraie bonté, elle eût consisté à ne rien inventer, à ne rien créer, à laisser tout en l'état, dans le néant, en paix !

L'attaque pivotait sur elle-même, revenait toujours, après d'apparents détours, au même rond-point.

Durtal baissa le nez, car cet argument le démâtait ; toutes les répliques que l'on pouvait imaginer étaient d'une faiblesse insigne et la moins étique, celle qui consiste à nous dénier le droit de juger, parce que nous ne pouvons percevoir que des détails du plan divin, parce que nous ne possédons sur lui aucune vue d'ensemble, ne prévalait pas contre la terrible phrase de Schopenhauer : « si Dieu a fait le monde, je ne voudrais pas être ce Dieu, car la misère du monde me déchirerait le cœur ! »

Il n'y a pas à barguigner, se disait-il, j'ai beau saisir que la Douleur est le vrai désinfectant des âmes, je suis pourtant obligé de me demander pourquoi le Créateur n'a pas inventé un moyen de nous purifier moins atroce.

— Ah! lorsque je songe aux souffrances internées dans les asiles d'aliénés et les salles d'hospice, ça me révolte, ça me fait douter de tout!

Si encore la Douleur était un antiseptique des délits futurs ou un détersif des fautes passées, on comprendrait encore! mais non, elle s'abat, indifférente, sur les mauvais et sur les bons; elle est aveugle. — La meilleure preuve est la Vierge qui était sans tache et qui n'avait pas, comme son Fils, à expier pour nous. Elle ne devait pas, par conséquent, être châtiée et, elle aussi, elle a subi au pied du Calvaire le supplice exigé par cette horrible loi!

— Bien, mais alors, reprit Durtal, après un silence de réflexion, si la Vierge innocente a donné l'exemple, de quel droit, nous autres, les coupables, osons-nous nous plaindre?

Non, il faudrait pourtant se résoudre à demeurer dans les ténèbres, à vivre entouré d'énigmes. L'argent, l'amour, rien n'est clair; le hasard, s'il existe, est aussi mystérieux que la Providence et plus qu'elle encore, il est indéchiffrable! Dieu est au moins une origine de l'inconnu, une clef.

— Une origine qui est, elle-même, un autre secret, une clef qui n'ouvre rien!

Ah! c'est irritant, se dit-il, d'être ainsi harcelé, dans tous les sens. En voilà assez; d'ailleurs, ce sont là des questions qu'un théologien est seul à même de discuter; moi, je suis sans armes; la partie n'est pas égale; je ne veux plus répondre.

Et il ne pouvait pas ne point entendre un vague ricanement qui montait en lui.

Il quitta le jardin, se dirigea vers la chapelle, mais la crainte d'être repris par des folies de blasphèmes l'en détourna. Ne sachant plus où aller, il regagna sa cellule, se répétant : il ne faudrait pas se chamailler ainsi ; oui, mais comment s'empêcher d'entendre des ergotages qui sortent d'on ne sait où. J'ai beau me crier : tais-toi ! — l'autre parle !

Arrivé dans sa chambre, il voulut prier et tomba à genoux devant son lit.

Alors ce fut abominable. Cette posture suscita des souvenirs de Florence, étendue au travers de la couche. Il se releva et les vieilles aberrations revinrent.

Il repensait à cette créature, à ses goûts bizarres, à sa manie de mordiller les oreilles, de boire des odeurs de toilette dans des petits verres, de grignoter des tartines de caviar et des dattes. Elle était si libertine et si étrange, imbécile sans doute, mais obscure !

— Et si elle était dans cette pièce, retroussée, sur ce lit, là, devant toi, que ferais-tu ?

Il se balbutiait : — je tâcherais de ne pas céder !

— Tu mens, avoue donc que tu te jetterais sur elle, avoue que tu enverrais la conversion, le cloître, tout au diable !

Il en pâlit ; la possibilité de sa lâcheté le suppliciait. Avoir communié, alors que l'on n'était pas plus certain de l'avenir, pas plus assuré de soi, c'est presque un sacrilège, se dit-il.

Et il se cabra. Jusqu'ici il avait tenu bon, mais la vision de Florence l'entama. Il s'affala, désespéré, sur une chaise, ne sachant plus que devenir, ramassant ce qui lui restait de courage pour descendre à l'église où commençait l'office.

Il s'y tréfila, s'y tenailla, assailli par des rappels turpides, dégoûté de lui-même, sentant sa volonté qui fuyait, blessée de toutes parts.

Et quand il fut dans la cour, il demeura abasourdi, se demandant où il allait s'abriter. Tous les lieux lui étaient devenus hostiles ; dans sa cellule, c'étaient des souvenances charnelles, dehors c'étaient les tentations contre la Foi ; ou plutôt je traîne cela constamment, avec moi, se cria-t-il. Mon Dieu, mon Dieu ! j'étais, hier, si tranquille !

Il piétinait au hasard d'une allée, quand un nouveau phénomène surgit.

Il avait eu jusqu'à cette heure, dans le ciel interne, la pluie des scrupules, la tempête des doutes, le coup de foudre de la luxure, maintenant, c'était le silence et la mort.

Les ténèbres complètes se faisaient en lui.

Il cherchait à tâtons son âme et la trouvait inerte, sans connaissance, presque glacée. Il avait le corps vivant et sain, toute son intelligence, toute sa raison et ses autres puissances, ses autres facultés s'engourdissaient, peu à peu, et s'arrêtaient. Il se manifestait, en son être, un effet tout à la fois analogue et contraire à ceux que le curare produit sur l'organisme, lorsqu'il circule dans les réseaux du sang ; les membres se paralysent ; l'on n'éprouve aucune douleur, mais le froid monte ; l'âme finit par être séquestrée toute vive dans un cadavre ; là, c'était le corps vivant qui détenait une âme morte.

Harcelé par la peur, il se dégagea d'un suprême effort,

voulut se visiter, voir où il en était ; et de même qu'un marin, qui, dans un navire où s'est déclarée une voie d'eau, descend à fond de cale, il dut rétrograder, car l'escalier était coupé, les marches s'ouvraient sur un abîme.

Malgré la terreur qui le galopait, il se pencha, fasciné, sur ce trou et, à force de fixer le noir, il distingua des apparences; dans un jour d'éclipse, dans un air raréfié, il apercevait au fond de soi le panorama de son âme, un crépuscule désert, aux horizons rapprochés de nuit ; et c'était, sous cette lumière louche, quelque chose comme une lande rasée, comme un marécage comblé de gravats et de cendres ; la place des péchés arrachés par le confesseur restait visible, mais, sauf une ivraie de vices sèche qui rampait encore, rien ne poussait.

Il se voyait épuisé ; il savait qu'il n'avait plus la force d'extirper ses dernières racines et il défaillait, à l'idée qu'il faudrait encore s'ensemencer de vertus, labourer ce sol aride, fumer cette terre morte. Il se sentait incapable de tout travail, et il avait en même temps la conviction que Dieu le rejetait, que Dieu ne l'aiderait plus. Cette certitude le ravina. Ce fut inexprimable ; — car rien ne peut rendre les anxiétés, les angoisses de cet état par lequel il faut avoir passé pour le comprendre. L'affolement d'un enfant qui ne s'est jamais éloigné des jupes de sa mère et que l'on abandonnerait sans crier gare, en pleine campagne, à la brune, pourrait seul en donner un semblant d'idée ; et encore, en raison même de son âge, l'enfant, après s'être désolé, finirait-il par se calmer, par se distraire de son chagrin, par ne plus percevoir le danger qui l'entoure, tandis que, dans cet état, c'est le désespoir tenace et absolu, la pensée immuable du délaissement, la transe opiniâtre, que rien ne diminue, que rien n'apaise.

L'on n'ose plus, ni avancer, ni reculer; on voudrait se terrer, attendre, en baissant la tête, la fin d'on ne sait quoi, être assuré que des menaces que l'on ignore et que l'on devine sont écartées. Durtal en était à ce point; il ne pouvait revenir sur ses pas, car cette voie, qu'il avait quittée, lui faisait horreur. Il eût mieux aimé crever que de retourner à Paris pour y recommencer ses instances charnelles, pour y revivre ses heures de libertinage et d'ennuis; mais s'il ne pouvait plus rebrousser chemin, il ne pouvait davantage marcher de l'avant, car la route aboutissait à un cul-de-sac. Si la terre le repoussait, le ciel se fermait en même temps, pour lui.

Il gisait, à mi-côte, dans la cécité, dans l'ombre, il ne savait où.

Et cet état s'aggravait d'une incompréhension absolue des causes qui l'amenaient, s'exagérait au souvenir des grâces autrefois reçues.

Durtal se rappelait la douceur des prémices, la caresse des touches divines, cette marche continue et sans obstacles, cette rencontre d'un prêtre isolé, cet envoi à la Trappe, cette facilité même à se plier à la vie monastique, cette absolution aux effets vraiment sensibles, cette réponse rapide, nette, qu'il pouvait communier sans crainte.

Et, subitement, sans qu'il eût, en somme, failli, Celui qui l'avait jusqu'alors tenu par la main, refusait de le guider, le congédiait, sans dire mot, dans les ténèbres.

Tout est fini, pensa-t-il; je suis condamné à flotter,

ici-bas, tel qu'une épave dont personne ne veut ; aucune berge ne m'est désormais accessible, car si le monde me répugne, je dégoûte Dieu. Ah ! Seigneur, souvenez-vous de l'enclos de Gethsemani, de la tragique défection du Père que vous imploriez dans d'indicibles affres ! Souvenez-vous qu'alors un ange vous consola et ayez pitié de moi, parlez, ne vous en allez pas ! — Dans le silence où s'éteignit son cri, il s'accabla ; et, cependant, il voulut réagir contre cette désolation, tenter d'échapper au désespoir ; il pria, et il eut de nouveau cette sensation très précise que ses obsécrations ne portaient point, n'étaient même pas entendues. Il appela l'Intendante des allégeances, la Médiatrice des pardons à son aide et il fut persuadé que la Vierge ne l'écoutait plus.

Il se tut, découragé, et l'ombre se condensa encore, et une nuit complète le recouvrit. Il ne souffrit plus alors, au sens propre du mot, mais ce fut pis ; car ce fut l'anéantissement dans le vide, le vertige de l'homme que l'on courbe sur un gouffre ; et les bribes de raisonnement qu'il pouvait rassembler et lier, dans cette débâcle, finirent par se ramifier en des scrupules.

Il cherchait quelles fautes justifiaient, depuis sa communion, une telle épreuve et il ne les découvrait pas. Il en vint à grossir ses peccadilles, à enfler ses impatiences ; il voulut se convaincre qu'il avait éprouvé un certain plaisir à surprendre l'image de Florence, dans sa cellule, et il se tortura si violemment qu'il ranima l'âme à moitié évanouie par ces moxas et la remit, sans le vouloir, dans cet état aigu de scrupules, où elle était, quand s'annonça la crise.

Et il ne perdait pas, dans ces bagarres de réflexions,

la triste faculté de l'analyse. Il se disait, se jaugeant d'un coup d'œil : — Je suis comme la litière d'un cirque, piétiné par toutes les douleurs qui sortent et rentrent à tour de rôle. Les doutes sur la Foi, qui semblaient s'étirer dans tous les sens, tournaient, en somme, dans le même cercle. Et voici maintenant que les scrupules, dont je me croyais débarrassé, réapparaissent et me parcourent.

Comment expliquer cela ? cette torture, qui la lui infligeait, l'Esprit de Malice ou Dieu ?

Qu'il fût trituré par le Malin, cela était sûr ; la nature même de ces attaques décelait son étampe ; oui, mais comment interpréter cet abandon de Dieu ? car enfin, le Démon ne pouvait empêcher le Sauveur de l'assister ! et il était bien obligé de conclure que s'il était martyrisé par l'un, l'Autre se désintéressait, laissait faire, se retirait complètement de lui.

Cette constatation déduite de remarques précises, cette assurance raisonnée, l'acheva. Il en cria d'angoisse, regardant l'étang près duquel il marchait, souhaitant d'y tomber, jugeant que l'asphyxie, que la mort, seraient préférables à une vie pareille.

Puis il trembla devant cette eau qui l'attirait et il s'enfuit, charria sa détresse au hasard des bois. Il tenta de l'user par de longues marches, mais il se fatiguait sans la lasser ; il finit par s'affaisser, moulu, brisé, devant la table du réfectoire.

Il considérait son assiette, sans courage pour manger, sans envie de boire ; il haletait, ne tenait plus si éreinté qu'il fût, en place. Il se leva, erra dans la cour, jusqu'aux Complies et là, dans la chapelle où il espérait quand même trouver un soulagement, ce fut le comble ; la mine éclata; l'âme sapée depuis le matin fit explosion.

A genoux, désolé, il tentait encore d'invoquer un appui et rien ne venait; il étranglait, emmuré dans une fosse si profonde, sous une voûte si épaisse, que tout appel était étouffé, qu'aucun son ne vibrait. A bout de courage, il pleura, la tête dans ses mains, et, tandis qu'il se plaignait à Dieu de l'avoir ainsi amené, pour le supplicier, dans une Trappe, d'ignobles visions l'assaillirent.

Des fluides lui passaient devant la face, peuplaient l'espace de priapées. Il ne les voyait pas avec les yeux de son corps qui n'étaient nullement hallucinés, mais il les percevait hors de lui et les sentait en lui; en un mot, le toucher était extérieur et la vision interne.

Il tâcha de fixer la statue de saint Joseph, devant laquelle il se tenait et il voulut se forcer à ne discerner qu'elle, mais ses yeux semblèrent se retourner, ne plus voir qu'en dedans et des croupes ouvertes les emplirent. Ce fut une mêlée d'apparitions aux contours indécis, aux couleurs confuses, qui ne se précisaient qu'aux endroits convoités par la séculaire infamie de l'homme. Et cela changea encore. Les formes humaines se fondirent. Il ne resta, dans d'invisibles paysages de chairs, que des marais rougis par les feux d'on ne sait quel couchant, que des marais frissonnant sous l'abri divisé des herbes. Puis le site sensuel se rétrécit encore, mais se maintint, cette fois, et ne bougea plus; et ce fut la poussée d'une flore immonde, l'épanouissement de la pâquerette des ténèbres, l'éclosion du lotus des cavernes, enfoui au fond du val.

Et des souffles ardents stimulaient Durtal, l'enveloppaient, se muaient en des haleines furieuses qui lui buvaient la bouche.

Il regardait, malgré lui, ne pouvant se soustraire aux avanies imposées de ces viols, mais le corps était inerte, demeurait calme et l'âme se révoltait en gémissant; la tentation était donc nulle; mais si ces manigances ne parvenaient à lui suggérer que du dégoût et de l'horreur, elles le faisaient incomparablement pâtir, en s'attardant; toute la lie de son existence dévergondée remontait à sa surface; ces rappels de ruts avariés le crucifiaient. Jointe à la somme des douleurs accumulées depuis l'aube, la surcharge de ces souvenirs l'écrasa et une sueur froide l'inonda, de la tête aux pieds.

Il agonisa et soudain, comme s'il venait surveiller ses aides, vérifier si ses ordres s'exécutaient, le bourreau entra en scène; Durtal ne le vit pas, mais il le sentit, et ce fut inénarrable. Dès qu'elle eut l'impression de la présence démoniaque réelle, l'âme trembla toute entière, voulut fuir, tourbillonna ainsi qu'un oiseau qui se cogne aux vitres.

Et elle retomba, épuisée; alors, si invraisemblable que cela fût, les rôles de la vie s'intervertirent; le corps se dressa, tint bon, commanda l'âme affolée, réprima, dans une tension furieuse, cette panique.

Très nettement, très clairement, Durtal perçut, pour la première fois, la distinction, la séparation de l'âme et du corps, et pour la première fois aussi, il eut conscience de ce phénomène d'un corps qui avait tant torturé sa compagne par ses exigences et ses besoins, oublier dans le danger commun, toutes les rancunes et empêcher celle qui lui résistait d'habitude de sombrer.

Il vit cela en un éclair et subitement tout s'effaça. Il sembla que le Démon s'était éloigné ; le mur de ténèbres qui cernait Durtal s'ouvrit et des lueurs fusèrent de toutes parts ; en un immense élan, le Salve Regina, jailli du chœur, balayait les fantômes, chassait les larves.

Le cordial exalté de ce chant le ranima. Il reprit courage, se remit à espérer que cet effroyable abandon allait cesser ; il pria et ses exorations s'élevèrent ; il comprit qu'elles étaient écoutées enfin.

L'office était terminé ; il rejoignit l'hôtellerie, et quand il parut si défait, si pâle, devant le P. Étienne et l'oblat, ils s'écrièrent : qu'avez-vous ?

Il s'effondra sur une chaise, essaya de leur décrire l'épouvantable calvaire qu'il avait gravi. Il y a plus de neuf heures que cela dure, fit-il, je m'étonne de n'être pas devenu fou ! — et il ajouta : c'est égal, jamais je n'aurais cru que l'âme pût tant souffrir !

Et le visage du père s'illumina. Il pressa les mains de Durtal et lui dit :

— Réjouissez-vous, mon frère ; vous êtes traité tel qu'un moine ici !

Comment cela ? fit Durtal, interdit.

— Mais oui, cette agonie — car il n'y a pas d'autre mot pour définir l'horreur de cet état, — elle est une des plus sérieuses épreuves que Dieu nous inflige ; c'est une des opérations de la vie purgative ; soyez heureux, car c'est une grande grâce que Jésus vous fait !

— Et cela prouve que votre conversion est bonne, affirma l'oblat.

— Dieu ! mais ce n'est pas lui pourtant qui m'a insinué les doutes sur la Foi, qui a fait naître en moi la folie des scrupules, qui m'a suscité l'esprit de blasphème, qui m'a caressé par de dégoûtantes apparitions la face!

— Non, mais Il le permet. Ah! c'est affreux, je le sais, dit l'hôtelier. Dieu se cache et on a beau l'appeler, il ne vous répond pas. On se croit délaissé et cependant Il est près de vous; et tandis qu'Il s'efface, Satan s'avance. Il vous tortille, il vous pose un microscope sur vos fautes; sa malice vous ronge la cervelle ainsi qu'une lime sourde — et, quand à tout cela, se joignent, pour vous excéder, les visions impures......

Le trappiste s'interrompit — puis, se parlant à lui-même, lentement il dit:

— Ce ne serait rien d'être en présence d'une tentation réelle, d'une vraie femme, en chair et en os, mais ces apparences sur lesquelles l'imagination travaille, c'est horrible!

— Et moi qui croyais que l'on avait la paix dans les cloîtres!

— Non, on est, sur cette terre, pour lutter et c'est justement dans les cloîtres que le Très-Bas s'agite; là, les âmes lui échappent et il veut, à tout prix, les conquérir. Aucun endroit sur la terre n'est plus hanté par lui qu'une cellule; personne n'est plus harcelé qu'un moine.

— Un récit qui figure dans la Vie des Pères du Désert est à ce point de vue typique, fit l'oblat. Un seul démon est chargé de garder une ville et il dort, pendant que deux ou trois cents démons, qui ont ordre de guetter un monastère, n'ont aucun repos, se démènent. c'est le cas de le dire, comme de vrais diables!

Et, en effet, la mission d'accélérer le péché des villes

est une sinécure; car sans même qu'elles s'en doutent, Satan les tient; il n'a donc que faire de les tourmenter pour les retirer de la fiance de Dieu, puisque, sans même qu'il ait à se donner le moindre mal, toutes lui obéissent.

Aussi réserve-t-il ses légions pour assiéger les couvents où la résistance est acharnée. Au reste, vous venez de voir la façon dont il conduit l'attaque!

— Ah! s'exclama Durtal, ce n'est pas lui qui vous fait le plus souffrir! car ce qui est pis que le scrupule, pis que les tentations contre la pureté ou contre la Foi, c'est l'abandon supposé du ciel; non, rien ne peut rendre cela!

— C'est ce que la théologie mystique nomme « la Nuit obscure », répondit M. Bruno.

Et Durtal s'écria :

— Ah! j'y suis maintenant; je me souviens... voilà donc pourquoi saint Jean de la Croix atteste qu'on ne peut dépeindre les douleurs de cette Nuit et pourquoi il n'exagère rien lorsqu'il affirme qu'on est alors plongé, tout vivant, dans les enfers.

Et moi qui doutais de la véracité de ses livres, moi, qui l'accusais d'outrance! il atténuait plutôt. Seulement, il faut avoir ressenti cela, par soi-même, pour y croire!

— Et vous n'avez rien vu, repartit tranquillement l'oblat; vous avez passé par la première partie de cette Nuit, par la Nuit des sens; elle est terrible déjà, je le sais par expérience, mais elle n'est rien en comparaison de la Nuit de l'esprit qui parfois lui succède. Celle-là est l'exacte image des souffrances que Notre-Seigneur endura au jardin des Olives, alors que, suant le sang, il cria, à bout de forces : Seigneur, détournez de moi ce calice!

Celle-là est si épouvantable... et M. Bruno se tut, en pâlissant. Quiconque a subi ce martyre, reprit-il après une pause, sait d'avance ce qui attend, dans l'autre vie, les réprouvés !

— Voyons, fit le moine, l'heure du coucher est sonnée. Il n'existe qu'un remède à tous ces maux, c'est la Sainte Eucharistie ; demain, dimanche, la communauté s'approche du Sacrement ; il faut que vous vous joigniez à nous.

— Mais je ne peux pas communier dans l'état où je suis....

— Eh bien, soyez debout, cette nuit, à trois heures; j'irai vous chercher dans votre cellule et je vous emmènerai chez le P. Maximin qui nous confesse à cette heure.

Et sans attendre sa réponse, l'hôtelier lui serra la main et s'en fut.

— Il a raison, fit l'oblat, c'est là le vrai remède.

Et quand il fut remonté dans sa chambre, Durtal pensa :

— Je comprends maintenant pourquoi l'abbé Gévresin tenait tant à me prêter saint Jean de la Croix ; il savait que j'entrerais dans la Nuit obscure ; il n'osait m'avertir nettement de peur de m'effrayer et il voulait cependant me mettre en garde contre le désespoir, m'aider par le souvenir ici, de ces lectures. Seulement, comment a-t-il pu penser que, dans un pareil naufrage, je me rappellerais quelque chose !

Tout cela me fait songer que j'ai omis de lui écrire et qu'il faudra que, demain, je tienne ma promesse, en lui envoyant une lettre.

Et il repensa à ce saint Jean de la Croix, à ce Carme

inouï, qui avait si placidement décrit cette terrifiante phase de la genèse mystique.

Il se rendait compte de la lucidité, de la puissance d'esprit de ce Saint, expliquant la vicissitude la plus obscure, la moins connue de l'âme, surprenant, suivant les opérations de Dieu qui maniait cette âme, la comprimait dans sa main, la pressait comme une éponge, puis la laissait se réimbiber, se regonfler de douleurs et la tordait encore et la faisait s'égoutter en des larmes de sang, pour l'épurer.

VI

Non, dit tout bas Durtal, je ne veux pas usurper la place de ces braves gens.

— Mais je vous assure que ça leur est égal.

Et Durtal se défendant encore de passer avant les convers qui attendaient leur tour de confession, le P. Etienne insista : Je vais rester avec vous et dès que la cellule sera libre, vous y entrerez.

Durtal était alors sur le palier d'un escalier qui portait, échelonné sur chacune de ses marches, un frère agenouillé ou debout, la tête enveloppée dans son capuchon, le visage tourné contre le mur. Tous se récolaient, s'épuçaient, silencieux, l'âme.

De quelles fautes peuvent-ils bien s'accuser, pensait Durtal ? qui sait ? reprit-il, apercevant le frère Anaclet, la tête dans sa poitrine et les mains jointes ; qui sait s'il ne se reproche pas l'affection si discrète qu'il a pour moi ; car, dans les couvents, toute amitié est interdite !

Et il se remémorait, dans le « Chemin de la Perfection » de sainte Térèse, une page à la fois ardente et glacée où elle crie le néant des liaisons humaines, déclare que l'amitié est une faiblesse, avère nettement que toute religieuse qui désire voir ses proches est imparfaite.

— Venez, dit le P. Etienne qui interrompit ses réflexions et le poussa par la porte d'où sortait un moine, dans la cellule. Le P. Maximin y était assis, près d'un prie-Dieu.

Durtal s'agenouilla et lui raconta, brièvement, ses scrupules, ses luttes de la veille.

— Ce qui vous arrive n'est pas surprenant après une conversion ; au reste, c'est bon signe, car, seules, les personnes sur lesquelles Dieu a des vues sont soumises à ces épreuves, dit lentement le moine, lorsque Durtal eut terminé son récit.

Et il poursuivit :

— Maintenant que vous n'avez plus de péchés graves, le Démon s'efforce de vous noyer dans un crachat. En somme, dans ces épisodes d'une malice aux abois, il y a pour vous tentation et non pas faute.

Vous avez, si je sais résumer vos aveux, subi la tentation de la chair et de la Foi et vous avez été torturé par le scrupule.

Laissons de côté les visions sensuelles ; telles qu'elles se sont produites, elles demeurent indépendantes de votre volonté, pénibles, sans doute, mais inactives.

Les doutes sur la Foi sont plus dangereux.

Pénétrez-vous bien de cette vérité qu'il n'existe, en sus de la prière, qu'un remède qui soit souverain contre ce mal, le mépris.

Satan est l'orgueil, méprisez-le et aussitôt son audace croule; il parle; haussez les épaules, et il se tait. Ce qu'il faut, c'est ne pas disserter avec lui; si retors que vous puissiez être vous auriez le dessous, car il possède la plus rusée des dialectiques.

— Oui, mais comment faire? je ne voulais pas l'écouter et je l'entendais quand même; j'étais bien obligé, ne fût-ce que pour le réfuter, de lui répondre.

— Et c'est justement sur cela qu'il comptait pour vous réduire; retenez avec soin ceci: afin de vous donner la facilité de le rétorquer, il vous présentera, au besoin, des arguments grotesques et, une fois qu'il vous verra confiant, naïvement satisfait de l'excellence de vos répliques, il vous embrouillera dans des sophismes si spécieux que vous vous débattrez vainement pour les résoudre.

Non, je vous le répète, eussiez-vous la meilleure des raisons à lui opposer, ne ripostez pas, refusez la lutte.

Le prieur se tut, puis tranquillement, il reprit :

— Il y a deux manières de se débarrasser d'une chose qui gêne, la jeter au loin ou la laisser tomber. Jeter au loin exige un effort dont on peut n'être pas capable, laisser tomber n'impose aucune fatigue, est simple, sans péril, à la portée de tous.

Jeter au loin implique encore un certain intérêt, une certaine animation, voire même une certaine crainte; laisser tomber, c'est l'indifférence, le mépris absolu; croyez-moi, usez de ce moyen et Satan fuira.

Cette arme du mépris serait aussi toute-puissante pour vaincre l'assaut des scrupules si, dans les combats de cette nature, la personne assiégée y voyait clair. Malheureusement, le propre du scrupule est d'affoler les gens, de leur faire perdre aussitôt la tramontane, et il est dès lors indispensable de s'adresser au prêtre, pour se défendre.

En effet, poursuivit le moine qui, s'était interrompu, un moment, pour réfléchir — plus on se regarde de près et moins on se voit ; l'on devient presbyte dès qu'on s'observe ; il est nécessaire de se placer à un certain point de vue pour distinguer les objets, car lorsqu'ils sont très rapprochés, ils deviennent aussi confus que s'ils étaient loin. C'est pourquoi, il faut, en pareil cas, recourir au confesseur qui n'est ni trop éloigné, ni trop contigu, qui se tient juste à l'endroit d'où les objets se détachent dans leur relief. Seulement, il en est du scrupule ainsi que de certaines maladies qui, lorsqu'elles ne sont pas prises à temps, deviennent presque incurables.

Ne lui permettez donc point de s'implanter en vous ; le scrupule ne résiste pas à l'aveu, dès qu'il débute. Au moment où vous le formulez devant le prêtre, il se dissout ; c'est une sorte de mirage qu'un mot efface.

Vous m'objecterez, continua le moine, après un silence, qu'il est très mortifiant d'avouer des chimères qui sont, la plupart du temps, absurdes ; mais c'est bien pour cela que le Démon vous suggère presque toujours moins des arguties que des sottises. Il vous appréhende ainsi, par la vanité, par la fausse honte.

Le moine se tut encore, puis il continua :

Le scrupule non traité, le scrupule non guéri mène

au découragement qui est la pire des tentations, car, dans les autres, Satan n'attaque qu'une vertu en particulier et il se montre, tandis que, dans celle-là, il les attaque toutes en même temps et il se cache.

Et cela est si vrai que si vous êtes séduit par la concupiscence, par l'amour de l'argent, par l'orgueil, vous pouvez, en vous examinant, vous rendre compte de la nature de la tentation qui vous épuise ; dans le découragement, au contraire, votre entendement est obscurci à un tel degré que vous ne soupçonnez même pas que cet état, dans lequel vous croupissez, n'est qu'une manœuvre diabolique qu'il faut combattre ; et vous lâchez tout, vous livrez même la seule arme qui pouvait vous sauver, la prière, dont le Démon vous détourne ainsi que d'une chose vaine.

N'hésitez donc jamais à couper le mal dans sa racine, à soigner le scrupule aussitôt qu'il naît.

Maintenant, dites moi, vous n'avez pas autre chose à confesser ?

— Non, si ce n'est l'indésir de l'Eucharistie, la langueur dans laquelle maintenant je fonds.

— Il y a de la fatigue dans votre cas, car l'on n'endure pas impunément un pareil choc ; ne vous inquiétez pas de cela — ayez confiance — ne prétendez point vous présenter devant Dieu, tiré à quatre épingles ; allez à lui, simplement, naturellement, en négligé même, tel que vous êtes ; n'oubliez pas que si vous êtes un serviteur, vous êtes aussi un fils ; ayez bon courage, Notre Seigneur va dissiper tous ces cauchemars.

Et lorsqu'il eut reçu l'absolution, Durtal descendit à l'église, pour attendre l'heure de la messe.

Et quand le moment de la communion fut venu, il suivit M. Bruno derrière les convers; tous étaient agenouillés, sur les dalles et, les uns après les autres, ils se relevaient pour échanger le baiser de paix, et gagner l'autel.

Tout en se répétant les conseils du P. Maximin, tout en s'exhortant à l'abandon, Durtal ne pouvait s'empêcher de penser, en voyant tous ces moines aborder la Table : ce que le Seigneur va trouver un changement lorsque je m'avancerai, à mon tour; après être descendu dans les sanctuaires, il va être réduit à visiter les bouges. Et sincèrement, humblement, il le plaignit.

Et il éprouva, comme la première fois qu'il s'était approché du pacifiant mystère, une sensation d'étouffement, de cœur gros, lorsqu'il fut retourné à sa place. Il quitta, aussitôt la messe terminée, la chapelle et s'échappa dans le parc.

Alors, doucement, sans effets sensibles, le Sacrement agit; le Christ ouvrit, peu à peu, ce logis fermé et l'aéra; le jour entra à flots chez Durtal. Des fenêtres de ses sens qui plongeaient jusqu'alors sur il ne savait quel puisard, sur quel enclos humide et noyé d'ombre, il contempla subitement, dans une trouée de lumière, la fuite à perte de vue du ciel.

Sa vision de la nature se modifia; les ambiances se transformèrent; ce brouillard de tristesse qui les voilait s'évanouit; l'éclairage soudain de son âme se répercuta sur les alentours.

Il eut cette sensation de dilatement, de joie presque enfantine du malade qui opère sa première sortie, du convalescent qui, après avoir traîné dans une chambre, met enfin le pied dehors; tout se rajeunit. Ces allées, ces bois qu'il avait tant parcourus, qu'il commençait à connaître, à tous leurs détours, dans tous leurs coins, lui apparurent sous un autre aspect. Une allégresse contenue, une douceur recueillie émanaient de ce site qui lui paraissait, au lieu de s'étendre ainsi qu'autrefois, se rapprocher, se rassembler autour du crucifix, se tourner, attentif, vers la liquide croix.

Les arbres bruissaient, tremblants, dans un souffle de prières, s'inclinaient devant le Christ qui ne tordait plus ses bras douloureux dans le miroir de l'étang mais qui étreignait ces eaux, les éployait contre lui, en les bénissant.

Et elles-mêmes différaient; leur encre s'emplissait de visions monacales, de robes blanches qu'y laissait, en passant, le reflet des nuées; et le cygne les éclaboussait, dans un clapotis de soleil, faisait, en nageant, courir devant lui de grands ronds d'huile.

L'on eût dit de ces ondes dorées par l'huile des catéchumènes et le saint Chrême que l'Eglise exorcise, le samedi de la Semaine Sainte; et, au-dessus d'elles, le ciel entr'ouvrit son tabernacle de nuages, en sortit un clair soleil semblable à une monstrance d'or en fusion, à un saint sacrement de flammes.

C'était un Salut de la nature, une génuflexion d'arbres et de fleurs, chantant dans le vent, encensant de leurs parfums le Pain sacré qui resplendissait là-haut, dans la custode embrasée de l'astre.

Durtal regardait, transporté. Il avait envie de crier à ce paysage son enthousiasme et sa foi; il éprouvait enfin une aise à vivre. L'horreur de l'existence ne comptait plus devant de tels instants qu'aucun bonheur simplement terrestre n'est capable de donner. Dieu seul avait le pouvoir de gorger ainsi une âme, de la faire déborder et ruisseler en des flots de joie; et, lui seul pouvait aussi combler la vasque des douleurs, comme aucun événement de ce monde ne le savait faire. Durtal venait de l'expérimenter; la souffrance et la liesse spirituelles atteignaient, sous l'épreinte divine, une acuité que les gens les plus humainement heureux ou malheureux ne soupçonnent même pas.

Cette idée le ramena aux terribles détresses de la veille. Il tenta de résumer ce qu'il avait pu observer sur lui-même dans cette Trappe.

D'abord, cette distinction si nette du corps et de l'âme; puis cette action démoniale, insinuante et têtue, presque visible, alors que l'action céleste demeure, au contraire, sourde et voilée, n'apparaît qu'à certains moments, semble s'éliminer pour jamais, à d'autres.

Et tout cela, se sentant, se comprenant, ayant l'air simple en soi, mais ne s'expliquant guères. Ce corps paraissant s'élancer au secours de l'âme, et lui empruntant sans doute sa volonté, pour la relever alors qu'elle s'affaisse, était inintelligible. Comment un corps avait-il pu même obscurément réagir et témoigner tout à coup d'une décision si forte qu'il avait serré sa compagne dans un étau et l'avait empêché de fuir?

C'est aussi mystérieux que le reste, se disait Durtal et, songeur, il reprenait:

— Ce qui n'est pas moins étrange, c'est la manœuvre secrète de Jésus dans son Sacrement. Si j'en juge par ce qui m'est arrivé, une première communion exaspère l'action diabolique, tandis qu'une seconde la réprime.

Ah ! ce que je me suis mis dedans, avec tous mes calculs ! En m'abritant ici, je me croyais à peu près sûr de mon âme et mon corps m'inquiétait ; et c'est juste le contraire qui s'est passé.

Mon estomac s'est ravigouré et s'est montré apte à supporter un effort dont jamais je ne l'eusse cru capable et mon âme a été au-dessous de tout, vacillante et sèche, si fragile, si faible !

Enfin, laissons cela.

Il se promena, soulevé de terre par une joie confuse. Il se vaporisait en une sorte de griserie, en une vague éthérisation où montaient, sans même penser à se formuler par des mots, des actions de grâces ; c'était un remerciement de son âme, de son corps, de tout son être, à ce Dieu qu'il sentait vivant en lui et épars dans ce paysage agenouillé qui semblait s'épandre, lui aussi, en des hymnes muettes de gratitude.

L'heure qui sonnait à l'horloge du fronton lui rappela que le moment d'aller déjeuner était venu. Il regagna l'hôtellerie, se coupa une tartine qu'il enduisit de fromage, but un demi-verre de vin et il s'apprêtait à ressortir quand il réfléchit que l'horaire des offices avait changé.

Ils doivent être différents de ceux de la semaine, se dit-il, et il grimpa dans sa cellule pour y consulter les pancartes.

Il n'en découvrit qu'une, celle du règlement même des moines, qui contenait des renseignements sur les pratiques dominicales du cloître et il la lut :

Exercices de la communauté
Pour tous les dimanches ordinaires

MATIN		SOIR	
heures		heures	
1	Lever, petit office, oraison, à 1 h. 1/2.	2	Fin du repos, None.
2	Grand office canonial chanté.	4	Vêpres et Salut.
5 1/2	Prime, messe matutinale, 6 heures.	5 3/4	Un quart d'heure d'oraison.
6 3/4	Chapitre, instructions, grand silence.	6	Souper.
9 1/4	Aspersion, Tierce, procession.	7	Lecture d'avant Complies.
10	Grand'messe.	7 1/4	Complies.
11 10	Sexte et examen particulier.	7 1/2	Salve, Angelus.
11 1/2	Angelus, dîner.	7 3/4	Examen et retraite.
12 1/4	Méridienne, grand silence.	8	Coucher, grand silence.

Nota :

— Après la Croix de Septembre, plus de méridienne — None est à 2 heures, Vêpres à 3, souper à 5, Complies à 6 et coucher à 7.

Durtal résuma cet indicateur à son usage, sur un bout de papier. En somme, se dit-il, je dois être à la chapelle à 9 heures 1/4 pour l'aspersion, la grand'messe et l'office de Sexte — de là, à 2 heures à None — puis à 4 heures, pour les Vêpres et le Salut, à 7 heures 1/2 enfin pour les Complies.

Voilà une journée qui va être occupée, sans compter que je suis levé depuis deux heures et demie du matin, conclut-il, et quand il arriva à l'église vers neuf heures, il y rencontra la plupart des convers à genoux, les uns faisant leur chemin de croix, les autres égrenant leur chapelet; et, dès que la cloche tinta, tous se remirent à leur place.

Assisté de deux pères en coule, le prieur, vêtu de l'aube blanche, entra et tandis que l'on chantait l'antienne « Asperges me, Domine, hyssopo et mundabor », tous les moines, à la suite, défilèrent devant le père Maximin, debout sur les marches, tournant le dos à l'autel, et il les aspergeait d'eau bénite, alors que, baissant la tête, ils regagnaient, en se signant, leurs stalles.

Puis le prieur descendit de l'autel, vint jusqu'à l'entrée du vestibule où il dispersa l'eau d'une croix, tracée par le goupillon, sur l'oblat et sur Durtal.

Il fut enfin s'habiller et vint célébrer le sacrifice.

Alors Durtal put recenser ses dimanches chez les Bénédictines.

Le Kyrie eleison était le même, mais plus lent, plus sonore, plus grave sur la terminaison prolongée du dernier mot; à Paris, la voix des nonnes l'effilait et le lissait quand même, satinait le son de son glas, le rendait moins sourd, moins espacé, moins ample. Le « Gloria in excelsis » différait; celui de la Trappe était plus primitif, plus montueux, plus sombre, intéressant par sa barbarie même, mais moins touchant car dans ces formules d'adoration, dans « l'adoramus te », par exemple, ce « te » ne se détachait plus, ne s'égouttait plus comme une larme d'essence amoureuse, comme un aveu retenu, par humilité, sur le bord des lèvres; — mais ce fut quand le Credo s'éleva, que Durtal put s'exalter à l'aise.

Il ne l'avait pas encore entendu aussi autoritaire et aussi imposant ; il s'avançait, chanté à l'unisson, déroulait la lente procession des dogmes, en des sons étoffés, rigides, d'un violet presque obscur, d'un rouge presque noir, s'éclaircissait à peine à la fin, alors qu'il expirait en un long, en un plaintif amen.

En suivant l'office Cistercien, Durtal pouvait reconnaître les tronçons de plain-chant encore conservés dans la messe des paroisses. Toute la partie du Canon, le « Sursum Corda », le « Vere Dignum », les antiennes, le « Pater », restaient intacts. Seuls le « Sanctus » et « l'Agnus Dei » changeaient encore.

Massifs, bâtis, en quelque sorte, dans le style roman, ils se drapaient dans cette couleur ardente et sourde que revêtent, en somme, les offices de la Trappe.

— Eh bien, fit l'oblat, lorsque après la cérémonie, ils s'assirent devant la table du réfectoire ; eh bien, comment trouvez-vous notre grand'messe ?

— Elle est superbe, répondit Durtal. Et rêvassant, il dit :

— Avoir le tout complet ! transporter ici, au lieu de cette chapelle sans intérêt, l'abside de Saint-Séverin ; pendre sur les murs des tableaux de Fra Angelico, de Memling, de Grünewald, de Gérard David, de Roger van den Weyden, de Bouts, y adjoindre d'admirables sculptures, des œuvres de pierre, telles que celles du grand portail de Chartres, des retables en bois sculptés, tels que ceux de la cathédrale d'Amiens, quel rêve !

Et pourtant, reprit-il, après un silence, ce rêve a été une réalité, cela s'est vu. Cette église idéale, elle a existé pendant des siècles, partout, au Moyen Age ! Le chant, les orfèvreries, les panneaux, les sculptures, les tissus, tout était à l'avenant; les liturgies possédaient, pour se faire valoir, de fabuleux écrins; ce que tout cela est loin!

— Vous ne direz toujours pas, répliqua, en souriant, M. Bruno, que les ornements d'église sont laids ici!

— Non, ils sont exquis. D'abord les chasubles n'ont pas ces formes de tablier de sapeur et elles n'arborent point sur les épaules du prêtre, ce renflement, cette sorte de soufflet pareil à une oreille couchée d'ânon, qu'à Paris les étoliers fabriquent.

Puis ce n'est plus la croix galonnée ou tissée, emplissant toute l'étoffe, tombant ainsi d'un paletot sac dans le dos du célébrant; les chasubles trappistines ont gardé la forme d'antan, telle que nous l'ont conservée, dans leurs scènes religieuses, les anciens imagiers et les vieux peintres; et cette croix à quatre feuilles, semblable à celles que le style ogival cisela dans les murs de ses églises, tient du lotus très épanoui, d'une fleur si mûre que ses pétales écartés s'abaissent.

Sans compter, poursuivit Durtal, que l'étoffe qui semble taillée dans une sorte de flanelle ou de molleton doit avoir été plongée dans de triples teintures car elle prend une profondeur et une clarté magnifique de tons. Les passementiers religieux peuvent chamarrer d'argent et d'or leurs moires et leurs soies, jamais ils n'arriveront à donner la couleur véhémente et pourtant si familière à l'œil de cette trame cramoisie fleurie de jaune soufre que portait le P. Maximin, l'autre jour.

— Oui, et la chasuble de deuil, avec ses croix lobées et ses discrets rinceaux blancs, dont s'enveloppa le P.

abbé, le jour où il nous communia, n'était-elle pas, elle aussi, une caresse pour le regard ?

Durtal soupira : Ah ! si les statues de la chapelle décelaient un goût pareil !

— A propos, fit l'oblat, venez saluer cette Notre-Dame de l'Atre, dont je vous ai parlé et qui a été découverte dans les vestiges du vieux cloître.

Ils se levèrent de table, enfilèrent un corridor, s'engagèrent dans une galerie latérale au bout de laquelle ils s'arrêtèrent en face d'une statue, grandeur nature, de pierre.

Elle était lourde et mastoque, représentait, dans une robe à longs plis, une paysanne couronnée et joufflue, tendant sur un bras un enfant qui bénissait une boule.

Mais, dans ce portrait d'une robuste terrienne, issue des Bourgognes ou des Flandres, il y avait une candeur, une bonté presque tumultueuses qui jaillissaient de la face souriante, des yeux ingénus, des bonnes et grosses lèvres, indulgentes, prêtes à tous les pardons.

Elle était une Vierge rustique faite pour les humbles convers ; elle n'était pas une grande dame qui pût les tenir à distance, mais elle était bien leur mère nourrice d'âme, leur vraie mère à eux ! Comment ne l'a-t-on pas compris, ici ; comment, au lieu de présider dans la chapelle, se morfond-elle dans le bout d'un corridor ? s'écria Durtal.

L'oblat détourna la conversation. — Que je vous prévienne, fit-il, le Salut n'aura pas lieu après les Vêpres, ainsi que l'indique votre pancarte, mais bien après les Complies ; ce dernier office sera donc avancé d'un quart d'heure, au moins.

Et l'oblat remonta dans sa cellule, pendant que Durtal se dirigeait vers le grand étang. Là il se coucha sur une litière de roseaux secs, regardant ces eaux qui venaient se briser, en ondulant à ses pieds. Le va et vient de ces eaux limitées, repliées sur elles-mêmes, ne dépassant plus le bassin qu'elles s'étaient creusées, l'entraîna dans de longues rêveries.

Il se disait qu'un fleuve était le plus exact symbole de la vie active ; on le suivait dès sa naissance, sur tout son parcours, au travers des territoires qu'il fécondait; il remplissait une tâche assignée, avant que d'aller mourir, en s'immergeant, dans le sépulcre béant des mers ; mais l'étang, cette eau hospitalisée, emprisonnée dans une haie de roseaux qu'il avait, lui-même grandis, en fertilisant le sol de ses bords, il se concentrait, vivait sur lui-même, ne semblait s'acquitter d'aucune œuvre connue, sinon d'observer le silence et de réfléchir à l'infini le ciel.

L'eau sédentaire m'inquiète, continuait Durtal. Il me semble que, ne pouvant s'étendre, elle s'enfonce et que, là, où les eaux courantes empruntent seulement le reflet des choses qui s'y mirent, elle, les engloutisse, sans les rendre. C'est à coup sûr dans cet étang, une absorption continue et profonde de nuages oubliés, d'arbres perdus, de sensations même saisies sur le visage des moines qui s'y penchèrent. Cette eau est pleine et non pas vide comme celles qui se distraient, en voguant dans les campagnes, en baignant les villes. C'est une eau contemplative en parfait accord avec la vie recueillie des cloîtres.

Le fait est, conclut-il, qu'une rivière n'aurait, ici, aucun sens ; elle ne serait que de passage, resterait indifférente et pressée, serait dans tous les cas inapte à pacifier l'âme que l'eau monacale des étangs apaise. Ah ! ce qu'en fondant Notre-Dame-de-l'Atre, saint Bernard avait su assortir la règle Cistercienne et le site.

Mais, laissons ces imaginations, dit-il, en se levant ; et, songeant que c'était dimanche, il se transféra à Paris, revit ses haltes, ce jour-là, dans les églises.

Le matin, Saint-Séverin l'enchantait, mais il ne fallait pas s'ingérer dans ce sanctuaire d'autres offices. Les Vêpres y étaient bousillées et mesquines ; et, si c'était jour de gala, le maître de chapelle se révélait obsédé par l'amour d'une musique ignoble.

Quelquefois, Durtal s'était réfugié à Saint-Gervais où l'on jouait au moins, à certaines époques, des motets de vieux maîtres ; mais cette église était, de même que Saint-Eustache, un concert payant où la Foi n'avait que faire. Aucun recueillement n'était possible au milieu de dames qui se pâmaient derrière des faces à mains et s'agitaient dans des cris de chaises. C'étaient de frivoles séances de musique pieuse, un compromis entre le théâtre et Dieu.

Mieux valait Saint-Sulpice où le public était silencieux au moins. C'était là, d'ailleurs, que les Vêpres se célébraient avec le plus de solennité et le moins de hâte.

La plupart du temps, le séminaire renforçait la maîtrise et, maniées par ce chœur imposant, elles se déroulaient, majestueuses, soutenues par les grandes orgues.

Chantées, par moitié, sans unisson, réduites à l'état de couplets débités, les uns, par un baryton et, les autres, par le chœur, elles étaient maquillées et frisées au petit fer, mais comme elles n'étaient pas moins adultérées dans les autres églises, il y avait tout avantage à les écouter à Saint-Sulpice dont la puissante maîtrise, très bien dirigée, n'avait pas, ainsi qu'à Notre-Dame, par exemple, ces voix en farine qui s'égrugent au moindre souffle.

Cela ne devenait réellement odieux que lorsqu'en une formidable explosion, la première strophe du Magnificat frappait les voûtes.

L'orgue avalait alors une strophe sur deux et, sous le séditieux prétexte que la durée de l'office des encensements était trop longue pour être emplie, toute entière, par ce chant, M. Widor, installé devant son buffet, écoulait des soldes défraîchis de musique, gargouillait là-haut, imitant la voix humaine et la flûte, le biniou et le galoubet, la musette et le basson, rapiotait des balivernes qu'il accompagnait sur la cornemuse ou bien, las de minauder, il sifflait furieusement au disque, finissait par simuler le roulement des locomotives sur les ponts de fonte, en lâchant toutes ses bombardes.

Et le maître de chapelle ne voulant pas se montrer inférieur dans sa haine instinctive du plain-chant, à l'organiste, se donnait la joie, lorsque commençait le Salut, de remiser les mélodies grégoriennes, pour faire dégurgiter des rigodons à ses choristes.

Ce n'était plus un sanctuaire mais un beuglant. Les « Ave Maria », les « Ave verum », tous les déculottages mystiques de feu Gounod, les rapsodies du vieux Thomas, les entrechats d'indigents musicastres, défilaient, à la queue leu leu, dévidés par des chefs de chœur de chez Lamoureux, chantés malheureusement aussi par des enfants dont on ne craignait pas de polluer la chasteté des voix, dans ces passes bourgeoises de musique, dans ces retapes d'art !

— Ah ! se disait Durtal, si seulement ce maître de chapelle, qui est évidemment un excellent musicien — car enfin, lorsqu'il le faut, il sait faire exécuter, mieux que nulle part à Paris, le « De Profundis » en faux bourdon et le « Dies Iræ », — si seulement cet homme faisait jouer, ainsi qu'à Saint-Gervais, du Palestrina et du Vittoria, de l'Aichinger et de l'Allegri, de l'Orlando de Lassus et du De Près — mais non, il doit également abominer ces maîtres, les considérer comme des débris archaïques, bons à reléguer dans des combles !

Et Durtal continuait :

C'est tout de même incroyable, ce que l'on entend maintenant à Paris, dans les églises ! Sous couleur de ménager le gagne-pain des chantres, on supprime la moitié des strophes des cantiques et des hymmes et l'on y substitue, pour varier les plaisirs, les divagations ennuyées d'un orgue.

On y beugle le « Tantum ergo » sur l'air national autrichien, ou, ce qui est pis encore, on l'affuble de flonsflons d'opérettes ou de glous-glous de cantine. On divise même son texte en des couplets qu'on agrémente, ainsi qu'une chanson à boire, d'un petit refrain.

Et les autres proses ecclésiales sont traitées de même.

Et cependant la Papauté a formellement défendu par plusieurs bulles de laisser souiller le sanctuaire par des fredons. Pour n'en citer qu'une, dans son Extravagante « Docta Sanctorum » Jean XXII a expressément prohibé la musique et les voix profanes dans les temples. Il a en même temps interdit aux maîtrises d'altérer par des fioritures le plain-chant. Les décrets du Concile de Trente ne sont pas, à ce point de vue, moins nets, et, tout récemment encore, un règlement de la sacrée congrégation des Rites est intervenu pour proscrire les sabbats musicaux dans les lieux saints.

Alors que font les curés qui sont, en somme, chargés de la police musicale dans leurs églises? rien, ils s'en fichent.

Ah! ce n'est pas pour dire, mais avec ces prêtres qui, dans l'espoir d'une recette, permettent, les jours de fête, à des voix retroussées d'actrices de danser le chahut aux sons pesants de l'orgue, elle est devenue quelque chose de pas bien propre, la pauvre Eglise!

A Saint-Sulpice, reprit Durtal, le curé tolère la vilenie des gaudrioles qu'on lui sert, mais il n'admet pas au moins, comme celui de Saint-Séverin, que des cabotines égaient, le Vendredi-Saint, par les éclats débraillés de leurs voix, l'office. Il n'a pas encore accepté non plus le solo de cor anglais que j'ai ouï, un soir d'Adoration perpétuelle, à Saint-Thomas. Enfin, si les grands Saluts à Saint-Sulpice sont une honte, les Complies y restent, malgré leur attitude théâtrale, vraiment charmantes.

Et Durtal songea à ces Complies dont la paternité est souvent attribuée à saint Benoît; elles étaient, en somme, la prière intégrale des soirs, l'adjuration préventive, la sauvegarde contre les entreprises du Succubat; elles étaient, en quelque sorte, des sentinelles avancées, des grand'gardes posées autour de l'âme, pour la protéger, pendant la nuit.

Et l'ordonnance de ce camp retranché de prières était

parfaite. Après la bénédiction, la voix la plus amenuisée, la plus filiforme de la maîtrise, la voix du plus petit des enfants lançait, ainsi qu'un qui vive, la leçon brève tirée de la première épître de saint Pierre, avertissant les fidèles qu'ils aient à être sobres et à veiller pour ne pas se laisser surprendre à l'improviste. Un prêtre récitait ensuite les prières habituées des soirs, l'orgue de chœur donnait l'intonation et les psaumes tombaient, psalmodiés, un à un, des psaumes crépusculaires où devant ces approches de la nuit peuplée de lémures et sillonnée de larves, l'homme appelle Dieu à l'aide et le prie d'éloigner de son sommeil le viol des chemineaux de l'enfer, le stupre des lamies qui passent.

Et l'hymne de saint Ambroise le « Te lucis ante terminum » précisait davantage encore le sens épars de ces psaumes, le résumait en ses courtes strophes. Malheureusement la plus importante, celle qui prévoit et décèle les dangers luxurieux de l'ombre, était engloutie par les grandes orgues. Cette hymne à Saint-Sulpice ne se clamait pas en plain-chant, ainsi qu'à la Trappe, mais il s'entonnait sur un air pompeux et martelé, un air emballé de gloire, d'une assez fière allure, originaire sans doute du XVIIIe siècle.

Puis, c'était une pause — et l'homme se sentant mieux à l'abri, derrière ce rempart d'invocations, se recueillait alors, plus rassuré, et empruntait des voix innocentes pour adresser à Dieu de nouvelles suppliques. Après le capitule débité par l'officiant, les enfants de la maîtrise chantaient le répons bref « In manus tuas, Domine, commendo spiritum meum » qui se déroulait en se bissant, puis se dédoublait et ressoudait à la fin ses deux tronçons séparés par un verset et une moitié d'antienne.

Et après cette prière c'était encore le cantique de ce Siméon qui, dès qu'il eut vu le Messie, désira mourir. Ce « Nunc dimittis » que l'Eglise a incorporé dans les Complies, pour nous stimuler à nous réviser, le soir — car nul ne sait s'il se réveillera, le lendemain, — était enlevé par toute la maîtrise qui alternait avec les répons de l'orgue.

Enfin, pour terminer cet office de ville assiégée, pour prendre ses dernières dispositions et tenter de reposer à l'abri d'un coup de main, en paix, l'Eglise édifiait encore quelques oraisons et plaçait ses paroisses sous la tutelle de la Vierge dont elle chantait une des quatre antiennes qui se succèdent, suivant le Propre.

Les Complies sont évidemment à la Trappe moins solennelles, moins intéressantes même qu'à Saint-Sulpice, conclut Durtal, car le bréviaire monastique est par extraordinaire moins complet pour cet office que le bréviaire romain. Quant aux Vêpres du dimanche je suis curieux de les entendre, ici.

Et il les entendit; mais elles ne différaient guères des Vêpres adoptées par les Bénédictines de la rue Monsieur; elles étaient plus massives, plus graves, plus romanes, si l'on peut dire, car, forcément les voix de femmes les effilent en lancettes, les ogivent, les modulent, en quelque sorte, dans le style gothique, mais les airs grégoriens étaient les mêmes.

Par contre, elles ne ressemblaient en rien à celles de Saint-Sulpice, dont les sauces modernes sophistiquent les essences mêmes des plains-chants. Seulement, le Magnificat de la Trappe, abrupt et d'un éclat sec, ne valait pas ce majestueux, cet admirable Magnificat Royal qu'à Paris l'on chante.

Ils sont étonnants avec leurs superbes voix, ces moines, se disait Durtal et il sourit, tandis qu'ils achevaient le cantique de la Vierge, car il se rappelait que, dans la primitive Eglise, le chantre s'appelait « fabarius cantor » « mangeur de fèves », parce qu'il était condamné à manger ces légumes pour fortifier sa voix. Or, à la Trappe, les plats de fèves étaient fréquents ; c'était peut-être là la recette des voix monastiques toujours jeunes !

Et il rêvassait à la liturgie et au plain-chant, en fumant des cigarettes, après Vêpres, dans les allées.

Il se remémorait le symbolisme de ces heures canoniales qui retraçaient, chaque jour, au fidèle, la brièveté de la vie, lui en résumaient l'image, depuis l'enfance jusqu'à la mort.

Récitée, dès l'aube, Prime figurait l'adolescence; Tierce la jeunesse; Sexte la pleine vigueur de l'âge ; None les approches de la vieillesse et les Vêpres allégorisaient la décrépitude. Elles appartenaient d'ailleurs aux Nocturnes et elles se psalmodiaient jadis à six heures du soir, à cette heure où, au temps des équinoxes, le soleil se couche dans la cendre rouge des nuées. Quant aux Complies, elles retentissaient, alors que, symbole du trépas, la nuit était venue.

Cet office canonial était un merveilleux rosaire de psaumes ; chaque grain de chacune de ces heures se référait aux différentes phases de l'existence humaine, suivait, peu à peu, les périodes du jour, le déclin de la destinée, pour aboutir au plus parfait des offices, aux Complies, cette absoute provisoire d'une mort représentée, elle-même, par le sommeil!

Et si, de ces textes si savamment triés, de ces proses si solidement scellés, Durtal passait à la robe sacerdotale de leurs sons, à ces chants neumatiques, à cette divine psalmodie, toute uniforme, toute simple, qu'est le plain-chant, il devait constater que, sauf dans les cloîtres Bénédictins, on lui avait partout adjoint un accompagnement d'orgue, on l'avait enfourné de force dans la tonalité moderne et il disparaissait sous ces végétations qui l'étouffaient, devenait partout incolore et amorphe, incompréhensible.

Un seul de ses bourreaux, Niedermeyer, s'était au moins montré pitoyable. Lui, avait essayé d'un système plus ingénieux et plus probe. Il avait renversé les termes du supplice. Au lieu de vouloir assouplir le plain-chant et le fourrer dans le moule de l'harmonie moderne, il avait contraint cette harmonie à se ployer à la tonalité austère du plain-chant. Il conservait ainsi son caractère, mais combien il eût été plus naturel de le laisser solitaire, de ne pas l'obliger à remorquer un inutile cortège, une maladroite suite !

Ici au moins à la Trappe, il vivait, s'épanouissait, en toute sécurité, sans traîtrises de la part de ces moines. Il y avait toujours homophonie, toujours on le chantait, sans accompagnement, à l'unisson.

Cette vérité, il put se la confirmer, une fois de plus, après le souper, le soir, alors qu'à la fin des Complies, le père sacristain alluma tous les cierges de l'autel.

A ce moment, dans le silence des trappistes à genoux, la tête dans leurs mains ou la joue penchée sur la manche de leur grande coule, trois convers entrèrent, deux tenant des flambeaux et un autre qui les précédait, un encensoir ; et, derrière eux, à quelques pas, le prieur s'avança, les mains jointes.

Durtal regardait le costume changé des trois frères. Ils n'avaient plus leur robe de bure, faite de pièces et de morceaux, pisseuse, couleur de macadam, mais des robes d'un brun violi de prune, sur lequel tranchait le blanc tuyauté d'un surplis neuf.

Tandis que le P. Maximin, vêtu d'une chape d'un blanc laiteux, tissée de croix en jaune citron, insérait l'hostie dans la custode, le thuriféraire déposait l'encensoir sur les braises duquel fondaient les larmes des vrais encens. Contrairement à ce qui a lieu à Paris où l'encensoir brandi devant l'autel sonne contre ses chaînes et simule le cliquetis clair du cheval qui secoue, en levant la tête, la gourmette et le mors, l'encensoir à la Trappe demeurait immobile devant l'autel, fumait seul, derrière le dos des officiants.

Et tout le monde chanta l'implorante et la mélancolique antienne du « Parce Domine », puis le « Tantum ergo », ce chant magnifique qui pourrait presque être mimé, tant les sentiments qui se succèdent dans sa prose rimée sont, dans leurs nuances, nets.

Dans la première strophe, il semble, en effet, qu'il hoche doucement la tête, qu'il appuie, pour ainsi dire, du menton, afin d'attester l'insuffisance des sens à expliquer le dogme de la Présence réelle, l'avatar accompli du Pain Il est alors admiratif et réfléchi ; puis cette mélodie si attentive, si respectueuse, ne s'attarde plus à constater la faiblesse de la raison et la puissance de la

Foi, mais dans sa seconde strophe, elle s'élance, adule la gloire des trois Personnes, exulte d'allégresse, ne se reprend qu'à la fin où la musique ajoute un sens nouveau au texte de saint Thomas, en avouant dans un long, dans un dolent amen, l'indignité de l'assistance à recevoir la bénédiction de la Chair remise sur cette croix que l'ostensoir va dessiner dans l'air.

Et, lentement, tandis que, déroulant sa spirale de fumée, l'encensoir tendait comme une gaze bleue devant l'autel, tandis que le Saint-Sacrement se levait, tel qu'une lune d'or, parmi les étoiles des cierges scintillant dans les ténèbres commencées de cette brume, les cloches de l'abbaye tintèrent, à coups précipités et doux. Et tous les moines accroupis, les yeux fermés, se redressèrent et entonnèrent le « Laudate » sur la vieille mélodie qui se chante également à Notre-Dame-des-Victoires, au Salut du soir.

Puis, un à un, après s'être agenouillés devant l'autel, ils sortirent de l'église, pendant que Durtal et l'oblat retournaient à l'hôtellerie où les attendait le P. Etienne.

Il dit à Durtal : — Je ne voulais pas aller me coucher, sans savoir comment vous aviez supporté la journée ; et comme Durtal le remerciait, en l'assurant que ce dimanche avait été très pacifique, le P. Etienne sourit et révéla, en un mot, que, sous leur attitude réservée, tous, à la Trappe, s'intéressaient à leur hôte plus que lui-même ne le croyait.

Le R. P. abbé et le P. prieur vont être contents quand je vais leur donner cette réponse, dit le moine, qui souhaita bonne nuit à Durtal, en lui serrant la main.

VII

A sept heures, au moment où il s'apprêtait à manger son pain, Durtal se heurta au P. Etienne.

— Mon père, dit-il, c'est demain mardi; le temps de ma retraite est écoulé et je vais partir; comment dois-je m'y prendre pour commander une voiture à Saint-Landry?

Le moine sourit.

— Je puis, quand le facteur apportera le courrier, le charger de cette commission ; mais, voyons, vous avez donc bien hâte de nous quitter ?

— Non, mais je ne voudrais pas abuser...

— Ecoutez, puisque vous êtes si bien rompu à la vie des Trappes, restez-nous encore pendant deux jours. Le père procureur doit se rendre, pour régler un différend, à Saint-Landry. Il vous conduira à la gare dans notre voiture. Cela vous évitera une dépense et le trajet d'ici au chemin de fer vous paraîtra, à deux, moins long.

Durtal accepta et comme il pleuvait, il remonta dans

sa chambre. Elle est étrange, fit-il en s'asseyant, cette impossibilité où l'on se trouve, dans un cloître, de lire un livre ; l'on n'a envie de rien ; on pense à Dieu par soi-même et non par les volumes qui vous en parlent.

Machinalement, il avait tiré d'un tas de bouquins un in-dix-huit, qu'il avait rencontré, sur sa table, le jour où il s'était installé dans la cellule ; celui-là exhibait ce titre : « Manrèse » ou « les Exercices spirituels » d'Ignace de Loyola.

Il avait déjà parcouru cet ouvrage à Paris et les pages qu'il feuilletait à nouveau ne changeaient pas l'impression rêche, presque hostile, qu'il avait conservée de ce livre.

Le fait est que ces exercices ne laissaient aucune initiative à l'âme ; ils la considéraient ainsi qu'une pâte molle bonne à couler dans un moule ; ils ne lui montraient aucun horizon, aucun ciel. Au lieu d'essayer de l'étendre, de la grandir, ils la rapetissaient de parti pris, la rabattaient dans les cases de leur gaufrier, ne la nourrissaient que de minuties fanées, que de vétilles sèches.

Cette culture japonaise d'arbres contrefaits et demeurés nains, cette déformation chinoise d'enfants plantés dans des pots, horripilaient Durtal qui ferma le volume.

Il en ouvrit un autre : « l'Introduction à la vie dévote, » de saint François de Sales.

Certes, il n'éprouvait aucun besoin de le relire, malgré ses mignardises et sa bonhomie tout d'abord charmante mais qui finissaient par vous écœurer, par vous poisser l'âme avec ses dragées aux liqueurs et ses fondants ; en somme cette œuvre si vantée dans le monde des catholiques était un julep parfumé à la bergamote et à l'ambre. Cela sentait le mouchoir de luxe secoué dans une église où persisterait un relent d'encens.

Mais l'homme même, l'évêque que fut saint François de Sales était suggestif ; il évoquait avec son nom toute l'histoire mystique du xviie siècle.

Et Durtal rappelait ses souvenirs gardés de la vie religieuse de ces temps. Il y avait eu alors dans l'Eglise deux courants :

Celui du Mysticisme dit exalté, originaire de sainte Térèse, de saint Jean de la Croix et ce courant s'était concentré sur Marie Guyon.

Et un autre, celui du Mysticisme dit tempéré, dont les adeptes furent saint François de Sales et son amie, la célèbre baronne de Chantal.

Ce fut naturellement ce dernier courant qui triompha. Jésus se mettant à la portée des salons, descendant au niveau des femmes du monde, Jésus modéré, convenable, ne maniant l'âme de sa créature que juste assez pour la douer d'un attrait de plus, ce Jésus élégant fit fureur ; mais Mme Guyon, qui dérivait surtout de sainte Térèse, qui enseignait la théorie mystique de l'amour et le commerce familier avec le ciel, souleva la réprobation de tout un clergé qui abominait la Mystique sans la comprendre ; elle exaspéra le terrible Bossuet qui l'accusa de l'hérésie à la mode, de molinisme et de quiétisme. Elle réfuta, sans trop de peine, ce grief, la malheureuse, mais il ne l'en persécuta pas moins : il s'acharna sur elle, la fit incarcérer à Vincennes, se révéla tenace et hargneux, atroce.

Fénelon, qui avait essayé de concilier ces deux tendances, en apprêtant une petite Mystique, ni trop chaude, ni trop froide, un peu moins tiède que celle de saint François de Sales et surtout beaucoup moins ardente que celle de sainte Térèse, finit à son tour par déplaire au cormoran de Meaux et, bien qu'il eût lâché et renié Mme Guyon dont il était, depuis de longues années, l'ami, il fut poursuivi, traqué par Bossuet, condamné à Rome, envoyé en exil à Cambrai.

Et, ici, Durtal ne pouvait s'empêcher de sourire, car il se remémorait les plaintes navrées de ses partisans, pleurant cette disgrâce, représentant ainsi qu'un martyr cet archevêque dont la punition consistait à cesser son rôle de courtisan à Versailles pour aller enfin administrer son diocèse qui ne paraissait pas l'avoir préoccupé jusqu'alors.

Ce Job mitré qui restait, dans son malheur, archevêque et duc de Cambrai et prince du Saint-Empire et riche, se désolant parce qu'il est obligé de visiter ses ouailles, dénote bien l'état de l'épiscopat sous le règne redondant du grand Roi. C'était un sacerdoce de financiers et de valets.

Seulement, il avait encore une certaine allure, il avait du talent, dans tous les cas ; tandis que, maintenant, les évêques ne sont, pour la plupart, ni moins intrigants, ni moins serviles ; mais ils n'ont plus, ni talent, ni tenue. Pêchés, en partie, dans le vivier des mauvais prêtres, ils s'attestent prêts à tout, sortent des âmes de vieux usuriers, de bas maquignons, de gueux, quand on les presse.

C'est triste à dire, mais c'est ainsi, conclut Durtal. Quant à Mme Guyon, reprit-il, elle ne fut ni une écrivain originale, ni une sainte ; elle n'était qu'une succédanée mal venue des vrais mystiques ; elle présumait et manquait, à coup sûr, de cette humilité qui a magnifié les saintes Térèse et les saintes Claire ; mais enfin, elle flambait, elle était une emballée de Jésus, elle n'était surtout pas une courtisane pieuse, une bigote mitigée de cour, comme la Maintenon !

Au reste, quelle époque religieuse que celle-là ! ses saints ont tous quelque chose de sage et de compassé, de verbeux et de froid qui m'en détourne. Saint François de Sales, saint Vincent de Paul, sainte Chantal... non, j'aime mieux saint François d'Assises, saint Bernard, sainte Angèle... La Mystique du XVIIe siècle elle est bien à l'avenant de ses églises emphatiques et mesquines, de sa peinture pompeuse et glacée, de sa poésie solennelle, de sa prose morne !

Voyons, fit-il, ma cellule n'est encore, ni balayée, ni rangée et j'ai peur, en m'attardant ici, de gêner le P. Etienne. Il pleut cependant trop fort pour que je puisse me promener dans les bois ; le plus simple serait d'aller lire le Petit Office de la Vierge, à la chapelle.

Il y descendit ; elle était à cette heure, à peu près vide ; les moines travaillaient dans les champs ou dans la fabrique ; seuls, deux pères, à genoux devant l'autel de Notre-Dame, priaient si violemment qu'ils ne l'entendirent même pas pousser la porte.

Et Durtal qui s'était installé auprès d'eux, en face du porche donnant sur le maître-autel, les voyait réverbérés dans la plaque de verre placée devant la châsse du Bienheureux Guerric. Cette plaque faisait, en effet, glace et les pères blancs s'y enfonçaient, vivaient en oraisons sous la table, dans le cœur même de l'autel.

Et, lui aussi, y apparaissait, en un coin, réflété, au bas de la châsse, près de la dépouille sacrée du moine.

A un moment, il releva la tête et il s'aperçut que l'œil de bœuf percé dans la rotonde, derrière le maître-autel, reproduisait, sur sa vitre étamée de gris et de bleu, les marques gravées au revers de la médaille de saint Benoît, les premières lettres de ses formules impératives, les initiales de ses distiques (1).

On eût dit d'une immense médaille claire, tamisant un jour pâle, le blutant au travers d'oraisons, ne le laissant pénétrer que sanctifié, que bénit par le Patriarche, jusqu'à l'autel.

Et tandis qu'il rêvassait, la cloche tinta; les deux trappistes regagnèrent leurs stalles, pendant que les autres entraient.

A traîner ainsi, dans cette chapelle, l'heure de Sexte était sonnée. L'abbé s'avança. Durtal le revoyait, pour la première fois, depuis leur entretien; il semblait moins souffrant, moins pâle, marchait majestueux dans sa grande coule blanche, au capuchon de laquelle pendait un gland violet et, les pères s'inclinaient, en baisant leur manche devant lui; il atteignit sa place que désignait une crosse de bois debout près d'une stalle et tous s'emmantelèrent d'un grand signe de croix, saluèrent l'autel et la voix faible, implorante, du vieux trappiste monta :
« Deus in adjutorium meum intende ».

Et l'office continua, dans le tangage monotone et charmant de la doxologie, coupé d'inclinations pro-

---

(1) L'image diminuée de cet œil de bœuf sert de fleuron à la couverture et à la page-titre de ce livre. — L'explication des signes est donnée au verso de la page-titre.

fondes, de grands mouvements de bras relevant la manche de la coule tombant jusqu'à terre, pour permettre à la main de sortir et de tourner les pages.

Quand Sexte fut terminé, Durtal s'en fut rejoindre l'oblat.

Ils trouvèrent sur la table du réfectoire une petite omelette, des poireaux liés dans une sauce à la farine et à l'huile, des haricots et du fromage.

— C'est étonnant, dit Durtal, comme, à propos des mystiques, le monde erre sur des idées préconçues, sur des rengaînes. Les phrénologistes prétendent que les mystiques ont des crânes en pointe; or, ici où leur forme est plus visible qu'ailleurs puisque tous sont sans cheveux et rasés, il n'y a pas plus de têtes en œuf qu'autre part. Je regardais, ce matin, la contexture de ces chefs; aucun n'est pareil. Les uns sont ovales et couchés, d'autres sont en poire et sont droits; d'autres sont ronds; ceux-ci ont des bosses et ceux-là n'en ont point; et il en est de même des faces; quand elles ne sont pas transfigurées par la prière, elles sont quelconques. S'ils ne portaient pas le costume de leur ordre, personne ne pourrait reconnaître en ces trappistes des êtres prédestinés vivant hors la société moderne, en plein Moyen Age, dans la fiance absolue d'un Dieu. S'ils ont des âmes qui ne ressemblent pas à celles des autres, ils ont, en somme, le visage et le corps des premiers venus.

— Tout est en dedans, dit l'oblat. Pourquoi les âmes élues seraient-elles écrouées dans des geôles charnelles différentes des autres?

Cette conversation qui continuait, à bâtons rompus.

sur la Trappe, finit par se fixer sur la mort dans les cloîtres et M. Bruno divulgua quelques détails.

— Quand la mort est proche, fit-il, le père abbé dessine sur la terre une croix de cendre bénite que l'on recouvre de paille et l'on y dépose, enveloppé dans un drap de serge, le moribond.

Les frères récitent auprès de lui les prières des agonisants et, au moment où il expire, on chante en chœur le répons : « Subvenite Sancti Dei ». Le père abbé encense le cadavre qu'on lave tandis que les moines psalmodient l'office des trépassés dans une autre pièce.

On remet ensuite au défunt ses habits réguliers et, processionnellement, on le transfère dans l'église où il gît, sur un brancard, le visage découvert, jusqu'à l'heure désignée pour les funérailles.

Alors la communauté entonne, en s'acheminant vers le cimetière, non plus le chant des trépassés, les psaumes des douleurs et les proses des regrets, mais bien « l'In exitu Israël de Ægypto », qui est le psaume de la délivrance, le chant libéré des joies.

Et le trappiste est enterré, sans cercueil, dans sa robe de bure, la tête couverte par son capuce.

Enfin, pendant trente jours, sa place reste vide au réfectoire ; sa portion est servie, comme de coutume, mais le frère portier la distribue aux pauvres.

Ah ! le bonheur de décéder ainsi, s'écria en terminant l'oblat, car, si l'on meurt, après avoir honnêtement rempli sa tâche, dans l'ordre, on est assuré de l'éternelle béatitude, selon les promesses faites par Notre Seigneur à saint Benoît et à saint Bernard !

— La pluie cesse, dit Durtal ; j'ai envie de visiter aujourd'hui cette petite chapelle, au bout du parc, dont vous m'avez parlé, l'autre jour. Quel est le chemin le plus court pour l'accoster ?

M. Bruno lui établit son itinéraire et Durtal s'en fut, en roulant une cigarette, rejoindre le grand étang ; là, il bifurqua par un sentier, sur la gauche, et escalada une ruelle d'arbres.

Il glissait sur la terre détrempée, avançait avec peine. Il finit par atteindre cependant un bouquet de noyers qu'il contourna. Derrière eux, s'élevait une tour naine coiffée d'un minuscule dôme et percée d'une porte. A gauche et à droite de cette porte, sur des socles où des ornements de l'époque romane apparaissaient encore sous la croûte veloutée des mousses, deux anges de pierre étaient debout.

Ils appartenaient évidemment à l'école Bourguignonne, avec leurs grosses têtes rondes, leurs cheveux ébouriffés et divisés en ondes, leurs faces joufflues au nez relevé, leurs solides draperies à tuyaux durs. Eux aussi provenaient des ruines du vieux cloître, mais ce qui était malheureusement bien moderne, c'était l'intérieur de cette chapelle si exiguë que les pieds touchaient presque le mur d'entrée lorsqu'on s'agenouillait devant l'autel.

Dans une niche enfumée par une gaze blanche, une Vierge qui exhibait des yeux en plâtre bleu et deux pommes d'api à la place des joues, souriait en étendant les mains. Elle était d'une insignifiance vraiment gênante, mais son sanctuaire, qui gardait la tiédeur des pièces toujours closes, était intime. Les cloisons tapissées de lustrine rouge étaient époussetées, le plancher était balayé et les bénitiers pleins ; de superbes roses-thé s'épanouissaient dans des pots, entre les candélabres. Durtal comprit alors pourquoi il avait si souvent aperçu M. Bruno se dirigeant, des fleurs à la main, de ce côté ; il devait orer dans ce lieu qu'il aimait sans doute parce qu'il était isolé dans la solitude profonde de cette Trappe.

Le brave homme ! se cria Durtal, resongeant aux services affectueux, aux prévenances fraternelles que l'oblat avait eus pour lui. Et il ajouta : l'heureux homme aussi, car il se possède et vit si placide ici !

Et en effet, reprit-il, à quoi bon lutter si ce n'est contre soi-même ? s'agiter pour de l'argent, pour de la gloire, se démener afin d'opprimer les autres et d'être adulé par eux, quelle besogne vaine !

Seule, l'Eglise, en dressant les reposoirs de l'année liturgique, en forçant les saisons à suivre, pas à pas, la vie du Christ, a su nous tracer le plan des occupations nécessaires, des fins utiles. Elle nous a fourni le moyen de marcher toujours côte à côte avec Jésus, de vivre l'au jour le jour des Evangiles ; pour les chrétiens elle a fait du temps le messager des douleurs et le héraut des joies ; elle a confié à l'année le rôle de servante du Nouveau Testament, d'émissaire zélée du culte.

Et Durtal réfléchissait à ce cycle de la liturgie qui débute au premier jour de l'an religieux, à l'Avent, puis tourne, d'un mouvement insensible, sur lui-même, jusqu'à ce qu'il revienne à son point de départ, à cette époque où l'Eglise se prépare, par la pénitence et la prière, à célébrer la Noël.

Et, feuilletant son eucologe, voyant ce cercle inouï d'offices, il pensait à ce prodigieux joyau, à cette couronne du roi Recceswinthe que le musée de Cluny recèle.

L'année liturgique n'était-elle pas, comme elle, pavée de cristaux et de cabochons par ses admirables cantiques, par ses ferventes hymnes, sertis dans l'or même des Saluts et des Vêpres ?

Il semblait que l'Eglise eût substitué à cette couronne d'épines dont les Juifs avaient ceint les tempes du Sauveur, la couronne vraiment royale du Propre du Temps, la seule qui fût ciselée dans un métal assez précieux, avec un art assez pur, pour oser se poser sur le front d'un Dieu !

Et la grande Lapidaire avait commencé son œuvre en incrustant, dans ce diadème d'offices, l'hymne de saint Ambroise, et l'invocation tirée de l'Ancien Testament le « Rorate cœli », ce chant mélancolique de l'attente et du regret, cette gemme fumeuse, violacée, dont l'eau s'éclaire alors qu'après chacune de ses strophes, surgit la déprécation solennelle des patriarches appelant la présence tant espérée du Christ.

Et les quatre dimanches de l'Avent disparaissaient avec les pages tournées de l'eucologe ; la nuit de la Nativité était venue : après le « Jesu Redemptor » des Vêpres, le vieux chant Portugais l' « Adeste fideles » s'élevait, au Salut, de toutes les bouches. C'était une prose d'une naïveté vraiment charmante, une ancienne image où défilaient les pâtres et les rois, sur un air populaire approprié aux grandes marches, apte à charmer, à aider, par le rythme en quelque sorte militaire des pas, les longues étapes des fidèles quittant leurs chaumières pour se rendre aux églises éloignées des bourgs.

Et, imperceptiblement, ainsi que l'année, en une invisible rotation, le cercle virait, s'arrêtait à la fête des

Saints Innocents où s'épanouissait, telle qu'une flore d'abattoir, en une gerbe cueillie sur un sol irrigué par le sang des agneaux, cette séquence rouge et sentant la rose qu'est le « Salvete flores martyrum », de Prudence ; — la couronne bougeait encore et l'hymne de l'Epiphanie le « Crudelis Herodes », de Sedulius, paraissait à son tour.

Maintenant, les dimanches gravitaient, les dimanches violets où l'on n'entend plus « le Gloria in excelsis », où l'on chante l' « Audi Benigne » de saint Ambroise et le « Miserere », ce psaume couleur de cendre qui est peut-être le plus parfait chef-d'œuvre de tristesse qu'ait puisé, dans ses répertoires de plains-chants, l'Eglise.

C'était le Carême dont les améthystes s'éteignaient dans le gris mouillé des hydrophanes, dans le blanc embrumé des quartz et l'invocation magnifique l' « Attende Domine » montait sous les cintres. Issu, comme le « Rorate cœli », des proses de l'Ancien Testament, ce chant humilié, contrit, énumérant les punitions méritées des fautes, devenait sinon moins douloureux, en tout cas plus grave encore et plus pressant, lorsqu'il confirmait, lorsqu'il résumait, dans la strophe initiale de son refrain, l'aveu déjà confessé des hontes.

Et, subitement, sur cette couronne éclatait, après les feux las des Carêmes, l'escarboucle en flamme de la Passion. Sur la suie bouleversée d'un ciel, une croix rouge se dressait et des hourras majestueux et des cris éplorés acclamaient le Fruit ensanglanté de l'arbre ; et le « Vexilla regis » se répétait encore, le dimanche suivant, à la férie des Rameaux qui joignait à cette prose de Fortunat l'hymne verte qu'elle accompagnait d'un bruit soyeux de palmes, le « Gloria, laus et honor » de Théodulphe.

Puis les feux des pierreries grésillaient et mouraient. Aux braises des gemmes, succédaient les charbons éteints des obsidiennes, des pierres noires, renflant à peine sur l'or terni, sans un reflet, de leurs montures ; l'on entrait dans la Semaine Sainte ; partout le « Pange lingua », de Claudien Mamert et le « Stabat » gémissaient sous les voûtes ; et c'étaient les Ténèbres, les lamentations et les psaumes dont le glas faisait vaciller la flamme des cierges de cire brune, et, après chaque halte, à la fin de chacun des psaumes, l'un des cierges expirait et sa fusée de fumée bleue s'évaporait encore dans le pourtour ajouré des arches, lorsque le chœur reprenait la série interrompue des plaintes.

Et la couronne conversait une fois de plus ; les grains de ce rosaire musical coulaient encore et tout changeait. Jésus était ressuscité et les chants d'allégresse sautaient des orgues. Le « Victimæ Paschali laudes » exultait avant l'évangile des messes et, au Salut, l'« O filii et filiæ », vraiment créé pour être entonné par les jubilations éperdues des foules, courait, jouait, dans l'ouragan joyeux des orgues qui déracinaient les piliers et soulevaient les nefs.

Et les fêtes carillonnées se suivaient à de plus longs intervalles. A l'Ascension, les cristaux lourds et clairs de saint Ambroise emplissaient d'eau lumineuse le bassin minuscule des chatons ; les feux des rubis et des grenats s'allumaient à nouveau avec l'hymne cramoisie et la prose écarlate de la Pentecôte « le Veni Creator » et le « Veni Spiritus ». La fête de la Trinité passait, signalée par les quatrains de Grégoire le Grand et pour la fête du Saint Sacrement, la liturgie pouvait exhiber le plus merveilleux écrin de son douaire, l'office de saint Thomas, le « Pange lingua », l'« Adoro te », le « Sacris Solemniis », le « Verbum supernum » et surtout le « Lauda Sion », ce pur chef-d'œuvre de la poésie latine et de la scolastique, cette hymne si précise, si lucide dans son abstraction, si ferme dans son verbe rimé autour duquel s'enroule la mélodie la plus enthousiaste, la plus souple peut-être du plain-chant.

Le cercle se déplaçait encore, montrant sur ses différentes faces les vingt-trois à vingt-huit dimanches qui défilent derrière la Pentecôte, les semaines vertes du temps de Pèlerinage, et il s'arrêtait à la dernière férie, au dimanche après l'octave de la Toussaint, à la Dédicace des Eglises qu'encensait le « Cœlestis urbs », de vieilles stances dont les ruines avaient été mal consolidées par les architectes d'Urbain VIII, d'antiques cabochons dont l'eau trouble dormait, ne s'animait qu'en de rares lueurs.

La soudure de la couronne religieuse, de l'année liturgique se faisait alors aux messes où l'évangile du dernier dimanche qui suit la Pentecôte, l'évangile selon saint Mathieu répète, ainsi que l'évangile selon saint Luc qui se récite au premier dimanche de l'Avent, les terribles prédictions du Christ sur la désolation des temps, sur la fin annoncée du monde.

Ce n'est pas tout, reprit Durtal que cette course au travers de son paroissien intéressait. Dans cette couronne du Propre du Temps, s'insèrent, telles que des pierres plus petites, les proses du Propre des Saints qui comblent les places vides et achèvent de parer le cycle.

D'abord, les perles et les gemmes de la Sainte Vierge, les joyaux limpides, les saphirs bleus et les spinelles roses de ses antiennes, puis l'aigue-marine si lucide, si pure de l' « Ave maris stella », la topaze pâlie des larmes, de l' « O quot undis lacrymarum » de la fête des Sept Douleurs, et l'hyacinthe, couleur de sang essuyé, du « Stabat »; puis s'égrènent les fêtes des Anges et des Saints, les hymnes dédiées aux Apôtres et aux Evangélistes, aux Martyrs solitaires ou accouplés, hors et pendant le temps pascal, aux Confesseurs Pontifes ou non Pontifes, aux Vierges, aux saintes Femmes, toutes fêtes différenciées par des séquences particulières, par des proses spéciales, dont quelques-unes naïves, comme les quatrains tressés en l'honneur de la nativité de saint Jean-Baptiste, par Paul Diacre.

Il reste enfin la Toussaint avec le « Placare Christe » et les trois coups de tocsin, le glas en tercets du « Dies iræ » qui retentit, le jour réservé à la Commémoration des morts.

Quel immense bien-fonds de poésie, quel incomparable fief d'art l'Église possède! s'écria-t-il, en fermant son livre; et des souvenirs se levaient pour lui de cette excursion dans l'eucologe.

Que de soirs où la tristesse de vivre s'était dissipée, en écoutant ces proses clamées dans les églises!

Il repensait à la voix suppliante de l'Avent et il se rappelait un soir où il rôdait, sous une pluie fine, le long des quais. Il était chassé de chez lui par d'ignobles visions et en même temps obsédé par le dégoût croissant de ses vices. Il avait fini, sans le vouloir, par échouer à Saint-Gervais.

Dans la chapelle de la Vierge, de pauvres femmes étaient prostrées. Il s'était agenouillé, las, abasourdi, l'âme si mal à l'aise, qu'elle somnolait, sans force pour s'éveiller. Des chantres et des gamins de la maîtrise s'étaient installés avec deux ou trois prêtres dans cette chapelle; on avait allumé des cierges, et une voix blonde et ténue d'enfant avait, dans le noir de l'église, chanté les longues antiennes du Rorate.

Dans l'état d'accablement, de tristesse où il stagnait, Durtal s'était senti ouvert et saigné jusqu'au fond de l'âme, alors que moins tremblante qu'une voix plus âgée qui eût compris le sens des paroles qu'elle disait, cette voix racontait ingénument, presque sans confusion au Juste : « Peccavimus et facti sumus tanquam immundus nos ».

Et Durtal reprenait ces mots, les épelait, terrifié, pensait : ah oui, nous avons péché et nous sommes devenus semblables au lépreux, Seigneur! — Et le chant continuait et, à son tour, le Très-Haut empruntait ce même organe innocent de l'enfance, pour confesser à l'homme sa pitié, pour lui confirmer le pardon assuré par la venue du Fils.

Et la soirée s'était terminée par un Salut de plain-chant au milieu de ce silence prosterné de malheureuses femmes.

Durtal se rappelait être sorti de l'église, étayé, renfloué, débarrassé de ses hantises et il était reparti sous la bruine, surpris que le chemin fût aussi court, fredonnant le Rorate dont l'air l'obsédait, finissant par y voir l'attente personnelle d'un inconnu propice.

Et c'étaient d'autres soirs... l'Octave des Morts à

Saint-Sulpice et à Saint-Thomas d'Aquin où l'on ressuscitait, après les Vêpres des trépassés, la vieille séquence disparue du bréviaire romain, le « Languentibus in Purgatorio. »

Cette église était la seule à Paris qui eût conservé ces pages de l'hymnaire gallican et elle les faisait détailler, sans maîtrise, par deux basses, mais ces chantres, si médiocres d'habitude, aimaient sans doute cette mélodie, car s'ils ne la chantaient pas avec art, ils l'expulsaient au moins dans un peu d'âme.

Et cette invocation à la Madone que l'on adjurait de sauver les âmes du Purgatoire était dolente comme ces âmes mêmes, et si mélancolique, si languide qu'on oubliait l'alentour, l'horreur de ce sanctuaire dont le chœur est une scène de théâtre, entourée de baignoires fermées, et garnie de lustres ; on rêvait, loin de Paris, quelques instants, hors de cette population de dévotes et de domestiques qui fréquente ce lieu, ce soir.

Ah ! l'Eglise, se disait-il, en descendant le sentier qui conduisait au grand étang, quelle génitrice d'art ! et subitement, le bruit d'un corps tombant dans l'eau, interrompit ses réflexions.

Il regarda derrière la haie des roseaux et ne vit rien, sinon de grands cercles courant sur l'onde et, tout à coup, dans l'un de ces ronds, une tête minuscule de chien parut tenant un poisson dans la gueule ; et la bête se haussa un peu hors de l'eau, montra un corps effilé et couvert d'une fourrure et, tranquillement, de ses petits yeux noirs, elle fixa Durtal.

Puis, en un éclair, elle franchit la distance qui la séparait du bord et disparut sous les herbes.

— C'est la loutre, se dit-il, se rappelant la discussion à table du vicaire de passage et de l'oblat.

Et il s'en allait rejoindre l'autre étang quand il se heurta au père Etienne.

Il lui raconta sa rencontre.

— Pas possible! s'écria le moine; personne n'a jamais vu la loutre; vous devez confondre avec un rat d'eau, avec un autre animal, car cette bête que nous guettons depuis des années est invisible.

Durtal lui en fit la description.

— C'est pourtant elle! convint l'hôtelier, surpris.

Il était évident que cette loutre vivait à l'état de légende dans cet étang. Dans ces existences monotones, dans ces jours semblables du cloître, elle prenait les proportions d'un sujet fabuleux, d'un événement dont le mystère devait occuper les intervalles ménagés entre les oraisons des heures.

— Il faut indiquer à M. Bruno l'endroit exact où vous l'avez remarquée, car il va recommencer la chasse, fit le P. Etienne, après un silence.

— Mais enfin en quoi cela peut-il vous gêner qu'elle mange vos poissons, puisque vous ne les pêchez point?

— Pardon, nous les pêchons pour les envoyer à l'Archevêché, répondit le moine qui reprit : — c'est tout de même bien étrange que vous ayez aperçu cette bête!

Décidément, en partant d'ici, l'on dira de moi : il est le Monsieur qui a vu la loutre! pensa Durtal.

Tout en causant, ils étaient parvenus près de l'étang en croix.

— Regardez, dit le père, en désignant le cygne qui se dressait, furieux, et battait des ailes, en sifflant.

— Qu'est-ce qui lui prend ?

— Il lui prend que la couleur blanche de ma robe l'exaspère.

— Ah ! et pourquoi ?

— Je ne sais ; il veut peut-être être le seul qui soit blanc, ici ; il épargne les convers, mais dès qu'un père... tenez, vous allez voir.

Et l'hôtelier se dirigea tranquillement vers le cygne.

— Viens, dit-il à la bête irritée qui l'éclaboussa d'eau ; et il tendit la main que le cygne happa.

— Voilà, fit le moine, en montrant la marque d'une pince rouge imprimée dans sa chair.

Et il sourit, en se tenant la main et quitta Durtal qui se demanda si, en procédant de la sorte, le trappiste n'avait pas voulu s'infliger une punition corporelle pour expier une distraction quelconque, une vétille.

Ce coup de bec a dû le tenailler atrocement, car les larmes lui sont montées aux yeux. Comment s'est-il exposé si joyeusement à cette morsure ?

Et il se souvenait qu'un jour, à l'office de None, un des jeunes moines s'était trompé dans le ton d'une antienne ; au moment où se terminait l'office, il s'était agenouillé devant l'autel, puis il s'était étendu sur les dalles tout de son long, à plat ventre, la bouche collée au sol, jusqu'à ce que la cliquette du prieur lui eût intimé l'ordre de se relever.

C'était la coulpe volontaire, pour une négligence commise, pour un oubli. Qui sait si le P. Etienne ne s'était pas, à son tour, châtié d'une pensée qu'il jugeait peccamineuse, en se faisant ainsi pincer ?

Il consulta, à ce propos, l'oblat, le soir, mais M. Bruno se contenta de sourire, sans répondre.

Et Durtal lui parlant de son prochain départ pour Paris, le vieil homme hocha la tête.

— Étant données, fit-il, les appréhensions, la gêne que vous cause la communion, vous agirez sagement en vous approchant, dès votre rentrée, de la Sainte Table.

Et voyant que Durtal ne répliquait pas et baissait le nez :

— Croyez-en un homme qui a connu ces épreuves ; si vous ne vous étreignez pas, tandis que vous serez encore sous l'impression toute chaude de la Trappe, vous flotterez entre le désir et le regret, sans avancer ; vous vous ingénierez à vous découvrir des excuses pour ne pas vous confesser ; vous tâcherez de croire qu'il est impossible de vous aboucher, à Paris, avec un abbé qui vous comprenne. Or, permettez-moi de vous l'assurer, rien n'est plus faux. Si vous désirez un confident expert et facile, allez chez les Jésuites ; si vous voulez surtout une âme zélée de prêtre, allez à Saint-Sulpice. Vous y rencontrerez des ecclésiastiques honnêtes et intelligents, de braves cœurs. A Paris, où le clergé des paroisses est si mélangé, ils sont le dessus de panier du sacerdoce ; et cela se conçoit, ils forment une communauté, habitent en cellule, ne dînent pas en ville et, comme le règlement Sulpicien leur interdit de prétendre aux honneurs et aux places, ils ne risquent pas de devenir, par ambition, de mauvais prêtres. Vous les connaissez ?

— Non, mais pour résoudre cette question qui ne

laisse pas, en effet, de m'inquiéter, je compte sur un abbé que je fréquente, sur celui-là même qui m'a envoyé dans cette Trappe.

Et cela me fait penser, reprit-il, en se levant pour se rendre à Complies, que j'ai encore oublié de lui écrire. Il est vrai que maintenant, il est trop tard, j'arriverai chez lui presque aussitôt que ma lettre. C'est bizarre, mais à force de se promener dans ses propres aîtres, à force de vivre sur soi-même, les jours coulent et l'on n'a le temps de rien faire ici !

VIII

Il avait espéré, pour son dernier jour à la Trappe, une matinée de quiétude et de flâne d'esprit, une mitigation de sieste spirituelle et de réveil charmé par des mélopées d'offices et, pas du tout, l'idée envahissante, têtue, qu'il allait quitter, le lendemain, le monastère, lui gâtait toutes les joies qu'il s'était promises.

Maintenant qu'il n'avait plus à se monder, à se passer au van des confessions, à se présenter à la susception matinale du Viatique, il restait irrésolu, ne sachant plus à quoi occuper son temps, ahuri par cette reprise de la vie profane qui renversait ses barrages d'oubli, qui l'atteignait déjà par-dessus les digues franchies du cloître.

Ainsi qu'une bête capturée, il commença de se frotter contre les barreaux de sa cage, fit le tour de la clôture, s'emplissant la vue de ces paysages où il avait égoutté de si clémentes et de si cruelles heures.

Il sentait en lui un affaissement de terrain, un éboulis d'âme, un découragement absolu devant cette perspective de rentrer dans l'existence habituelle, de se mêler à nouveau aux va-et-vient des hommes; et il éprouvait en même temps une fatigue cérébrale immense.

Il se traîna par les allées, dans un état de complet déconfort, dans un de ces accès de spleen religieux qui déterminent, lorsqu'ils se prolongent, pendant des années, le « tædium vitæ » des cloîtres. Il avait horreur d'une vie autre que celle-là et l'âme, surmenée par des prières, défaillait dans un corps insuffisamment reposé et mal nourri; elle n'avait plus aucun désir, demandait à n'être pas dérangée, à dormir, tombait dans un de ces états de torpeur où tout devient indifférent, où l'on finit par perdre doucement connaissance, par s'asphyxier sans que l'on souffre.

Il avait beau, pour réagir en se consolant, se promettre qu'il assisterait, à Paris, aux offices des Bénédictines, qu'il se tiendrait sur la lisière de la société, à part, il était bien obligé de se répondre que ces subterfuges sont impossibles, que l'évent même de la ville est rebelle aux leurres, que l'isolement dans une chambre ne ressemble en rien à la solitude d'une cellule, que les messes célébrées dans les chapelles ouvertes aux public ne peuvent s'assimiler aux offices fermés des Trappes.

Puis à quoi bon tenter de se méprendre? il en était de l'âme comme du corps qui se porte mieux au bord de la mer ou dans les montagnes que dans le fond des villes. Il y avait l'air spirituel meilleur même à Paris.

dans certains quartiers religieux de la rive gauche que dans les arrondissements situés sur l'autre rive ; plus vif dans quelques basiliques, plus pur, par exemple, à Notre-Dame des Victoires que dans les églises telles que la Trinité ou la Madeleine.

Mais le monastère était, en quelque sorte, la vraie plage et le haut plateau de l'âme. L'atmosphère y était balsamique ; les forces revenaient, l'appétit perdu de Dieu se ranimait ; c'était la santé succédant aux malaises, le régime fortifiant et soutenu substitué à la langueur, aux exercices restreints des villes.

Cette conviction qu'aucune duperie ne lui serait à Paris possible, l'atterra. Il vagabonda de la cellule à la chapelle, de la chapelle dans les bois, attendant avec impatience l'heure du dîner, pour pouvoir parler à quelqu'un, car, dans son désarroi, un nouveau besoin venait de naître. Il avait, depuis plus de huit jours, étiré des après-midi entières sans desserrer les dents ; il n'en souffrait pas, était même satisfait de ce silence, mais depuis qu'il était talonné par cette idée d'un départ, il ne pouvait plus se taire, pensait dans les allées, tout haut, pour alléger cette sensation de cœur gros qui l'étouffait.

M. Bruno était trop sagace pour ne point deviner le malaise de son compagnon, devenu tour à tour taciturne et bavard pendant le repas. Il fit semblant de ne rien voir, mais, après qu'il eut récité les grâces, il disparut et Durtal, qui rôdait près du grand étang, fut surpris de l'apercevoir se dirigeant de son côté avec le P. Étienne.

Ils l'accostèrent et le trappiste qui souriait lui proposa, s'il n'avait pas formé d'autre projet, de se distraire, en visitant le couvent et surtout la bibliothèque que le père prieur serait ravi de lui montrer.

— Si cela me convient, mais certainement ! s'écria Durtal.

Ils retournèrent, tous les trois, vers l'abbaye ; le moine souleva le loquet d'une petite porte creusée dans un mur près de l'église et Durtal pénétra dans un cimetière minuscule, planté de croix de bois sur des tombes d'herbe.

Il n'y avait aucune inscription, aucune fleur dans cet enclos qu'ils traversèrent ; le moine poussa une autre porte et ils débouchèrent dans un long corridor qui puait le rat. Au bout de ce couloir, Durtal reconnut l'escalier qu'il avait franchi, un matin, pour aller se confesser chez le prieur. Ils le laissèrent à leur gauche, tournèrent dans une autre galerie et l'hôtelier les introduisit dans une salle immense, percée de hautes fenêtres, décorée de trumeaux du xviiie siècle et de grisailles ; elle était exclusivement meublée de bancs et de stalles au-dessus desquels, un siège isolé, sculpté d'armes abbatiales peintes, marquait la place de Dom Anselme.

— Oh ! cette salle du chapitre, elle n'a rien de monastique ! dit le P. Etienne, en désignant les peintures profanes des murs ; nous avons conservé tel quel le salon de cet ancien château, mais je vous prie de croire que ce décor ne nous plaît guère.

— Et que fait-on dans cette salle ?

— Mais, nous nous y réunissons après la messe ; le chapitre s'ouvre par la lecture du martyrologe, suivie des dernières prières de Prime. Puis on lit un passage de la règle que le P. abbé commente. Enfin, nous pratiquons l'exercice d'humilité, c'est-à-dire que celui d'entre nous qui a commis une faute contre la règle se prosterne et l'avoue devant ses frères.

Ils se rendirent de là au réfectoire. Cette pièce aussi haute de plafond, mais plus petite, était garnie de tables dessinant la forme d'un fer à cheval. Des sortes de grands huiliers contenant, chacun, deux demi-bouteilles de piquette séparées par une carafe et, devant eux, des tasses de terre brune à deux anses servant de verres, y étaient, de distance en distance, posés. Le moine expliqua que ces faux huiliers à trois branches indiquaient la place de deux couverts, chaque moine ayant droit à sa demi-bouteille de boisson et partageant avec son voisin l'eau de la carafe.

— Cette chaire, reprit le P. Etienne, en désignant un grand coquetier de bois, adossé à la muraille, est destinée au lecteur de semaine, au père qui fait la lecture pendant le repas.

— Et il dure combien de temps ce repas ?

— Juste, une demi-heure.

— Oui, et la cuisine que nous autres nous mangeons est une cuisine délicate, en comparaison de celle qu'on sert aux moines, dit l'oblat.

— Je mentirais si je vous affirmais que nous nous régalons, répondit l'hôtelier. Savez-vous ce qui est le plus pénible à supporter, les premiers temps surtout, c'est le manque d'assaisonnement des plats. Le poivre et les épices sont interdits par la règle, et comme aucune salière ne figure sur notre table, nous avalons tels quels des aliments qui sont à peine salés, pour la plupart.

Certains jours d'été, lorsque l'on sue à grosses gouttes,

cela devient presque impossible, car le cœur lève. Et il faut s'enfourner quand même cette pâtée chaude, l'absorber en quantité suffisante pour ne pas faiblir jusqu'au lendemain ; on se regarde, découragés, n'en pouvant plus ; il n'y a pas d'autre mot pour définir notre dîner au mois d'août, c'est un supplice.

— Et tous, le P. abbé, le prieur, les pères, les frères, tous ont la même nourriture ?

— Tous. Venez visiter maintenant le dortoir.

Ils montèrent au premier. Un immense corridor, garni, tel qu'une écurie, de box de bois, s'étendait, fermé à chacun de ses bouts par une porte.

— Voici notre logis, fit le moine, en s'arrêtant devant ces cases. Des pancartes étaient placées au-dessus d'elles, affichant le nom de chaque moine et la première arborait sur son étiquette cette inscription : le père abbé.

Durtal tâta le lit accoté contre l'une des deux cloisons.

Il avait l'aspérité d'un peigne à carder et le mordant d'une râpe. Il se composait d'une simple paillasse piquée, étendue sur une planche ; pas de draps mais une couverture de prison en laine grise ; à la place des oreillers un sac de paille.

— Dieu que c'est dur ! s'écria Durtal, et le moine rit.

— Nos robes amortissent la rugosité de ce faux matelas, dit-il, car la règle ne nous permet pas de nous déshabiller ; nous pouvons seulement nous déchausser ; aussi dormons-nous tout vêtus, la tête enveloppée dans notre capuce.

— Et ce qu'il doit faire froid dans ce corridor balayé par tous les vents ! ajouta Durtal.

— Sans doute, l'hiver est farouche ici ; mais ce n'est

pas cette saison-là qui nous alarme ; on vit tant bien que mal, même sans feu, par les temps de glace ; mais l'été ! — Si vous saviez ce que le réveil dans des vêtements encore trempés de sueur, pas secs depuis la veille, est atroce !

Puis, bien qu'à cause de la grande chaleur on ait souvent à peine dormi, il faut, avant le jour, sauter en bas de sa couche et commencer aussitôt le grand office de nuit, les Vigiles qui durent au moins deux heures. Même après vingt ans de Trappe, on ne peut pas ne point souffrir de ce lever ; on se bat à la chapelle contre le sommeil qui vous écrase ; on dort pendant que l'on entend chanter un verset ; on lutte pour se tenir éveillé, afin de pouvoir en chanter un autre, et l'on retombe.

Il faudrait pouvoir donner un tour de clef à la pensée et l'on en est incapable.

Vraiment, je vous assure qu'en dehors même de la fatigue corporelle qui explique cet état, le matin, il y a là une agression démoniaque, une tentation incessante pour nous inciter à mal réciter l'office.

— Et vous subissez, tous, cette lutte ?

— Tous ; et cela n'empêche, conclut le moine dont le visage rayonna, cela n'empêche que nous ne soyons ici vraiment heureux.

C'est que toutes ces épreuves ne sont rien, à côté des joies profondes et intimes que le bon Dieu nous accorde ! ah ! il est un maître généreux ; il nous paye au centuple nos pauvres peines.

Tout en parlant, ils avaient enfilé le corridor et étaient arrivés à son autre bout.

Le moine ouvrit la porte et Durtal, stupéfié, se

trouva dans un vestibule, juste en face de sa cellule.

— Je ne croyais pas, dit-il, habiter si près de vous !

— Cette maison est un véritable labyrinthe — mais M. Bruno va vous conduire à la bibliothèque où le père prieur vous attend, car, moi, il faut que j'aille à mes affaires. A tout à l'heure, reprit-il, en souriant.

La bibliothèque était située de l'autre côté de l'escalier par lequel Durtal accédait à sa chambre. Elle était grande, garnie de rayons du haut en bas, occupée au milieu par une sorte de table comptoir sous laquelle s'étageaient encore des rangées de livres.

Le P. Maximin dit à Durtal :

— Nous ne sommes pas bien riches, mais enfin nous possédons des instruments de travail assez complets sur la théologie et la monographie des cloîtres.

— Vous avez des volumes superbes, s'écria Durtal qui regardait de magnifiques in-folio reliés dans de splendides reliures aux armes.

— Tenez, voici les œuvres de saint Bernard en une belle édition, et le moine présenta à Durtal d'énormes textuaires imprimés avec des caractères graves, sur papier sonore.

— Quand je pense que je m'étais promis de savourer saint Bernard, dans cette abbaye même qu'il a fondée, et me voici à la veille de mon départ et je n'ai rien lu.

— Vous ne connaissez pas ses ouvrages ?

— Si, des morceaux épars de ses sermons et de ses lettres ; j'ai parcouru des selectæ médiocres de ses œuvres, mais c'est tout.

— Il est notre maître par excellence ici, mais il n'est

pas le seul de nos ancêtres en saint Benoît dont ce couvent dispose, dit le père, avec une certaine fierté. — Voyez, et il désigna sur des rayons de puissants in-quarto, voici : saint Grégoire le Grand, Bède le Vénérable, saint Pierre Damien, saint Anselme... Et vos amis sont là, fit-il, suivant de l'œil Durtal qui lisait des titres de volumes, sainte Térèse, saint Jean de la Croix, sainte Madeleine de Pazzi, sainte Angèle, Tauler,... et celle-ci qui, de même que la sœur Emmerich, dictait ses entretiens avec Jésus, pendant l'extase. — Et le prieur tira de la file des livres deux in-dix-huit : les « Dialogues » de sainte Catherine de Sienne.

— Elle est terrible pour les prêtres de son temps cette Dominicaine, reprit le moine. Elle vérifie leurs méfaits, leur reproche nettement de vendre le Saint-Esprit de pratiquer des sortilèges, de se servir du Sacrement pour composer des maléfices.

— Sans compter les vices indus dont elle les accuse dans la série du péché de chair, ajouta l'oblat.

— Certes, elle ne mâche pas ses mots, mais elle avait le droit de le prendre sur ce ton et de menacer au nom du Seigneur, car elle était vraiment inspirée par Lui. Sa doctrine était puisée aux sources divines. — « Doctrina ejus infusa, non acquisita », a dit l'Eglise dans la bulle qui la canonise. Ses Dialogues sont admirables; les pages où Dieu lui explique les saintes fraudes dont il use parfois pour ramener les hommes au bien, les passages où elle traite de la vie monastique, de cette barque qui possède trois cordages : la chasteté, l'obéissance et la pauvreté, et qui affronte la tempête sous la conduite du Saint-Esprit, sont délicieux. Elle se révèle, dans son œuvre, l'élève du disciple bien-aimé et de saint Thomas d'Aquin. On croirait entendre l'Ange de l'école paraphrasant le dernier des Evangiles !

— Oui, fit, à son tour l'oblat ; si sainte Catherine de Sienne ne s'adonne pas aux hautes spéculations de la Mystique, si elle n'analyse point comme sainte Térèse les mystères de l'amour divin et ne trace pas l'itinéraire des âmes destinées à la vie parfaite, elle reflète directement au moins les entretiens du Ciel. Elle appelle, elle aime ! vous avez parcouru, Monsieur, ses traités de la Discrétion et de la Prière ?

— Non. J'ai lu Catherine de Gênes, mais les livres de Catherine de Sienne ne me sont jamais tombés entre les mains.

— Et ce recueil-ci, qu'en pensez-vous ?

Durtal regarda le titre et fit la moue.

— Je vois que Suso ne vous ravit guères.

— Je mentirais si je vous assurais que les dissertations de ce Dominicain m'enchantent. D'abord, l'illuminé que fut cet homme ne m'attire pas. Sans parler de la frénésie de ses pénitences, quelle minutie de dévotion, quelle étroitesse de piété fut la sienne ! Songez qu'il ne pouvait se décider à boire sans avoir, au préalable, divisé son breuvage en cinq parts. Il pensait honorer ainsi les cinq plaies du Sauveur ; et encore avalait-il en deux fois sa dernière gorgée, pour s'évoquer l'eau et le sang qui sortirent du flanc du Verbe.

Non, ça ne m'entre pas dans la caboche, ces choses-là ; jamais, je n'admettrai que de semblables pratiques puissent glorifier le Christ !

Et, remarquez bien que cet amour des égrugeures,

que cette passion des béatilles se retrouve dans toute son œuvre. Son Dieu est si difficile à contenter, si méticuleux, si tâtillon, que personne n'irait au Ciel si l'on croyait ce qu'il raconte! — C'est un épilogueur d'éternité, un grigou de Paradis, ce Dieu-là!

En somme, Suso s'épand en d'impétueux discours sur des vétilles; puis ce qu'avec ses insipides allégories, son morose « Colloque des neuf rochers » m'assomme!

— Vous conviendrez bien, pourtant, que son étude sur « l'Union de l'âme » est substantielle et que « l'office de l'Eternelle Sagesse » qu'il composa vaut qu'on le lise.

— Je ne dis pas, mon père; je n'ai plus présent à la mémoire cet office; mais je me rappelle assez bien le traité de « l'Union avec Dieu »; il m'a semblé plus intéressant que le reste, mais avouez qu'il est de bien courte haleine... et puis sainte Térèse a élucidé, elle aussi, cette question du renoncement humain et de la fruition divine... et dame alors!

— Allons, fit l'oblat en souriant, je renonce à faire de vous un lecteur fervent du bon Suso.

— Pour nous, reprit le P. Maximin, voici vraiment quel devrait être, si nous avions un peu de temps pour travailler, le levain de nos méditations, le sujet de nos lectures et il amena à lui un in-folio qui contenait les œuvres de sainte Hildegarde, abbesse du monastère de Ruperstberg.

C'est que, voyez-vous, celle-là est la grande Prophétesse du Nouveau Testament. Jamais, depuis les visions de saint Jean, à Pathmos, l'Esprit-Saint ne s'était communiqué à un être terrestre, avec autant de plénitude et de lumière. Dans son « Heptachronon », elle prédit le protestantisme et la captivité du Vatican ; dans son « Scivias » ou « Connaissance des voies du Seigneur » qui a été rédigé, d'après son récit, par un moine du couvent de Saint-Désibode, elle interprète les symboles des Ecritures et la nature même des éléments. Elle a également écrit un diligent commentaire de notre règle et d'altières et d'enthousiastes pages sur la musique sacrée, sur la littérature, sur l'art qu'elle définit excellemment : une réminiscence à moitié effacée d'une condition primitive dont nous sommes déchus depuis l'Eden. Malheureusement, pour la comprendre il faut se livrer à de minutieuses recherches, à de patientes études. Son style apocalyptique a quelque chose de rétractile ; il semble qu'il se recule et se referme davantage encore lorsqu'on veut l'ouvrir.

— Je sais bien, moi, que j'y perds mon peu de latin, dit M. Bruno. Quel dommage qu'il n'existe pas une traduction, avec gloses à l'appui, de ses œuvres !

— Elles sont intraduisibles, fit le père qui poursuivit :

Sainte Hildegarde est, avec saint Bernard, l'une des plus pures gloires de la famille de saint Benoît. Quelle prédestinée que cette vierge qui fut inondée des clartés intérieures dès l'âge de trois ans et mourut à quatre-vingt-deux ans, après avoir vécu toute sa vie dans les cloîtres !

— Et ajoutez qu'elle fut, à l'état permanent, fatidique, s'écria l'oblat. Elle ne ressemble à aucune autre Sainte ; tout en elle étonne jusqu'à cette façon dont Dieu l'apostrophe, car il oublie qu'elle est femme et l'appelle : « l'homme ».

— Et, elle, emploie, quand elle veut se désigner, cette étrange expression : « moi, la chétive forme », repartit le prieur. — Mais voici une autre écrivain qui nous est chère aussi, et il montra à Durtal les deux volumes de sainte Gertrude. Celle-là est encore l'une de nos grandes moniales, une abbesse vraiment Bénédictine, dans le sens exact du mot, car elle faisait expliquer les Saintes Ecritures à ses nonnes, voulait que la piété de ses filles s'appuyât sur la science, que leur foi se sustentât avec des aliments liturgiques, si l'on peut dire.

— Je ne connais d'elle que ses « Exercices », observa Durtal et ils m'ont laissé le souvenir de paroles d'écho, de redites des Livres Saints. Si tant est qu'on puisse la juger sur de simples extraits, elle me paraît ne pas avoir l'expression originale, être bien au-dessous d'une sainte Térèse ou d'une sainte Angèle.

— Sans doute, répondit le moine. Elle se rapproche cependant de sainte Angèle par le don de la familiarité lorsqu'elle converse avec le Christ et aussi par la véhémence amoureuse de ses propos ; seulement tout cela se transforme en sortant de sa propre source ; elle pense liturgiquement ; et cela est si vrai que la plus minime des réflexions se présente aussitôt à elle, habillée de la langue des Evangiles et des Psaumes.

Ses « Révélations », ses « Insinuations », son « Héraut de l'amour divin » sont merveilleux à ce point de vue ; puis n'est-elle pas exquise sa prière à la Sainte Vierge qui débute par cette phrase : Salut, ô blanc lys de la Trinité resplendissante et toujours tranquille ?......

Comme suite à ses œuvres, les Bénédictins de Solesmes ont édité aussi les « Révélations » de sainte Mechtilde, son livre sur « la Grâce spéciale » et sa « Lumière de la Divinité »; ils sont là, sur cette rangée...

— Que je vous montre des guides savamment jalonnés pour l'âme qui s'échappe d'elle-même et veut tenter l'ascension des monts éternels, dit à son tour M. Bruno, en présentant à Durtal la « Lucerna mystica » de Lopez Ezquerra, les in-quarto de Scaramelli, les tomes de Schram, l'Ascétique chrétienne de Ribet, les « Principes de théologie mystique » du père Séraphin.

— Et celui-ci, le connaissez-vous ? reprit l'oblat ; ce volume qu'il tendait était intitulé « De l'Oraison », demeurait anonyme, portait en bas de sa première page : Solesmes, typographie de l'abbaye de sainte Cécile — et au-dessous de la date imprimée 1886, Durtal déchiffra ces mots écrits à l'encre : « Communication essentiellement privée ».

— Je n'ai jamais vu cet opuscule qui ne semble pas, du reste, avoir été mis dans le commerce ; quel en est l'auteur ?

— La plus extraordinaire des moniales de ce temps, l'abbesse des Bénédictines de Solesmes. Je regrette seulement que vous partiez si tôt, car j'eus été heureux de vous le faire lire.

Au point de vue du document il est d'une science vraiment souveraine et il contient d'admirables citations de sainte Hildegarde et de Cassien ; au point de vue de la Mystique même, la mère sainte Cécile ne fait évidemment que reproduire les travaux de ses devancières et elle ne nous apprend rien de très neuf. Néanmoins, je me rappelle un passage qui me semble plus spécial, plus personnel. Attendez...

Et l'oblat compulsa quelques pages. Le voici :

« L'âme spiritualisée ne paraît pas exposée à la tentation proprement dite, mais par une permission divine, elle est appelée à se frotter au Démon, esprit contre esprit... Le contact du Démon est alors perçu à la surface de l'âme, sous la forme d'une brûlure tout à la fois spirituelle et sensible... Si l'âme tient bon dans son union avec Dieu, si, elle est forte, la douleur quoique très vive est supportable, mais si l'âme commet quelque légère imperfection même intérieure, le Démon avance d'autant et porte son horrible brûlure plus avant, jusqu'à ce que, par des actes généreux, elle ait pu le repousser plus au dehors. »

Cet effleurement satanique qui produit un effet presque matériel sur les parties les plus intangibles de notre être, est, vous l'avouerez, pour le moins curieux, conclut l'oblat, en fermant le volume.

— La mère sainte Cécile est une stratégiste remarquable d'âme, fit le Prieur, mais... mais... cette œuvre qu'elle a rédigée pour les filles de son abbaye contient, je crois, quelques propositions téméraires qui n'ont pas été lues sans déplaisir à Rome.

Pour en finir avec nos pauvres richesses, reprit-il, nous n'avons de ce côté — et il désigna une partie des bibliothèques qui couvraient la pièce, — que des ouvrages de longue haleine, le Ménologe Cistercien, la Patrologie de Migne, des dictionnaires d'hagiographie, des manuels d'herméneutique sacrée, de droit canon, d'apologétique chrétienne, d'exégèse biblique, les œuvres complètes de saint Thomas, des outils de travail que nous n'employons guère, car, vous le savez, nous sommes un rameau du tronc Bénédictin voué à une vie de labeur corporel et de pénitence ; nous sommes les hommes de peine du bon Dieu, surtout. Ici, c'est M. Bruno qui se sert de ces livres et moi aussi quelquefois, car je suis plus spécialement chargé du spirituel, dans ce monastère, ajouta, en souriant, le moine.

Durtal le regardait ; il maniait avec des mains caressantes, couvait d'un œil tout en lumière bleue, les volumes, riait avec une joie d'enfant en tournant les pages.

Quelle différence entre ce moine qui adorait évidemment les bouquins et ce prieur, au profil impérieux, aux lèvres muettes qui l'avait écouté, le second jour, en confession ! puis, songeant à tous ces trappistes, à la sérénité de leurs visages, à l'allégresse de leurs yeux, Durtal se disait que ces Cisterciens n'étaient nullement, ainsi que le monde croit, des gens douloureux et funèbres mais qu'ils étaient, bien au contraire, les plus gais des hommes.

— A propos, dit le P. Maximin, le R. P. abbé m'a chargé d'une commission. Sachant que vous voulez nous quitter demain, il serait désireux, maintenant qu'il est sur pieds, de passer au moins quelques minutes avec vous. Il sera libre, ce soir. Cela vous gênerait-il de le rejoindre après Complies ?

— Pas du tout, je serai très heureux de causer avec dom Anselme.

— Alors, c'est entendu.

Ils descendirent. Durtal remercia le prieur qui rentra dans la clôture des couloirs et l'oblat qui remonta dans sa cellule. Il baguenauda, atteignit, malgré ce tourment du départ qui le hantait, sans trop de peine, le soir.

Le Salve Regina qu'il entendait pour la dernière fois peut-être, ainsi modelé par des voix mâles, cette chapelle aérienne bâtie avec des sons et s'évaporant avec la fin de l'antienne, dans la fumée des cierges, le remua jusqu'au fond de l'âme; puis vraiment, ce soir-là, la Trappe se montrait charmante. Après l'office, on dit le chapelet, non comme à Paris où l'on débite un Pater, dix Ave et un Gloria et ainsi de suite; là, on égrenait, en latin, un Pater, un Ave, un Gloria et l'on recommençait jusqu'à ce que l'on eût épuisé de la sorte quelques dizaines.

Ce chapelet fut détaillé à genoux, moitié par le prieur, moitié par tous les moines. Il roulait au galop si vite que l'on discernait à peine les mots, mais dès qu'il fut terminé, sur un signal, le grand silence se fit et chacun, la tête dans ses mains, pria.

Et Durtal se rendit compte du système ingénieux des oraisons conventuelles; après les prières purement vocales comme celles-là, venait la prière mentale, la déprécation personnelle, stimulée, mise en train par la machine même des patenôtres.

Rien n'est laissé au hasard dans la religion; tout exercice qui semble, au premier abord, inutile, a une raison d'être, se disait-il, en sortant dans la cour. Et le fait est que le rosaire, qui ne paraît être qu'une toupie de sons, remplit un but. Il repose l'âme excédée des supplications qu'elle récite, en s'y appliquant, en y pensant; il l'empêche de bafouiller, de rabâcher toujours à Dieu les mêmes pétitions, les mêmes plaintes; il lui permet de souffler, de se délasser, dans des orations où elle peut se dispenser de réfléchir et se déprendre. En somme, le chapelet occupe, en priant, les heures de fatigue où l'on ne prierait point. — Ah! voici le père abbé.

Le trappiste lui exprima le regret de ne le visiter que quelques moments, ainsi; puis, après qu'il eut répondu à Durtal, qui s'enquérait de l'état de sa santé, qu'il espérait être enfin guéri, il lui proposa de se promener dans le jardin et l'invita à ne point se gêner pour fumer, s'il en avait envie, ses cigarettes.

Et la conversation s'engagea sur Paris. Dom Anselme demandait des renseignements et finissait par dire, en souriant :

— Je vois par des bribes de journaux qui me parviennent que la société est férue de socialisme, pour l'instant. Tout le monde voudrait résoudre la fameuse question sociale. Où ça en est-il?

— Où ça en est? mais à rien! A moins de changer les âmes des ouvriers et des patrons et de les rendre, du jour au lendemain, désintéressées et charitables, à quoi voulez-vous que tous ces systèmes aboutissent?

— Eh bien mais, fit le moine, en enveloppant d'un geste le monastère, elle est résolue cette question, ici.

Le salaire n'existant plus, toutes les sources des conflits sont supprimées.

Chacun besogne suivant ses aptitudes et suivant ses forces ; les pères, qui n'ont pas de solides épaules et de gros bras, plient les enveloppes des chocolats ou apprêtent des comptes et ceux qui sont robustes remuent la terre.

J'ajoute que l'égalité dans nos cloîtres est telle que le prieur et l'abbé n'ont aucun avantage de plus que les autres moines. A table, les portions et, au dortoir, les paillasses sont identiques. Les seuls profits de l'abbé consistent, en somme, dans les inévitables soucis que suscitent la conduite morale et la direction temporelle d'une abbaye. Il n'y a donc pas de raison pour que les ouvriers conventuels se mettent en grève, conclut, en souriant, l'abbé.

— Oui, mais vous êtes des minimistes, vous supprimez la famille, la femme, vous vivez de rien et vous n'attendez de n'être réellement récompensés de vos labeurs qu'après la mort. Allez donc faire comprendre cela aux gens des villes !

— La situation sociale se résume ainsi, n'est-ce pas ? les patrons veulent exploiter les ouvriers qui veulent, à leur tour, être payés le plus possible en travaillant le moins qu'ils pourront. Eh bien, mais alors, c'est sans issue !

— Parfaitement, et c'est triste, car le socialisme dérive, en somme, d'idées clémentes, d'idées propres, mais toujours il se heurtera contre l'égoïsme et le lucre, contre les inévitables brisants des péchés de l'homme.

Et votre petite fabrique de chocolat vous procure-t-elle au moins des bénéfices ?

— Oui, c'est elle qui nous sauve.

L'abbé se tut, pendant une seconde, et il reprit :

— Vous savez, Monsieur, comment un couvent se fonde. Je choisis pour exemple notre ordre. Un domaine et les terres qui en dépendent lui sont offerts, à charge par lui de les peupler. Que fait-il ? il prend une poignée de ses moines et les essaime dans le sol qu'on lui donne. Mais, là, s'arrête sa tâche. Le grain doit lever seul ; autrement dit, les trappistes, détachés de leur maison-mère, doivent gagner leur vie et se suffire.

Aussi, quand nous prîmes possession de ces bâtiments, étions-nous si pauvres que, depuis le pain jusqu'aux souliers, tout nous manquait ; mais nous n'avions aucune inquiétude sur l'avenir, car il n'y a pas d'exemple, dans l'histoire monastique, que la Providence n'ait point secouru les abbayes qui se fiaient à elle. Petit à petit, nous avons tiré de cette terre notre provende ; nous avons appris les métiers utiles ; maintenant nous fabriquons nos vêtements et nos chaussures ; nous moissonnons notre blé et cuisons notre pain ; notre existence matérielle est donc assurée, mais les impôts nous écrasent ; c'est pourquoi nous avons fondé cette fabrique dont le rapport devient, d'années en années, meilleur.

Dans un an ou deux, la bâtisse qui nous abrite et que nous n'avons pu faire réparer, faute d'argent, s'effondrera ; mais, si Dieu permet que des âmes généreuses nous viennent en aide, peut-être serons-nous alors en état d'édifier un monastère et c'est notre souhait à tous, car vraiment cette bicoque, avec ses pièces à la débandade et sa chapelle en rotonde, nous est pénible.

L'abbé se tut encore, puis, après une pause, il dit, à mi-voix, se parlant à lui-même :

— On ne saurait le nier, un couvent qui n'a pas l'aspect d'un cloître est un obstacle aux vocations ; le postulant a besoin — c'est dans la nature, cela — de se pétrir dans un milieu qui lui plaise, de s'encourager dans une église qui l'enveloppe, dans une chapelle un peu sombre, et, pour obtenir ce résultat, il faut le style roman ou le gothique.

— Ah oui ! par exemple. — Et vous avez beaucoup de novices ?

— Nous avons surtout beaucoup de sujets qui désirent tâter de la vie des Trappes, mais la plupart ne parviennent pas à supporter notre régime. En dehors même de la question de savoir si la vocation des débutants est imaginaire ou réelle, nous sommes, au point de vue physique, après quinze jours d'essai, nettement fixés.

— Ce qui doit terrasser les constitutions les plus robustes, c'est ce repas unique de légumes ; je ne comprends même pas comment, en menant une existence active, vous pouvez y résister.

— La vérité, c'est que les corps obéissent quand les âmes sont résolues. Nos ancêtres l'enduraient bien la vie des Trappes ! Ce qui manque aujourd'hui, ce sont les âmes. Je me souviens, moi, quand j'ai fait ma probation dans un cloître de Cîteaux, je n'avais aucune santé et pourtant j'aurais, s'il l'avait fallu, mangé des pierres !

Au reste, la règle sera prochainement adoucie, poursuivit l'abbé ; mais, dans tous les cas, il est un pays qui, en prévision d'une disette, nous assurerait un bon nombre de recrues, la Hollande.

Et voyant le regard étonné de Durtal, le père dit :

— Oui, dans ce pays protestant, la végétation mystique est florissante. Le Catholicisme y est d'autant plus fervent qu'il est, sinon persécuté, du moins méprisé, noyé dans la masse des luthériens. Peut-être cela tient-il aussi à la nature du sol, à ses plaines solitaires, à ses canaux silencieux, au goût même des hollandais pour une vie régulière et paisible ; toujours est-il que, dans ce petit noyau de catholiques, la vocation Cistercienne est très fréquente.

Durtal regardait ce trappiste qui marchait, majestueux et tranquille, la tête enfouie dans son capuce, les mains passées sous sa ceinture.

Par instants, ses yeux éclairaient dans l'intérieur du capuchon et l'améthyste qu'il portait au doigt pétillait en de brèves flammes.

L'on n'entendait aucun bruit ; à cette heure la Trappe dormait. Durtal et l'abbé longeaient les rives du grand étang dont l'eau vivait, seule éveillée dans le sommeil de ces bois, car la lune qui resplendissait dans un ciel sans nuées l'ensemençait d'une myriade de poissons d'or ; et ce frai lumineux tombé de l'astre montait, descendait, frétillait en des milliers de cédilles de feu dont le vent qui soufflait activait les lueurs.

L'abbé ne causait plus et Durtal qui rêvait, grisé par la douceur de cette nuit, gémit subitement. Il venait de s'aviser qu'à pareille heure, le lendemain, il serait à Paris et, voyant le monastère dont la façade apparaissait, toute pâle, au fond d'une allée, ainsi qu'au bout d'un tunnel noir, il s'écria, songeant à tous ces moines qui l'habitaient :

— Ah ! ce qu'ils sont heureux !

Et l'abbé répondit : trop.

Puis, doucement, à voix basse :

— C'est pourtant vrai ; nous entrons ici pour faire pénitence, pour nous mortifier et nous avons à peine souffert que déjà Dieu nous console ! Il est si bon qu'il veut se leurrer, lui-même, sur nos mérites. S'il tolère qu'à certains moments le Démon nous persécute, il nous donne, en échange, tant de bonheur qu'il n'y a plus aucune proportion de gardée entre la récompense et la peine. Parfois, quand j'y songe, je me demande comment il subsiste encore cet équilibre que les moniales et les moines sont chargés de maintenir, car, ni les uns, ni les autres, nous ne souffrons assez pour neutraliser les offenses assidues des villes.

L'abbé s'interrompit, puis il reprit pensif :

— Le monde ne conçoit même pas que les austérités des abbayes puissent lui profiter. La doctrine de la suppléance mystique lui échappe complètement. Il ne peut se figurer que la substitution de l'innocent au coupable, alors qu'il s'agit de subir une peine méritée, est nécessaire. Il ne s'explique pas davantage qu'en voulant pâtir pour les autres, les moines détournent les colères du Ciel et établissent une solidarité dans le bien qui fait contre-poids à la fédération du mal. Et Dieu sait pourtant de quels cataclysmes ce monde inconscient serait menacé, si, par suite d'une disparition soudaine de tous les cloîtres, cet équilibre qui le sauve était rompu !

— Le cas s'est déjà présenté, fit Durtal qui, — tout en écoutant ce trappiste, pensait à l'abbé Gévresin et se rappelait que ce prêtre s'exprimait, sur le même sujet, en des termes presque pareils. — La Révolution a, en effet, supprimé, d'un trait de plume, tous les couvents ; mais, j'y songe, l'histoire de ce temps, sur lequel tant de regrattiers s'acharnent, est encore à écrire. Au lieu de chercher des documents sur les actes, sur les personnes mêmes des Jacobins, il faudrait dépouiller les archives des ordres religieux qui existaient à cette époque.

En travaillant ainsi à côté de la Révolution, en sondant ses alentours, l'on exhumerait ses fondements, l'on déterrerait ses causes; l'on découvrirait certainement qu'à mesure que les couvents s'effondraient, des excès monstrueux prenaient naissance. Qui sait si les folies démoniaques d'un Carrier ou d'un Marat ne concordent point avec la mort d'une abbaye dont la sainteté préservait, depuis des années, la France ?

— Pour être juste, répondit l'abbé, il convient de dire que la Révolution n'a détruit que des ruines. Le régime de la Commende avait fini par sataniser les monastères. Ce sont eux, hélas ! qui, par le relâchement de leurs mœurs, ont fait pencher la balance et attiré sur ce pays la foudre.

La Terreur n'a été qu'une conséquence de leur impiété. Dieu, que rien ne retenait plus, a laissé faire.

— Oui, mais comment convaincre maintenant de la nécessité des compensations, un monde qui divague dans des accès continus de gain; comment le persuader qu'il serait urgent, pour conjurer de nouvelles crises, d'abriter les villes derrière les redoutes sacrées des cloîtres?

Après le siège de 1870, prudemment, l'on enveloppa Paris dans un immense réseau d'infranchissables forts; mais ne serait-il pas indispensable aussi de l'entourer d'une ceinture de prières, de bastionner ses alentours de maisons conventuelles, d'édifier, partout, dans sa banlieue, des monastères de Clarisses, de Carmélites, de Bénédictines du Saint-Sacrement, des monastères qui seraient, en quelque sorte, de puissantes citadelles destinées à arrêter la marche en avant des armées du mal?

— Certes, les villes auraient grand besoin d'être garanties des invasions infernales par un cordon sanitaire d'ordres... mais, voyons, Monsieur, je ne veux point vous priver d'un repos utile ; je vous joindrai, demain, avant que vous ne quittiez notre solitude ; je tiens cependant à vous affirmer dès maintenant que vous ne comptez ici que des amis et que vous y serez toujours le bienvenu. J'espère que, de votre côté, vous ne garderez pas un mauvais souvenir de notre pauvre hospitalité et que vous nous le prouverez, en revenant nous voir.

Ils étaient arrivés, tout en bavardant, devant l'hôtellerie.

Le père serra les mains de Durtal, et il gravit lentement le perron, balayant de sa robe la poussière argentée des marches, montant, tout blanc, dans un rayon de lune.

IX

Durtal voulut, aussitôt après la messe, visiter, une dernière fois, ces bois qu'il avait, tour à tour, si languissamment et si violemment battus. Il se promena d'abord dans la vieille allée de ces tilleuls dont les pâles émanations étaient vraiment pour son esprit ce que leurs feuilles infusées sont pour le corps, une sorte de panacée très faible, de sédatif bénin, très doux.

Puis il s'assit à leur ombre, sur un banc de pierre. En se penchant un peu, par les trous agités des branches, il apercevait la façade solennelle de l'abbaye, et, vis-à-vis d'elle, séparée par le potager, la gigantesque croix debout, devant ce plan liquide d'une basilique que simulait l'étang.

Il se leva, s'approcha de cette croix d'eau dont le ciel bleuissait le jus de chique et il contemplait le grand Christ de marbre blanc qui dominait toute la Trappe, semblait se dresser, en face d'elle, comme un rappel permanent des vœux de souffrances qu'il avait acceptés et qu'il se réservait de changer, à la longue, en joies.

Le fait est, se dit Durtal qui repensait à ces aveux contradictoires des moines, confessant qu'ils menaient, à la fois, la vie la plus attrayante et la plus atroce, le fait est que le bon Dieu les dupe. Ils atteignent ici-bas le paradis en y cherchant l'enfer ; quelle étrange existence, j'ai moi-même égouttée dans ce cloître, reprit-il, car j'y ai été, presque en même temps, et très malheureux et très heureux ; et maintenant je sens bien le mirage qui déjà commence ; avant deux jours, le souvenir des chagrins qui furent cependant, si je les recense avec soin, très supérieurs aux liesses, aura disparu et je ne me rappellerai plus que des témulences intérieures à la chapelle, que des vols délicieux, le matin, dans les sentiers du parc.

Ce que je regretterai la geôle en plein air de ce couvent ! — C'est curieux, je m'y découvre attaché par d'obscurs liens ; il me remonte, lorsque je suis dans ma cellule, je ne sais quelles souvenances de famille ancienne. Je me suis aussitôt retrouvé chez moi, dans un lieu que je n'avais jamais vu ; j'ai reconnu, dès le premier instant, une vie très spéciale et que j'ignorais néanmoins. Il me semble que quelque chose qui m'intéresse, qui m'est même personnel, s'est passé, avant que je ne fusse né, ici. Vraiment, si je croyais aux métempsycoses, je pourrais m'imaginer que j'ai été, dans les existences antérieures, moine... mauvais moine alors, se dit-il, en souriant de ces réflexions, puisque j'aurais dû me réincarner et retourner, pour expier mes fautes, dans un cloître.

Tout en se causant, il avait arpenté une longue allée qui conduisait au bout de la clôture et, coupant à mi-chemin, à travers des halliers, il flâna sur la lisière du grand étang.

Il ne bouillonnait pas de même que certains jours où le vent le creusait et l enflait, le faisait courir et revenir sur lui-même, dès qu'il touchait ses rives. Il restait immobile, n'était remué que par des reflets de nuages mouvants et d'arbres. Par moments, une feuille tombée des peupliers voisins voguait sur l'image d'une nuée ; par d'autres, des bulles d'air filaient du fond et crevaient à la surface, dans le bleu réverbéré du ciel.

Durtal chercha la loutre, mais elle ne se montra point ; il revoyait seulement les martinets qui écorchaient l'eau d'un coup d'aile, les libellules qui pétillaient comme des aigrettes, éclairaient comme les flammes azurées des soufres.

S'il avait souffert près de l'étang en croix, il ne pouvait évoquer devant la nappe de cet autre étang que le rappel des lénitives heures qu'il y avait coulées, étendu sur un lit de mousse ou sur une couche de roseaux secs ; et il le regardait, attendri, essayant de le fixer, de l'emporter dans sa mémoire, pour revivre à Paris, les yeux fermés, sur ses bords.

Il poursuivit sa marche, s'attarda dans une allée de noyers qui longeait les murailles au-dessus du monastère ; de là, il plongeait dans la cour, devant le cloître, sur des communs, des écuries, des bûchers, sur les cabines mêmes des porcs. Il tentait d'apercevoir le frère Siméon, mais il était probablement occupé dans les étables, car il ne parut pas. Les bâtiments étaient muets, les pourceaux rentrés ; seuls, quelques chats efflanqués, rôdaient, taciturnes, se regardant à peine lorsqu'ils se rencontraient, allant, chacun de son côté, à la recherche sans doute d'un nourrissant gibier qui les consolerait de ces éternels repas de soupe maigre que leur servait la Trappe.

L'heure pressait, il s'en fut prier, une dernière fois, à la chapelle et regagna sa cellule, afin de préparer sa valise.

Tout en rangeant ses affaires, il pensait à l'inutilité des logis qu'on pare. Il avait dépensé tout son argent, à Paris, pour acheter des bibelots et des livres, car il avait jusqu'alors détesté la nudité des murs.

Et aujourd'hui, considérant les parois désertes de cette pièce, il s'avouait qu'il était mieux chez lui entre ces quatre cloisons blanchies à la chaux, que dans sa chambre tendue, à Paris, d'étoffes.

Subitement, il discernait que la Trappe l'avait détaché de ses préférences, l'avait en quelques jours renversé de fond en comble. La puissance d'un pareil milieu! se dit-il, un peu effrayé de se sentir ainsi transformé. Et il reprit, en bouclant sa malle : Il faut pourtant que je rejoigne le P. Étienne, car enfin, il s'agit de régler ma dépense; je ne veux pas du tout être à la charge de ces braves gens.

Il visita les corridors, finit par croiser le père dans la cour.

Il était un peu gêné pour aborder cette question; aux premiers mots, l'hôtelier sourit.

— La règle de saint Benoît est formelle, fit-il, nous devons recevoir les hôtes comme nous recevrions Notre-Seigneur Jésus même; c'est vous dire que nous ne pouvons échanger contre de l'argent nos pauvres soins.

Et Durtal insistant, embarrassé.

— S'il ne vous convient pas d'avoir partagé, sans la payer, notre maigre pitance, faites alors comme il vous plaira ; seulement la somme que vous donnerez sera distribuée, par pièces de dix et de vingt sous, aux pauvres qui viennent, chaque matin, de bien loin souvent, frapper à la porte du monastère.

Durtal s'inclina et remit l'argent qu'il tenait tout préparé, dans sa poche, au père ; puis il s'enquit s'il ne pourrait pas entretenir le P. Maximin avant son départ.

— Mais si ; au reste, le père prieur ne vous aurait pas laissé partir, sans vous serrer la main. Je vais m'assurer s'il est libre ; attendez-moi dans le réfectoire. — Et le moine disparut et rentra, quelques minutes après, précédé du prieur.

— Eh bien, dit celui-ci, vous allez donc vous replonger dans la bagarre !

— Oh ! sans joie, mon père.

— Je comprends cela. C'est si bon, n'est-ce pas, de ne plus rien entendre et de se taire ? enfin, prenez courage, nous prierons pour vous.

Et comme Durtal les remerciait, tous les deux, de leurs attentives bontés.

— Mais c'est plaisir que d'accueillir un retraitant, tel que vous, s'écria le P. Etienne ; rien ne vous rebute et vous êtes si exact que vous êtes debout avant l'heure ; vous m'avez rendu mon rôle de surveillant facile. Si tous étaient aussi peu exigeants et aussi souples !

Et il avoua avoir hébergé des prêtres envoyés par leurs évêques en pénitence, des ecclésiastiques tarés dont les plaintes sur la nourriture, sur la chambre, sur les exigences matinales du réveil, ne tarissaient pas.

— Si encore, fit le prieur, l'on pouvait espérer les ramener au bien, les renvoyer guéris dans leurs paroisses, mais non; ils décampent encore plus révoltés qu'avant; le Diable ne les lâche pas, ceux-là !

Sur ces entrefaites, un convers apporta des plats recouverts par des assiettes et les déposa sur la table.

— Nous avons modifié l'heure de votre dîner, à cause du train, fit le P. Etienne.

— Bon appétit, adieu, et que le Seigneur vous bénisse, dit le prieur.

Il leva la main et enveloppa d'un grand signe de croix Durtal qui s'agenouilla, surpris par le ton subitement ému du moine. Mais le P. Maximin se reprit aussitôt et il le salua, au moment où M. Bruno entrait.

Le repas fut silencieux; l'oblat était visiblement peiné du départ de ce compagnon qu'il aimait et Durtal considérait, le cœur gros, ce vieillard qui était si charitablement sorti de sa solitude, pour lui prêter son aide.

— Vous ne viendrez donc pas, un jour, à Paris, me voir? lui dit-il.

— Non, j'ai quitté la vie sans esprit de retour; je suis mort au monde; je ne veux plus revoir Paris, je ne veux plus revivre.

Mais si Dieu me prête encore quelques années d'existence, j'espère vous retrouver ici, car ce n'est pas en vain que l'on a franchi le seuil de l'ascétère mystique, pour y vérifier, par une expérience sur soi-même, la réalité de ces perquisitions que Notre Seigneur opère. Or, comme Dieu ne procède pas au hasard, il achèvera certainement, en vous triturant, son œuvre. J'ose vous le recommander, tâchez de ne pas vous céder et essayez de mourir assez à vous-même pour ne point contrarier ses plans.

— Je sais bien, fit Durtal, que tout s'est déplacé en moi, que je ne suis plus le même, mais ce qui m'épouvante, c'est d'être sûr maintenant que les travaux de l'école Térésienne sont exacts... alors, alors... s'il faut passer par tous les rouleaux des laminoirs que saint Jean de la Croix décrit...

Un bruit de voiture, dans la cour, l'interrompit. M. Bruno s'en fut à la fenêtre et s'informa :

— Vos bagages sont descendus ?

— Oui.

Ils se regardèrent.

— Ecoutez, je voudrais vraiment vous dire...

— Non, non, ne me remerciez pas, s'écria l'oblat. Voyez-vous, je n'ai jamais si bien compris la misère de mon être; ah ! si j'avais été un autre homme, j'aurais pu, en priant mieux, vous aider plus !

La porte s'ouvrit et le P. Etienne déclara :

— Vous n'avez pas une minute à perdre, si vous ne voulez pas manquer le train.

Ainsi bousculé par l'heure, Durtal n'eut que le temps d'embrasser son ami qui l'accompagna dans la cour. Sur une sorte de char à banc, un trappiste qui allongeait, sous un crâne chauve et des joues vergetées de fils roses, une grande barbe noire, l'attendait, assis.

Durtal pressait, une dernière fois, la main de l'hôtelier et de l'oblat, quand le père abbé vint, à son tour, lui souhaiter un bon voyage et, au bout de la cour, Durtal aperçut deux yeux qui le fixaient, ceux du frère

Anaclet qui, de loin, lui disait, un peu incliné, sans un geste, adieu.

Jusqu'à ce pauvre homme dont le regard éloquent racontait une affection vraiment touchante, une pitié de saint pour l'étranger qu'il avait vu, si tumultueux et si triste, dans l'abandon désolé des bois!

Certes, la rigidité de la règle interdisait toute effusion à ces moines, mais Durtal sentait bien qu'ils étaient allés pour lui jusqu'aux limites des concessions permises et son affliction fut affreuse lorsqu'il leur jeta, en partant, un dernier merci.

Et la porte de la Trappe se referma, cette porte devant laquelle il avait tremblé, en arrivant, et qu'il considérait, les larmes aux yeux, maintenant.

— Nous allons détaler bon train, fit le procureur, car nous sommes en retard. Et le cheval courut, ventre à terre, sur les routes.

Durtal reconnaissait son compagnon pour l'avoir entrevu dans la rotonde, chantant, au chœur, pendant l'office.

Il avait l'air, à la fois bonhomme et décidé et son petit œil gris souriait, en furetant, derrière des lunettes à branches.

— Eh bien, dit-il, comment avez-vous supporté notre régime?

— J'ai eu toutes les chances; je suis débarqué, ici, l'estomac détraqué, le corps malade et les repas laconiques de la Trappe m'ont guéri!

Et Durtal lui narrant brièvement les stages d'âme qu'il avait subis, le moine murmura :

— Ce n'est rien, en fait d'assauts démoniaques, nous avons eu, ici, de véritables cas de possession.

— Et c'est le frère Siméon qui les a résolus !

— Ah ! vous savez cela... Et il répliqua très simplement à Durtal qui lui parlait de son admiration pour les pauvres convers.

— Vous avez raison, Monsieur ; si vous pouviez causer avec ces paysans et ces illettrés, vous seriez surpris des réponses souvent profondes que ces gens vous feraient ; puis ils sont les seuls qui soient réellement courageux à la Trappe ; nous autres, les pères, lorsque nous nous croyons trop affaiblis, nous acceptons volontiers le supplément autorisé d'un œuf ; eux pas ; ils prient davantage et il faut admettre que Notre Seigneur les écoute, puisqu'ils se rétablissent et ne sont, en somme, jamais malades.

Et à une question de Durtal lui demandant en quoi consistaient ses fonctions de procureur, le moine repartit :

— Elles consistent à tenir des comptes, à être placier de commerce, à voyager, à pratiquer tout, hélas ! sauf ce qui concerne la vie du cloître ; mais nous sommes si peu nombreux à Notre-Dame de l'Atre que nous devenons forcément des maîtres Jacque. Voyez le P. Etienne qui est célerier de l'abbaye et hôtelier, il est aussi sacristain et sonneur de cloches ; moi, je suis également premier chantre et professeur de plain-chant.

Et, tandis que la voiture roulait, cahotée dans les ornières, le procureur affirmait à Durtal qui lui racontait combien les offices chantés de la Trappe l'avaient ravi :

— Ce n'est pas chez nous qu'il convient de les entendre ; nos chœurs sont trop restreints, trop faibles, pour pouvoir soulever la masse géante de ces chants. Il faut aller chez les moines noirs de Solesmes ou de Ligugé, si vous voulez retrouver les mélodies grégoriennes exécutées, telles qu'elles le furent au Moyen Age. A propos, connaissez-vous, à Paris, les Bénédictines de la rue Monsieur ?

— Oui, mais ne pensez-vous point qu'elles roucoulent un peu ?

— Je ne dis pas ; n'empêche cependant que leur répertoire est authentique ; mais au petit séminaire de Versailles, vous avez mieux encore, puisqu'on y chante exactement comme à Solesmes ; remarquez-le bien, du reste, à Paris, quand les églises consentent à ne pas répudier les cantilènes liturgiques, elles usent, pour la plupart, de la fausse notation imprimée et répandue à foison dans tous les diocèses de France, par la maison Pustet, de Ratisbonne.

Or, les erreurs et les fraudes dont pullulent ces éditions sont avérées.

La légende sur laquelle ses partisans l'étayent est inexacte. Prétendre, ainsi qu'ils le font, que cette version n'est autre que celle de Palestrina qui fut chargé par le pape Paul V de réviser la liturgie musicale de l'Eglise, est un argument dénué de véracité et privé de force, car tout le monde sait que lorsque Palestrina est mort il avait à peine commencé la correction du Graduel.

J'ajouterai que, quand bien même ce musicien aurait achevé son œuvre, cela ne prouverait pas que son interprétation devrait être préférée à celle qui a été récemment constituée, après de patientes recherches, par l'Abbaye de Solesmes ; car les textes Bénédictins s'appuient sur la copie conservée au monastère de Saint-

Gall, de l'antiphonaire de saint Grégoire qui représente le monument le plus ancien, le plus sûr que l'Eglise détienne du vrai plain-chant.

Ce manuscrit dont des fac-simile, dont des photographies existent est le code des mélodies grégoriennes et il devrait être, s'il m'est permis de parler de la sorte, la bible neumatique des maîtrises.

Les disciples de saint Benoît ont donc absolument raison lorsqu'ils attestent que leur version est la seule fidèle, la seule juste.

— Comment se fait-il alors que tant d'églises se fournissent à Ratisbonne ?

— Hélas ! comment se fait-il que Pustet ait pendant si longtemps accaparé le monopole des livres liturgiques et... mais non, mieux vaut se taire... tenez seulement pour certain que les volumes allemands sont la négation absolue de la tradition grégorienne, l'hérésie la plus complète du plain-chant.

A propos, quelle heure avons-nous ? — Ah ! il faut nous dépêcher, fit le Procureur, en regardant la montre que lui tendait Durtal. — Hue, la belle ! — Et il cingla la bête.

— Vous conduisez avec un entrain ! s'écria Durtal.

— C'est vrai, j'ai oublié de vous dire qu'en sus de mes autres fonctions, j'exerçais encore, au besoin, celle de cocher.

Durtal pensait qu'ils étaient tout de même extraordinaires ces gens qui vivaient de la vie intérieure, en Dieu. Dès qu'ils consentaient à redescendre sur la terre, ils se révélaient les plus sagaces et les plus audacieux des commerçants. Un abbé fondait, avec les quelques sous qu'il réussissait à se procurer, une fabrique ; il décernait l'emploi qui convenait à chacun de ses moines et il improvisait avec eux des artisans, des commis aux écritures, transformait un professeur de plain-chant en un placier, se débrouillait dans la bagarre des achats et des ventes et, peu à peu, la maison, qui ne s'élevait qu'au ras du sol, grandissait, poussait, finissait par nourrir de ses fruits l'abbaye qui l'avait plantée.

Transportés dans un autre milieu, ces gens-là eussent tout aussi facilement créé de grandes usines et lancé des banques. Et il en était de même des femmes. Quand on songe aux qualités pratiques d'homme d'affaire et au sang-froid de vieux diplomate que doit posséder, pour régir sa communauté, une mère abbesse, l'on est bien obligé de s'avouer que les seules femmes vraiment intelligentes, vraiment remarquables, sont, hors les salons, hors le monde, à la tête des cloîtres !

Et comme il s'étonnait, tout haut, que les moines fussent si experts à monter des entreprises.

— Il le faut bien, soupira le père ; mais si vous croyez que nous ne regrettons pas le temps où l'on pouvait se suffire, en piochant la terre ! on avait l'esprit libre, au moins ; on pouvait se sanctifier dans ce silence qui est aussi nécessaire que le pain au moine, car c'est grâce à lui que l'on étouffe la vanité qui surgit, que l'on réprime l'indocilité qui murmure, que l'on refoule toutes les aspirations, toutes les pensées vers Dieu, que l'on devient enfin attentif à sa Présence.

Au lieu de cela... mais nous voici à la gare ; ne vous occupez pas de votre valise et allez prendre votre billet car j'entends siffler le train. Et Durtal n'eut que le temps, en effet, de serrer la main du père qui lui déposa son bagage dans le wagon.

Là, quand il fut seul, assis, regardant le moine qui s'éloignait, il se sentit le cœur gonflé, prêt à se rompre.

Et dans le vacarme des ferrailles, le train partit.

Nettement, clairement, en une minute, Durtal se rendit compte de l'effrayant désarroi dans lequel l'avait jeté la Trappe.

Ah! ce qu'en dehors d'elle, tout m'est égal et ce que plus rien ne m'importe! se cria-t-il. Et il gémit, sachant qu'il ne parviendrait plus, en effet à s'intéresser à tout ce qui fait la joie des hommes! L'inutilité de se soucier d'autre chose que de la Mystique et de la liturgie, de penser à autre chose qu'à Dieu, s'implanta si violemment en lui qu'il se demanda ce qu'il allait devenir à Paris avec des idées pareilles.

Il se vit, subissant les tracas des controverses, la lâcheté des condescendances, la vanité des affirmations, l'inanité des preuves. Il se vit, choqué, heurté par les réflexions de tout le monde, contraint désormais de s'avancer ou de reculer, de batailler ou de se taire.

Dans tous les cas, c'était la paix à jamais perdue. Comment, en effet, se rallier et se recouvrer, alors qu'il faudrait s'habiter dans un lieu de passage, dans une âme ouverte à tous les vents, visitée par la foule des pensées publiques?

Son mépris des relations, son dégoût des accointances s'accrurent. Non, tout, plutôt que de me mêler encore à la société, se clama-t-il; et il se tut, désespéré, car il n'ignorait point qu'il ne pourrait, loin de la zone monastique, rester dans l'isolement. C'était l'ennui, à bref délai, le vide ; aussi pourquoi ne s'était-il rien réservé, pourquoi s'était-il confié tout entier au cloître ? il n'avait même pas su se ménager le plaisir de rentrer dans son intérieur; il avait découvert le moyen de perdre l'amusement du bibelot, de s'extirper cette dernière satisfaction, dans la blanche nudité d'une cellule ! il ne tenait plus à rien, gisait, démantelé, se disait : j'ai renoncé au peu de bonheur qui pouvait m'échoir et je vais mettre quoi à la place ?

Et, terrifié, il perçut les inquiétudes d'une conscience habile à se tourmenter, les reproches permanents d'une tiédeur acquise, les appréhensions des doutes contre la Foi, la crainte des clameurs furieuses des sens remués par des rencontres.

Et il se répétait que le plus difficile ne serait pas encore de mâter les émois de sa chair, mais bien de vivre chrétiennement, de se confesser, de communier, à Paris, dans une église. — Ça, jamais, il n'y arriverait — Et il supputait ses discussions avec l'abbé Gévresin ses atermoiements, ses refus, prévoyait que leur amitié se traînerait dans des disputes.

Puis où se réfugier ? au souvenir seul de la Trappe, les représentations théâtrales de Saint-Sulpice le faisaient bondir. Saint-Séverin lui semblait et distrait et fade. Comment demeurer aussi parmi le peuple stupide des dévots, comment écouter, sans grincer des dents, les chants grimés des maîtrises ? Comment enfin retrouver dans la chapelle des Bénédictines, et même à Notre-Dame des Victoires, cette sourde chaleur rayonnant des âmes des moines et dégelant, peu à peu, les glaces de son pauvre être ?

Et puis ce n'était même pas cela ! ce qui était vraiment navrant, vraiment affreux, c'était de penser que jamais plus sans doute il ne l'éprouverait cette admirable allégresse qui vous soulève de terre, vous porte on ne sait où, sans qu'on sache comment, au-dessus des sens !

Ah ! ces allées de la Trappe parcourues dès l'aube, ces allées où, un jour, après une communion, Dieu lui avait dilaté l'âme de telle sorte, qu'il ne la sentait même plus sienne, tant le Christ l'avait noyée dans la mer de sa divine Infinité, engloutie dans le céleste firmament de sa Personne !

Comment réintégrer cet état de grâce, sans communion et hors d'un cloître ? Non, c'est bien fini, conclut-il.

Et il fut pris d'un tel accès de tristesse, d'un tel élan de désespoir, qu'il rêva de descendre à la première station et de retourner à la Trappe ; et il dut hausser les épaules car il n'avait ni le caractère assez patient, ni la volonté assez ferme, ni le corps assez résistant pour supporter les terribles épreuves d'un noviciat. D'ailleurs, la perspective de n'avoir pas de cellule à soi, de coucher tout habillé, pêle mêle, dans un dortoir, l'épouvantait.

Mais quoi alors ? Et douloureusement, il se résumait.

— Ah ! se disait-il, j'ai vécu vingt années en dix jours dans ce couvent et je sors de là, la cervelle défaite et le cœur en charpie ; je suis à jamais fichu. Paris et Notre-Dame-de-l'Atre m'ont rejeté à tour de rôle comme une épave et me voici condamné à vivre dépareillé, car je suis encore trop homme de lettres pour faire un moine et je suis cependant déjà trop moine pour rester parmi des gens de lettres.

Il tressauta et se tut, ébloui par des jets de lumière électrique qui l'inondèrent, en même temps que s'arrêtait le train.

Il était de retour à Paris.

— Si ceux-là, reprit-il, pensant à ces écrivains qu'il lui serait sans doute difficile de ne pas revoir, si ceux-là savaient combien ils sont inférieurs au dernier des convers! s'ils pouvaient s'imaginer combien l'ébriété divine d'un porcher de la Trappe m'intéresse plus que toutes leurs conversations et que tous leurs livres ! Ah! vivre, vivre à l'ombre des prières de l'humble Siméon, Seigneur !

www.ingramcontent.com/pod-product-compliance
Lightning Source LLC
Chambersburg PA
CBHW070206240426
43671CB00007B/564